国　故　新　衡

司马朝军　著

WUHAN UNIVERSITY PRESS
武汉大学出版社

图书在版编目(CIP)数据

国故新衡/司马朝军著. —武汉：武汉大学出版社,2018.9
ISBN 978-7-307-20361-7

Ⅰ.国…　Ⅱ.司…　Ⅲ.古文献学—中国—文集　Ⅳ.G256.1 –53

中国版本图书馆CIP数据核字(2018)第162401号

责任编辑:朱凌云　　责任校对:李孟潇　　整体设计:汪冰滢

出版发行：**武汉大学出版社**　（430072　武昌　珞珈山）
（电子邮件：cbs22@whu.edu.cn　网址：www.wdp.com.cn）
印刷:北京虎彩文化传播有限公司
开本:720×1000　1/16　印张:27.5　字数:409千字　插页:1
版次:2018年9月第1版　2018年9月第1次印刷
ISBN 978-7-307-20361-7　定价:78.00元

小　引

　　图书文献学与中国古典文献学、历史文献学并为文献学的"三驾马车"，三者之间既相互区别，又存在交叉重叠，大致是核心区清楚，而边界模糊，它们之间的分野问题历来说不清道不明，难以划清界线，但它们在学科"户口簿"上分别隶属于"图书馆、情报与档案管理"、"中国语言文学"、"中国历史"，因此文献学也就呈现出"三足鼎立"的局面。我对于三个方面皆有所涉猎，而对图书文献学尤为偏爱。我自1986年进入武汉大学中文系学习汉语言文学专业，同时研修图书馆学的核心课程(如目录学、版本学、中文工具书、古籍编目、文学文献学、历史文献学等)，硕士阶段在职研修汉语史，博士阶段在图书馆学系攻读古典文献学，博士后进入复旦大学中文流动站，出站后回到武汉大学任职于图书馆学系，执教八年，讲授文献学、文史工具书等课程。这种钟摆一样反复摇摆于中文系与图书馆学系的特殊经历，使得我很早就与图书文献学结下了难解之缘。从目录书(如《书目答问》、《四库全书总目》)出发，纵览各种丛书(如《四库全书》、《四库全书存目丛书》、《续修四库全书》)、类书(如《永乐大典》、《古今图书集成》)，熟悉形形色色的工具书，通读历代杂家著作，通考古今伪书，横跨经史子集，在图书文献学的版图上划出了一个个小"据点"，连成一线，恰好成为一条主要的"战线"。

　　经过长期的探索与思考，近年我对于古代图书已经形成了比较系统的看法，初步在《文献学概论》等书中做了表述。最近在图书分类方面又有所突破，本来想完成升级换代，撰写一本《图书学新论》的专著，以便全面系统地阐发新意，但手头的事情比较多，一时无法集中精力来做这件事，现在只能将以往所写的与此相关的文章集中起来，先行出版一本国学文集。全书分为四辑，第一辑为综论，收入5篇；第二辑为专论，收入9篇；第三辑为综述，收入6篇；第四辑为书评，收入6篇。内容各异，形式多样，但形散而神不散，都属于国故之学，故以"国故新衡"为题，且与先前出版的《国故新证》配套。作为一名从百年老校摸爬滚打出来的国学教授，今后仍将一如既往地钻研国故之学，努力篇籍，发愤求明，多打几口深井，多出几篇像样的文章，计划陆续推出《国故新论》、《国故新语》、《国故新说》等系列文集。研究生王献松、曾志平、沈科彦、童子希以及王朋飞、黄聿龙等对于本书的部分文章皆有所贡献，献松君出力尤多，谨此致谢。

　　浮躁之气如同雾霾一般"笼盖四野"，一时鱼龙混珠，真伪难辨，所谓聪明之士往往浑水摸鱼，投机取巧，巧取豪夺，横刀夺爱，抢滩护盘，以次充好，以假乱真，炮制"米汤大全"，大搞"豆腐渣工程"，可谓乱象丛生，险象环生，学术生态严重失衡，学术共同体被非学术人士与假权威劫持。文风不正，学术空气已经严重毒化。《诗》云："俟河之清，人寿几何？"在此学术失范之际，这本书似乎有点不合时宜，因为书中直言不讳地批评了一些所谓学者的所谓论著，快刀斩乱麻，决不留情面。我们不搞标新立异，不搞哗众取宠，秉承学者之使命，恪守实事求是之宗旨，辨章传统学术，考镜文化源流，进而维护学术的尊严。

2016 年元旦初稿于上海国学路
2018 年元旦修改于上海国年路

目　　录

第一辑　综论

第二辑　专论

第三辑　综述

第四辑　书评

第一辑

综论

戊子四库文化宣言

——2008 年在北京大学的获奖感言

一、鸣谢

拙著《〈四库全书总目〉编纂考》有幸获得"佘志明《四库全书》电子版"著作类一等奖,这既是对我十年来从事四库学研究的最好肯定,也是对我的莫大鞭策。

首先,我要特别感谢香港迪志公司与上海人民出版社联合开发的文渊阁本《四库全书》电子版。该电子版功能强大,检索方便,堪称读书之法宝,治学之利器。没有它,拙著不可能在如此短的时间内问世。如果说没有毛晋提供的众多汲古阁本,也就没有清初朴学的勃兴。没有《四库全书》的问世,也就没有乾嘉学术的全面复兴。现在,我们仍然可以这样说,没有《四库全书》电子版的问世,我们无法跳出前代学术大师的掌心。《四库全书》电子版是多少研究者梦寐以求的东西。民国年间,黄侃、陈寅恪那代人听说要影印出版纸本《四库全书》,兴奋不已,奔走相告。顾颉刚早年曾发狂想,恨不得一口吸尽《四库全书》的有用信息。季羡林先生晚年通读纸本《四库全书》,才完成了《糖史》的写作。今天,正是因为拥有了《四库全书》电子版,我们的猜想与假设随时可以得到验证,所需要的材料可以一索即得。古人青灯黄卷,终生孜孜不倦,所得仍然有限。而我们可以在瞬间修正前人的错误,壮大他们的事业。有道是:"以管窥天。"过去所用之"管"乃竹管,故所窥之天既小且浅。今日所用之"管"乃电子管——射电望远镜,故所窥之天既深且远。工欲善其事,必先利其器。《四库全书》电子版好比射电望远镜。凭借如此利器,我们才有可能透视中国文化的重重迷雾,揭开其神秘面纱，真正做到究天人之际，通古今之变，"较乾嘉诸老更上层楼"。这是我们这一代学人的莫大幸运，可谓时代之恩赐。我们坚信，《四库全书》电子版必将造福于中华文化复兴的宏伟大业。

借此机会，我还要感谢几位良师益友。感谢业师曹之教授，正是在他的启迪下我才捕获这一研究课题。感谢清代学术史专家王俊义先生，他对一位素不相识的青年学子给予了极大的关怀。感谢复旦大学杰出教授章培恒先生、武汉大学资深教授冯天瑜先生的印可。感谢责任编辑陶佳珞编审，她为拙著的出版付出了无数的心血和汗水。感谢山东大学文史哲研究院王承略教授、武汉大学哲学学院吴根友教授，他们为我的两本专著作出了中肯的评介。感谢所有为我提供过善意的建议甚或提出批评意见的人们！

二、宣言

其次，我要发表《戊子四库文化宣言》的要点：

第一，重组《四库全书》馆。该馆以《四库全书》研究专家为主体，老一辈的如李裕民先生、崔富章先生等，年轻一代的如北京师范大学张升教授、山东大学王承略教授、安徽大学徐道彬教授、中国社科院林存阳教授等。此外，在四库专书研究方面作出贡献的专家也可参加进来。成立临时工作机构，为整理与研究《四库全书》提供保障。

第二，重订《四库全书》。《四库全书》虽然在整理文献方面作出了重大贡献，同时也存在大量删改原文的现象。学术界对《四库全书》的版本价值是存在着疑义的，即认为《四库全书》多有违改，而且是成于众手，校勘不精，文字多有讹误，不足以作为版本依据。我们计划分几步走，先修复其核心部分，如永乐大典本是四库本中最有价值的部分，首先将这部分校勘好，编纂《永乐大典本丛刊》，然后再扩大战果，分门别类，逐步将《四库全书》重新整理一遍，使其成为名副其实的文化长城，重新赢得学界的青睐。

第三，筹建全国四库学研究会。近年来，武汉大学成立了四库学研究所，首都师范大学成立了《四库全书》学术研究中心，甘肃省也成立了《四库全书》研究会。为了整合研究力量，我们已经着手联合同志，筹建"中国四库学研究会"，准备搭建一个全国性的学术研究平台。

第四，培养新一代四库学研究专家。现在，北京大学、复旦大学、武汉大学等著名高校都纷纷开设了有关四库学研究的课程，也受到了广大学生的欢迎。越来越多的研究生开始将四库学研究作为自己的志业，业已完成了不少硕士或博士学位论文，出版了一批高水平的学术专著。新一代四库学研究者任重道远，因为他们肩负着继往开来的光荣使命。

三、展望

从四部之学到七科之学，通人之学一变而为专家之学。五四以降，专家日众，通人日少，流弊亦日显。在一个大师匮乏的时代，我们感到寂寞，也日益认识到通人之学的可贵。我们相信，四库学作为一个具有强大生命力的综合性、边缘性的学科，它将日益受到学界关注。四部之学的复兴，应该成为中国文化复兴的标志。只有复兴中国文化，才有可能再造大师。四库学的研究还有着巨大的发展空间，仍然是一个值得瞩目与期待的领域，在此领域内完全有可能涌现一批像余嘉锡、陈垣那样的大师级人物。振兴四部之学，这是时代的呼唤，也是历史的使命。

四库学研究的战略思考

20 世纪是四库学由滥觞到蓬勃发展的重要时期。这一时期，虽然文渊阁《四库全书》在 20 世纪 80 年代后期影印出版，而文溯、文津和文澜三阁珍藏的《四库全书》尚藏在深阁人未识，但凭借几代学者的不懈努力，在《四库提要》的订误补遗和四库学的各个研究领域，仍然取得了令人瞩目的成绩。此为人所共知，毋庸赘述。

近十年来，四库出版热持续升温，1997 年齐鲁书社出版《四库全书存目丛书》，2000 年北京出版社出版《四库禁毁书丛刊》、《四库未收书辑刊》，2002 年上海古籍出版社推出《续修四库全书》，2003 年上海古籍出版社重印文渊阁《四库全书》，2004 年鹭江出版社出版文渊阁《四库全书》线装影印本，同年商务印书馆开始影印文津阁《四库全书》，杭州出版社也正在积极准备实施文澜阁《四库全书》的全部影印，甘肃方面也将影印文溯阁《四库全书》提上了议事日程。2005 年出台的甘肃省"十一五"规划的文化建设工程中，文溯阁《四库全书》出版影印项目被列为第一项，并积极实施文溯阁《四库全书》数字化工程。

"出版热"引发了"研究热"，人们对四库学的研究开始自觉地上升到了建立新学科的高度，"四库学"、"四库全书学"、"四库全书总目学"等概念逐渐被提出来，《四库提要订误》(增订版)、《四库全书总目辨误》、《四库全书总目研究》、《四库全书总目编纂考》、《四库禁毁书研究》、《文澜阁与四库全书》、《四库存目标注》、《四库全书馆研究》等专著纷纷出版。2008 年春，笔者曾在北京大学发表"宣言"，谈了自己的几点看法①。有些已经

---

① 笔者于 2008 年 3 月在北京大学召开的"第三届余志明《文渊阁四库全书电子版》学术成果奖"颁奖大会上提出四点建议：第一，重组《四库全书》馆；第二，重订《四库全书》；第三，筹建全国四库学研究会；第四，培养新一代四库学研究专家。

引起有关方面的注意，如重建四库馆一事，在著名出版人卢仁龙先生的推动下，北京文物局在万寿寺万寿阁建立了"四库全书新馆"。

四库学当前还有哪些工作需要进行，关系到四库学如何继续发展，自然成为学者关心的重大问题。对此，笔者冒昧献芹，谈四点想法。

一、《四库全书》宜校雠完善

毋庸讳言，《四库全书》因为任意篡改历史文献而备受学人诟病。《四库全书》不是善本，自问世以来，不为学界主流人士所重视。鲁迅更是一针见血地指出："清朝的考据家有人说过，'明人好刻古书而古书亡'，因为他们妄行校改。我以为这之后，则清人纂修《四库全书》而古书亡，因为他们变乱旧式，删改原文；今人标点古书而古书亡，因为他们乱点一通，佛头着粪：这是古书的水火兵虫以外的三大厄。"①因为鲁迅的特殊政治地位，他的这种极为偏激的论调长期处于话语霸权地位，更加强化了人们对《四库全书》的不信任感。

与此同时，我们也注意到，还有一种微弱的声音。现代著名藏书家伦明先生在 1921 年年底、1922 年年初致函陈垣称：

> （二）为校雠《四库全书》也。前此曾有刊印《四库》之议，但此书之讹脱，触目而是，若任刊布，贻笑外人（前日本人某曾著论言之）。且传布此讹脱不完善之本亦奚取乎？但此书博大，校雠不易。现在教部人员极冗，一时谅难裁撤。其中文理清通者当不乏人，与其画诺而无所事事，何如移一部分之人以校此书。且馆中人员亦不少，若去其素餐者以置清通之人，不一二年，此书便可校完。在国家不费分文而成此大业，何快如之。至校书之法，则宜将

---

① 鲁迅：《病后杂谈之余》，《且介亭杂文》，人民文学出版社 1973 年版，第 153 页。今按：《四库全书》到底多大程度上"变乱旧式，删改原文"？至今还无人能说明白。

> 内务部新得之《四库》或再借用文渊阁之《四库》，至各书之有刻本者亦居大多数，皆可取资也。①

此议虽善，未见实现。伦明当时虽以藏书闻名，又有"广东通儒"之称，但毕竟人微言轻。当然，伦明的提议也未能准确地估计校勘《四库全书》的难度，以为"不一二年，此书便可校完"，又称"在国家不费分文而成此大业"，均是纸上谈兵。一部如此巨大的丛书，其中的问题又是如此的复杂，在国家不费分文的前提下，在如此短的时间内是无法完成校勘大业的。陈垣虽居高位，领袖群伦，时人称他为中国的桑原骘藏；伯希和认为只有陈垣与王国维才称得上"近代中国之世界学者"。尹炎武来函称："刱堂谓励耘手有炉锤，眼似岩电，笔端诙诡，时令人忍俊不禁。考据之业，到此境界，真神乎其技，空前绝后也，岂特当世无两哉！"②即使这样一位重量级学者，当时也无力回天。但陈垣毕竟是当时最熟悉《四库全书》的人，就连余嘉锡也要向他请教。他曾经费十年之力清点文津阁《四库全书》，撰有多种四库学论著，且精心校勘四库本《旧五代史》，撰成《旧五代史辑本发覆》。其子陈乐素干父之盅，亦以史学名家。他在《陈垣同志的史学研究》一文中指出："他（指陈垣先生——引者注）运用校勘学方法考察古籍的又一成果，是1937年写成的《旧五代史辑本发覆》。薛居正等编的《五代史》，因后出的欧阳修的《五代史记》而被称为'旧五代史'，而且逐渐被埋没不见用；元、明以后，更少流传。清乾隆年间开四库全书馆，馆臣从《永乐大典》中辑出《薛史》，诏颁布于学官。但当时四库馆臣为避免政治上的嫌忌，将《薛史》原文中'虏'、'戎'、'胡'、'夷'、'狄'、'蕃酋'、'伪'等字眼，尽量改窜，失去了《薛史》的本来面目。陈垣同志根据《册府元龟》、《欧史》、《资治通鉴》等书，把辑本《薛史》中改窜的字句校勘出来，恢复它

---

① 陈智超编注：《陈垣来往书信集》（增订本），生活·读书·新知三联书店2010年版，第74~75页。

② 陈智超编注：《陈垣来往书信集》（增订本），生活·读书·新知三联书店2010年版，第141页。

本来面目，并指出当日馆臣之所以改窜《薛史》原文，实际是不满于清朝的统治。这就不仅限于校勘，而且表彰了当日馆臣的政治态度。"①傅增湘序云："凡有清一代敕编之籍，官撰之书，皆可遵循此例，窥寻笔削之旨，以揭其缚束钤制之威。是援庵此作，宁独为《薛史》发其覆乎？"陈垣的学术秘书刘乃和亦云："他写《旧五代史辑本发覆》一书时，搜集资料、例证极多，稿本有三尺多厚，但他删繁去复，仅存一百九十四条，文章写成只有二万多字。用举例的办法，总结出几类问题。他说老辈著书，常有本人删去不用的材料，后辈不知，得到几条资料，反以为是新发现，拿来写'某某书补'，又把作者原已删去的材料给补上，就大可不必了。"②

薪尽火传。陈垣嫡孙陈智超承继祖业，仿《旧五代史辑本发覆》而作《四库本续资治通鉴长编发覆》③，他以五朝本校四库本，考察四库馆臣的窜改情况，有两点发现：一是改译辽、西夏等人名、地名、官名。二是因忌讳而窜改。四库馆臣忌讳甚多，如忌"虏"、忌"胡"、忌"狄"、忌"戎"、忌"夷"、忌"寇"、忌"夷狄"、忌"戎狄"、忌"犬戎"、忌"蛮夷"、忌"戎虏"、忌"腥膻"。其中最忌者为"虏"。其结论为："四库馆臣对夷、狄等字有改有不改，四库各本所改也不完全一致，说明这确实不是当时清朝的规定，而是四库馆臣之间的默契。对宋人指斥辽人处特别敏感，说明馆臣心目中的清朝同辽朝一样，即都是起自东北而入主中原。冒着大不敬的罪名而把此等字改换，曲折地反映了当时清朝思想控制之严厉以及四库馆臣在清朝高压统治下的不满情绪。"继而又作《四库本建炎以来系年要录发覆》④，其结论之一为："《要录》既然是研究宋代(特别是高宗一朝三十六年)的基本史料之一，而四库馆臣

① 陈乐素：《陈垣同志的史学研究》，《中国史研究》1980 年第 4 期。
② 刘乃和：《"书屋而今号励耘"》，《励耘书屋问学记》增订本，生活·读书·新知三联书店 2006 年版，第 183 页。
③ 陈智超：《四库本续资治通鉴长编发覆》，《社会科学战线》1987 年第 3 期。
④ 陈智超：《四库本建炎以来系年要录发覆》，《社会科学战线》1988 年第 3 期。

的窜改所涉及的又是当时至关重要的宋金关系问题，因此很有必要恢复其本来面目。"陈氏祖孙筚路蓝缕，功不可没。遗憾的是，很少有人再继续以"陈门家法"校勘"四库本"。

近年随着《文渊阁四库全书》电子版的问世，"四库本"的引用得到很大的改观，可以说是从无人问津到铺天盖地地征用。许多治学严谨的老先生公开发布戒律——"除了只有四库特有的部分外，一律不得轻易征引'四库本'！"当今学界人士在古籍整理与研究中，一般也绕道而行，将"四库本"排除在外。凡此种种，未免因噎废食，但治标不治本，不能从根本上解决问题。如何才能改变此种局面，变废为宝呢？我想，唯一的办法就是联合全国古籍整理研究的力量，全面校勘《四库全书》，使之成为善本，将此钝器改造为治学的利器。伦明先生确有先见之明，不愧为"一代通儒"，九十年前即有此倡议，可惜他生不逢时，无力成此伟业。当然，兹事体大，亦决非一人之力所能胜任。

我们不妨打个不太恰当的比方——《四库全书》好比一栋"烂尾楼"，毛坯已成，未能装修。如何重新装修好这栋"烂尾楼"？这是乾隆大帝遗留的历史难题，同时也是前人赐给我们的机遇！机不可失，失不再来。如果我们不急起直追，很可能会被日本人或其他国家的人抢先去做。尤其是日本学者，他们向来长于资料排比，制作了大量精良的资料书，他们一旦对代表中国文化的《四库全书》发生兴趣，恐怕国人难以与之争锋。大家只要看看敦煌学的研究历史——日本一些学者一度狂妄地宣称："敦煌在中国，敦煌学在日本。"——就可以推知一二。十年前，长期在台北"故宫博物院"守护文渊阁《四库全书》的吴哲夫先生，在复旦大学的一次演讲中就谈到了《四库全书》的校勘问题，不过他当时只是泛泛而谈，还没有提到战略的高度。现在，我们再次倡议——全国古籍整理领导小组与高校古籍整理委员会等权威部门应该立刻行动起来，设立国家级专项基金或重大项目，作为一项战略任务，组织全国各相关研究人员集体攻关。校雠《四库》，功在文化。我们不能让陈垣一门专美，更不能让洋人抢先！为了我们共同的事业，当代的四库学者应该迅速联合起来！

二、《四库提要》宜精校精注

《四库全书总目》(简称《四库提要》)是《四库全书》的副产品,是中国古典目录的典范之作,也是中国学术文化史上的经典之作。自它问世之日起,就对中国学术产生了重大的影响,成为读书治学的重要工具书。

《四库全书总目》一书,以前通行的版本主要有殿本和浙本。殿本即武英殿聚珍本,乾隆六十年(1795)刊行。浙本也刊行于此年,由浙江布政使谢启昆刊刻。两本的差异和优劣,已有许多学者作过研究,两本间并无因袭关系。浙本依据杭州所存文澜阁本印行,校勘认真,能够保持四库馆写定时的面貌。殿本由于以内府名义刊刻,付印前做了较多的加工,删削了一些评语偏激的内容,也删除了一些语涉禁忌的文字,同时复核引文,润饰行文,另成面貌。中华书局 1965 年影印本所据为浙本,1997 年整理本则以殿本为底本,各有取资的理由,不可偏废。现在文渊阁本和文津阁本《四库全书》都已影印出版,两本书前提要都得以面世,文溯阁本提要也有金毓黻印本通行。

复旦大学中文系陈尚君教授在其《四库提要精读·导言》中指出:"今后如果有人将现存各家分纂稿、各本《总目》及书前提要会校成书,当可以为最好的文本。"①

这与笔者的想法可谓不谋而合。我自大学本科阶段就开始暗中摸索四库,1998 年秋天考上博士后,正式向《四库提要》宣战,计划系统全面地研究《四库提要》,当时准备分三步走:第一步,完成博士论文,做《四库提要》的总体研究,包括文献学研究与思想倾向研究;第二部,做《四库提要》的系列专题研究,包括做《四库提要》的编纂研究、版本研究及文献学专题研究;第三部,做《四库提要》的文本校勘与注释,包括现存四库分纂提要稿、各本《总目》、各阁书前提要、《荟要提要》、

---

① 陈尚君:《四库提要精读》,复旦大学出版社 2008 年版,第 22 页。

《简目》,并充分吸收所有考辨成果(如胡玉缙、余嘉锡、李裕民等人的专书与其他相关论文),进而发掘清代学者的零星成果,并下己见。2004年武汉大学批准了我的计划,正式将《四库全书总目汇考》列入校级重大项目。我于2008年推出了《四库全书总目精华录》一书,即是该项目的前期成果。今后当再接再厉,完成这一重大战略任务。

我们也注意到,学界还有好几家也在做这个项目。如台湾学者林庆彰先生2011年6月亲口告诉我,他们已将有关《四库提要》的文献汇编成"丛书",即将出版。甘肃省图书馆现在对《文溯阁四库全书提要》进行点校出版的项目,将充分吸收一百多年来学者对《四库全书》的研究成果,并以《四库全书总目》以及文渊阁、文津阁、文溯阁库本提要和提要稿本,对其进行校勘,比较异同。卢仁龙先生也正在做文津阁本《四库提要》的整理。台北、河北、南京等地据说都有人在做类似的项目。又闻上海古籍出版社也将推出一个"会校本"。既然在此"一亩三分地"里出现了如此热闹的竞争场面,我们也只好奉陪到底,尽力做出特色,做成精品。

三、四库学研究力量宜整合为一

"四库学"一词,在20世纪80年代初期才正式由昌彼得、刘兆祐等先生提出来。著名版本目录学家、台北"故宫博物院"副院长昌彼得先生在《"四库学"的展望》中说:"'四库学'名称,我不知何时始见于文献。1983年台湾计划影印文渊阁四库时,我写的一篇《影印四库的意义》一文中,即标出了'四库学'一辞。"①同年7月,时任中国台湾东吴大学中文研究所所长刘兆祐发表了题为"民国以来的四库学"的文章,文中说:"到了民国,从事《四库全书》有关问题研究的风气很盛,所涉及的范围也很广……为了使这门研究工作,成为有系统的学识,我称之

---

① 淡江大学中国文学系主编:《两岸四库学》,学生书局1998年版,第1页。

'四库学'。"①1998 年，台湾淡江大学举办"首届四库学研讨会"。近 30 年来，尤其是近十年来，进入到四库学阵地的人越来越多，可以说是从四面八方涌向这一领地，既有研究文学的，也有研究史学的，还有研究哲学的，甚至还有研究科学技术史的。

1993 年，海南大学举办"中国首届《四库全书》研讨会"，并成立了"海南大学《四库全书》研究中心"。正如周积明教授指出的："'中心'的成立与'学术研讨会'的召开本来是大陆'四库学'集结力量和深化研究的契机，但'中心'宣布成立以后，基本上是偃旗息鼓，未见后续举措，颇为令人遗憾。"②

2003 年，首都师范大学"《四库全书》学术研究中心"成立，由宁可教授担任中心主任，傅璇琮先生任学术委员会主席，傅璇琮、孙钦善、陈祖武、詹福瑞、李致忠、杨忠、周少川、黄爱平、卢仁龙等人为首批学术委员。据卢仁龙先生介绍，该"中心"宣布成立以后，基本上也是处于偃旗息鼓的状态。

2004 年，武汉大学"四库学研究所"成立，2011 年更名为"四库学研究中心"，由司马朝军担任负责人。该中心自成立以来，开展了系列科研项目的研究，也取得了系列研究成果，多次获得国家级项目和学术奖励。

2005 年 7 月，甘肃省《四库全书》研究会成立，甘肃省图书馆馆长郭向东担任会长。2011 年换届，郭向东馆长继续担任第二届会长，甘肃省图书馆易雪梅研究员、兰州大学敦煌学研究所所长郑炳林教授、兰州大学历史文化学院伏俊琏教授、西北师范大学敦煌学研究所李并成教授、甘肃省古籍编译中心主任高国祥为副会长。甘肃省图书馆在"文溯阁《四库全书》藏书楼"落成启用之机，在兰州举办了海峡两岸"四库学"专家参加的《四库全书》讨论会，会后出版了论文集。

随着这些研究机构的成立与学术影响的扩大，越来越多的学者投身

---

① 刘兆祐：《民国以来的四库学》，《汉学研究通讯》1983 年第 2 卷第 3 期。
② 周积明：《"四库学"：历史与思考》，《清史研究》2000 年第 3 期。

《四库全书》的研究。为了使《四库全节》的研究在全国范围内有计划、有重点地进行，更好地开展各项学术活动、更有利地利用各种社会资源，学术机构和学者之间的联系和交流就显得越来越重要，越来越迫切。因此，有必要建立海内外四库学者及四库研究机构之间的沟通。①为了整合研究力量，加强学术交流，我们应该尽快成立"中国四库学研究会"，搭建一个全国性的学术研究平台。

四、四库学之学术史宜系统清理

现在强调学术要与国际接轨，因而学术史的清理十分重要。20世纪结束之际，很多学科都对本领域的学术史进行了系统的清理。譬如：英年早逝的沈颂金对简帛学的学术史所做的清理，全面系统，受到学界的赞赏②。戴逸先生主编的《二十世纪中华学案》（北京图书馆出版社，2002年），对20世纪的学术史所做的清理，范围较广，系统较强，也受到学界的好评。陈文新教授正在主编百卷本《20世纪中国学术档案》，规模宏大，体例新颖，值得期待。而从四库学来说，学术史的清理却做得还很不够。

尽管"四库学"一词出现较晚，其实，关于四库学的研究可以一直追溯到《四库全书》编纂之时。近三十年来，学界关于四库学的学术史研究方面已经出现了一些论著，主要有下列文章：

1983年，刘兆祐先生撰《民国以来的四库学》，发表于《汉学研究通讯》第2卷第3期之上，文虽过于简略，但"四库学"的意识还是比较显豁的。

1994年，杨晋龙先生总结既往研究的得失，归纳前人研究四库学存在的十大问题，即促成编纂、思想归属、《总目》名称、刻本抄本、

---

① 郭向东：《四库全书研究文集·序》，甘肃省图书馆、甘肃四库全书研究会编：《四库全书研究文集——2005年四库全书研讨会文选》，敦煌文艺出版社2006年版。

② 沈颂金：《二十世纪简帛学研究》，学苑出版社2003年版。

成书时间、编纂动机、内容删改、文字狱关联、学术影响、价值评量，主张改变"先人为主"、"轻信权威"、"规过前人"的研究态度，采用新的研究方式，直接从《全书》和《总目》内容的"了解"上着手，放弃政治史的研究观点，改从文化史的角度进行研究。①

2000 年，周积明教授将"四库学"史大致分为三个阶段。第一阶段：乾嘉之际至光宣年间，以《禁书目合刻》、《四库全书简明目录标注》与《邵亭知见传本书目》为代表。第二阶段：民国年间（1911—1949），其标志有三：其一，一大批著名学者加入《四库全书》以及相关书籍的研究，从而推动"四库学"形成一种规模；其二，产生了本门学科的"典范"著作：《四库提要辨证》、《四库全书总目提要补正》；其三，"四库学"的研究领域不断开拓，形成不同方向。第三阶段：1949 年至今。周氏对四库学史作了粗线条的勾勒，对四库学的研究范围和研究内容提出了自己的看见，提出了四库学研究的三种类型，即四库学的文献研究、史学研究和文化研究，主张在实证研究、文献研究的同时，强化文化研究，倡导从宏观视野去思考问题、开掘课题。②

2002 年，崔富章教授指出了 20 世纪的四库学研究存在的种种误区。③

2004 年，陈仕华教授对于中国台湾 50 年来的四库学研究进行了总结，提出了独到的见解，即以四库学作为研究清代文化、学术史的基础；借由纂修研究，了解其组织、管理、征集、采录，作为编纂大型图书的经验；研究《四库提要》之义例，提倡"提要学"；研究《四库提要》内在之文化意涵，可作为清代学术文化之依据。同时，他也注意到《四库提要》的汇集整理问题。④

2005 年，王世伟教授发表了《关于近年来〈四库全书〉研究的若干问

① 杨晋龙：《"四库学"研究的反思》，《中国文哲研究集刊》1994 年第 4 期。

② 周积明：《"四库学"：历史与思考》，《清史研究》2000 年第 3 期。

③ 崔富章：《20 世纪四库学研究之误区》，《书目季刊》2002 年第 1 期。

④ 邱炯友、周彦文主编：《五十年来的图书文献学研究》，学生书局 2004 年版，第 308~309 页。

题》，他将 20 世纪 80 年代初以来的《四库全书》研究的主要领域和问题归纳为八个方面：《四库全书总目》研究、《四库全书》的地方文献研究、《四库全书》的校勘与考证、《四库全书》纂修研究、《四库全书》的人物研究、《四库全书》所收专门文献研究、《四库全书》的专题研究、《四库全书》的现代化研究。他认为，研究方法中的史料整理、比较研究、归纳演绎等是其中的一些有特点的研究方法。①

2007 年，笔者发表《近十年四库学研究综述》，回顾 1995 年至 2005 年四库学研究所取得的重要成绩，评述其成败得失。②

2008 年，陈晓华编写的《"四库总目学"史》③，是她在博士学位论文的基础上修改而成的。书稿较论文稿作了一些修补，对《四库总目》的学术史做了初步的清理，对材料的发掘不够深入，仍然有待于进一步系统清理。

近年来，学界一直有人在做四库学的学术史的梳理工作，但还不系统，不完善。例如，余嘉锡先生以《四库提要辨证》一书成为四库学的示范之作，功不可没。但他的所谓乾嘉诸儒对《四库提要》"不敢置一词"的说法是极不准确的。不无遗憾的是，很多人迷信此种似是而非的说法。此说遮蔽了一段学术史的真相。其实，从乾嘉至晚清这段时间，许多学者都对四库学展开了研究，其成果散见于各种文集、笔记、书目、日记之中，可惜这部分材料发掘不够，这段学术史至今还是模糊不清的。近年我们就发现了大量不为人注意的史料，将以系列论文的形式逐步推出。

正是由于四库学的学术史的清理做得很不够，导致原创性研究日益减少，重复性研究日益增多。这种重复性研究主要表现为：

---

① 王世伟：《关于近年来〈四库全书〉研究的若干问题》，甘肃省图书馆、甘肃四库全书研究会编：《四库全书研究文集——2005 年四库全书研讨会文选》，敦煌文艺出版社 2006 年版，第 209~214 页。

② 司马朝军：《近十年四库学研究综述》，《图书馆学研究进展》，武汉大学出版社 2007 年版，第 835~871 页。

③ 陈晓华：《"四库总目学"史》，商务印书馆 2008 年版。

不知前人已有研究，而以为是自我作古，由己原创。这种重复性研究最受国外学者诟病。例如，《四库提要》的辨伪成就，自张之洞、梁启超等人就注意到了，而张心澂《伪书通考》更是充量吸收了这些成果。张心澂狡猾的手法蒙骗了中外学人，对后来者也不无干扰。笔者经过仔细比勘，才勘破此重公案，详细结果已经收到我的论文集《文献辨伪学研究》之中。这本论文集早已于 2008 年 6 月由武汉大学出版社公开出版，而南开大学历史系博士生佟大群在 2010 年提交的博士学位论文《清代文献辨伪学研究》中居然宣称这是他的"原创"！该篇论文自始至终没有提到《文献辨伪学研究》，仿佛根本不存在一样。如果他真的没有看到，说明他孤陋寡闻到了怎样的程度。这在信息时代是不能容忍的！只要在网上搜索"文献辨伪学"，自然会搜到我的书！笔者的《四库全书总目研究》于 2001 年通过博士论文答辩，经修改后又于 2004 年公开出版。在出版后，其中的很多章节，居然被一些博士或硕士学位论文巧取豪夺、瓜分豆剖！笔者的另外一部书《四库全书总目编纂考》的部分内容也为某些"博士生""卷我屋上三重茅"，"公然抱茅入林去"！笔者前些年发现的张羲年的提要稿，早已刊布在《图书与情报》杂志上，几年之后竟然又被人当作他们的"新发现"刊登在另外一家图书馆学的杂志上。这种奇怪的现象值得警惕啊！

为此，我以为，对于四库学的学术史的清理，我们应该予以高度重视。如果无法组织专门力量，也应委托某个机构，进行这项工作。一方面对以往研究成果进行系统总结，编纂完备的"研究目录索引"和"研究概览"；另外一方面，对未来的成果也要定期总结，待条件成熟时最好办一份《四库学研究年鉴》。只有对四库学的学术史进行全面系统的清理，才能保证四库学朝着健康稳定的方向发展。

岳麓书院明伦堂讲会第 205 期演讲辞

主题：《四库全书》的分类问题

主讲人：司马朝军（武汉大学珞珈特聘教授，武汉大学四库学研究中心主任）

主持人：邓洪波（湖南大学岳麓书院教授，湖南大学中国四库学研究中心主任）

时间：2016 年 12 月 30 日 09：00—11：00

地点：岳麓书院明伦堂

参加者：吴仰湘（岳麓书院教授、副院长）、湖南大学校内外师生

整理者：张洪志

内容提要：1. 重论《四库全书》的编纂与分类问题；

2. 提出"两门十部"太极图书分类法。

整理者按：

《四库全书》是中国文化的一个伟大工程，站在这样一部浩瀚的典籍面前，我们不禁要问：谁是这工程背后的功臣？以往学界有诸多讨论，并且形成了某些共识，但事实真的是这样吗？

《四库全书》的四库分类法不仅仅是一个图书分类法，更是中国传统文化的知识结构和知识体系，但自近代以来，受到西方学术的冲击，四库体系被任意肢解，那么在文化复兴的今日，我们能否提出一个新的分类体系？

针对这些问题，湖南大学中国四库学研究中心特邀武汉大学四库学研究中心主任司马朝军教授做客千年学府岳麓书院，主讲明伦堂讲会205期，分享其二十年来的研究心得。

邓洪波：各位老师，各位同学，早上好！我们今天迎来了明伦堂 205 期讲座，也是岳麓书院 2016 年最后一期学术讲座。我们今天有幸请到了武汉大学的司马朝军老师，给我们做一个有关《四库全书》分类问题的讲座。司马朝军先生是武汉大学珞珈特聘教授，现任武汉大学中国传统文化研究中心专职研究员、武汉大学四库学研究中心主任，兼任武汉大学国学院、历史学院、信息管理学院教授，担任经学、专门史、文献学方向的博士生导师。在四库学方面已经出版《四库全书总目研究》、《四库全书总目编纂考》、《四库全书总目精华录》、《四库全书与中国文化》、《续修四库全书杂家类提要》等书。在国学、文献学等方面也出版了《〈经解入门〉整理与研究》、《汉志诸子略通考》、《文献学概论》等多种论著，主编的《文献辨伪书系》也将于近期问世。今天我们特邀司马教授为我们带来他的最新研究成果。

司马朝军：各位先生，各位同学，大家上午好！非常高兴又一次来到岳麓书院。这个题目虽然考虑了很久，但是到现在为止，还不太成熟。《四库全书》的分类问题，不仅仅是一个四库学的问题，也是一个中国文化的大问题。

我今天要讲四个方面，第一是对已有的《四库全书》的分类体系做一个简单的概述；第二就是谈它的主要缺陷；第三谈我的调整方案；最后提出一个新的分类方法。

首先，我们简要的回顾一下《四库全书》的分类体系问题。在谈分类体系之前，我先简要的介绍一下《四库全书》的概况。

第一，关于《四库全书》的简况。《四库全书》是中国古代最大的一部丛书，也是中国文化史上的一个浩大的工程，它的内容很丰富，分类也很复杂。

《四库全书》是一个综合性的丛书。众所周知，中国的图书按照类型大致可以分为类书型和丛书型。从先秦到汉代是中国文化典籍的一个原创期；到了汉代以后，从中古魏晋开始就出现了类书，历经隋、唐、宋、元，一直到明代，类书就达到顶峰状态。到清代初期，类书已经非常成熟。类书的最初出现，从功能上来讲的话，它是为了便于写文章。

丛书起源晚一些，大概是宋代开始兴起，到了明代中后期就比较发达了，到了清代中期，特别是到编纂《四库全书》的时期达到了鼎盛。

从总体上来讲，《四库全书》是一部综合性的丛书，它的内容很丰富，分成经、史、子、集四大块。《四库全书》抄写了七部，每一部的数量不一样，在编纂的过程中间，情况比较复杂，每一部书都是在不同时间由不同的人员编纂抄写的，结果出现了"一娘生九子，九子各不同"的情形。我们现存在世的三部半基本上是不相同的，它们的总数也不同，文字的内容也有不少出入，但是总体上来讲，它囊括了我国 18 世纪以前的主要著作。

任继愈先生认为，清代乾隆时期编纂的《四库全书》，是一项史无前例的文化工程，是传统文化之总汇、古代典籍的渊薮，和长城、京杭大运河并列为中国古代三大工程之一。过去，在很长一段时间里，我们对《四库全书》持否定态度，这主要是因为晚清以来要革清王朝的命，所以《四库全书》也在批判、否定之列。像章太炎以及他的学生鲁迅那一派，对清朝和《四库全书》批评得非常厉害，认为乾隆编纂《四库全书》是和文字狱联系在一起的。

第二，关于《四库全书》的编纂。为了编修《四库全书》，动员了360 多位编纂官。我们正在量化统计文渊阁、文津阁、文溯阁等阁本的分纂、抄写、校对的人员，从目前我们已有的资料来看，恐怕要重新认识《四库全书》的编纂过程。关于《四库全书》的编纂问题，原来郭伯恭有《四库全书纂修考》，黄爱平在郭伯恭的基础上面，根据档案材料，做了部分补充，但是她在写博士论文的时候，还看不到任何一部《四库全书》，所以她的工作还没有深入到《四库全书》里面来，还无法解决到底有多少人，做了多少工作。从我们目前做的工作来看，以往的那些研究恐怕都要重新审视。比如说一般认为总裁官(如皇子、大臣)都是挂名而已，其实不然。从清高宗到正副总裁都参与了编纂的具体事务。清高宗是通读了《四库全书》的，他说除了他之外，没有人通读过《四库全书》。其中相当一部分单本书，他还题了诗或御批，并且把诗放到最前面，《永乐大典》本是《四库全书》里面的精华，他差不多每一种都题了一首诗。正副总裁的审阅、整理、把关等工作都可以进行量化统计，可以确定到底哪些书是他们最后看过的。原来我们没有和《四库全书》结合起来，以为《四库全书》的编纂就像我们现在的一个省编一部省志，省长或书记挂个名，但是他们根本不会做任何具体工作。清代中期不像现在有高校、科研院所和专职研究人员，那时候的官员基本上是通过科举考试出来的清一色的学者，类能读书，基本上是官僚型学者。

在《四库全书》编纂的过程中间，从正副总裁一直到抄写人员，都对《四库全书》的编纂作出了各自的贡献。以前的研究者认为正副总裁都是挂名的，这种观点是根本站不住脚的，与《四库全书》编纂的实际情况相去甚远。

有些人的作用则被夸大了，这个里面传得最多的大概是"五征君"。其中最有名的是戴震，他在四库馆里的作用被夸大了。戴震在同时代其实没有那么大的影响。"戴学"的形成有一个过程。戴震在科考的路上不能算是一个成功者。他的古学功底比较好，古文写得比较好，但是策论被认为是空洞无物，无法通过正规途径成为进士，最后是因为编纂四库有功，赐了一个同进士出身。但是戴震对科举看得很重，所以这始终成为他的一个心病，就连纪晓岚都说他是一个痴人。原来有一种说法认为戴震主经部，现在看来这是一个问题，我们现在能够找到的与戴震有关的东西都很少，大概只有几条材料能证明。包括邵晋涵主史部，周永年主子部，现在我们经过详细的考察之后，发现这些情况都很难落实。

"五征君"里面，邵晋涵既是一位史学家，也是一位经学家，他是钱大昕的学生，又是浙东人，对浙东学派的文献很熟悉，他和同时代的章学诚因为都是那边的老乡，关系很密切，他的功绩主要是靠章学诚表扬。我们现在发现章学诚的表彰也有一些过头的地方，而章学诚当年没有进到四库馆这个主流文化圈，只是一个边缘人物。现在关于邵晋涵的材料保留了一部分，他在辑佚《永乐大典》和编纂正式的提要稿方面是有贡献的，但是至于对史部的其他贡献，现在也没有材料证明。于敏中在当时也是一个有影响的人物，材料倒不少。

周永年和"儒藏说"有关系，他明确提出了要编纂《儒藏》。陈垣先生有一个推测，认为释家类的提要很可能是周永年负责的，但我们现在也没办法证实。周永年读书很多，自己藏书也有很多，但没有什么著作流传。关于他的说法也是靠章学诚过度表扬出来的，但我们从现在已掌握的材料来看，章学诚的这些说法也很难证实。"五征君"里面名气最小的就是杨昌龄，有关杨昌龄的材料很少，他也基本上没什么东西流传下来，现在仅仅只是从编纂档案里面找到了两条材料。

通常讲的总纂官有三位，就是纪昀、陆锡熊、孙士毅，纪昀、陆锡熊是最早进去的，从开馆开始，他们就在里面。孙士毅是一位诗人，也是一位将军，文武双全，他进去得比较晚一些。其实另外还有一位，就是王太岳，我们现在只是看到《四库全书考证》是署了他的名。从我们掌握的材料来看，他也当过总纂官。

陆锡熊与《四库全书》的关系是非常密切的，我们曾经做过这方面的研究，现在又发现了一些新的材料。根据我个人的看法，陆锡熊和纪晓岚应该是并驾齐驱的。现在很多人只是突出纪晓岚一个人的贡献，这是很不公平的。陆锡熊是上海人，王昶也是他同时代的一个上海人，是乾嘉时期的一个学者、诗人，他对陆锡熊的评价很高。

上面是对《四库全书》一个简要的回顾。下面我们来讲讲《四库全书》的分类体系。

《四库全书》的分类体系根据清高宗的圣谕采取四分法。中国图书的分类，最初是从刘向、刘歆父子开始采取六分法，所谓的《七略》，实际上前面是个总论部分，后面分成六艺略、诸子略等六分。到了中古以后采用四分法，先是按照甲、乙、丙、丁，后来分为经、史、子、集，到《隋书·艺文志》基本上定型。从汉迄今，图书分类一直都处于调整之中。在《四库全书》编纂的时候，清高宗下令要按照经、史、子、集为纲目，采用部、类、属三级分类的体系，经部下面分成易类、书类，一直到小学类，刚好是十类；史部从正史、编年到目录、史评等，共十五类；子部分成儒家类、兵家、法家，一直到道家、释家，共十四类；集部分成楚辞类、别集类、总集类、诗文评类和词曲类，共四部四十四类。有的类下面还有属，像小学类下面分成训诂、字书、韵书等，像诏令奏议类下面分诏令、奏议二属。但不是所有的类下面都分属，像正史类下面就没有属。

这大致就是四库已有的分类体系，从《汉志》到《隋书》，《总目》以前，基本上是在理论上分类探讨。而到编纂《四库全书》的时候就不一样了，是理论和实际相结合，把所有的书都编入四库之中，这一万多种书的很大一部分，收摄到四库里相应的类别下面，问题都不大。但是也有相当一部分书出现了问题，因为从分类史的角度看，有的类、有的书，在不同的时代，归到不同类别下面，到了《四库全书》编纂的时候，就要花很大的工夫来解决这些看起来琐碎的疑难问题。

从分类史的角度来看，四库分类是从汉代到清代中期的一个总结，把传统的四分法推向了一个顶峰的状态。但它也难免存在一些问题，自它问世以后，不少人提出了很多不同的看法，特别是近代西学传入以后，分类搞得更加复杂。有人受到西学的影响，对传统分类采取了否定态度。采用西学的框架，然后把四库的四部进行肢解，往西学的框架里面套，搞出了很多分类，最有名的就是所谓的"中图法"。很多专家也都提出了自己的分类法，比如武汉大学以前的一位著名教授皮高品先生就提出过"皮氏分类法"。

"中图法"采用的是西学的框架。虽然，从传统的图书分类来看，"中图法"是有问题的。但是，现在回过头来看，我个人对四库的框架也是有异议的，它有一些致命的弱点。一个是丛书的问题，我们讲整个《四库全书》就是一部大丛书，丛书是可以把《四库全书》包起来的，所谓的经、史、子、集，要归到丛书类，也就是说丛书的概念是更高一位的。但在四库的体系里面，它却被摄到子部的杂家类杂编之属。把一个比经、史、子、集更大的东西，设到下面的属去了，这明显是不合适的。另一个是没有解决类书的问题，类书是分类史上的一个难题，属于哪一部历来没有解决好。

我现在提出的分类法在解决这些问题上做了一个尝试，我首先把图书分为两门，一个丛书门，一个类书门。按照现在的标准来看，丛书是比较原创的；类书不是原创的，它是按照"天—地—人—事—物"的框架体系，把已有的一些内容重新切好之后，再往里面填，重新编纂出一个东西，是经过编纂方式的改变，提供一种新的类型。这个新的类型又分成两大类，一个是综合性的，无所不包；还有一个是专门性的，有经书类的类书，也有史书类的类书，也有子书和集部类的类书。

还有一个问题，经、史、子、集没有解决易类的问题。《周易》可以说是中国文化的根。如果把中国文化比作一棵大树，那么《周易》就是这棵大树的根部；如果比作一支军队，那么《易》应该是一个司令部。在四库里它只是作为经部的一类。易类经过几千年的积累以后，数量特别大（据不完全统计，已经有3000多种了，从数量上来讲，它的规模已经和《四库全书》接近）。它的数量特别大，它的地位特别重要，所以应该独立出来。

关于易的含义，最初是有三层意思。现代学者对《周易》的解读很多，我们归纳了一下，大概有十多种。我最近准备提出一个新的观点——"易者，化也。"为什么易类要独立？首先它与经部的关系，《易》和《诗》、《书》、《礼》、《春秋》是相通的，可以说是"《易》为经之源"；《易》和诸子的关系，可以说是"《易》衍诸子"，它和儒、道、兵、法、农、天文、艺术、小说、杂家等类都相通。其次，和史的关系也是相通的，司马迁写《史记》和《周易》也有很大的关联，司马光既是一位史学大家，也是一位易学家。再次，《易》和文的关系就更多了，和诗歌、寓言、散文、戏剧都存在着密切的关系。它可以说是最古老的二言诗。中国社科院外国文学研究所研究员赵一凡先生曾经写过一篇文章，认为钱锺书的著名小说《围城》一书的结构是按照《渐卦》来安排的。我认为赵一凡对《围城》的解读是比较有道理的。

我把这个易类小结一下，大概有这么几句话。《周易》是中国文化的第一原典。著名文化史专家冯天瑜先生最早提出"原典"，就是用这两个字，后来他有一个学生建议他改成元首的"元"，表示是一个元首的意思，实际上《周易》应该是那个"元典"。中国文化的"元典"假如只有一本书的话，毫无疑问就是《周易》。《周易》是六经之源，我个人认为《周易》是中国最早的原始宗教的源典。从文化的发生来看，"《易》历三古"，是从远古文化发展到殷周之际的一个产物。从结构来看，它分为《易经》、《易传》。从学术影响划分来看，它通四部。《易》统三才、通万象、摄群经、衍诸子、通文史。我主张将它独立为部，从原来的"群经之首"上升到"群书之首"，和经部并驾齐驱。

我们的调整，第一个是调整丛书和类书，第二个大的调整就是将易类升为易部。然后经部还要有小的调整：其一是将乐类取消掉，六经里面原来有乐，但是后来消亡了，所以它实际上应该放到艺术类里面去。其二，把孝经类、四书类这些东西撤出，放到宗教部的儒教类经典之属。其三，将小学类放到工具部里面去，原来认为小学是经学的附庸，后来小学类在章太炎之后发展出来，成为语言文字之学，实际上现代的语言文字之学与小学类已经不是一回事了。

关于史部的调整。第一条就是将正史类与别史类合并为纪传类，别史类实际上也是纪传类，将传记类、职官类、政书类、目录类这些原来放在史部的类别移到工具部；四库里面的时令类是很少的，实际上它和子部的农家关系很密切，可以把它放到农家类里面去；剩下的地理类，原来想把它放到工具部里面去，后来一想，它和历史的关系还是很密切，还是保留在史部，作为历史的附庸。经过调整之后，史部就剩下这么八类——纪传类、编年类、纪事本末类、杂史类、诏令奏议类、载记类、史评类和地理类。

第三个调整的就是子部。只保留下儒家类、道家类、释家类、兵家类、法家类、杂家类、杂学类和小说家类，其他的要么调到技艺部，要么调到工具部，或者宗教部。

第四是集部的调整。除了把总集类分出去之外，楚辞类、别集类、诗歌评论类和诗文词曲类还保留。总集在我们现在看来，也是作为工具加以利用的。

此外，我们增加了宗教部。原来宗教在四库里面是放在子部。关于儒教是不是宗教的问题，前些年在学术界争论得很厉害，赞成者有之，反对者亦不乏其人。赞成的代表性人物就是任继愈先生，任公"儒家是教"的这个观点，我们是很赞同的。借用了中图法的合理部分，我们将儒教细分为经典、戒谏、家训、妇女、蒙学、劝学和俗训等小类。

另外增加了技艺部。这一块原来放在子部。前面的调整中，子部保留了学说、思想上的东西，关于技术性、技艺类的著作则独立出来，像农家类、医家类、天文历法类、艺术类、工艺类、数术类和格致类这些东西。当然不能说它们完全没有思想，但是总体来讲，它们的思想性、论辩性色彩还是比较少、比较淡的，它们主要表现出来的还是技艺性的东西。我们把形而上的东西保留在子部，把形而下的区分出来。我们前面讲了农家，保留农家以后，把农家类扩大，原来四库里面的农家类比较少，现在农家类的东西还是比较多的，并且将草木、鸟兽、虫鱼也放到农家类来。

医家类的调整也比较大，在四库里面的医家类是按时代为序，显然这种混编形式就不符合现在分类的原理，我们现在参考了中医图书的两个目录，分为12类。医家类的四库里面虽然收得很多，但就现在中医文献的数据库来看，四库里面的中医图书还是比较少的。近现代对中医的反对之声也很多，甚至有人主张废除中医。医易同源，中医的哲学基础就是《周易》，它也是有思想的，不仅仅是个技术性问题。否定中医，在某种意义上就是否定植根于《周易》的中国传统文化。

艺术类在四库分成了书画、琴谱、篆刻和杂技，我们是主张保留原有的书画，增加游艺、观赏、杂品，改造琴谱，把它与经部的乐类合并；将篆刻之属撤销，划在工具部谱录类下面的印谱之属。通过调整之后，艺术类分为书画、音乐、游艺、观赏、杂品等小类。我们还主张增设工艺类。工艺类和艺术类不一样，它原来分为文房器物、食品制造、格致，我们是主张将格致之属升格为格致类。工艺类保留日用器物、文房器物、食品制造这三点，日用器物又分为陶瓷、饮具、家具、锦绣、衣服、香、游具、船、琉璃、鬃饰、雕刻等小类；文房器物分为笔、墨、纸、砚、装潢等小类；食品制造分为盐、糖、酒三个小类。这是参考了现代分类的成果。

数术类有争议，按照现代的标准来讲，它是一个迷信的大本营。方术在以前是大传统，后来一落千丈，从大传统沦为小传统，甚至沦落到民间。数术类比较复杂，不能简单地全盘否定，从研究的角度来讲，也可以发掘出一些有用的东西来。

另外，我们主张增设工具部。原来工具是分散在四部，比如经部的小学类，史部的目录类、政书类、职官类这些类别，我们现在主张将这一块独立出来。它们有一个共同的属性——工具性，这些书对于一般的人都只是作为工具来加以使用的。像传统小学长期以来是作为解经的工具来存在的，当然随着现代的学术演进，传统小学演变成了语言文字学，脱离了经学的大本营，但是语言文字的工具性质到现在为止还是没办法改变。其他的像目录、职官，也是工具性的东西。

中国传统的目录学，从《汉志》到四库之前最重要的两部书，一个是《汉志》，一个是《隋志》，《汉志》是一个目录学的源，在它之前，刘向、刘歆父子的《别录》、《七略》亡佚了，辑佚出来的只是一些片断，不是完整的东西。班固将刘氏父子的东西经过改正加工之后，收到《汉书》里面去了。历来传统的读书人对《汉志》是非常重视的，也很熟悉，因为它是了解汉代以前中国文化典籍的入门工具书，历来对《汉志》的研究也比较充分，出的成果比较多。我们最近把《汉志》做一个通考性质的东西，先从《诸子略》开始，目前我们关于诸子，已经做了一个七八十万字的东西了，其他的几略现在也正在做，但是我们现在先做出来一个《汉志通考》，然后在《汉志通考》的基础上，再做一个《通诠》。《汉志》是中国古典目录学的源头；四库是后面一个垫后的，我们把一头一尾抓住以后，就可以把古典目录学贯通起来。

古典目录学和现代目录学是不同性质的东西。对现代目录学，我从整体上是持否定态度的，在我看来，它就是简单比附西学的框架，不符合中国古代文献的实际，那套东西不管它是什么法，在我们看来，现在都不得其法。传统的古学是讲究法和理的，你的法都有问题，那是不得其门而入的，所以，古人把这个入门的目录看得很重。

综上所述，丛书和类书升格为两门，易类独立为部，调整经、史、子、集四部，增加工具部、艺术部、宗教部三部，以及综合类书部、专科类书部，最后形成一个两门十部的太极图书分类体系。归结起来，和原来最大的不同就是，首先丛书从原来一个杂家类下面的杂编之属升格为丛书门。其次是类书独立出来，类书原来是子部的类书类，在四库内它非经、非史、非子、非集，无类可归，既然无类可归，正好把它独立出来。

与这个相关的，附带的讲一下关于新的中国学术史的的分期。我们最近有一个新的想法，将中国学术史分为四个时代，第一个是三易时代，第二个是五经时代，第三个是诸子时代，第四个是杂家时代，杂家时代又分为一期、二期、三期。所以我有一个总的观点，就是在后轴心时代，中国文化发展的一个总体方向就是杂家化。

邓洪波： 我们的四库学专家在充分研究四库学的基础之上，用太极相生的理论提出了一个两门十部的图书分类法。四部分类法确实从《七略》开始一直都有很多变化，最后到乾隆时期，《四库全书总目》出来，传统目录学或者说四库分类法走向一个巅峰，中国学术的所有东西，都按照这个部类放进去。西学进来之后有了七科分类法，但无论是四部还是七科，总还是有些书或学问不知道该放哪个位置，以致现在中西之间还在纠结、碰撞。针对这些问题，刚才司马教授提出了一个全新的观点，算是一个融汇中西的尝试。下面请大家提问题。

吴仰湘： 谢谢司马老师，我有一个问题，就是为什么要把《孝经》四书类调到新目录的宗教里面去，有何特殊的考虑？

司马朝军： 原来孝经类、四书类在经部里面都是独立的。其实孝经类也好，四书类也好，它和儒教的关系很密切，都是被作为儒教的经典看待的，现在不是降低它的地位，而是凸显了它在儒教中的经典地位。四书，主要是因为朱子而在文化史上产生重要影响，"五四"打倒孔家店实际上是打倒朱家店。可以说从宋末到清代，甚至可以说一直到五四前，它都是处于主流地位，是被定为官方哲学的，明清时期的科举考试的命题都是依据朱子的四书来的，因此把它放到儒教类的经典来讲。

邓洪波： 其实我也有一些疑问。中国一两千年，汉代到清代，形成了四库44类66属这样一个实践和理论相结合的分类体系，把一万多种书放进去。你现在提出把丛书和类书这两个本来很低的类抬到很高地位，连升几级，我觉得这是一个难度蛮大的动作，它能不能升得这么高？我们以前的目录学也处理这样的问题，但都是在比较窄的范围、比较低的规格内变化，而你这样突然变得变化这么大，这个能否成立。第二，经史是中国文化的根基，但是根据你刚才对经部的调整，实际上是动了六经、五经、九经、十三经以来一两千年形成整个的学问根基和系统。其实无论是两门十部，还是我们讲的四部 44 类 66 属，都有一个辨章学术的功能。四库不仅是一个工具的目录学，更重要的是一个学术的目录学，辨章学术、考镜源流是它最经典的一个部分，也就是说它是我们传统文化的一个知识体系，一个知识结构。这一个传统，因为有各种不适应，我们要给它做调整，历史上我们也一直在变化，但是这个变化和调整是否能那么大？

司马朝军：我是基于这么两点来调整的，首先，这个模型是基于《周易》的太极思维。我认为中国文化有一个太极思维存在，所以从中国传统来追根，追到《周易》的太极思维。其次，之所以敢这么做，分为丛书和类书，也受马克思《资本论》的启发。《资本论》重点就是讲再生产理论，再生产的东西，它不是原始的。丛书和类书其实就相当于一个是原创，一个是再生产。我们的图书从这个角度来讲，丛书是生产性的，是原创性的；而像类书则是根据已有的东西进行重新组织、编纂的，可以被看成一种再生产的东西。另外，就是分类要按照分类逻辑，从大概念一级一级往下走，我认为传统的分类是在层次方面出了错。丛书的类别出现得比较晚，宋代以后才出现丛书，到清代张之洞，他主张把丛书变成一部，变成经、史、子、集之外的第五部，和经、史、子、集并列。实际上从概念来讲，丛书的概念更大。《四库全书》编纂之时，对原来的丛书进行了肢解，只保留了丛书的名。按理说，大丛书下面不能套小丛书，但是在《总目》里面，它保留了一个"杂编之属"，将宋、明时期的丛书保留了名目，说这个书在历史上有功劳，实际上将那些丛书里面收录的东西进行肢解，再分配到《四库全书》里面去，当然在杂家里面也可以保留一个狭义的"丛书"。但是，最广义的丛书概念确实比经、史、子、集的概念更大一些。

邓洪波：在你来看，图书先分成丛书和类书，在丛书和类书上再分，这里就产生了这样的问题，比如像《吴仰湘文集》只有一本书，那就可能既进不了丛书，也进不了类书，看这个怎么办？再比如说《司马朝军丛集》究竟是进丛书还是进类书？我觉得丛书也包括不了，类书也包括不了。你开始讲的，把易部从总摄群经上升到总摄群书，我觉得有道理，包括一些局部的调整我也赞同。现在实际上是八部、两个类书（综合类书和专科类书），但是这个丛书和类书能不能包括所有的书，我觉得还是有一点问题的。我觉得我们的大部分书，既不能进丛书，也不能进类书。比如很多单本的书难以进丛书和类书。

司马朝军：分类的问题确实很复杂，我这个还只是个草案。原来长期把分类看成目录学的一部分，我们主张将分类独立出来。我在写博士论文的时候，就已经考虑到这个问题，现在准备写一个图书分类史。我曾经跟冯天瑜先生简要地谈过，他说很好，刚好搞了个《专门史文库》，命我也搞一本《中国图籍分类史》。我们要写《图书分类史》，也可以写《图书分类学》，当然西学的图书分类学有很多，但是针对中国古籍的分类学现在仍然滞后，应该说从老一代里面，搞史学的里面白寿彝先生生前比较强调历史文献的分类，其他很少有历史学家把历史文献的分类提到很高的地位。

我原来长期在图书馆学界求学、任教，图书馆学界的分类是以西学为主导，现在的门派也很多，基本上是在西学的基础上再加以调整。他们首先从态度上来讲，就很轻视中国传统文化。中国近代以来，被西方打趴之后，一度失掉了民族自信心。而我们现在要谈文化，要恢复文化自信，就要从我们自身的文献出发，从我们的传统出发来构建自己的分类体系。

我在博士论文《四库全书总目研究》里面谈到这个问题，后来在写《文献学概论》的时候已经突破四库分类法的体系了，但当时的动作没有今天这么大，当时分成七部，基本上是对四库的微调，后来总感觉到没有完全说通类书和丛书的问题。我也同时回应一下邓老师的问题，实际上我的分类体系在具体的分类基本上还是要参考四库分类，四库只是不合理，我们是把四库里面的书打包进去的，不存在说许多书既进不到类书、也进不到丛书的情况。

我刚才也讲到了，这个分类还只是一个粗浅探索。说实在的，每一次改变，每一次动这个"奶酪"，都是一次极其痛苦的过程，表面上看上去好像很简单，但是它的动作确实比较大。四库到现在为止，形成了"四库法"，现在"四库法"在我们各大图书馆的历史文献部还是居于统治地位的，所以现在要搞大的动作还很难。

"四库法"受到皇家的影响，在皇家的倡导下一统江山。但它出来以后，学界又出现了各种不同形式的分类，实际上这可以看成一种挑战。对那些探索者、那些前辈，我们都应该表示极大的敬意。因为我做了这些工作之后，发现那些调整不能简单地被看成对前人的挑战。这个分类的过程，是对中国文化体系的调整过程，是对中国的知识版图不断重塑的过程，有的调整幅度大一些，有的调整幅度小一些。要做出大的格局调整，就我个人来讲，那绝对是一个非常痛苦的过程，我从开始弄分类到现在已经将近二十个年头了。当年我在武汉大学与吴仰湘老师初次见面的时候，你还看到我的头发是很茂密的，现在开始脱发了，可以说其中有相当大一块都是在为文献分类的问题伤脑筋。具体问题，后面会以一本书的形式表达，书里面没办法交代的，还要以一些专题论文的形式来做系统的阐述。

邓洪波：好的，谢谢！刚才司马老师讲了，他实际上 20 年来进入到一个大体系中，孜孜以求，做了很多痛苦并快乐着的工作。他面对的是有皇家的支持而且也比较精致的中国传统学术体系，确实是不太容易的。但这个体系确实有不太协调、不太和谐的地方，总觉得应该要动一动，这就是我们做学问的一个动力所在，所以刚才司马老师讲，这么多年来一直都在考虑这样一个问题，只要有这种精神，学术就能够前进，至于说这个学说现阶段能不能很精致，那是另外的问题。究竟哪个是最好，需要我们一代一代人去探索，司马老师就给我们做了一个很好的典范，"两门十部"是他这些年来在痛苦中形成的一个思想，而且还在成型之中。最后，再次感谢司马教授与我们分享他的最新成果。

"文献"：从传统到现代的转换

一、文献旧义

(一) 文献溯源

中华自古号称"礼仪之邦"，礼学是关于处理天、地、人关系的大学问。而"文献"一词，最早就是和"礼"紧密联系在一起的：

> 子曰："夏礼，吾能言之，杞不足征也；殷礼，吾能言之，宋不足征也。文献不足故也。足，则吾能征之也。"①

孔子如是说："夏代的礼，我能讲，但它的后代杞国却不能找到足以印证的史料。殷代的礼，我能讲，但它的后代宋国却不能找到足以印证的史料。这是由于书证与人证不够充足的缘故。如果证据充足，证据链完整，我就能够证明了。"由于文献出现了缺环，无法构成完整的证据链，孔子既无成籍可据，又没有老于典故者质疑问难，无征不信，所以他难以理清夏、商二代完整之礼，只剩下无可奈何的喟叹而已。宋赵顺孙《论语纂疏》卷二引胡氏曰："所谓文献不足，非典籍与贤者全不可考也，特有阙耳。"又引辅氏曰："典籍所以载是礼，而贤者又礼之所从出。典籍不足，则无以考验其事实；贤者不足，则无以质问其得失也。"

---

① 《论语·八佾》。

《礼记·中庸》亦云：

> 子曰："吾说夏礼，杞不足征也。吾学殷礼，有宋存焉。吾学周礼，今用之，吾从周。"

宋真德秀《中庸集编》卷下解释说："此又引孔子之言。杞，夏之后。征，证也。宋，殷之后。三代之礼，孔子皆尝学之，而能言其意。但夏礼既不可考证，殷礼虽存，又非当世之法，惟周礼乃时王之制，今日所用，孔子既不得证，则从周而已。"元胡炳文《论语通》卷二曰："夫子既能言之，岂不可笔之于书，犹曰无征不信，其谨重如此。此凡三见。《礼运》以为之杞得《夏时》，之宋得《坤乾》。《中庸》则以为杞不足征，有宋存焉。合而观之，盖虽得《夏时》、《坤乾》之文，虽于宋略有存焉者，然其为文献要皆缺略而不完也，故夫子谨之。"孔子生当春秋末年，礼崩乐坏，夏礼、殷礼已经不可详考，只能说个大概；周礼也开始由衰变走向崩溃。"礼失而求诸野"，孔子迫不得已，只好求夏礼于杞，求殷礼于宋。文献不足征，只好采用类似后世文化人类学的方法。当代礼制史研究专家陈戍国先生①说：

> 孔子明说他懂夏礼，"能言之"。可惜他没有把夏礼写进书里传下来，他的后学也只做过零星的记载。但是，自从王静安先生运用他的二重证据法有力地证明《史记·商本纪》的世系基本正确之后，人们对《夏本纪》也有理由抱有信心，对夏的存在不再怀疑；现在可以说：夏礼作为夏代文明的代表，其存在也是毋庸置疑的。居今日而言夏礼，同样由于书阙有间，困难颇多。好在有考古发掘的文物可作有关文献的有力佐证，弥补文献的不足，夏礼还是可以

---

① 为行文简便，引述他人观点时，一般直呼其名，敬请谅解。但对亲炙过的老师或特别景仰的前辈则称先生，以明学术继承关系。

说个大概的。①

陈戍国先生的《中国礼制史·先秦卷》对于三代礼制做了力所能及的勾勒。孔子的这段话谈论的中国文化史上的重大问题——礼制的因革损益，它需要与《论语·为政》中的另外一段话联系起来：

> 子张问："十世可知也?"子曰："殷因于夏礼，所损益可知也。周因于殷礼，所损益可知也。其或继周者，虽百世亦可知也。"

当代思想家李泽厚先生由此窥见中国历史的特征：

> 中国新石器时期漫长发达，战争巨大频繁，氏族体制结构完整，极具韧性，难以瓦解，乃重大特点，因之社会——政治发展虽历经父家长制、早期宗法制、体系宗法制、地域国家、专制大一统国家、门阀贵族制、世俗地主皇权制以及近代趋向的出现等等阶级，包括秦汉、魏晋、中唐、明清、近代各种重要历史转折，血缘家庭——家族作为社会细胞或支柱，却始终未变，主宰、影响了各个方面，虽"十世可知"。这才是中国历史特征或关键所在。如何了解这一特点而展望未来，实待深入研讨。因今日中国社会之最大发展即此支柱的瓦解崩溃而进入现代。②

百世可知，告往知来，这也需要建筑在深入细致的文献研究之上。研究任何学问都需要文献足征。如果文献不足，又该如何处理呢？孔子强调阙疑。子曰："多闻阙疑，慎言其余，则寡尤。"此为孔子教子张干禄之术，亦为问学之道、治学之法。文献不足征，可谓"文献学上的无奈"，孔子对此亦无可奈何。现代学者往往不知阙疑之理，不明慎言之道，穿

---

① 陈戍国:《中国礼制史·先秦卷》，湖南教育出版社 2002 年版，第 102 页。
② 李泽厚:《论语今读》，生活·读书·新知三联书店 2004 年版，第 75 页。

凿附会，强作解人，动辄"原创"，此乃现代学术之通病，早已病入膏肓，无可救药矣。

(二) 文献解诂

什么是文献？前人有种种解释，代表性的观点有：

1. 文献即书与人。东汉郑玄将"文献"解释为文章、贤才，南宋朱熹分疏"文献"之义："文，典籍也；献，贤也。"①文章典籍即通常所说的书，贤才指博学多闻、熟谙历史掌故之人。现代学者进而大胆推测孔子的"文献"含义：

> 一是指历史资料，包括古代典籍、档案等；二是指熟悉历史、掌故的人。亦即是一指被固化了的"死资料"，二是指尚未被记录下来的存贮在人脑中的"活资料"。从深层意义上来分析，孔子所说的"文献"着重指的是两个方面：一方面着重指的是"书面信息"，另一方面着重指的是"非书面信息"。所谓"贤"者，是我国古代对人的敬称，多指有才华的人。这时的"献"，可以理解为：人的学识以及对历史、典章制度等的记忆。"献"是"文"之魂，"献"是"文"之体。"献"，犹重于"文"。"献"的真谛，是指人类思维信息，包括知识、经验、情趣等。②

2. 文献即书与言。元代马端临《文献通考·自序》将文献解释为：

> 凡叙事，则本之经史，而参之以历代会要，以及百家传记之书，信而有证者从之，乖异传疑者不录，所谓文也。凡论事，则先取当时臣僚之奏疏，次及近代诸儒之评论，以至名流之燕谈、稗官之纪录，凡一话一言可以订典故之得失、证史传之是非者，则采而

---

① 朱熹：《四书章句集注》，中华书局 1983 年版，第 63 页。
② 倪波等：《文献学导论》，贵州科技出版社 2000 年版，第 9 页。

录之,所谓献也。

马端临将文与献作为叙事与论事的依据:"文"是经、史、历代会要及百家传记之书;"献"是臣僚之奏疏、诸儒之评论、名流之燕谈、稗官之记录。在他的影响之下,关于文献的认识,便只限于一般的文字记载,不能表达为文字记载的东西,则不能称之为文献。显然他已经将"文"、"献"的差别缩小了①。

3. 文献即文学。章太炎先生以"文献"释"文学"。刘永济先生云:"近人章氏太炎,务恢弘文域,考其论列,一切皆文。颇亦远师舍人,可谓文家至大之域矣。"②谢无量据章太炎论文编为《文学各科表》③,表内经史子集无所不包,三教九流洗牌重组,有韵无韵皆在其中,图书、表谱、簿录、算草等无句读之文亦榜上有名,章太炎心目中的"文学"已经与"文献"混同为一。换言之,他完全将"文献"与"文学"画上等号。这可能与他博大的学风有关。章太炎所谓"国故"、"国学"也与"文献"同义。

4. 文献即书与口述。启功认为:

> 我们由目录来看古代都有些什么书,这是文。但献呢?没法子,我有个朋友,他做录音口述的历史,这就是献。用这办法赶紧抢救这些老辈曾经经历的事迹,叙说了,用录音把它录下来,编成书,这个纯粹属于"献"的部分。对"献"有两个方面的误解,认为"献"定在"文"里头。比如故宫,有个单位现在叫档案馆,在成立之初称文献馆,其实"献"是没有了,都不过是清代的许多档案,现在把它都叫文献,这是一个方面。清朝湖南人李桓编《耆献类征》,耆是老人,献是贤人,意即老年的贤人分类的传记,一沓

---

① 周文骏:《文献交流引论》,书目文献出版社1986年版,第6页。
② 刘永济:《十四朝文学要略》,黑龙江人民出版社1984年版,第9页。
③ 刘永济:《十四朝文学要略》,黑龙江人民出版社1984年版,第9~10页。

沓，多得很。这是清人传记的集，没个完。后来清中期钱仪吉编《碑传集》、《碑传集补》、《碑传续集》，现在还有人编碑铭集、墓志传，又出现了名人词典，等等，都是献。说是献，事实还是文。真正口述才是献的实际材料。现在人多不了解"献"的含义。这样的东西外国有，如《胡适口述自传》，胡适在美国用口述自传，他是用英文说的，唐德刚把它变成汉语写下来。当时这样的名人口述很多很多。古代的文献，文是文字记载，献是贤人，是活着的人记忆里的古代的事情或他当时经过的事情。所以文和献并称，它的含义就宽得厉害，我们要研究，姑且把它合起来并称。①

按：李桓编《国朝耆献类征》720卷，辑录清太祖努尔哈赤天命元年至清宣宗道光三十年230年间一万多人的传记资料，分19类。"真正口述才是献的实际材料"，这种解释较前人更为准确。口述史学在国外比较盛行。史家汪荣祖先生说：

　　近世录音之具普及，在位者更可毕录公言私语，巨细靡遗矣。如尼克松"水门案"②
　　近代史家则绝不容杜撰人言，而尚"文证之考信"（Critical examination of documentary evidence）。确实可据之文证，贵有"当时之纪录"（Contemporary documentary），故无传闻之失；复加考证，辨其真伪，衡其高低，据之作史，乃信而可征。
　　文献考证既为史学重镇，风尚所趋，蔚成"档案之热"，发最原始之资料，以求其真。所谓"文献无可取代，无文献即无史之可言"（There is no substitute of documents; no documents, no history）。然文献考证既求史之全之真，或如兰克所谓"记事须如其所发生"，而文证有限，史事难全，米什莱之撰《法国革命史》也，即感文献

---

① 启功：《启功讲学录》，北京师范大学出版社 2005 年版，第 111~112 页。
② 汪荣祖：《史传通说》，中华书局 2003 年版，第 8 页。

难征，惟有力搜言证，有云："吾所谓史证者，乃采自众人之口，无论农、商、老、幼、妇女，可闻之于乡间酒肆、旅途驿站，始谈晴雨节候，继谈物价飞涨，卒谈及帝政与革命矣。"

虽然，米氏之言证，就文献考证派视之，乃口耳相传，难为信史之据，盖口说无凭也。但近世录音之具发达，则可存口言之真矣。英国广播公司（BBC）于三十年代之始，即有"声库"之设，迄今早已汗牛充栋矣。至于"口述历史"（oral history）亦日见通行，大可实声库之富藏。实录之"言证……不啻可令史益为丰硕生动，亦更为可读可信"。①

近年来，口述史学被输入到国内，也流行开来了。口述资料可以作为文献资料的补充。当代西方口述史学家大都强调指出，口述资料和文献资料在历史研究中各有利弊。文献资料的优点是排除了心理因素，从时间上看，事件发生当时的文件和书信比后来记载下来的口述资料更可靠一些。但如果文献资料遭到有意无意的曲解，任何人都毫无办法，因为一些文献当事人已经死亡，而口述资料的当事人却是活的，历史学家可以根据当事人的立场对口述资料作必要的修正。因此，在一定条件下，口述资料反而比文献资料更加真实。

5. 文献即文字材料与活材料。李泽厚《论语今读》将"文献不足故也"解释为"因为他们的文字材料和活材料太不充分了"，并加以引申发挥："孔子讲的古礼，都无法印证。自我作古，原意难寻，中国早有此解释学传统。君不见，中国传统正是通过不断的注、疏、解、说而一再更新么？董仲舒、朱熹、王阳明以及其他许多大儒小儒，不都是这样做的么？他们不必另张旗号，别作他说，'不破不立'，而完全可以拭旧如新，推陈出新，这也就是'创造性的转换'；至今似仍可以作为中国式的某种前进道路。"②强调文字材料与活材料的相互印证，可谓妙解。

---

① 汪荣祖：《史传通说》，中华书局2003年版，第9~11页。
② 李泽厚：《论语今读》，生活·读书·新知三联书店2004年版，第86页。

董仲舒、朱熹、王阳明以及其他许多大儒小儒，在解释原典时同样会面对"文献不足征"的困境。汉儒规规焉，我注六经，不敢越雷池半步；宋儒往往六经注我，师心自用，偷梁换柱，贩运私货，美其名曰："学苟知道，六经皆我注脚。"

总之，"文"的本义为文身，"献"的本义为祭品，它们的引申如下：

文：文身——→文字——→典籍……书证——书面材料——文字材料

献：祭品——→奉献——→贤人……人证——口述历史——活材料

自魏晋至隋唐五代，史籍中除了封谥之号屡用"文献"字样外，少有关于"文献"的语汇遗存。《宋史》中多有"文献"与"文献之家"的记载，元明时代也有类似记载。通过清代史籍已经可以看到，当时"文献"已经成为通用语汇。①《汉语大词典》立了"文献"与"文献之家"两个词目：

文献：有关典章制度的文字资料和多闻熟悉掌故的人。后专指有历史价值或参考价值的图书资料。
文献之家：指博学多闻、熟悉典章掌故的人。②

从历史的角度来看，最初的"文献"一词大致相当于现在的"文献"与"文献之家"两个词，大约从金元之际开始裂变为"文献"与"文献之家"两个词，"文献之家"的古义逐渐淡化，甚至消逝。此际，对于博学多闻、熟悉典章掌故的人往往赠以"文献"的谥号，其实可以看作"文献之家"的缩称。有人轻率地对此旧注提出质疑："窃以为'文献'这个词

① 王子今：《20世纪中国历史文献研究》，清华大学出版社2002年版，第2~4页。
② 罗竹风主编：《汉语大词典》第6册，汉语大词典出版社1997年版，第1546页。

组，当解着上献的书籍文章，不包含有贤人的意思。"①有人竟然否定"献"有"贤"之古训，断定孔子的文献就是泛指一切图书档案资料②。不明训诂，不足为训。

二、文献新义

文献新义较多，主要有以下几种：

1. 指有历史价值的图书和文物资料。《辞海》、《辞源》皆持此说。有人对此持反对意见："文物属于考古学的研究范围，不应该把它包括在文献的范围之内。"③

2. 为了把人类知识传播开来和继承下去，人们用文字、图形、符号、声频和视频等手段将其记录下来：或写在纸上，或晒在蓝图上，或摄制在感光片上，或录制在唱片上，或存储在磁盘上。这种附着在各种载体上的记录，统称为文献。④

3. 文献：记录有知识的一切载体。⑤

4. 文献是记录信息与知识的一切人工附载物。⑥

5. 文献是记录有信息，可作为存贮、利用或传递过程中一个单元处理的人工固态附载物。⑦

6. 文献(document，literature)：记录有知识和信息的一切载体。由4个要素组成：(1)所记录的知识和信息，即文献的内容。(2)记录有知识和信息的符号，文献中的知识和信息是借助于文字、图表、声音、

---

① 邵胜定：《说文献》，《文献》1985年第4期。

② 朱建亮：《文献信息学引论》，书目文献出版社1992年版，第34~36页。

③ 张玉勤、赵玉钟：《实用文献学》，山西古籍出版社1998年版，第3~4页。

④ 李纪有等：《图书馆专业基本科目名词解释》，书目文献出版社1984年版，第2~3页。

⑤ 《文献著录总则》GB3792.1—83。

⑥ 倪波等：《理论图书馆学教程》，南开大学出版社1986年版，第26页。

⑦ 倪波等：《文献学导论》，贵州科技出版社2000年版，第2页。

图像等记录下来并为人们所感知的。(3)用于记录知识和信息的物质载体，如竹简、纸张、胶卷、胶片等，它是文献的外在形式。(4)记录的方式和手段，如铸刻、书写、印刷、复制、录音、录像等，它们是知识、信息与载体的联系方式。①

综上所述，前一种说法否定"献"有"贤"之古训，在扬弃古义的基础上开始与西文对接，涵化西学；后五种站在西学的立场上，突出了文献的要素，大致可以归纳为"文献三要素"：

1. 物质载体。这是文献的外在形式。在世界不同区域和时代，人们使用过不同的文献载体。如古埃及的纸草文献、古代两河流域的泥板文献、欧洲的洋皮文献，我国古代的甲骨文献、金文文献、石刻文献、简帛文献等。印刷术发明以后，纸质文献在全世界广泛使用。人类进入电子信息时代之后，电子文献迅速席卷全球，"无纸化"的呼声日益高涨。

2. 知识信息。这是文献的内容。

3. 相应符号。它是连接文献的内容与形式的桥梁。

至于记录的方式和手段，如铸刻、书写、印刷、复制、录音、录像等，并不是文献的要素，它们与其说是"知识、信息与载体的联系方式"，不如说是人类通过如此方式烙上文化的印记。

三、"文献"厘定

"文献"是如何完成从传统到现代的转换的？这只有从历史文化语义学才能说明。"文献"既是一个古老的旧词，也是近代西学输入后传进来的一个新词。汉语"文献"在英语中大致对应的就有多种表述方式②：

---

① 周文骏主编：《中国大百科全书·图书馆学情报学档案学》，中国大百科全书出版社1993年版，第465页。

② 倪波等：《文献学导论》，贵州科技出版社2000年版，第11页。

literature，来源于拉丁文 literture，多指科技文献，后来泛指"文献"，此外还有文学（作品）、文艺、著作等义。此词大约出现在 1375 年。

document，来源于拉丁文 documentum。至迟出现于 1450 年，最早作为"教育"名词使用，后来作为"文献"使用，现在除了"文献"外，还有公文、文件、文档、档案等义。

bibliography，可作为书目、书目提要、文献来理解，亦可作目录学、文献学理解。源于希腊文"βιβλιογραφία"，最初意即"书（βιβλίον）的抄写（γραφία）"。印刷术发明以后，bibliography 又逐渐被解释为"书的记录"。1761 年以后，又被解释为"目录学"。

我们推测，可能是日本人借用此一来自汉字古词"文献"，沿袭并引申其固有含义，以对应西洋词 document、literature、bibliography，成为现代通用的"文献"一词。当然，这一具体过程还有待进一步证实。但有一点可以肯定，"文献"关键词的确立，可以说是在古今演绎、中外对接的语用过程中实现的。①

① 关于历史文化语义学，可参考冯天瑜先生主编的《语义的文化变迁》（武汉大学出版社 2007 年版）。

地方文献学的基本问题

对于"地方文献"的概念，学界迄今尚未形成一致的看法，这势必影响和制约了地方文献工作的开展和地方文献学学科的建设。我们通过对"文献"、"地方"、"地方性地方文献"、"地方文献工作"、"地方文献学"等概念的厘定，旨在为地方文献学的学科建设提供铺路石子；并希望通过对地方文献与地方文化二者之间关系的分析，能够明确地方文献工作在地方文化研究中的作用与地位，进而推进地方文化的建设。不当之处，敬请方家教正。

一、地方文献的相关概念

（一）文献

地方文献是文献的一个分支。如要了解地方文献，首先就要对文献的概念有清晰的认识，这是界定地方文献的基本条件。如果某一对象不属于文献的范畴，那它就自然不属于地方文献。

学界对"文献"的定义有很多，众说纷纭，迄无定论。我们认为，文献就是通过一定的手段将文字、图表、声音、图像、视频、代码等有记录性的符号记录在一定的物质载体上，以传递某种知识信息的一切载体。文献的三要素应该是物质载体、知识信息和相应符号，其中物质载体是文献的外在形式，知识信息是文献的内容，而符号则是连接文献的内容与形式的桥梁，"至于记录的方式和手段，如铸刻、书写、印刷、复制、录音、录像等，并不是文献的要素，它们与其说是'知识、信息与载体的联系方式'，不如说是人类通过如此方式烙上文化的印记"。① "相应符号"包括文字、图表、声音、图像、视频、代码等，是传递知识信息的手段，没有符号的载体无法传递知识信息，自然不能称为"文献"。赵大志《地方文献建设研究》就认为："文献的内容最为重要，是文献的内涵和实质所在，是判定文献价值的主要依据。""文献信息是文献的本质属性，没有信息性，也就不会有文献。任何文献都传递或记录一定的信息知识，传递信息和记录知识是文献的基本功能。"②可以说，"知识信息"是文献最重要的因素，知识信息价值的大小，直接决定着文献价值的大小。

(二) 地方

地方是相对于国家、中央的一个概念，它们是局部与整体的关系。而对"地方"区域大小的划分则要根据具体的情况而定，不能囿于当今的国家行政区划，而应该充分考虑历史上的行政区划沿革状况。即使在中华人民共和国成立以来，既有废弃不用的大行政区，又有现在的省、市、县的行政区划，而在行政区划之外，还有一些特殊的经济区域和文化区域等。可见，"地方"是一个历史的概念，其区域大小也只是一个层级问题，只要是相对于整体上的国家、中央的一个局部区域，都可以认为是地方。但在具体的划分过程中，则应该根据具体的情况而定，正如有人在描述"地方文献资源布局"时所说："从 18 个图书馆的收藏范围看，由于历史原因，甘肃省图书馆是以西北的陕西、甘肃、宁夏、青海、新疆五省(区)为界；广东中山图书馆是以广东、海南、港澳地区作为自己的地方文献收藏范围。其余 16 个馆都是以本省、本地区为收藏范围。"③这种划分考虑到了历史的因素和现在的行政区划。此外，个别历史上属于我国领土范围的地区，在具体情况下也可以包含在"地

---

① 司马朝军：《"文献"：从传统到现代的转换》，《中国文化史探究集》，中国社会科学出版社 2011 年版，第 534 页。
② 赵大志：《地方文献建设研究》，西南交通大学出版社 2012 年版，第 3 页。
③ 易雪梅：《地方文献工作中值得思考的几个问题》，《国家图书馆学刊》2005 年第 1 期。

方"这一概念之中。如有人提出"历史上曾隶属我国东北，现在不在东北区域内，被东北周边相邻国家视为己有的我国东北历史文献，仍应归入我国东北历史文献的范畴"①。可见，"地方"是一个古今交错的概念。我们现在处理"地方"这一概念时，既要立足于当今的国家行政区划，也要充分考虑古代的历史沿革，视具体情况而作出适当划分。

(三) 地方文献

关于地方文献的概念，学界主要有广义说、狭义说、实用说三种。

广义说以杜定友为代表，认为"地方文献是指有关本地方的一切资料，表现于各种记载形式的，如：图书、杂志、报纸、图片、影片、画片、唱片、拓本、表格、传单、票据、文告、手稿、印模、簿籍等等。凡有历史价值的，即'断简零篇'，'片纸只字'，也在收集之列"②，并进而将地方文献分为地方史料、地方人物著述、地方出版物三种。

狭义说以邹华享为代表，认为地方文献是文献的种概念，在文献这一属概念下，地方文献与其他类型文献的本质区别在于"内容上具有地方特征"。地方文献仅指内容上具有地方特征的区域性文献。③

实用说以徐贵军为代表，他在《谈特色文献与地方文献》一文中认为广义、狭义二说均有扩大概念之嫌，进而提出了"实用说"的地方文献概念："图书馆的地方文献，是一个图书馆所在地方的载有这个地方的人和事物的信息，或这个地方的人著述的文献。通俗地说，其中包含两个方面的内容：一是'写地方的书'，二是'地方人写的书'。"④

以上三种争论的焦点主要集中在"地方出版物和地方人士著作"是否属于地方文献。他们对地方文献内容的认识可简要概括为：杜定友认

---

① 孟祥荣、金恩辉：《东北地方古文献的跨国性问题》，《图书馆工作与研究》2005 年第 2 期。

② 杜定友：《地方文献的搜集整理与使用》，《杜定友图书馆学论文选集》，书目文献出版社 1988 年版，第 364 页。

③ 邹华享：《地方文献工作若干问题的再认识》，《图书馆论坛》2004 年第 6 期。

④ 徐贵军：《谈特色文献和地方文献》，《大学图书馆学报》2004 年第 3 期。

为地方文献包括"写地方的文献"、"地方人写的文献"、"地方出版的文献"，邹华享认为地方文献只包括"写地方的文献"，而徐贵军则认为地方文献包括"写地方的文献"和"地方人写的文献"。

我们认为，地方文献的"狭义说"可以简化为：地方文献就是在内容上具有地方性的文献。它只关注文献三要素中的"知识信息"，即内容，而不考虑其他外在因素，如出版地、作者等因素。而地方文献的"广义说"则在通过对文献的内容进行判定的基础上，进一步考虑了出版地、作者这些外在因素，认为出版地和作者具有地方性的文献也属于地方文献。我们认为，一味地从文献的外在因素来判定地方文献，只能给学者们地方文献的概念带来混乱，也会给地方文献工作带来诸多不便。因此，地方文献只能从内容上，即文献的"知识信息"上进行判定。

徐贵军认为"狭义说"有"扩大概念"之嫌，只是因为他认为"狭义说"将应该属于特色文献的文献归入了地方文献而已，而他的观点则是以"实用性"为标准，将某些具有地方特色的地方文献从地方文献中独立出来，作为特色文献收藏，以提高该类文献的利用率，而不致于使特色文献湮没于地方文献之中。我们认为，徐贵军对于特色文献的重视是应该的，但不应该将具有地方特色的某些特色文献排除在地方文献之外。为了提高地方文献中特色文献的利用率，在地方文献工作中可以对这类内容上具有地方性的特色文献作出特殊说明，并集中存放，作为地方文献中的特色部分。因为特色文献与地方文献虽然不是同等的概念，但二者也有交叉重合的部分，不应该将二者绝对分开，对于具有地方性的特色文献，还是作为地方文献处理更为合理。特色文献的判定标准，可以从多个角度考虑，只要某一文献群体具有异于其他文献的特色，就可以视为特色文献，因此不同类别的特色文献之间大多是相对独立的。而地方文献则不同，它是一个比较系统的整体，涉及某一地区的政治、经济、文化、社会等各个方面，将内容上具有地方特色的特色文献独立出地方文献，将有害于地方文献的系统性、完整性。因此，还是将这类特色文献保存在地方文献中较为合理。我们认为，徐贵军将地方文献的内容界定为"写地方的书"和"地方人写的书"两个方面，不过是在广义说的基础上将"地方出版物"排除在外，其相对"狭义说"来说，仍然是一个更大的范围，仍是从内容和外在因素两个方面来判定地方文献。

那么，"写地方的文献"这一说法是否与"地方人写的文献"、"地方出版的文献"两种类型文献绝对排斥呢？换言之，是否认为"写地方的文献"绝对不可能是"地方人写的文献"、"地方出版的文献"呢？我们以为并非如此。邹华享关于"地方出版物、地方人士著述"与"地方文献"关系的观点是："地方出版物、地方人士著述不能笼统地视为地方文献。"①这一观点只是对"地方出版物、地方人士著述"的部分否定，并非完全否定。

其实，"地方文献"与"地方出版物和地方人士著作"只是不同的概念范畴，二者有重合也有区别，要对它们进行区分。我们认为，地方文献的本质特征是文献的内容上具有地方性，这是从文献本身的内容上说的；而"地方出版物"的判定标准是出版物的出版地，"地方人士著作"的判定标准是作者的籍贯或客居情况等，二者都是文献的外在属性。也就是说，地方文献与"地方出版物和地方人士著作"是两类不同判定标准的文献群体。如易雪梅、吴喜峰《地方文献刍议》一文指出："地方出版物和地方人士著作，都是以文献的外部形式来划分文献，地方出版物是以文献出版地为文献划分标准，地方人士著作是以著者的出身地为文献划分标准，与文献的内容没有联系。地方出版物和地方人士著作在某种意义上是可以反映一地区经济文化、科学事业发展的整个面貌，但这不是由于它们内容上的地方特点，而是由于对这些文献的统计、分析可以有助于了解某地区的科学文化发展水平。但这不能作为这部分文献属于某地区地方文献范围的理由和依据，因为它们的内容并不都带有地方性质。"②

所以，我们认为，"地方文献"这一概念，并不是"地方"与"文献"

---

① 邹华享：《地方文献工作若干问题的再认识》，《图书馆论坛》2004 年第 6 期。

② 易雪梅、吴喜峰：《地方文献刍议》，《图书与情报》1993 年第 2 期。

概念的简单叠加，"地方文献"并非与某一地方有关的全部文献，而是指在文献内容上具有地方性的文献。文献与地方有关，既可能是文献的载体、记录符号、出版地、作者等外在属性与某一地方有关，也可能是文献的内容与某一地方有关，而"地方文献"则专指文献本身所传递的知识信息与某一地方有关，而不论其文献载体、记录符号、出版地、作者等外在属性。"地方出版物和地方人士著作"与地方文献虽然不是完全相同的概念，但它们之间也并没有严格意义上的绝对排斥性。我们要区别地方文献与"地方出版物和地方人士著作"，并不是认为"地方出版物和地方人士著作"绝对不属于地方文献，而只是表明仅仅属于"地方出版物和地方人士著作"，并不能笼统地归入地方文献，要考察具体的某一"地方出版物或地方人士著作"在内容上是否具有地方性，即看这一文献在内容上是否传递出关于地方的信息，这种信息是否对研究某一地方有文献价值。

(四) 地域性

地方文献最大的特点，就在于文献内容所体现出的鲜明的地域性。论者以为，只要具备这一特点，文献就具备了被确认为地方文献的基本条件。至于文献形式、文献载体、出版地、出版者、出版期乃至文种等等，都不是鉴别地方文献的重要标准。① 邹华享亦认为，地方文献是内容上具有地方特征的区域性文献，其特征有两个，一个是地方区域性，一个是历史资料性。地方区域性，这是地方文献本质特征。……历史资料性，这是地方文献非本质的主要特征。② 此说是以文献内容上的地方区域性为地方文献区别于其他类型的文献的本质特征，而历史资料性则是一般文献都具有的特征，并非地方文献的本质特征。我们认为，地方文献的本质特征是文献"内容上的地方性"，也就是指文献三要素"物质

---

① 金霜林：《图书馆地方文献工作》，北京图书馆出版社2000年版，第3页。
② 邹华享：《地方文献工作若干问题的再认识》，《图书馆论坛》2004年第6期。

载体、知识信息、相应符号"中知识信息的地方性，而非物质载体和相应符号的地方性。"内容上的地方性"是判断一种文献是否地方文献的唯一标准。

其他学者对文献特征的归纳虽多有不同，如黄俊贵认为地方文献的特点是鲜明的地方性、较强的历史资料性、文献载体的广泛性、内容的时代性；① 金霈林认为地方文献的特征有地域性、史料性、综合性、系统性；② 又如赵大志将地方文献的特征归纳为鲜明的地域性、史料的真实性、内容的广泛性、载体的多样性。③ 但在这些特征之中，除了"地方性"之外，其他特征多是文献的一般特征，或者并非地方文献区别于其他类型文献的本质特征。

那么，如何判断一种文献是否具有"内容上的地方性"呢？即"内容上的地方性"的标准是什么？

苏联目录学家 H. A. 兹多勃洛夫夫在《地方文献目录基础》中对"地方性"给出了几条标准："(a)在某一地方范围内所观察到的现象；(b)在某一地方范围以外所观察到的，但由于这个地方的力量的活动所产生的现象；(c)在某一地方范围以外所产生的、但为了影响或研究某一地方而由与这一地方无关的力量的活动所造成的现象。"④金霈林认为"地方性"有一条主要标准、两条次要标准：主要标准是"从各种不同的角度去记录、研究和探讨特定区域内的历史、现状以及未来的文献"，次要标准为"一条是文献所记录的内容不是发生在本地区之内，但却与本地方有着直接的联系，如本地与外地、外国的交往，本地人士和各类团体在外地、外国的活动等。第二条是指文献所反映的内容发生在本地方之外，但其能对本地方产生直接的或潜在的影响，如党和国家的方针政策

---

① 黄俊贵：《地方文献工作刍论》，《中国图书馆学报》1999年第1期。
② 金霈林：《图书馆地方文献工作》，北京图书馆出版社2000年版，第3~5页。
③ 赵大志：《地方文献建设研究》，西南交通大学出版社2012年版，第19~21页。
④ 骆伟：《论地方文献》，《广东图书馆学刊》1988年第3期。

中直接涉及地方的内容，发生在本地方之外却对本地方产生重大影响的政治、经济事件等等"。①

我们认为，这两种观点都是从地域上说，它们之间是相通的，其标准在内容上可简化为两大类：一类是发生在本地区内并与本地区有关的文献，一类是发生在本地区外但与本地区有关的文献。后一类又分两种情况：一种是本地区对外部地区产生影响的文献，一种是外部地区对本地区产生影响的文献。这就是地方性的判定标准。

二、地方文献的主要工作

金霈林《图书馆地方文献工作》一书主要从地方文献的采访、分编、典藏、开发利用以及特种地方文献的处理介绍了地方文献工作的内容，赵大志《地方文献建设研究》则从地方文献的收集、整理和开发三个方面概述了地方文献工作的内容。我们认为，地方文献工作的内容主要是对地方文献进行收集、管理和利用。

(一) 地方文献的收集

地方文献的收集工作是地方文献工作中最基础的工作，主要是对地方文献的采购和访求，是一个由外而内的输入过程，这与图书馆日常的采访工作是一致的，但相比日常的采访工作，地方文献的收集工作更具目的性，因为其采访对象只是在内容上具有地方性的地方文献，与此无关的文献则不在收集之列。某一具体的采访对象中的地方文献情况无外乎三种：一是其全部内容都与某一地区相关，二是其中部分内容与某一地区相关，三是其中没有与某一地区相关的内容。对于第一种情况，地方文献的收集工作并不难，因为这类文献大多可以从书名上作出判断；而对于第二、第三种情况，则需要工作人员通过自己深入文献内部，才能作出判断。

---

① 金霈林：《图书馆地方文献工作》，北京图书馆出版社 2000 年版，第 3 页。

邹华享认为："如果在地方文献收集中，拘泥于'地方文献'是内容上具有某一地域特色的文献，那么征集工作势必难以进行下去，更不利于馆藏的增加。至于收藏，就必须下一番'去粗取精，去伪存真'的筛选整序、加工处理的功夫，使'地方文献'名副其实。"①这是部分学者主张的"从广义上收集，从狭义上收藏"的观点。

首先，对于地方文献的采购，工作人员应该依托于图书馆的采购工作，在此基础上选择那些内容上具有地方性的地方文献加以收藏，而不必另搞一套。也就是说，图书馆地方文献的采购应该与图书馆的采购相一致，而在收藏时有所区分；因为采购工作的对象一般是公开的文献资料，这样的做法有利于节约收集成本。但由于地方文献的访求工作对象多为非公开的文献信息，在访求工作中就应该尽量按照地方文献的内容来访求，避免采访到过多的非地方文献资料，给此后的管理和利用工作带来麻烦。

其次，地方文献的收集工作的对象并非所有地方文献。因为即便将内容上不具有地方性的地方出版物和地方人士著作排除在地方文献的概念之外，地方文献的内容还是异常丰富。特别是近现代以来，由于印刷业的高度发达，特别是互联网的出现及迅猛发展，文献的载体与生产方式发生了重大改变，这也在根本上改变了文献在整体上的数量。当今社会，每天都有大量的文献产生，而在这里面，在内容上具有某一地方特点的文献也是非常丰富的，仅从新闻报纸一项，每天就有大量的现实材料出现。地方文献虽然是在内容上具有地方性的一切文献资料，但并非所有的地方文献都具有同等的文献价值，如果不对地方文献的价值有所区分，势必使地方文献的工作陷入茫然的境地，仅仅工作人员对这些地方文献材料的分辨就是一项巨大的工作。

在地方文献工作中，工作人员应根据图书馆自身的实际情况，划定一定的地方文献收集范围，以最低的成本收集到尽可能多、文献价值尽

---

① 邹华享：《地方文献工作若干问题的再认识》，《图书馆论坛》2004 年第 6 期。

可能高的地方文献。地方文献工作的重点还应该是地方志、家谱、族谱、地方档案、地方史等具有较高地方文献价值的类型；决不能不分轻重缓急，盲目地收集，使收集到的地方文献总体失衡、文献价值高低不一。以传单为例，对于某些具有政治性或学术性的传单，应该加以收集，而对于某些广告性质的传单的收藏则应该严格控制，否则将有大量的低层次地方文献充斥其中。如果某地图书馆对此类地方文献需要收集的话，也可以采用电子文本的收集方式，以方便存储。

对于地方文献的收集工作应该遵循"古代材料全面收集，现实材料重点收集"的原则。由于出版印刷技术的限制，古代的文献资料相对于现代文献资料，在数量上是有限的，而且由于战乱和各种自然灾害，能够流传下来的历史文献资料就更少了，对于这部分文献中的地方文献，收集工作要做到尽可能的全面，即使是"残篇断简"，也应该在收集范围之内，这样才能更加全面地通过文献材料了解地方各方面的文化等。而对于现实材料，就应该有所拣择，而不应该事无巨细、不分轻重缓急地全部收集。历史材料与现实材料的区别并非简单的时间点上的区别，而更在于科学技术的发展使文献材料的生产和保存发生的巨大改变。这种改变并非只是简单的时间上的改进，而是有着本质的变革。

对地方文献应该进行全面收集，但文献的全面收集应该是指从整体内容的各个方面做到全面，以防在某些方面出现地方文献的缺失，而不是指对关于某一方面的文献应该在数量上做到一网打尽，也就是说，全面不等于全部。地方文献收集工作人员在收集过程中，要有自己的判断能力，对遇到的地方文献要有所取舍，这就与从业人员的专业素质和业务能力有关，未必能够做到完全准确，但对于重点收集的原则还是应该重视的，否则就有可能收集到许多在质量和文献价值上参差不齐的地方文献，这将会影响到对地方文献的利用工作。

地方文献的收集工作既与图书馆的地方文献收集采访制度有关，又与地方文献的收集工作人员的专业素质和业务能力有关。只有具有较为完善的地方文献收集条例以及系统的地方文献的分类表，地方文献的收集工作人员在收集过程中才能有的放矢，有目的地对地方文献进行系统的收集，而不至于出现收集到的地方文献中，某一方面内容的地方文献过于集中而文献价值不高，其他方面的地方文献却种类较少甚至欠缺的情况。从业人员的专业素质和业务能力提高，就能够分辨地方文献的价值高低，以及哪些是馆藏急需的文献，而哪些则是相对丰富而不需要过多收集的，这样就可以在收集的过程中，提高收集到的地方文献的质量，为此后的地方文献管理工作的有效进行提供保障。收集的工作性质虽然与收藏并不完全相同，但却存在着很大的共通性。只有在收集的过程中尽量提高对收集的地方文献的质量要求，在收藏的过程中才能更加快捷有效。

在地方文献的收集上，如果采用地方文献"广义说"作为指导的话，将"地方出版物和地方人士著作"归为地方文献，就会大幅度增加地方文献的收集成本。有人认为："当然地方出版物和地方籍人士著作一样，也是地方的宝贵财富，要专门收集，专室陈列，专门服务，但不要归到地方文献中去。"①如果地方出版物完全属于地方文献：第一，在这个"信息大爆炸"的时代，随着现代印刷条件的改进，各地的出版社每年都有大量书籍出版，地方文献工作如果要将这些著作全部收藏，势必增加收集成本。第二，对于古旧书籍，尤其是古籍的收集，如果按照出版地原则收藏的话，那就需要将某地刊印过的古籍进行系统收集，这也必将增加收集成本。如果地方人士的著作属于地方文献，在采访过程中，必然会收集到大量作者与地方有关，而文献内容却与地方无关的文献著作，这就增加了收集工作在人力、物力、财力方面的成本。此外，需要注意的是，虽然地方出版物和地方人士著作不完全属于地方文献的范畴，但在地方文献收集工作当中，对于它们应该给予应有的重视，因为与非地方出版物、非地方人士著作相比，这类著作中的地方文献相对比较集中，尤其是某些地方人士的某些著作可能在书名上并不能直接反映出其内容，需要地方文献的工作人员进一步了解其文献内容是否具有

---

① 葛丁海：《明确"地方文献"的概念》，《图书馆杂志》1994 年第 1 期。

地方性，进而作出判断。

(二) 地方文献的管理

地方文献的管理工作则包括对地方文献的编目、整理以及典藏工作，是一个对收集到的地方文献进行内部消化处理的过程。

地方文献的编目工作，主要是对收集到的文献从整体上分门别类，使之井然有序，方便对地方文献的管理和利用。对地方文献的分类应该以内容为主，兼顾文献的载体形式。各地的地方文献管理工作应该在参照某些地区的地方文献分类的基础上，根据自身的实际情况，做出适当调整。在以内容分类为大框架的前提下，也应该适当照顾到文献的载体形式，以方便地方文献的典藏工作。而编写地方文献提要、编制地方文献索引等工作的顺利开展，对于地方文献的工作人员以及读者、研究人员全面了解地方文献的馆藏、集中查找所需文献都有很大的帮助，尤其是随着现代科技的发展，今后应该特别重视对地方文献数据库的建设，编制各种地方文献书目、索引和数据库。

在这里，需要区分一下地方文献目录与地方人士著述目录、地方出版物目录。近代学者缪荃孙纂辑的《（光绪）顺天府志》，便将"记述顺天事之书"列为艺文志一，而将"顺天人著述"列为艺文志二至五。① 这种区分就是对地方文献目录与地方人士著述目录的区分。金霈林将古今关于地方的各种书目分为三类，即地方文献书目、地方人士著述书目（郡邑书目）、地方出版物目录，认为后两类书目的内容里都包含着一部分地方文献，有时甚至会包含很多的地方文献，但毕竟不完全是地方文献，因而它们与地方文献书目有着本质的区别②。本地的地方著述书目和地方出版目录虽然不能在学术概念上归入地方文献书目的范畴，但由于它们都从不同的角度涉及了地方事物，所以这种书目本身仍然属于本

---

① 金霈林：《图书馆地方文献工作》，北京图书馆出版社 2000 年版，第 86 页。

② 金霈林：《图书馆地方文献工作》，北京图书馆出版社 2000 年版，第 87 页。

地地方文献的范畴，可以而且也应该纳入本地的地方文献专藏。①

　　地方文献的整理工作主要是对一些散见的较为原始的地方文献的整理，使之更加系统化，以方便研究利用。这一工作有些类似于古代类书的编纂，需要将收集到的地方文献分门别类地编排。类书具体的某一门类之中，既可能包含某著作的全部内容，也可能包括部分内容，这就像某一地方的地方文献，可能包括某部著作的全部，也可能仅是其中的部分章节。当然，这里的整理工作，主要是对于过于分散的材料，以"地方文献资料集"的形式加以整理，以节约收藏成本，方便利用。比如涉及全国或多地域的地理总志、专志、山水志、游记等，虽不属于具体某一地区地方文献的收集范围，但对其中涉及本地区的内容，应通过摘抄、复制等方法收集。②

　　地方文献的典藏工作主要是对收集到的地方文献进行科学系统的收藏保护，以供读者使用。地方文献藏书的保护、管理和清点，与普通图书无大区别，但由于地方文献载体类型的多样化，造成了多种排架方式集于一库的特殊局面。③ 典藏管理的实质就是科学地处理藏书保存与利用的关系，尽可能地调节入藏与利用的矛盾。④ 典藏工作的难点主要在对于某些特殊文献的收藏，如某些早期的照片、拓片、视听文献、善本古籍等，由于这类文献相较普通书籍更容易受到损害，在典藏工作中，对它们要进行特殊处理，以保障它们能够长时间地保存。此外，典藏工作还要解决随着时间的推移，文献的大量增加与存放空间不足之间的矛盾，这既需要在条件允许的情况下，改善存放条件，增加存放空间，也应该对文献进行数字化处理，以减小存放空间。当然，在地方文献的收

---

① 金霑林：《图书馆地方文献工作》，北京图书馆出版社 2000 年版，第 87 页。

② 赵大志：《地方文献建设研究》，西南交通大学出版社 2012 年版，第 38～39 页。

③ 金霑林：《图书馆地方文献工作》，北京图书馆出版社 2000 年版，第 63 页。

④ 赵大志：《地方文献建设研究》，西南交通大学出版社 2012 年版，第 89 页。

集过程中，以地方文献价值大小为标准，提高典藏质量，也是解决这一矛盾的重要途径。

在地方文献的管理工作中，如果采用地方文献"广义说"作为指导的话，将会增加编目、整理、典藏的工作量。对于地方出版物，我们也认为它们同样有收藏的必要，但却不应笼统地作为地方文献处理，应该由地方出版机构成立专门收藏地方出版物的特藏部门，并定期编制地方出版志，以便满足对地方出版事业的研究以及修纂地方志的需要。我们认为，地方人士的著述，当地图书馆当然有收藏的必要，但同样不能笼统地作为地方文献来收藏，对于这些著作可以作为特藏处理，没有必要让地方文献承担本不应该属于它的内容，比如由地方方志编纂机构成立专门收藏地方人士著作的特藏部门，以备修纂地方艺文志的需要。如果笼统地将地方出版物和地方人士著作作为地方文献来收藏，必然会给地方文献的收藏、编目、整理工作增加工作量。而且按照地方文献广义说也势必给分类工作带来混乱。如果按内容对地方文献进行分类，这些著作将无类可归；如果不按内容分类，也没有更好的办法，而且不利于地方文献的利用。如果按地方出版物、地方人士著作单独做一类处理，那么某一部地方人士写作并由当地出版社出版的关于地方的著作，就需要分别在三部分中体现，使分类陷入混乱。

（三）地方文献的利用

地方文献的利用工作主要包括咨询和研究两方面，是一个由内而外的输出过程，前者是面向读者对地方文献的查询、阅览，后者主要是地方文献的工作人员对所收藏的地方文献的研究，这里的研究工作又与对地方文献的整理工作密切相关，并且这种研究工作既包括对地方文献内容本身的微观研究，也包括对地方文献发展历史、规律的宏观研究。

地方文献的咨询工作主要是为了帮助读者和研究人员更方便快捷地查询到需要的地方文献。金霂林将咨询工作分为数据型咨询和引导型咨询两类①，前者是咨询工作人员对读者的信息需求做出直接解答，后者则是工作人员根据读者的需求提供建议性的方案，引导读者自己完成文献的检索过程。

地方文献的研究工作主要是馆员学者对地方文献的直接研究，既包括对本地区地方文献的局部研究，也包括对该地区地方文献发展历史的研究。如王英认为对地方文献发展史的研究主要是"研究地方文献自身形成和发展的历史与规律，研究各个历史时期的地方文献的编纂思想及著作，研究历代地方文献收藏的思想和流派，确立本学科的研究方向、思维方法、研究手段"②。馆员学者的地方文献研究是学术界对地方文献研究中的重要力量。

在地方文献的利用工作中，如果采用地方文献"广义说"作为指导的话，将会给读者查询和学者研究带来困扰。开展地方文献工作的目的，就是为了对地方文献更好地利用，这种对地方文献的利用既包括非专业的读者对地方文献的查询、阅览，也包括专业学者利用地方文献从事的学术研究，如对某一地方政治、经济、文化进行系统的研究。如果将地方出版物和地方人士著作笼统地归为地方文献，势必使地方文献中充斥着大量在内容上与本地无关的文献，导致读者和学者在翻检所需的地方文献时，予人以"披沙拣金"之感，这必将给研究工作带来诸多困扰。

(四)地方文献工作与地方文博工作、档案工作的关系

第一，地方文献工作与地方文物收藏工作。于乃义提出："地方文献范畴应包括文物、图书、资料三项。"③我们认为，地方出土的文物并不能笼统地归为地方文献。某一文物是否地方文献，首先要看它是否具备文献的三要素，若一件文物虽有物质载体，但却没有相应的符号，或

① 金霈林：《图书馆地方文献工作》，北京图书馆出版社 2000 年版，第 113 页。
② 王英：《地方文献学的理论构架》，《河南图书馆学刊》1998 年第 4 期。
③ 于乃义：《地方文献简论》，《文献》1979 年第 1 期。

有相应的符号，却无法传递任何知识信息，则此文物即使再名贵，也不能算地方文献，因为它首先连文献都不是。确定一件文物属于文献的范畴之后，还需要对它所传递的知识信息进行考察，以确定此信息是否具有内容上的地方性。只有当一件文物同时具有这两个条件时，才能确定这一文物属于地方文献。同时，我们认为，在对文物类地方文献进行收集时，应该注重地方文献的文献内容，而不应该过于注重地方文献的载体。因此，图书馆在收藏文物类地方文献时，应以拓片、影印件等为主，不必过于注重对实物的收集，收藏实物属于博物馆文物收藏的工作。

第二，地方文献工作与地方档案工作。地方档案工作是档案工作人员对当地的机关、团体、企事业单位及个人在日常活动中形成的，具有查考利用价值的文件资料，进行集中归档保存的工作，主要由当地的档案部门来完成。从理论上讲，地方档案部门保存的档案在内容上都是关于当地的政治、经济、社会、文化、自然情况的，属于地方文献的范畴。但从实际的工作上来说，由于各地档案工作的收缴和管理制度都较为完善，专业性强，地方文献工作对于这部分文献应该与档案部门建立联系，进行沟通，分工协作，做到对档案部门的地方档案文献有清晰全面的了解，编制地方档案文献的检索目录，以方便读者、学者的查询。当然，在条件和制度允许的范围内，地方文献工作人员可以对部分重要的地方档案文献进行复制或整理保存，使读者、学者能够更好地利用。由于"地方档案部门的工作重心主要侧重于来源于政府机构的正式档案，对于全部地方档案，尤其是产生于民间的大批档案材料的收集，很难做到面面俱到，巨细无遗。因此，地方档案馆和地方图书馆从各自的角度去收集地方档案，尤其是收集分散在社会各个方面的民间档案，还是大有必要的"①。所以，对民间档案的收集也应该成为地方文献工作中的一个重要部分。

————————

① 金霈林：《图书馆地方文献工作》，北京图书馆出版社 2000 年版，第 18 页。

三、作为学科的地方文献学

1979 年，于乃义首次提出"地方文献学"的概念："通过实践认识……钻研有关地方文献的理论、方法，从历史学、地理学、目录版本校勘学以及科技情报学等多种学科脱胎出一门边缘科学，姑且名为'地方文献学'。"①

此后，许多学者都对"地方文献学"的概念提出了自己的看法。如骆伟提出："地方文献学是文献学的一个分支，它是研究区域文献的形成发展及开发利用的一般规律的科学。"②他在《地方文献学概论》中又进一步对其进行细化："地方文献学是一门以文献学原理为基础，广泛运用目录学、版本学、校雠学、编纂学、史学、方志学、计算机科学等学科的知识，对特定区域文献的产生、分布、集聚、整序与开发利用进行研究，并探索其发展规律的一门学科。"③雷树德认为："地方文献学是研究地方文献产生和发展、征集、整序和开发利用的一门科学。"④王英认为："地方文献学是研究区域文献的形成及开发利用的一般规律的科学，它以区域文献和区域文献工作为研究对象，以文献学、目录学和现代情报学的原理为基础，探讨区域文献如何系统开发、科学管理、有效利用的一门新兴学科。"并提出"地方文献学应该成为图书馆学研究领域内一门独立的学科"⑤。朱立文认为："地方文献学则是以特定地方文献整理的各方面（包括对象、内容和方法）及其历史为研究对象的一门综合边缘学科。"⑥王淑芬、马小红认为："地方文献学是文献学的一个分支，是研究地方文献的形成发展及开发利用的一般规律的科学。以

---

① 于乃义：《地方文献简论》，《文献》1979 年第 1 期。
② 骆伟：《论地方文献》，《广东图书馆学刊》1988 年第 3 期。
③ 骆伟：《地方文献学概论》，澳门文献信息学会 2008 年版，第 32 页。
④ 雷树德：《地方文献学论要》，《湖湘论坛》1998 年第 5 期。
⑤ 王英：《地方文献学的理论构架》，《河南图书馆学刊》1998 年第 4 期。
⑥ 朱立文：《地方文献探究的若干思考》，《文献·信息·网络——福建省社科信息学会十周年纪念论文集》，福建省社会科学信息学会 2000 年版，第 129 页。

地区文献与文献工作作为研究对象，以文献学、目录学与情报学的原理为基础，探讨地区文献如何系统开发、科学整理、有效利用的一门新兴学科，即地方文献学。"①

此外，在"地方文献学"学科建设方面，张利从地方文献学研究对象的知识内涵、地方文献学的社会实践基础、地方文献学的专业研究队伍、地方文献学的实践与理论研究成果等方面阐述了建立中国"地方文献学"专门学科的可行性，认为："一门科学学科的能否建立，其先决条件关键在于两个方面：一是被研究对象的内涵是否丰富，二是研究队伍的数量和质量。""'地方文献学'是一门植根于地方文献工作实践的学问，既然作为一门科学，其学科体系的形成就应该而且必须符合科学形成的客观规律。从历史和现实角度考察，我国的'地方文献学'已具备了建立专门学科的基础和条件。"②

但也有学者认为当前并不存在"地方文献学"：

当前还不存在"地方文献学"，因为建立任何学科都必须具备四个条件：一是特定的研究对象。"地方文献学"是研究地方文献，还是研究地方文献工作，或者既研究地方文献，也研究地方文献工作尚不明确，学科的性质是文献学的分支，还是图书馆学分支，它与图书馆学、目录学、情报学的关系如何，同样没有回答。二是要有准确的学科概念。目前我们且不谈建立一个学科的各种概念不清楚，就是最基本的"地方文献"概念也还没有完全取得共识。三是要有系统的理论。而理论的基本要素是概念，既然概念不完整，不明确，怎能去构架理论体系？四是建立起来的理论要足以能具体说明研究对象的规律，并指导和解决实际问题。可以说，目前对地方

① 王淑芬、马小红：《关于地方文献研究的几个问题》，《图书馆学刊》2001年第2期。
② 张利：《试论我国"地方文献学"专门学科建立的可行性》，《华北地区高校图协第二十四届学术年会论文（文章）汇编》，河北省高等学校图书情报工作委员会2010年。

文献工作的研究仍停留于一般工作现象的描述，缺乏科学的抽象，诸多概念、原理正在探讨之中。事实证明，任何研究课题匆忙称"学"都不能提高自身的学术地位，且往往适得其反，导致忽视对实际工作经验的总结、研究，对事业发展无所裨益。①

黄氏从研究对象、学科概念、学科理论、研究规律四个方面对地方文献学进行了全盘否定，未免言之过甚。毋庸讳言，十余年前，"地方文献学"的理论建设确实严重滞后，诚如论者所言——"对地方文献工作的研究仍停留于一般工作现象的描述，缺乏科学的抽象，诸多概念、原理正在探讨之中"。我们也应该看到，"地方文献学"是一门新兴学科，其研究对象的多学科交叉和应用性特点一方面说明了研究者对其他研究范式的宽容，另一方面也说明他们关注的对象不一致，其价值观、思维方式存在一定的差异和分歧。如文献学者关注地方文献的特殊史料价值，历史学者重视历史文化方面的问题（如经济史学者关注经济史料，社会史学者关注社会史料，历史地理学者关注地理变迁，科技史学者关注天文及气象变化），图书馆学者关注地方文献的收藏、利用与保护，如此一来，研究者们的学术标准判断不同，学术概念、规范在短期内很难实现统一。所以，地方文献学与其他学科的界限目前还不十分明晰，趋同度较低、分野度较高。无论如何，以成熟学科的标准来衡量一门新兴学科，这绝不是科学研究的态度。何况经过十多年的发展，地方文献学无论是实践还是理论研究都取得了不少进展，我们再也不能"老夫聊发少年狂"，剑走偏锋，怪论叠出，而应该平心静气地看待新兴学科在成长过程中所面临的各种问题。

下面我们拟从"地方文献学"的研究对象、学科概念、学科理论、研究规律四个方面讨论"地方文献学"的学科是否成立。

对于"地方文献学"的研究对象，骆伟、雷树德、王英、王淑芬等学者的表述虽有不同，但基本上是从"地方文献"和"地方文献工作"两

① 黄俊贵：《地方文献工作刍论》，《中国图书馆学报》1999 年第 1 期。

个方面进行界定的，可以说，地方文献学的研究对象就是"地方文献"和"地方文献工作"。而对地方文献学的学科性质，王英认为地方文献学是图书馆学的分支，王淑芬、马小红则认为地方文献学是文献学的分支。我们认为，在地方文献学的两个研究对象中，对地方文献的研究主要是研究者对地方文献的内容本身直接进行的微观研究和对地方文献发展历史、发展规律所作的宏观研究，这部分工作属于文献学与历史学（尤其是专门史）的内容；而对地方文献工作的研究则主要是对地方文献工作中存在的问题，如何建立起更为完善的地方文献工作体系而作的研究，这部分工作属于图书馆学的内容。也就是说，地方文献学是一门兼具文献学、图书馆学、历史学等诸多学科交叉的新兴学科。

对于地方文献和地方文献工作的基本概念，我们认为，地方文献就是内容上具有地方性的文献；地方文献工作就是对地方文献进行收集、管理和利用的工作。我们进一步对文献、地方、地方性等概念以及地方文献工作中的收集、管理、利用进行了讨论。可以说，对地方文献学中重要的概念已经有了比较清晰的认识。

至于地方文献学的系统理论问题，由于地方文献学是一门同时具有文献学和图书馆学的双重性质的交叉学科，那么文献学和图书馆学的一般性理论也同样适用于对地方文献学的研究，地方文献学的理论基础就是文献学和图书馆学的一般性理论。

学术界若能进一步加强对地方文献学的研究工作，对于地方文献的发展规律等也必将能够有更清晰的认识，并进一步完善这一学科体系，使之能够更好地指导和解决实际问题。王英从地方文献学作为图书馆学分支学科的角度，描述了地方文献学学科研究体系，包括普通地方文献学、专科地方文献学、应用地方文献学、比较地方文献学四大分支。①

众所周知，任何一门新兴学科都有一个发生、发展过程。地方文献学作为一门学科，不仅是必要的，而且是可能的，是完全可以成立的。地方文献学就是对地方文献与地方文献工作进行系统研究的一门综合性

---

① 王英：《地方文献学的理论构架》，《河南图书馆学刊》1998 年第 4 期。

交叉学科。地方文献学的综合性主要是由地方文献内容上的综合性决定的。由于地方文献是对与某一地区相关的自然、社会、人文等众多事物相关的历史与现状的全面记录，涉及的内容非常广泛，则地方文献学对地方文献的研究就必须综合自然科学、社会科学、人文科学中的诸多学科进行综合研究，这样才能对地方文献进行全面的开发利用，系统地反映该地区天文现象、地理生态、科学技术、政治经济、文化教育、风俗宗教等各个方面的情况。地方文献学的交叉性主要是由地方文献工作中文献学、历史学、图书馆学等多个学科知识的交叉运用来体现的。地方文献工作虽然主要是图书馆学的范畴，但在具体工作中对文献学理论的运用却是随处可见的，如地方文献管理工作中的编目和撰写提要就与文献学中的目录学紧密相关，对地方文献工作的研究就必然要涉及文献学的内容。而为了做好地方文献的研究工作，除了对文献学基本知识和理论的运用之外，还需要借助图书馆学、情报学的现代理论，如对文献进行定量分析，对地方文献数据库进行开发利用等。我们还应该看到，地方文献资源的分布范围非常广泛，目前从事地方文献工作的单位亦并非图书馆界所独有，而是几乎遍及档案系统、方志系统、文博系统、教育系统等大量的社会文化工作部门。因此，为达到在最大范围内充分挖掘和利用地方文献资源的目的，作为地方文献资源开发利用的系统性研究，宜采取广视角、跨系统、多载体、多类型、多文种的全方位研究模式。①

四、地方文献与地方文化

(一) 文化

"文化"一词虽广泛运用于学术研究、日常生活等各种场合，但要

---

① 张利主编：《中国西部地区地方文献资源论稿》，内蒙古大学出版社 2007 年版，第 5 页。

给它下一个严格而精确的定义却是非常困难的。"文化的本质内蕴是自然的人化,是人的价值观念在社会实践中对象化的过程与结果,包括外在文化产品的创制和内在心智、德性的塑造。因此,文化分为技术系统和价值系统两大部类,前者表现为器用层面,是人类物质生产方式和产品的总和,构成文化大厦的物质基石;后者表现为观念层面,即人类在社会实践和意识活动中形成的价值取向、审美情趣、思维方式,凝聚为文化的精神内核。"①

"文化"的概念有广义和狭义之分。广义的文化就是"人文化成",是人区别于动物的一种属性,这里的"人文"是相对于"天文"、"地文"等自然现象与规律而言的,它是人与自然界、人与人以及人与自身的一种关系。"凡是超越本能的、人类有意识地作用于自然界和社会的一切活动及其产品,都属于广义的文化;或者说,'自然的人化'即是文化。"②而狭义的文化则是相对于政治、经济、社会等概念而言的,它更多地体现在人的思想精神层面,广义文化和狭义文化可作这样简要的区分:"包括物质、精神、制度、行为四层面的文化,是广义文化;作为不停运行的广义文化在观念领域摹本的精神文化,是狭义文化。"③

(二) 地方文化

对于中国整体文化史的研究,学界一般侧重于使用狭义的概念,因为在中华几千年的历史中,在中国近千万平方公里的地域上,从广义层面来叙述中国文化,势必会造成研究内容极其驳杂、研究对象主次不分等混乱状况。谭其骧先生说过:"任何时期都不存在一种全国共同的文化。""中国文化有地区性,不能不问地区笼统地谈中国文化。"④换言之,文化研究必须以区域为依托,寻找区域之间的文化差异性。有了这

---

① 冯天瑜:《文化守望》,武汉大学出版社 2006 年版,第 28 页。
② 冯天瑜:《文化守望》,武汉大学出版社 2006 年版,第 24 页。
③ 冯天瑜:《文化守望》,武汉大学出版社 2006 年版,第 28 页。
④ 谭其骧:《中国文化的时代差异和地区差异》,《复旦学报》(社科版)1986年第 2 期。

个差异性，文化研究就有了无穷无尽的源泉，相应的学科即有可能应运而生。近三十年来，"文化热"在华夏大地一度蔚然成风，地域文化研究的成果也不绝如缕。如 1998 年辽宁教育出版社出版的《中国地域文化丛书》，全国文化被划分为 24 种地域文化：八桂文化、八闽文化、巴蜀文化、草原文化、陈楚文化、滇云文化、关东文化、徽州文化、江西文化、荆楚文化、两淮文化、岭南文化、陇右文化、齐鲁文化、黔贵文化、青藏文化、琼州文化、三晋文化、三秦文化、台湾文化、吴越文化、西域文化、燕赵文化、中州文化。此套书出版之后，产生了比较强烈的反响，推动了地域文化继续向纵深方向发展。近年由中央文史研究馆组织各地文史研究馆和馆外专家用 6 年时间撰写了《中国地域文化通览》丛书，共 34 卷，各省、自治区、直辖市，以及港、澳、台均有一卷。各卷上编纵向地描述当地文化的发展史，下编重点描述当地文化的特点和亮点。上起远古，下迄清末，可视为各地的"文化地图"。值得注意的是，还出现了北京的"北京学"，上海的"上海学"，香港的"香港学"，浙江的"浙学"，福建的"闽学"，湖南的"湘学"，安徽的"徽学"，广东的"岭南学"或"粤学"，广西的"壮学"，河南的"洛学"，陕西的"关学"，西藏的"藏学"，海南的"海南学"、"南海学"。此外，"泉州学"、"温州学"、"潮州学"（或"潮学"）、"徽州学"、"长安学"、"敦煌学"、"客家学"、"广府学"、"江南学"、"草原文化学"、"红土文化学"、"疍民文化学"、"长江三峡学"、"鄂尔多斯学"、"湖湘文化"、"河洛文化"、"京师文化"的说法在学术界也很流行。只要以某一独立区域或某个独立文化要素为对象，都可树立起"某某学"旗帜。只要"揭竿而起"，就会"云从响应"。

地方文化，顾名思义，即是某一特定地域的文化状况。各个地区的文化状况千差万别，如《中国地域文化通览·吉林卷》上编从历时的角度全面介绍了吉林的远古文明、汉魏时期的夫余文化、汉魏至唐的高句丽文化、唐朝时期的渤海文化、辽文化与辽统治下的吉林、"金源内地"吉林与金文化、元明时期的女真文化、清代吉林的多民族文化，勾勒出一部绚丽多姿的吉林文化史长卷。又如《中国地域文化通览·湖北卷》，分为"史前：滥觞与展衍"、"先秦：蓄积与崛起"、"秦汉：沉寂与复苏"、"魏晋南北朝：冲突与交融"、"隋唐：吸纳与辐射"、"宋元：深邃与雅致"、"明清：激荡与开新"、"辛亥首义：革故与鼎新"，对于不同时代的文化特征做出了恰如其分的概括。

地方文化的研究不应该仅仅着眼于狭义的文化概念，而应该尽量从广义文化的概念出发，研究该地区物质、精神、制度、行为等各个方面的文化状况，以便更为全面地呈现某一地区的全部文化形态。这种广义的地方文化研究同时也是对整体上的狭义文化研究的一种补充，二者交相为用，既使从整体上把握文化史成为可能，也使得对各地区文化细节的全面了解成为可能。

地方文化的研究对象应该是极其广泛的，它包括物质层面的饮食文化、物产文化、建筑石刻、名胜古迹，精神层面的风俗民情、思想文化、宗教文化，制度层面的政治、经济、文化、社会制度，行为层面的语言文化、曲艺文化等。所以，对地方文化的研究应该是一种合作性的研究，不同研究领域的学者们可以从不同的层面、不同的角度，分工合作，以呈现地方文化的总体状况。在地方文化研究中，应该重视三个研究维度：第一，超越地方的文化研究，从文化整体、文化联系、历史过程三个方面考察地方文化；第二，微观与综合的地方文化研究，重视地方社会历史文化资料的搜集整理，然后进行综合研究；第三，地方之间的平行研究，重视地方风土类型的考察比较与地方文化互动关系的研究。①

地方文化既有深厚的历史性，它是某一地区历史传统积淀的结果，反映了生活在该地区的人所共同分享的文化成果；地方文化又具有极强的现实性，深厚的地方文化传统必定仍旧深刻地影响着当下生活在该地区的人。所以，学者们对于地方文化的研究，从时间的分段上，应从地方的传统文化和当代地方的文化现象两个方面展开。

---

① 萧放：《地方文化研究的三个维度》，《地方学与地方文化——理论建设与人才培养学术研讨会论文集》，知识产权出版社 2012 年版，第 41 页。

（三）地方文献与地方文化的关系

地方文献工作的一项重要任务就是对地方文献的研究，而地方文化的研究是其中极为重要的一个组成部分。地方文献与地方文化也就有着非常密切的关系。

第一，地方文化是地方文献产生的重要基础。文化是先于文献而产生的，最初的文献大多只是文化的符号化，在没有产生这种承载文化的符号之前，文化已经长久地存在着。只有出现了具有记录功能的符号之后，文化才能以文献的形式进行流传，文献产生这本身就是一种极为重要的文化。而具有地方性的地方文化则是产生具有地域性特征的地方文献的重要基础。没有地方文化滋养，很难产生具有地方特色的文献，因为地方文献大多是地方文化的文字化，是记录当地风俗人情、物产饮食等地方文化内容的载体，没有被记录的对象存在，记录也就变得毫无意义。例如杨东甫、杨骥《笔记野史中的广西》（广西师范大学出版社 2012年版）一书，收录了古代笔记野史中关于广西土著民族风俗民情、物产气候、旅桂名人等方面的记载，如果没有广西地区独特的文化存在，古代的笔记野史中也就不会有大量的关于广西各方面的记载。

第二，地方文献是地方文化状况的集中反映。由于地方文献大多是依赖于地方文化而产生的，那么在对地方文化的研究过程中，地方文献就起着非常重要的作用。但是，地方文化又并非全部都由地方文献来呈现。地方文化的内涵极其丰富，地方文化的表现形式也多种多样，除了用文字符号记录下来的文献之外，各种地方的特色建筑、宗教仪式、风俗习惯、饮食娱乐等形式，也是地方文化研究的重要内容。地方文献仅是从文献记载的角度对地方文化的呈现，而对文献记载之外的地方文化研究，就需要从实物、仪式以及非物质文化等方面加以展开，仅仅依靠地方文献，是无法完全满足地方文化研究工作的需求的。虽然地方文化并非全部通过地方文献来展现，地方文献呈现的也并非都是地方文化，但地方文献是地方文化状况的集中反映，是研究地方文化的重要途径。

(四) 地方文献工作在地方文化建设中的作用

地方文献是地方文化研究的重要基础，只有做好地方文献工作，才能为地方文化研究提供良好的学术环境。对于地方文化的研究者而言，只有在充分掌握地方文献的基础上，才能作出更加优秀的研究成果，而这就需要地方文献工作提供文献支撑。

地方文献的整理、影印，应该成为地方文献工作的一个重要内容。在这方面，近年来各地开展了编纂或重印大型地方文献丛书的工作，不少地区的地方文献工作已经作出了不错的成绩，例如云南省文史研究馆整理影印的《云南丛书》(中华书局 2009 年版)，该丛书编于 1914—1940 年，初、续编共收录汉代至民国初年的云南文献共 205 种，按四部分类法编排，其中作者达 168 人，除汉族外，还有彝族、白族、纳西族、回族、满族等少数民族作者，这次重印，就为云南地方文化的研究提供了坚实的基础性文献支撑。此外，正在编纂或已经完成的其他大型地方文献丛书，如《广州大典》、《中原文化大典》、《中州文库》、《荆楚文库》、《荆楚全书》、《湖湘文库》、《巴蜀全书》、《山东文献集成》、《金陵全书》、《海南地方志丛刊》、《重修金华丛书》、《新疆文库》，以及《中国方志丛书》和《中国地方志集成》中各地方的方志等，也都将在各地地方文化的研究中发挥重要的作用。

地方文献的数字化，应该成为今后地方文献工作的工作重心。由于近年来信息化、数字化技术在社会生活各个方面的广泛运用，传统的图书馆工作也在逐步向现代化的图书馆工作转变，而文献的数字化就是其中一项重要的内容。地方文献工作中，也应该加大地方文献数字化的进程，使地方文献能够更好地保存和利用，这是未来地方文献工作的重要内容。在地方文献的数字化之后，还应该建立地方文献数据库，以方便地方文献研究者的利用。

因此，地方文献工作就是要为地方文化的研究提供便利，使得地方文化的研究者在研究工作中能够把沉寂在地方文献中的文化因素加以激活，使当下的人仍能从中受益，为地方的文化建设作出贡献。

第二辑

专 论

拟卦考略

　　拟经是经学研究史上一种特殊的文化现象。始作俑者，其为汉代模拟大王扬雄乎？他拟《周易》而作《太玄》，拟《论语》而作《法言》。自汉至清，模拟经书者代有其人。清初朱彝尊编撰《经义考》三百卷，其中"拟经"就达十三卷之多。除了拟经，还有拟卦。元末陶宗仪《南村辍耕录》首先注意此类文化现象，并著录了《辊》、《吝》、《谝》三卦的卦爻辞。《经义考》卷二七二作了比较系统的著录，又加案语云："邵德芳《忍》、《默》、《恕》、《退》四卦，何廷秀《忠》、《勤》、《廉》、《慎》四卦，皆拟《周易》体制以教人，正无不可。若宇文材之《笔卦》，犹不失《毛颖传》之遗。至于淮南潘纯子素作《辊卦》，平江蔡卫宗鲁作《吝卦》，扶风马琬文璧作《谝卦》，以及屠本畯田叔作《抢》、《谑》、《馋》、《谄》四卦，难乎免于侮圣人之言矣，故置不录。"清代王棠《燕在阁知新录》卷二十二亦有"九人七卦"专条。然而，学界似乎对此特殊之文化现象早已遗忘。本人以数年之力，随见随录，积久成帙。现应张涛教授之邀，特撰此稿。因索稿甚急，来不及展开论述，仅提供拟卦内容，略加考释而已。至于此专题全面深入之探讨，则俟诸异日。

一、辊卦

元陶宗仪《辍耕录》卷十：

　　淮南潘子素纯尝作《辊卦》，讥世之仕宦，人以突梯滑稽①，

---

　　① 突梯滑稽：突梯，圆滑貌。委婉从顺；圆滑随俗。钱锺书指出："突梯滑稽"，"注家未有能解'突梯'者"，突，破也，梯，阶也，去级泯等犹"滑稽"之"乱得"除障，均化异为同，所谓"谐合"也。(《钱锺书论学文选》第2卷，花城出版社1999年版，第210页。)

而得显爵者，虽曰资一时之谑浪调笑，不为无补于名教。卦辞曰：

辊①：亨，可小事，亦可大事。

彖曰：辊亨，天地辊而四时行，日月辊而昼夜明，上下辊而万事成，辊之时义大矣哉！

象曰：地上有木，辊。君子以容身固位②。

初六，辊出门，无咎。象曰：出门便辊，又何咎也。

六二，傅于铁辖③。象曰：傅于铁辖，天下可行也。

六三，君子终日辊辊，厉无咎。象曰：终日辊辊，虽危无咎也。

九四，模棱④，吉。象曰：模棱之吉，以随时也。

六五，神辊。象曰：六五神辊，老干事也。

上六，或锡之高爵，天下揶揄之。象曰：以辊受爵，亦不足敬也。

今按：此卦大旨在讥讽俗人之混世哲学。其卦象与豫卦相同，然内容不同。

陶宗仪《辍耕录·辊斋谝三卦》："此篇或者又谓自宋末即有，非潘所造，未审是否。"明冯梦龙辑《古今谭概》文戏部卷二十七"辊卦"条亦称宋末淮南潘纯戏作《辊卦》，又称其词"切中挽近膏肓，可发谐笑"。

潘纯，字子素，元庐州人。少有俊才，风度高远。壮游京师，一时文学贵介争延致之。每宴集，辄云："潘君不在，令人无欢。"尝著《辊卦》，以讽当世。元文宗欲捕治之，乃亡走江湖间。后为行台御史纳璘子安安所杀。著有《子素集》。其《题宋高宗刘妃图》云："秋风落尽故宫槐，江上芙蓉并蒂开。留得君王不归去，凤凰山下起楼台。"又《题赵子固蕙花蛱蝶图》云："江上青山日欲晡，幽苍小纸墨模糊。华清宫殿生

---

① 辊(gǔn)，义为"运行"、"运转"；又犹"混"，形容苟且地生活。
② 容身固位：容身，保全自身，喻指苟且偷安；固位，巩固保持权位。
③ 辖，车轴头。
④ 模棱，比喻遇事不置可否，态度含糊。

秋草，零落滕王蛱蝶图。"生平事迹见《尧山堂外纪》、《元诗选》、《(嘉庆)合肥县志·艺文志》等。

二、吝卦

元陶宗仪《辍耕录》卷十：后平江蔡宗鲁（卫）作《吝卦》以配之，曰：

吝：亨。利居闲，不利有所为。

象曰：吝，鄙啬也。利居闲，无所求也。不利有所为，恐致祸也。

初六，居富，吝于周急。悔亡，无攸利。象曰：吝于周急，莫恤其贫也。悔亡，无攸利，己终有望也。

六二，听妇言，至吝。不养其亲，不恤其弟，贞凶。象曰：听妇言，昵于私也。不养其亲，忘大恩也。不恤其弟，失大义也。虽养弗时，亦致灾也，故贞凶。

九三，极吝。吝其财，不吝其身，于行非宜。象曰：吝其财，斯致富也。不吝其身，乃轻生也。

六四，太吝。君子言，小人凶。象曰：吝于君子，虽有言，无尤也。吝于小人，虽不有言，终有悔也。

六五，不吝于色。务所欲，终以死亡，凶。朋来，吝于酒食，弗克欢，无咎。象曰：不吝于色，惑于淫也。务所欲，乐其顺从也。终以死亡，凶可知也。朋来，从其类也。吝于酒食，诚大谬也。虽弗克欢，可无咎也。

上九，居其家，不吝于内，吝于教子。弗叶，吉。象曰：居其家，妄自尊也。不吝于内，畏寡妻也。吝于教子，终无所成也。

今按：此卦大旨在讥讽形形色色之吝啬鬼。其卦象与艮卦相同，然内容截然不同。

三、谝卦

元陶宗仪《辍耕录》卷十：近扶风马文璧琬又作《谝卦》曰：

谝①：贞享，初吉终凶，利见小人，不利于君子。

象曰：贞，正也。享，通也。通乎正言，谝或庶几也。终凶，谝不由初也。利见小人，犹同类也。不利于君子，入于邪也。

象曰：丽口掉舌②，谝。君子以求名于禄。

初九，谝于同朋，无咎。象曰：同朋于谝，又谁咎也。

九二，略施于民，吉。象曰：九二之吉，以新众听也。

六三，来其谝，酒食用享。象曰：来其谝，民取则也。享其酒食，以崇功也。

九四，饰言如簧，以娱彼心，乃获南金③。象曰：娱人获金，不足道也。

九五，君子终日高谝，王用征，安车以迎，终岁弗宁，后有凶。象曰：以谝受征，不羞也。终岁弗宁，只足烦劳也。后有凶，不副实也。

上六，莽谝④不已，四方欲杀之。象曰：莽谝，众怒，杀之何过也。

今按：此卦大旨在讥讽形形色色之骗子。其卦象与兑卦相同，然内容不同。

---

① 谝：欺骗；诈骗。

② 掉舌：犹鼓舌。指游说、谈说。语本《史记·淮阴侯列传》："且郦生一士，伏轼掉三寸之舌，下齐七十余城。"

③ 南金：南方出产的铜。后亦借指贵重之物。《诗·鲁颂·泮水》："元龟象齿，大赂南金。"毛传："南谓荆扬也。"郑玄笺："荆扬之州，贡金三品。"孔颖达疏："金即铜也。"

④ 莽谝：大骗特骗。

元陶宗仪《辍耕录》卷十："右三卦，切中时病，真得风刺之正，因并录之。"

马琬(？—1378?)，字文璧，号鲁钝生、灌园人，江苏南京人，长期寓居松江。元末明初画家。有志节，工诗善画，诗工古歌行，画长山水，官至抚州郡守。善画山水人物，工诗能书。元末隐居，洪武三年(1370)出知抚州。著有《灌园集》。生平事迹见《西湖竹枝集》、贝琼《灌园集序》(《清江集》卷七)、《跋马文璧云林隐居图后》(《清江集》卷一三)。

四、谄卦

清褚人获《坚瓠续集》卷六《谄卦》曰：

王丹麓戏为《谄卦》，描摹谄字义，如燃犀照水①，情状毕现。

卦曰：谄，亨。利有攸往，不利君子贞。

象曰：谄，天下大而其情同也，故亨。利有攸往，其义不困穷也。不利君子贞，直无所容也。

象曰：位高多金，谄。君子以违俗秉礼。

初六，执其随，利贞。象曰：志在随人，以顺为正也。

六二，巧言令色足恭。吝。象曰：巧言令色，不足敬也；足恭，亦何佞也。

六三，胁肩谄笑，病于夏畦②。凶。象曰：笑乃胁肩，不自知其病也。

------

① 燃犀：南朝宋刘敬叔《异苑》卷七："晋温峤至牛渚矶，闻水底有音乐之声，水深不可测。传言下多怪物。乃燃犀角而照之。须臾，水族覆火，奇形异状。"后以"燃犀"为烛照水下鳞介之怪的典实。亦用为洞察奸邪、明烛幽微之典。

② 夏畦：原指夏天在田地里劳动的人。《孟子·滕文公下》："胁肩谄笑，病于夏畦。"朱熹集注："夏畦，夏月治畦之人也。"此处指卑躬屈膝，对人谄媚。黄庭坚《题魏郑公〈砥柱铭〉后》："吾友杨明叔……持身洁清，不以夏畦之面事上官，不以得上官之面陵其下。"

六四，见金不有躬，或承之羞。象曰：羞载承之，众难定也。

六五，有盛馔①，富与贵。无悔。象曰：盛馔无悔，中心称也。

上六，诮以贿，利见大人。象曰：利见大人，上下应也。

今按：此卦大旨在讥讽谄媚之小人。其卦象与坤卦相同，然内容不同。

五、蟹卦

清褚人获②《坚瓠二集·蟹卦》：

予性嗜蟹，拟隶蟹事，以补傅肱《蟹谱》③之遗，因作《蟹卦》，曰：

蟹：亨。利涉大川，不利有攸往。至于八月，有凶。

彖曰：蟹，解也，顺以兑剥而烹，故解也。利涉大川，终无尤也。至于八月有凶，其道穷也。

象曰：蟹，泽上于地。君子以饮食宴乐。

初六，用凭河，需于沙，出自穴，盈缶。象曰：需于沙，宜乎地也。盈缶，乃大得也。

九二，蟹用牡大壮，朋至斯孚，一握为笑，勿恤，永吉。象曰：朋至斯孚，道大光也。

六三，外刚内柔，包荒不遐遗，剥之，无咎。象曰：剥之无

① 盛馔：丰盛的饭食。《论语·乡党》："有盛馔，必变色而作。"
② 褚人获（1625—1682），字稼轩，又字学稼，号石农，江苏长洲（今江苏苏州）人。一生未曾中试，也未曾做官。著有《坚瓠集》、《读史随笔》、《退佳琐录》、《续蟹集》、《宋贤群辅录》等。
③ 《蟹谱》二卷，宋傅肱撰。肱字自翼，其自署曰怪山。陈振孙谓怪山乃越州之飞来山，则会稽人也。其书分上、下两篇，前有嘉祐四年自序。

咎，应乎天也。

九四，备物致用，君子有蟹，不速之客三人来，食之终吉。象曰：君子有蟹，志喜也。食之终吉，不素饱也。

六五，月几望，利西南，不利东北。象曰：几望，有损，乘天时也。不利东北，察地脉也。

上六，观我朵颐，齐咨涕洟。君子吉，小人否。象曰：观我朵颐，亦不足贵也。君子吉，尚宾也。小人否，尚口乃穷也。

今按：此卦亦见于明周八龙《挑灯集异》。清孙之骡辑《晴川蟹录·后蟹录》卷二将《蟹卦》归于褚人获，似不足为据。

六、忍卦

四库本《辍耕录》卷十四"四卦"条云：

睦人邵玄同先生桂子尝作《忍》、《默》、《恕》、《退》四卦，揭之坐隅，真得保身、慎言、絜矩、知止之道者矣。

忍：亨。初难终吉，利君子贞，不利小丈夫。

象曰：忍刚发乎内，柔制乎外，故亨。初若甚难，乃终有吉。惟君子为能动心忍性。不利小丈夫，其中浅也。

象曰：刃在心上，忍。君子以含容成德①。

初一，小不忍则乱大谋②。象曰：小不克忍，成大乱也。

次二，必有忍，其乃有济。象曰：能忍于中，事克济也。

次三，一朝之忿，亡其身，以及其亲。象曰：一朝之忿，至易忍也。亡身及亲，祸孰大焉。

---

① 明高濂《遵生八笺》卷一："心上有刃，君子以含容成德；川下有火，小人以忿怒殒身。"
② 子曰："巧言乱德。小不忍则乱大谋。"（《论语·卫灵公》）

次四，出于胯下，以成汉功，韩信以之。象曰：胯下之辱，小辱也。成汉之功，大功也。

次五，张公艺九世同居，书一忍字，以对于天子。象曰：同居之义，忍克致也，积而九世，有容德也。

上六，血气方刚，戒之在斗①。象曰：方刚之气，忍则灭也。形而为斗，自求祸也。

今按：朱彝尊《经义考》卷二七二"拟经五"载：

邵氏桂子《忍》、《默》、《恕》、《退》四卦辞四篇。

存。《姓谱》：邵桂子，字德芳，淳安人。咸淳七年进士第，任处州教授，弃官归隐，凿池，构轩其上，名曰雪舟。作《忍》、《默》、《恕》、《退》四卦以自警。

元邵桂子，字德芳，号玄同，淳安人。太学上舍，登咸淳七年（1271）进士，任处州府教授，宋亡，避地云间，赘曹氏，居泖湖之蒸溪，尝濒湖构亭名雪舟，著述其间。有《脞稿》十卷、《脞谈》二十卷，皆以雪舟名之。预为生圹，号曰元宅。著《元宅七铭》、《后七铭》、《续七铭》、《别七铭》，凡二十八事。摹《周易》作《忍》、《默》、《恕》、《退》四卦。

检元吴澄（1249—1333）《吴文正集》卷一〇〇亦有《忍卦》：

忍，刃上心下，元亨。初吝终吉，悔亡，利君子贞，不利小丈夫。

象曰：忍刚发乎内，柔制乎外，小有所抑，大有所益也。

象曰：心上有利刃，忍。君子以含容成德。

---

① 子曰："君子有三戒：少之时，血气未定，戒之在色；及其壮也，血气方刚，戒之在斗；及其老也，血气既衰，戒之在得。"（《论语·季氏》）

初一，必有忍，其乃有济。象曰：能忍其性，事克济也。

次二，小不忍则乱大谋。象曰：小不克忍，成大乱也。

次三，一朝之忿，忘其身，以及其亲。象曰：一朝之忿，至易忍也。忘身及亲，祸孰大也。

次四，出于胯下，以成汉功，韩信以之。象曰：胯下之辱，小辱也。成汉之功，大功也。

次五，张公艺九世同居，书一忍字，以对天子。象曰：同居之义，忍克致也。积而九世，有容德也。

上六，血气方刚，戒之在斗。象曰：方刚之气，忍则灭也。形而为斗，自求祸也。

与邵桂子文大同小异，而明徐𤊹《徐氏笔精》卷六称："右吴草庐先生作。"文渊阁本卷首提要称是集为其孙吴当所编，据此，此卦或为吴当编辑吴澄文集时误收其中。当然，亦不排除吴澄将邵桂子文稍加点窜，据为己有。

七、默卦

默：无咎，可贞，不利有所言。

彖曰：默不言也，乱之所生也，则言语以为阶。是以君子慎密而不出①，故无咎。默以自守，其道可贞也。不利有所言，尚口乃穷也。

象曰：口尚玄曰默。君子以去辨养静。

初一，守口如瓶②，终吉。象曰：守口如瓶，谨所出也。其初

---

① 慎密：谨慎保密。《易·系辞上》："几事不密则害成，是以君子慎密而不出也。"

② 守口如瓶：形容说话谨慎，不轻易出言。后多形容严守秘密。唐道世《诸经要集·择交部·惩过》引《维摩经》："防意如城，守口如瓶。"

能默，终则吉也。

次二，多言不如守中。象曰：言不如默，得中道也。

次三，驷不及舌①，有悔。象曰：驷不及舌，滕口说也。一言之失，悔何追也。

次四，无以利口乱厥官，卿士戒之。象曰：位高而言轻，亦可戒也。

次五，圣人之教，不言而信。象曰：不言而信，渊默之化也。

上六，君子之道，或默或语。象曰：时然后言，默不可长也。

八、恕卦

恕：有孚，终吉。

彖曰：恕之为道，善推其所为而已。以己之心，合人之心。己所不欲，勿施于人，故有孚。能以一言终身而行之，其吉可知矣。

象曰：如心恕。君子以明好恶、同物我。

初一：强恕而行，求仁莫近焉。象曰：强而行之，恕之始也。行而不已违，道不远也。

次二：君子有絜矩之道。象曰：絜矩之道，恕也。

次三：好人之所恶，恶人之所好，是谓拂人之性，菑必逮夫身。象曰：拂人从欲，身之菑也。

次四：己欲立而立人，己欲达而达人。象曰：立而达，恕以从人也。

次五：圣人与众同欲。象曰：与众同欲，圣人之恕也。

---

① 驷不及舌：言已出口，驷马亦难追回。谓说话当慎重。《论语·颜渊》："子贡曰：'惜乎！夫子之说君子也，驷不及舌。'"何晏集解引郑玄曰："过言一出，驷马追之不及舌。"清和邦额《夜谭随录·猫怪三则》："猫曰：'无有不能言者，但犯忌，故不敢耳。今偶脱于口，驷不及舌，悔亦何及。'"

上六：责己重以周，待人轻以约。象曰：待人之法可用恕也，责己之道不可自恕也。

九、退卦

退：勿用，有攸往。

彖曰：退，止也。勿用有攸往，知止也。日中则退而昃，月盈则退而亏。四时之运，成功者退，而况于人乎？退之时义大矣哉！

象曰：艮止其所退，君子以晦藏于密。

初一，退，无咎。象曰：其进未锐，义无咎也

次二，难进易退①。象曰：难进易退，可事君也。

次三，兼人②，凶。象曰：兼人之凶，勇不知退也。

次四，见可而进，知难而退③。象曰：知难而退，终无尤也。

次五，终日如愚④，以退为进。颜子以之。象曰：颜子之退，进不可御也。

---

① 难进易退：谓慎于进取，勇于退让。《礼记·儒行》："儒有衣冠中，动作慎；其大让如慢，小让如伪；大则如威，小则如愧；其难进而易退也，粥粥若无能也。"孙希旦《礼记集解》引吕大临曰："非义不就，所以难进；色斯举矣，所以易退。"

② 兼人：胜过他人；能力倍于他人。《论语·先进》："求也退，故进之；由也兼人，故退之。"朱熹集注："兼人，谓胜人也。"《汉书·韩信传》："受辱于胯下，无兼人之勇，不足畏也。"《荀子·议兵》："凡兼人者有三术：有以德兼人者，有以力兼人者，有以富兼人者……以德兼人者王，以力兼人者弱，以富兼人者贫。"

③ 知难而退：谓作战时应见机而动，如果力不能克则应退却，以免受损失。《左传·僖公二十八年》："军志曰：'允当则归。'又曰：'知难而退。'"《吴子·料敌》："凡此不如敌人，避之勿疑。所谓见可而进，知难而退也。"《晋书·蔡豹传》："诏曰：'知难而退，诚合兵家之言。'"泛指因遇困难而退缩。

④ 明郝敬《论语详解》卷八：颜子承圣教，则终日如愚，无所不悦。夫子欲得其一言之问而不可得。及遇众人，孜孜好问，此所谓以能问不能也。

上六，蝜蝂①升高，踬②而不悔。象曰：蝜蝂升高，其道穷也。踬而不悔，亦可戒也。

十、笔卦

笔：元亨。利用书，贞吉。

彖曰：笔，聿也，刚柔合而成，内虚而外健，柔得中而顺行，应乎刚而文明，是以元亨。利用书，贞吉。书契笔而天下治也，《春秋》笔而乱臣惧也，笔之时用大矣哉！

象曰：天下文明，笔。先王以作书契，代结绳。

初一，田于林皋，获兔，拔毛以其汇。征吉。象曰：获兔拔毛，大有得也。

次二，淇园伐竹，用资简牍。象曰：淇园之竹，虚而直也。用资简牍，言有实也。

次三，秉笔濡其墨，王亨于三画，大吉。象曰：三画之吉，其文立也。

次四，陨笔，不利入于场屋，有悔。象曰：陨笔有悔，其行塞也。

次五，利见大人，天下同文。象曰：利见大人，居君侧也。天下同文，小人黜也。

次上，笔颠剥，不资录，其形秃，终凶。象曰：笔颠形秃，任之极也。

---

① 蝜蝂：小虫名。柳宗元《蝜蝂传》："蝜蝂者，善负小虫也。行遇物，辄持取，卬其首负之。背愈重，虽困剧不止也。"集注引孙汝听曰："蝜蝂，《尔雅》作'负版'。"

② 踬：跌倒。《左传·宣公十五年》："杜回踬而颠，故获之。"杨伯峻注："踬，谓行时足遇阻碍而触之也。"

　　今按：明徐伯龄《蟫精隽》卷十二"笔卦"条曰："元末京兆宇文材作《笔卦》，其自叙曰：笔之行事，昌黎伯《毛颖传》可考已，予复何言哉！然予尝读孔子《易》，至十三卦之制器尚象，若罔罟、耒耜、弧矢、杵臼、舟楫之利，与夫宫室、衣裳、棺椁、书契之制，皆古圣人取诸卦而作也，何独于笔而遗之邪？况笔之为器，上而帝王之典谟训诰，下而官府之簿书期会，四海之同文殊译，莫不赖以纂录，其功不下于罔罟、耒耜、弧矢、杵臼、舟楫、宫室、衣裳、棺椁、书契也，何独于笔而遗之也邪？或曰：'笔之名始于秦氏，其不见称于孔子《易》也固宜。'予曰：'不然。'笔不始古乎？则包牺氏之八卦、夏后氏之九畴，凡蝌蚪、鸟迹、钟鼎、籀篆之文，亦将何以施其巧哉？若然，则笔之名虽始于秦氏，其所由来则远矣，乃不见称于孔子《易》者，其在夫缺之书契也与？吴兴笔士陆君索予文以炫其技，窃谓包羲画卦之物，即笔之所由兆也，因著是说，并作《笔卦》以贻之。"

　　明贝琼《清江诗集》卷十云："苕溪陆文宝挟笔过云间，持卷求余言，而一时缙绅之作不啻百篇，有论笔法，自赵松雪用落墨而始废者，有为《笔卦》者，近世肤学小子率意妄作，类如此，可叹也已。"因赋五绝：

　　　　近代何人下笔精，吴兴松雪最知名。欲过大令归前辈，竞学中郎耻后生。

　　　　吴兴松雪真奇士，书到通神逼二王。谩有儿童夸并驾，更无弟子得升堂。

　　　　退之作传聊为戏，子云草玄真好奇。更有区区工画卦，强分奇耦学庖牺。

　　　　石鼓镌功元自缺，秦碑颂德久应讹。一时篆籀今谁解，白发江南玉雪坡。

　　　　谩秃霜毫临北海，更求雪茧写兰亭。也知不改无盐陋，浪抹青红斗尹邢。

朱彝尊《经义考》卷二七二曰："宇文氏材《笔卦》一篇，存。"又称："若宇文材之《笔卦》，犹不失《毛颖传》之遗。"其评价显然较贝琼为公允。

十一、忠卦

朱彝尊《经义考》卷二七二曰："何氏乔新《忠》、《勤》、《廉》、《慎》四卦辞一卷，存。"

明何乔新《椒丘文集》卷十九《忠卦》云：

> 忠：有孚，王三锡命，元亨。
>
> 彖曰：忠，尽已之心也。内尽其心，而上行，故有孚。王三锡命，嘉其忠也。元亨，其道不穷也。咎繇谟明弼谐，比干以死殉谏，子文毁家纾国，忠之时义至矣哉！
>
> 象曰：中心，忠。君子以秉德明恤。
>
> 初一，进退以礼，勿比于匪人。象曰：进退以礼，虑枉已也。比于匪人，虽忠可鄙也。
>
> 次二，或都或吁，矢我嘉谟。象曰：或都或吁，上下志同也。矢我嘉谟，抒厥忠也。
>
> 次三，宣力四方，乃心罔不在王室。象曰：宣力四方，推上之仁也。心存王室，弗敢忘君也。
>
> 次四，憸人诺诺，直士谔谔。象曰：憸人诺诺，逢君之恶也。直士谔谔，辅君以德也。
>
> 次五，惟大人能格君心之非。象曰：大人之道，先正已也。君心既格，天下可理也。
>
> 次六，批龙之鳞，贞厉。象曰：批龙之鳞，志在正君也。虽贞而厉，弗恤厥身也。

今按：何乔新（1427—1502），字廷秀，号椒丘，又号天苗，江西广昌人。官至刑部尚书。著有《椒丘文集》、《周礼集注》、《策府群玉》等。

十二、勤卦

明何乔新《椒丘文集》卷十九《勤卦》云：

勤：利不息之贞。大人勤德，小人勤力，逸豫，凶。

彖曰：勤内殚其精，外力于行，亹亹其诚，所务惟贞，大人逸豫，绩用弗成，小人逸豫，百谷用弗登。勤其崇德广业之本乎？

象曰：心无倦，勤。君子以进修不息。

初一，规其枕，终夜不寝，厉，无咎。象曰：规其枕，虑荒宁也。虽厉无咎，学有成也。

次二，敏于学，厥德修，罔觉。象曰：学务时，敏志于道也。德修罔觉，克深造也。

次三，无怠无荒，厥德以光，利用宾于王。象曰：无怠无荒，勤厥德也。利[用]宾于王，庸于国也。

次四，祗祗兢兢，庶绩其迎。象曰：祗祗兢兢，不遑安也。庶绩其迎，匪素餐也。

次五，自朝至昃，不遑安息，民用无斁。象曰：不遑安息，勤于民也。民用无斁，怀其仁也。

次六，宏纲之蕢，琐琐疲其精，卒隳厥成，吝。象曰：为治之要，振其纲也。琐琐疲精，亦可伤也。

十三、廉卦

明何乔新《椒丘文集》卷十九《廉卦》云：

廉：亨。君子贞吉，小夫狷以吝。

象曰：廉不苟取也，事以义制，不求不忮，自天佑之，吉，无不利，是以亨。君子吉，廉而不狷也。小夫吝，矫以自炫也。廉其可以声音笑貌为之乎？

象曰：心无欲，廉。君子以端操厉俗。

初一，监于螒蚍，无咎。象曰：螒蚍之贪，卒陨其生也。君子监之，不失其名也。

次二，贪泉瀰瀰①，君子酌之，不易其节。象曰：廉贪由己，匪泉之为也。中心已定，物岂能移也。

次三，拔园葵，出织妇②，莫予敢侮。象曰：拔葵黜妇，约己以裕下也。民服其廉，又孰敢侮也。

次四，宋人献玉，司城辞玉，各全其宝③。象曰：以玉为宝，殉于利也。不贪为宝，志于义也。

次五，暮夜之金，惕若有临。杨震用昭其德音。象曰：暮夜之金，虽隐而章也。君子却之，德声用光也。

次六，垢其服，内多欲，或承之辱。象曰：垢其服，矫以求名也。内多欲，终莫掩其情也。

十四、慎卦

明何乔新《椒丘文集》卷十九《慎卦》云：

---

① 瀰瀰：水疾流貌；涌流貌。
② 此处指公仪子拔园葵，去织妇，事载《史记》："鲁相公仪休之，其家见织帛，怒而出其妇；食于舍而茹葵，愠而拔其葵，曰：'吾已食禄，又夺园夫女子利乎？'"
③ 庾信《庾开府集笺注》卷八《周上柱国齐王宪神道碑》："宋人献玉，不贪为宝。"吴兆宜注引《左传》曰："宋人或得玉，献诸子罕。子罕曰：'尔以玉为宝，我以不贪为宝。'"

慎：凤夜兢业。君子慎德，小人慎法。利行师，利用折狱。

象曰：慎，戒惧也。君子慎德，惧离于道。小人慎法，惧陷于咎。利行师，好谋而成也。利折狱，慎则得其情也。慎之时义大矣哉！

象曰：真心，慎。君子以克己畏天。

初一，我室冥冥①，我心惺惺②，无咎。象曰：幽暗之中，道所存也。心常惺惺，罔敢昏也。

次二，慎尔言，毋易毋烦。象曰：言语之发，荣辱之机也。君子慎之，惧来违也。

次三，慎尔饮食，无有遘厉疾。象曰：饮食不慎，必丧生也。慎而有节，体用宁也。

次四，慎厥职，朝夕祗惕③，用熙乃丕绩④。象曰：朝夕祗惕，敬天工也。熙乃丕绩，绍勖庸⑤也。

次五，畏天之命，惟察惟行，式践其形，元吉。象曰：天有显道，甚可畏也。察之行之，全所赋也。

次六，慎而无礼，君子攸⑥耻。象曰：君子之慎，贵有礼也。过于恐惧，亦可耻也。

十五、福卦

邵经邦《弘艺录》卷二十九《福卦》：

---

① 冥冥：昏暗貌。
② 惺惺：清醒貌。刘基《醒斋铭》："昭昭生于惺惺，而愦愦出于冥冥。"
③ 祗惕：敬慎恐惧。
④ 丕绩：大功业。《尚书·大禹谟》："予懋乃德，嘉乃丕绩。"
⑤ 勖庸：功勋。
⑥ 攸：所。

余观《洪范》"五福①"，寿为之先；《周诗》"万年"，福为之主。是知从古以来，人所愿欲同此覆载，则同此庆幸也。矧当圣人在上为之，臣子者曷胜仰祝哉？作《福》、《寿》二卦。榕江林子曰："时邵弘斋居潜于闽，尝举张横渠'富贵福泽，厚吾之生；贫贱忧戚，玉汝于成'之言，欲广其义。余未有以复也。一日，过余草堂，示以《福》、《寿》二卦之义。余方讶近无此图，因为校画，见其象数浑成，天然自合，良有深意存焉。乃知今古人心所同，经纶一致，非有二道。俟有力者大书深刻于鳌峰乌石之巅，与稷坛禹画媲美可也。弘斋又欲广前八字，通为八卦，余复为订正，似觉冗复漫，亦止之，并以识复。嘉靖辛卯七月既望，晋安林炫书。"福，福者，复也，反复其道，谓阴中有阳，阳中有阴，福中有祸，祸中有福也。字义从示，一画天也，二画地也，下为三才，合而为示，故应《易·噬嗑》之爻也。畐，声也，一阳覆于口上，天包乎地之义，故为畐，又在上，一奇一隅，不动天地，自然之福也。二阴二阳发动交感于下，人之求福者也。求福者上合天，下合地，中合人心，乃为有福，故受之以福也。

福：元亨。利贞。

象曰：福上不在天，下不在田，一人元良，万国义安。此释元义。变通之极，内外不虚，含含弘弘，包罗太初。此释亨义。保合周旋，中正顺应，不侧不偏，示屦有定曰福。此释利贞之义。

象曰：三才示合，福。君子以和平。语云"和气致祥"，又云"平为福"，此天人之道、君子之义也。

初九，积福，吉。三为奇干之策也，故曰九字有小义，故为积福之象。又正应九四，积而至于高大者也。传曰：勿以善小而不为。又曰：善必积而后成。此积福之所以为吉也。象曰：积福之吉，小以至大也。

---

① 五福：五种幸福。《尚书·洪范》："五福：一曰寿，二曰富，三曰康宁，四曰攸好德，五曰考终命。"桓谭《新论》："五福：寿、富、贵、安乐、子孙众多。"

六二，有福，吝。二为偶坤之策，故曰六二。合初为示，乃卦之体字义所从由也。又所居柔顺中，正上应六五，居中得正之君，故直为有福之象。在人臣为谏行言听，膏泽下于民之时也。然牵于六三，不中不正，包藏祸心，故戒占者不可恃之，以作威作福，则必害于而家，凶于而国，乃为之吝也。象曰：有福之吝，威不可恃也。

六三，福之哉！福之哉！否有极，泰有来。口为动爻，内包阳体，外虚内实，可以承藉天休者也。其在地为发生之象，在人为发达之象，故极言以赞美之也。又重阴动于一阳之上。九四渐近于六五之君，故又为否极泰来之象。之哉者，疑而未定之词。夫内外皆动，变通之极，循环无端，或能转祸为福，移福为祸，故爻义再言"福之哉"，以致丁宁之意焉，其旨深矣。象曰：福之哉，内有所承也。

九四，福履，无咎。又为动爻居重阴之上，离于内体，在人处困而亨之时也。又亲近六五之君，自此以往皆坦途顺境矣，故为福履之象。又九阳德，四阴位，彼此以和，臣体健，君质柔，上下以平，外示冲虚，内存贞固，腹心一体，固结于中，而不可解，是真能履有福之世，不害其为威福者也，而何过咎之有乎？求之古人，若皋陶之迈种德、傅说之沃朕心、周公之不骄不吝可以当之。象曰：九四之动，和平中也。

六五，德福，元吉。六之德弘深博厚，五之位崇高极贵，以圣人而在天子之位者也，故为德福之象。德者，福之本；福者，德之应也。又六二在下，既以同心相应，而四上二爻又以刚健相从，有君有臣，建极归极，斯其时也。夫皇极之世，大经以正，大本以立，达道以行，化育以显，所谓偏为尔德，比屋可封，五福之敷锡人皆享之矣。大善而吉，何可以限量哉！象曰：六五之德，以建中也。大哉，不可以量也。

上九，兀如其来如，循如，懋如，自如。上九有过无承藉之基者也，然下应六三，尚余方寸之地，以遗子孙，又体极正静，天道无言，故为兀如其来如之象。懋，勉也，谓勉于为善也。占者惟当循循勉勉，听其自然，则多福自至，不然皆妄也。虽然，求福之道大抵如是，故以是终焉。观者详之。象曰：兀如其来，天福也。

今按：此卦为邵经邦撰。《千顷堂书目》卷二十二云："邵经邦《弘艺录》三十二卷附录十五卷。字仲德，号弘斋，仁和人，刑部员外郎。嘉靖八年十月日食，陈言，谪戌镇海卫者三十年。多所著述。附录为奏疏、杂著、家乘。"《经义考》卷二百七十二："邵氏经邦《福卦》、《寿卦》二篇，存。"

邵经邦（？—1558），字仲德，仁和人。正德十六年（1521）进士，授工部主事。进员外郎，改刑部。会日食，上疏论劾张孚敬、桂萼，谪戌镇海卫，后卒于戌所。经邦诗文，以抒写胸臆为的，著有《弘艺录》。

十六、寿卦

邵经邦《弘艺录》卷二十九《寿卦》：

夫寿者，受也，天之所受，不可以幸致，不可以苟得，不可以强求也，故受之以寿。寿者，天地之极致，阴阳之全功。其字义始于九。九者，乾之策也。终于百二十者，坤之数也。故应《易》乾卦之爻，一九在下曰初九，加廿，九二也，复加一，九三也，又加十，九四也，二九通一为二十，益以三十，九五也，上九，九六也。由一数至六，连用九而合百二十之数焉。天之所造也，地之所设也，而岂聪明智巧强为之哉？诸爻放此。

寿：元亨。先天弗终，后天弗穷，安贞吉。寿之为义，《易》为久，《诗》为遐，《洪范》为福，《中庸》为天德。盖人惟有寿而后能享诸福，且上可以配天地，大可以成化育，久可以俟先圣，远可以建万古，所谓先天而天弗违，后天而奉天时者，故其占为元亨，而利亦在其中矣。然人情所愿欲而不可必得，惟君子安静有常，正固自守，则自然获寿，此所以为吉也。

象曰：寿内止而外强，内观而外忘，内岂乐而外吉昌。曰寿，以卦德、卦体、卦才释卦名义。止者，厚重不迁也。强者，天运不辍也。观者，精神完固也。忘者，物欲不留也。岂谓得于天者裕于己也。昌谓光于前者、耀于后也，皆仁者之所有也。天地寿而岁兴，日月寿而运行，圣人寿而天下化成，寿之时义大矣哉，极言以赞其寿也。

象曰：天所培上，寿。君子以大德受命。乾为天，天之中有土，土之下有草，所谓栽者培之也，故为必得其寿之象。余已见《中庸传》。

初九，安如山。一爻在下，艮之义也，故有此象。物之镇静者莫过于山，而高大者亦莫如山，积之既久，自有不期然而然者，而善庆亦山是而钟也。象曰：安如山，积久如山也。

九二，安如阜，元吉。阜，山之宽平处，草木生之，禽兽居之，宝藏兴焉者也。字义为草，故有此象。夫人禀至大至刚之象，惟直养无害，则塞于天地之间。卦体纯阳，惟二属阴，居中得正，渐进于初。观其玩索涵养，勿助勿忘，是真能享上寿之福者也。人而至于上寿，则其子孙之繁衍荫毓之绵延，而凡众善之物诸福之祥莫不毕至，大善而吉，无以加于是矣。象曰：柔进于上也，及其广大，亦莫如阜也。

九三，安如盘石，矍铄哉是翁。三阳位，九阳德，外刚而内固，物莫有逾焉者也，故为盘石之象。盖人之徒老非难，而克享诸福为难。故诗歌寿，岂书叙宁康、爻之矍铄皆是物也。象曰：阳老而固也，矍铄哉！不可以强上声也。

九四，颜如童，闲有家，贞厉。九老四少，鹤发而童颜之象也。又卦体纯阳，贵乎有所裨益，所谓老夫得其女妻，故又为闲有家之象。盖古者养老之礼，行役四方，必以妇人本以壮辅其衰，然而血气多有不称，则反为危道，故戒占者正固自守，不可放肆，斯为忠爱长老之心也。象曰：九四之厉，微不可长也。

九五，受命于天，既寿永昌。九五寿考康宁，以居尊位，是真能建用皇极，向用五福者也，非有得于天，能如是乎？古之人君，舜年百有十岁，而德为圣人，尊为天子，文王九十有七岁，而父作子述，足以当之。象曰：天之所受，不可以已也。

上九，或益之，以华封之，祝晋而三揖之。卦如于初至上九，而寿之义始成。华封之祝，所谓多富多寿多男子，此臣子之至愿，颂祷之至情也。方今圣寿日增，前星将耀于此，可以占之矣。愚臣窃处海陬，不胜惓惓，故以是终焉。象曰：或益之，帝作对也。

用九，蜕屣，无咎，终吝。用九者，六爻皆变，物尽则返，阳极阴生之时也，故有蜕屣之象。此聚散之常，埋循环之必然，而何过咎之有哉？又仙家以蜕屣为解化，吝如吝啬之吝，盖寿卦终于百二十，过此乃天地之所秘，而人不可必得者，故凡导气引年长生不老之说皆妄也，吾儒之所不讲也。象曰：用九，蜕屣，不可以为常也。

今按：此卦与《周易·乾卦》卦象相同，而卦爻辞不同。

又按：清褚人获《坚瓠二集》引明周八龙《挑灯集异》亦有《寿卦》，但与上述拟卦完全不同：

嘉靖间，维扬富室下菊亭，隐而寿者也，其祝辞连楹布壁，周卜村撰《寿卦》以寿之，卦曰：

寿：元亨。元永贞，君子吉，小人否。

象曰：寿顺动以豫，静而有恒，故寿。寿元亨，天下通也。元永贞，无咎，德相承也。君子吉，庆无穷也。小人否，不克终也。天地寿，故四时行而万物亨。圣人寿，则王道成而天下平。寿之时义大矣哉！

象曰：引年①，寿。君子以积躬累仁，协于上下，以承天什。

---

① 引年：谓古礼对年老而贤者加以尊养。后用以称年老辞官。《礼记·王制》："凡三王养老，皆引年。八十者一子不从政，九十者其家不从政。"

初一，寿于躬。酒食，贞吉，无咎，无誉。象曰：酒食无誉，乐以正也。

次二，寿于室。小有庆，其乐衎衎①，吉，悔亡。象曰：其乐衎衎，吉，室家庆也。

次三，寿于庭。以其玄纁②，吉，朋至斯孚，小人勿用。象曰：玄纁之吉，交以德也。小人勿用，其仪忒也。

次四，寿于宗。不于其门，于其野。有攸往，无不利。象曰：于野之寿，道大光也。利有攸往，民所宗也。

次五，寿于王国。锡汝保极，受兹介福，八荒攸同，元吉。象曰：寿于王国，以尊同也。锡汝保极，乃化中也。介福元吉，其宠隆也。

次上，寿奕世③无强。自天佑之，吉无不利④。象曰：奕世无强，何永寿也。吉无不利，自天佑之也。

十七、止卦

邵经邦《弘艺录》卷二十九《止卦》：

荆南光泽殿下厥号止庵，玉府珍选，诸宝备矣，而太古或缺，且美而忘规，岂士君子所望于王公大人者哉？作《止卦》。或曰：亦以文为戏之类耳。坤内乾外，止。序卦止而受之以王。王者，王也，居于一人之下，万人之上，至极而无以加也，止所以为王也。

---

① 衎衎：和乐貌。《易·渐》："鸿渐于磐，饮食衎衎，吉。"尚秉和注："衎衎，和乐也。"
② 玄纁：本指黑色和浅红色的布帛，后世帝王用作延聘贤士的礼品。
③ 奕世：累世，代代。
④ 《周易·大有·上九》："自天佑之，吉无不利。象曰：大有，上吉，自天佑也。"

止：元亨。利盘石之贞，不利有攸往，以敷锡类于上帝，开国永昌，世世其勿忘。卦爻三画为阳，中一画六断为阴，止而不迁，不利有攸往也。天包乎地，外统乎内，盘石之势也，故为盘石之象，而其占为以敷锡类也。类，善也。《诗》所谓祚胤①，即卦下之义也。占者有止德，则上能藩屏王家，而为犬牙之宗，下能克昌厥后，而为丞家之祖。大善而利，蔑以加矣，是谓元亨利贞也。

象曰，止哉，一阴止于三阳之中，外文明而内贞顺，动而能静，刚而能柔，上而能下，富不骄，贵不淫，高不抗，卑不谄，曰：止以卦体、卦象、卦德释卦名义。天地止而化工成，日月止而岁运兴，圣人止而大道行，止之时义大矣哉，极言以赞其止也。

象曰：天下有土，止，君子以物有本，而事有终。天谓一，一之下有土，是为王矣。又乾为三连，中六断为坤，他道也。地即土也，又王者重有土，故为天下有土之象。土者，厚重不迁，万古如一，止义备矣。《大学传》曰：物有本末，事有终始，君子之止，孰有大于此哉！

初六，其知止。其无所于止，悔亡。《易》贵通变，生生无穷，故卦爻中分为三，又断为六，然止义在内，微妙莫测，必先命名以尊称之。建号以侈大之真，见其止则止，不专于一，而有以见夫精义之极，故能定静安虑，而悔客亡矣。象曰：知止，止之，可与几也，无适无莫，悔道亡也。

六二，安汝止。厉征，小往大来，吉亨。二倍于初，加以从容玩索，是为安汝止之象，而其占为厉征也。厉者，夕惕若厉之厉。征，行也，六以阴体，二以阴位，恐其安于小成，狃于近利，故戒占者如是也。小谓二爻，大谓五爻。六二居中得正，虚心乐道，必能黜其见小欲速之心，而善与人同矣。占者如是，则吉而亨也。象曰：六二厉征，与类行也。小往大来，终有庆也。爻虽有三义，其实一也，故为类行。

---

① 祚胤：福运及于后代子孙。《诗·大雅·既醉》："君子万年，永锡祚胤。"

六三，时止时行，时迈时征，学有缉熙于光明。三以阳刚，不专于静，又柔而能进，与上九正应，故能当行则行，当止则止，动静语默，各得其宜也。迈，行也。征亦行也。重言以赞之也。光明者，道之显也。道之显者莫大于文章，有文章斯有德行矣。象曰：时迈时行，柔进而上也，是以其道光明也。

九四，觐止。突如其来如，威如，栗如，跂如。九以阳爻离于内卦，王者挺生，而出乎其类，拔乎其萃者也。然四本阴位以尊大，而居之以谦冲，是好善忘势，切于见贤，故有觐止之象。突如其来，正其衣冠也。威，威严也。栗，恂栗也。跂，望也，俨然人望而畏之也。皆得止之验也。象曰：突如其来，尚宾也。

九五，敬止。元吉。刚健中正，以居尊位，其吉可知，而其义则《大学传》曰：为人君止于仁，为人臣止于敬，为人子止于孝，为人父止于慈，与国人交止于信。其说备矣。象曰：无不敬也，物各止其所，而王道终矣。盛德至善深哉！深谓德之渊微也。

上九，钦厥止，克有终。钦亦敬也。九居最上，崇高富贵，极其至矣，然或有怠玩之心，则声色货利纷纷夺之，故戒占者如是能有终也，盖卦以止言，道成名立之秋也。一篇之终，丁宁反复，其意深矣乎？象曰：始终一于，敬天德也。

今按：朱彝尊《经义考》卷二百七十二云："《止卦》一篇，存。"

十八、芝卦

明杨林《（嘉靖）长沙府志》卷五"旷宗舜《芝卦》"条曰：

芝：瑞草也，产必应祯。卦，占决也。道以配福。潘公治潭，未逾年，政通民和，而园桑产芝，凡三焉。夫桑，民所衣也，君子能为民之依，故其瑞丽焉。三，阳数也，君子舒阳以法天，故其数应焉。小子宗舜乃作《芝卦》。

芝：植如文如，元亨。利见大人，利贞。

象曰：芝，知也，阴阳合质，显道神数曰芝。植如德，以干也。文如道，用焕也。利见大人，下所观也。利贞，四时员也。知天道之远而迩也，知鬼神之微而显也，知□□可近而不可下也。知之义大矣哉！

象□[曰]：木应乎□，□[芝]。君子以致中和，顺□□□□□□□□□□□□□□□□□□□□所□也。□□其角，文之通也。含章贞吉，美在中也。

芝二，有孚盈年，赤舃以符，戴胜跃跃，子来继继，元吉。象曰：有孚赤舃，章乃躬也。跃跃以继，畅自衷也。元吉，帝念功也。

芝三，月既望，君子慎之，吉；小人纵之，否。象□[曰]：月既望，将过中也，慎吉纵否，审所从也。

芝四，绚若舒若，允升，有誉无咎。象曰：芝绚以舒，安而明也。允升之誉，于王廷也。

芝五，金玉其相，君子豹变，吉无不利。象曰：金玉之相，允矣成也。君子豹变，天下文明也。吉无不利，自天申也。

上芝，执其玉，奉其盈，王三锡命，瑞用蒲穀①，云仍②吉。象曰：执玉奉盈，中以自兢也。锡用蒲穀，天宠殷也。云仍之吉，诸福骈也。

今按：朱彝尊《经义考》卷二百七十二云："旷氏宗舜《芝卦》一篇，存。"

旷宗舜（1528—1557），字芝封，湖南醴陵人。明嘉靖七年（1528）乡试第一。性至孝，喜博览，定省外即闭户读书。太守潘镒常造庐咨

---

① 蒲穀：蒲璧和穀璧，二种璧名。是古代代表爵位等级的一种凭证。《周礼·春官·大宗伯》："以玉作六瑞，以等邦国。王执镇圭，公执桓圭，侯执信圭，伯执躬圭，子执穀璧，男执蒲璧。"后以"蒲穀"借指一定的等级和权力。
② 云仍：远孙。《尔雅·释亲》："晜孙之子为仍孙，仍孙之子为云孙。"

焉。性聪慧，五岁读书，过目不忘。六岁时提学使过其门，试以对云：
"水浸状元洲，金鱼跃出。"旷随应对："花满岳阳楼，黄鹤归来。"后携
旷至湘阴试曰："三十六湾湾湾流水。"随对曰："七十二峰峰峰带月。"
明嘉靖七年（1544），年十六，乡试中解元。旷事亲至孝，不忍远离，
在家博览群书，精研二十一史。知府潘鉴至旷解元家，但见满屋书卷。
因桑园产芝，为建"三芝亭"。旷作《芝卦辞》，受潘鉴赞赏。旷过镇江，
登金山作赋，一时才人，尽为倾倒。赋见《金山志》。旷器宇词章俱隽
绝，因过劳致疾，未满三十而卒。葬县城瓜畲坪。著有《渌江漫集》、
《批评二十一史》。

《(嘉靖)长沙府志》卷五载："三芝亭，在府治后。嘉靖辛卯，园桑
产芝三本，癸巳复产一本。知府潘镒建亭其下，故名。"

十九、隐卦

明文德翼《求是堂文集》卷十七《隐卦》云：

隐：亨。利居贞，勿用有攸往。
象曰：隐亨，隐而亨也。勿用有攸往，与时偕止也。隐成乎
名，不易乎世，天地(间)[闭]而贤人隐。隐之时用大矣哉！
象曰：山林，隐。君子以独行其志，不可荣以禄。
初一，小隐，无咎。象曰：小隐无咎，志未失也。
次二，先行后隐，招之勿来，终吉。象曰：先行后隐，顺以正
也。招之勿来，以吉终也。
次三，隐于南山，不可贞。象曰：南山不可贞，以径捷也。
次四，石隐，贞吝。象曰：石隐之吝，道未光也。
次五，充隐，凶。象曰：充隐之凶，失则也。
上六，安隐，元吉。象曰：安隐元吉，中无怍也。

今按：文德翼《求是堂文集》卷十七《跋隐卦后》云：

　　余作《隐卦》，或曰："乾以下皆隐也。"曰："吾隐乎六十四卦之中也。"曰："严君平以卦隐，子隐卦乎？"曰："犹鹿门子之《隐书》也。余不善卦。"曰："隐有大小，子舍大而取小，何也？"曰："愧余非岁星也。"曰："三多凶，五多功，子易之，何也？"曰："疑于经，余耻乎投阁者之为也。"曰："安隐见诸《楞严》，不累圣乎？"曰："犹甘节、安节也，乌乎累？"曰："王文中不言天隐①、地隐②、名隐③乎？"曰："天地，圣人之则也，余何名？"曰："齐好隐，毋乃谐乎？"曰："隐以俟天下之方悟者，犹语也。"曰："缪矣，沈休文之论隐也！"曰："犹胥④之言农，不习故也。"曰："《招隐》之诗⑤何如？"曰："不如丛柱之贞也。"曰："介子推之将隐何如？"曰："怼留邥二侯则善是矣。"曰："隐不违亲，子何介也？"曰："余幸闻能如是乎之慈训也。"

文德翼《求是堂文集》卷十七《隐卦跋后》云：

　　盖古人之隐，难易不一论也。其难者，或称聋，或称青盲⑥，或□□之言，辄二三十年至死乃已。其易者，或辟墙东⑦，或□□

---

　　①　天隐：称隐而不仕之最高境界。王通《中说·周公》："至人天隐。"褚人获《坚瓠广集·隐说》："天隐者，无往而不适，如严子陵之类是也。"

　　②　地隐：谓隐居于偏僻之地。王通《中说·周公》："薛收问隐。子曰：'至人天隐，其次地隐，其次名隐。'"阮逸注："辟地山林，高身全节。"

　　③　名隐：谓隐于朝市。亦谓不求名而隐居山林。王通《中说·周公》："其次名隐。"阮逸注："名混朝市，心在世外。"褚人获《坚瓠广集·隐说》："名隐者，不求名而隐，如刘遗民之类是也。"

　　④　胥：古代官府中的小吏。

　　⑤　《文选》卷二十二有左太冲《招隐诗》二首。

　　⑥　青盲：眼科病症名，俗称青光眼。症状为视力逐渐减退，渐至失明，但眼的外观没有异常，亦无明显不适感。

　　⑦　墙东：《后汉书·逸民传·逢萌》："君公遭乱独不去，侩牛自隐。时人谓之论曰：'避世墙东王君公。'"后因以"墙东"指隐居之地。

室，又或卧所乘车上，遂如深山大泽，得遂高真。凡隐者，皆士君子之不幸，非欲全令名于后世，特斯心有体乎不安者存耳。余恒怪二苏，一托于管幼安，一比于陶元亮。嗟乎！二子宁知管幼安、陶元亮者哉！群苹州处，坦气修通，日不畏浪涛，似长年三老，一旦浮江汉，达沧溟，鲸宫鼍室、蛟门蜃楼之险幻，呼吸生死，千态万变，心自奔骇，不暇自惜，岂华屋安居人所能知哉？余窃有幼安、元亮之遇，而深笑二子之方人失之轻也。

又按：文德翼，字用昭，德化（今江西九江）人。崇祯七年（1634）进士。生卒年均不详，约清顺治六年（1649）前后在世。授嘉兴推官，明亡后隐居山中。著有《雅似堂集》、《宋史存》、《佣吹录》、《读庄小言》等。《四库提要》称德翼人品清逸，而学问未能精邃；所作《佣吹录》之类，大抵以饾饤为工，故诗文亦未能超诣云云。

二十、负卦

尤侗《艮斋杂说》卷十云：

昔人已作《谝卦》，今予又作《负卦》。斯二者，古之所谓薄行，今之所谓长策也。吾闻其语矣，吾见其人矣。

负：丧心，凶。匪我负人，人负我。有初鲜终，悔之终吉。

象曰：负，赖也，奸赖良也。其人存，其心丧也。我负人，身之殃也。人负我，世之伤也。有初鲜终，赖不可长也。悔之终吉，反灾为祥也。

象曰：火与水违行，负。君子以德报德①。

初六：负债，吝，小有言，还，无咎。象曰：还债无咎，信可

① 以德报德：用恩惠来报答恩惠。《论语·宪问》："或曰：'以德报怨，何如？'子曰：'何以报德，以直报怨，以德报德。'"

复也。

九二：君子不负恩，一饭必酬之。象曰：一饭必酬，自求福也。

六三：负负①，多反复。贪小利，中有大害，征凶。象曰：见利忘义，害所伏也。

九四：卖友，婚媾变为仇，绝交，凶。象曰：卖友绝交，亦可痛也。

六五：大人包荒②，小人背本③，勿较，天佑，无不利。象曰：大人包荒，实有容也。小人背本，不祥也。

上九：或锡之，莫益之，反击之，以怨报德④，是为中山狼⑤，终亦必亡。象曰：以怨报德，灾及其躬也。

今按：此卦大旨讥讽忘恩负义之小人，其卦象与未济相同，而卦爻辞不同。

二十一、呆卦

朱彝尊《经义考》卷二百七十二："刘氏定之《呆卦》一篇。存。"

《四库全书总目》卷七："《易经图释》十二卷，明刘定之撰。定之字

---

① 负负：犹言惭愧、惭愧，对不起、对不起。《后汉书·张步传》："茂让步曰：'以南阳兵精，延岑善战，而耿弇走之。大王奈何就攻其营，既呼茂，不能待邪？'步曰：'负负，无可言者。'"李贤注："负，愧也。再言之者，愧之甚。"惠栋《补注》引王幼学曰："负负，犹言负罪负罪。"

② 包荒：包含荒秽。谓度量宽大。《易·泰》："包荒，用冯河，不遐遗。"王弼注："能包含荒秽，受纳冯河者也。"陆德明《释文》："荒，本亦作'宂'。"一说包容广大。

③ 背本：背弃根本。

④ 以怨报德：以怨恨来回报别人给予的恩惠。《国语·周语中》："以怨报德，不仁。"

⑤ 中山狼：明马中锡著寓言《中山狼传》（一说宋谢良著），记赵简子在中山打猎，一狼中箭逃命，东郭先生救之。既而狼反欲食东郭先生。

主敬，号呆斋，永新人。正统丙辰进士，官至礼部侍郎，兼翰林院学士，谥文安。事迹具《明史》本传。其书用古本，以上下经及《十翼》，厘为十卷。惟《象传》则以大象为'象传上'，以小象为'象传下'，又与古本小异。然以为象分大小，犹之雅分大小，出于孔子所定，则于古无征，不足信也。"

定之又撰《否泰录》一卷、《宋论》三卷、《文安策略》十卷、《呆斋集》四十五卷。《明史》本传称定之以文学名一时，尝有中旨，命制元宵诗，内使却立以俟，据案伸纸，立成绝句百首。又尝一日草九制，笔不停书，有质宋人名字者，就列其世次，若谱系然，人服其敏博。然其榛楛勿翦，亦由于此。李东阳《怀麓堂诗话》曰："刘文安公不甚喜为诗，纵其学力，往往有出语奇崛，用事精当者。如英庙挽歌、石钟山歌等篇，皆可传诵，读者择而观之可也。"

今按：此卦内容待考。

二十二、邃卦

朱彝尊《经义考》卷二百七十二："彭氏泽《邃卦》一篇，存。"

高佑釲曰："彭泽，字济物，兰州卫人。弘治庚戌进士，累官太子太保、兵部尚书，赠少保，谥襄毅。《邃卦》一篇，以赠杨文襄一清。文襄为中书舍人时，扁读书处曰邃庵。自李文正、吴文定以下，赠以诗文，诸体皆备。襄毅乃拟《邃卦》一篇赠焉。谓《易》卦非可拟者，然近世如《忍》、《退》诸卦，亦屡有作，剿经传而侮圣言，罪固不免，若姑备一体，少寓杨公历履操存建立之大略云。"

彭泽，字济物，号幸庵，兰州卫人。成化癸卯举人，弘治庚戌进士，历官刑部主事员外郎、真定府知府，累迁左都御史、兵部尚书。生平事迹详见《本朝分省人物考》卷一百六。

今按：此卦内容待考。

二十三、信卦

朱彝尊《经义考》卷二百七十二：“邹氏鲁《信卦》一篇，存。陈子升曰：邹孝廉鲁，字至道，南海人，自号曙斋。尝为吉水医士。龚隆作《信卦》，载《安溪讲余集》。”

今按：此卦内容待考。

二十四、抢卦

屠本畯撰。屠本畯，字田叔，又字幽叟，号汉陂，晚年自称憨先生，浙江鄞县（今宁波）人。生卒年不详，主要活动于明万历年间。著有《山林经济籍》一书，意在畅山林之趣，尽幽赏之致。又有《闽中海错疏》、《海味索引》、《闽中荔枝谱》、《野菜笺》、《离骚草木疏补》等书。内容涉及植物、动物、园艺等。本畯尝谓：“吾于书饥以当食，渴以当饮，欠伸以当枕席，愁寂以当鼓吹。”生平事迹具《明史·文苑传》。

今按：此卦内容待考。

二十五、谑卦

屠本畯撰。

今按：此卦内容待考。

二十六、馋卦

屠本畯撰。

今按：此卦内容待考。

《经解入门》真伪考

自 1999 年来，围绕江藩《经解入门》的真伪问题曾展开过一场学术争鸣。北京大学古文献研究中心漆永祥先生率先发表《俞樾〈古书疑义举例〉系袭江藩〈经解入门〉而成》①一文，将《经解入门》卷一《古书疑例第七》与《古书疑义举例》中之通例从称名、著录之条例次序、条例细目之内容、名称以及条例数目作了比较，认为"俞樾之条例与江氏之说有着惊人的相似，甚至可以说是完全雷同"，进而断定"《古书疑义举例》是袭江藩之条例而成"，"当时的俞樾仅为 10 岁之学童，势不能独造一书，然则《古书疑义举例》之大纲细目全袭江书而成定无可疑"。漆永祥所用版本为天津市古籍书店 1990 年出版的《经解入门》方国瑜校点本，而该本明确将作者标为江藩。方氏为史学名家②，不但没有将此书版本来源交代清楚，反而把光绪十九年（1893）广西书局所刻重印本所附的冯德材跋割掉，原跋对于此书的真伪已有所质疑③，客观上给后学造成了很大的误导作用。漆永祥当时即震于方氏大名。1999 年，笔者

---

① 漆永祥：《俞樾〈古书疑义举例〉系袭江藩〈经解入门〉而成》，《中国语文》1999 年第 1 期。

② 方国瑜（1903—1983），字瑞臣，云南丽江人。1933 年毕业于北京大学研究所国学门。曾任云南大学教授。著有《纳西象形文字谱》等。他是云南地方史、西南民族史的奠基者，被誉为"南中泰斗"、"滇史巨擘"。

③ 闵尔昌的《江子屏先生年谱》、恒慕义主编的《清代名人传略》"江藩"条也都有所质疑，但是语焉不详。闵尔昌《江子屏先生年谱》："《经解入门》八卷，署甘泉江藩纂，前有阮文达序，光绪中上海石印，十九年癸巳复刻于广西书局，冯德材跋已决其非先生真本矣。"（北京图书馆编：《北京图书馆藏珍本年谱丛刊》第 122 册，第 626 页。）

提出了与漆永祥先生观点相左的意见①，文章发表后引起了学术界的重视和讨论。随后，傅杰教授、伏俊琏教授、谷建博士等人先后发表文章，对《经解入门》的真伪问题进行了不同侧面的探讨，但他们均未见到《经解入门》的初印本，对此问题未能作出圆满的解答，甚至还存在一些误解。② 最近，学术界仍有一些学者将《经解入门》视为江藩之作，并在此基础上作出种种错误的推论。

鉴于《经解入门》一书的影响之大，误解之深，笔者认为有必要彻底澄清其真伪问题，以免以讹传讹。当时因为时间关系，商榷文章写得极为简略，很多地方没有展开论述。近年来，笔者又多方搜集资料，通过对《经解入门》的版本、序跋、传播源流、思想内容、时代特征等方面综合考察，深入论证了"《经解入门》出于伪撰"的结论。

一、版本来历不明

有人认为阮元在 1832 年即已刊刻《经解入门》，可是谁也没有见过这个版本。且阮序也只字未提刊刻之事。我们遍考清代官、私目录，均不见有此书著录。直到民国时期孙殿起《贩书偶记》才有著录："《经解入门》八卷，甘泉江藩撰，光绪戊子鸿宝斋石印袖珍本。"③稍后《续修四库全书总目提要》也著录了这个本子，并认为这是《经解入门》最早版本，其时为 1888 年④。而俞樾《古书疑义举例》⑤早在 1871 年就收入了

---

① 司马朝军等：《俞樾〈古书疑义举例〉系袭江藩〈经解入门〉而成吗?》，《中国语文》1999 年第 3 期。

② 伏俊琏：《俞樾〈古书疑义举例〉不是袭江藩〈经解入门〉而成》，《古汉语研究》2000 年第 2 期；谷建：《经解入门辨伪》，《北京大学中国古文献研究中心集刊》第 1 辑，北京燕山出版社 1999 年版，第 406~420 页。傅杰教授考证出《古书疑义举例〉袭《经解入门》说的始作俑者为刘声木，详见〈〈古书疑义举例〉袭〈经解入门〉说的始作俑者》，《聆嘉声而响和》，华东师范大学出版社 2001 年版，第 86~90 页。

③ 孙殿起：《贩书偶记》，上海古籍出版社 1982 年版，第 69 页。

④ 《续修四库全书总目提要》，中华书局 1993 年版，第 1423 页。

⑤ 俞樾：《古书疑义举例》，《古书疑义举例五种》，中华书局 1956 年版。

《春在堂全书》，1888 年再次收入《皇清经解续编》，并被张之洞《书目答问》1876 年初刻本著录。

近年，沈乃文主编《中国古籍总目·经部》群经总义类传说之属详细著录了《经解入门》一书的版本情况①：

> 经 21111606
>
> 经解入门八卷　题清江藩撰②
>
> 清光绪十四年鸿宝斋石印本　中科院、北大、天津、南京
>
> 清光绪十六年槐荫书屋刻本　北大、上海
>
> 清光绪十六年上海凌云阁石印本　浙江、湖北
>
> 清光绪十九年桂垣书局刻本　国图、北大
>
> 清光绪十九年上海书局石印本　北大
>
> 清光绪二十年上海文林书局石印袖珍本　国图、南京、浙江

二、阮序不足为凭

伦明先生指出：阮元序"作于道光十二年壬辰，衔题协办大学士两广总督。按元于道光十二年九月以云贵总督，授协办大学士，此题两广总督，误也。而《揅经室文集》中，亦无此序。又据近人所撰《江子屏年谱》，藩实卒于道光十一年辛卯，年七十一。而序作于其后一年，若不知其已死者。就序断之，书为赝作，殆无疑也"。③

此外，笔者反复比较《经解入门·叙言》与《国朝汉学师承记》阮元序，发现前者系模仿、抄袭后者而成。为了便于比较，现将两序列表抄录如下（见表 1）：

---

① 沈乃文主编：《中国古籍总目·经部》，中华书局 2012 年版，第 969 页。
② 清光绪十四年鸿宝斋石印本题"江藩纂"。
③ 《续修四库全书总目提要》，中华书局 1993 年版，第 1423 页。

表1

《经解入门·叙言》	《国朝汉学师承记》阮元序
往者，余尝语顾君千里曰："治经不难，通经亦不难；虽然，道则高矣！美矣！不得其门而入，而欲登堂奥之府，窥室家之好，则束发抱经，有皓首不究其旨者矣。即幸而得焉，而单词只义，百投而一中，出主入奴，始合终歧，又往往流于异端曲学，而不自知，岂不悲哉。以吾子之才之学，其能提挈纲领，指究得失，约其文，详其旨，作为一书，以为经训之陈途，吾道之津逮乎?"千里诺之而未有作也。居无何，甘泉江君子屏出其所著《经解入门》以示余；余读之，瞿然而起，曰："是固吾畴曩所望于千里者，而今得之子，信乎海内博雅君子，能以文章为来世通法，舍此二三学友无属也。而元之不揣其愚，思有撰述，以益后学，亦差幸胸臆之私，抑得此为不孤耳。"子屏得师承于研溪惠先生，博闻强记，于学无所不通，而研贯群经，根本两汉，尤其所长。元少时与君同里同学，接其议论者，垂三十年。曩居余广州节院时，元尝刻其所纂《国朝汉学师承记》八卷，昭代经学之渊源，与近儒之微言大义，赖以不坠；今又得此，子屏之于经学，其真可谓语大而不外，语小而不遗，俾学者浅深求之，而各得其致者矣。是书之大旨，约分三端：首言群经之源流与经学之师承，端其本也；次言读经之法与解经之体，审其业也；终言说经之弊与末学之失，防其惑也。学者得此而读之，循其途，践其迹，避其所短，求其所长，则可以不误于趋向；优而游之，扩而充之，则可以跻许、郑之堂，抗孔、陆之席。子屏不自侈其业，以是为初学计也；顾岂仅为初学计哉，吾愿后之学者，执此而终身焉可耳。道光十二年岁次壬辰九月协办大学士两广总督阮元序。	两汉经学所以当尊行者，为其去圣贤最近，而二氏之说尚未起也。老庄之说盛于两晋，然《道德》、《庄》、《列》本书具在，其义止于此而已……吾固曰：两汉之学纯粹以精者，在二氏未起之前也。我朝儒学笃实，务为其难，务求其是，是以通儒硕学有束发研经，白首而不能究者，岂如朝立一旨，暮即成宗者哉！ 甘泉江君子屏得师传于红豆惠氏，博闻强记，无所不通，心贯群经，折衷两汉。元幼与君同里同学，窃闻论说三十余年。江君所纂《国朝汉学师承记》八卷，嘉庆二十三年元居广州节院时刻之，读此可知汉世儒林家法之承授，国朝学者经学之渊源，大义微旨，不乖不绝，而二氏之说亦不攻自破矣。元又尝思国朝诸儒说经之书甚多，以及文集说部，皆有可采，窃欲析缕分条，加以剪截，引系于群经各章句之下。譬如休宁戴氏解《尚书》"光被四表"为"横被"，则系之《尧典》；宝应刘氏解《论语》"哀而不伤"即《诗》"惟以不永伤"之"伤"，则系之《论语·八佾》篇，而互见《周南》。如此勒成一书，名曰《大清经解》。徒以学日荒，政事无暇，而能总此事，审是非，定去取者，海内学友惟江君与顾君千里二三人。他年各家所著之书，或不尽传，奥义单辞，沦替可惜，若之何哉！ 岁戊寅除夕，阮元序于桂林行馆。

从表1可知，两序要点雷同者至少有三：其一，"束发抱经，有皓首不究其旨者矣"与"是以通儒硕学有束发研经，白首而不能究者"相近；其二，"信乎海内博雅君子，能以文章为来世诵法，舍此二三学友无属也"与"海内学友惟江君与顾君千里二三人"相近；其三，"子屏得师承于研溪惠先生，博闻强记，于学无所不通，而研贯群经，根本两汉，尤其所长。元少时与君同里同学，接其议论者，垂三十年。曩居余广州节院时，元尝刻其所纂《国朝汉学师承记》八卷，昭代经学之渊源，与近儒之微言大义，赖以不坠"与"甘泉江君子屏得师传于红豆惠氏，博闻强记，无所不通，心贯群经，折衷两汉。元幼与君同里同学，窃闻论说三十余年。江君所纂《国朝汉学师承记》八卷，嘉庆二十三年元居广州节院时刻之，读此可知汉世儒林家法之承授，国朝学者经学之渊源，大义微旨，不乖不绝"相似。而《经解入门·叙言》正是在此基础上敷衍成文。阮元为乾嘉学问大家，文章亦足以自立，有《揅经室文集》传世。为同一作者的不同著作作序，他决不会才窘到合二而一。

三、徐跋多不实之词

光绪戊子夏鸿宝斋石印本有于越徐仪吉跋，因天津市古籍书店方国瑜标点本未收此跋，一般读者鲜能寓目，特照录如下：

> 是书为甘泉江子屏先生藩所著，其有功经训与禅益后学，仪征相国原序已言之详矣。惟是书初刻于江氏家塾，工未竣而先生遽捐馆舍，以故世无传本。仪吉闻其副本尚在江右，因不惜殚数年心力，以重金购得之，爰为剞劂，付之石印，以公同好。方今国家右文稽古，京师国子监南学专以经训课士，海内之士闻风兴起，无不以研精古训、讲求朴学为宗。惟初学入门之始，苟无所指引，则汉、宋门径既虑其不清，而许、郑绪言终莫能有得。得子屏此书，诵而法之，则浅之可以应明经取士之科，深之即可以为立说著书之本，则其所以嘉惠来学者又岂浅鲜哉？于越徐仪吉跋。

对于此书来源，徐跋言之凿凿，既无实物，亦无旁证，未免孤证不信。前面已经证明所谓"仪征相国原序"已属赝鼎，此跋疑亦虚构其词。所谓"副本尚在江右，因不惜殚数年心力，以重金购得之"云云，遮遮掩掩，闪烁其词，正防后人之疑。

四、多记江氏身后人事

《经解入门》卷三《国朝治经诸儒》条列"阮元谥文达"。按：阮元卒于 1849 年，比江藩晚死 18 年，江藩何以预知阮元谥号？同卷又云："遵义郑珍字子尹是也。"郑珍系 1837 年才中举，其最早所作的《说文新附考》初稿草成于 1833 年，1852 年才第一次出版著作《巢经巢诗抄》及《经说》，此前名声不逾乡里，江氏又何从得知其人？顾颉刚先生也指出："予少时翻览，深疑《入门》题江藩著，而文中提及陈澧《东塾读书记》，两人时代不相及，何以提到？"[1]诸如此类，《经解入门》中还有不少。后面还要提到，此不赘述。

五、多与江氏殁后著述雷同

《经解入门》除了与《古书疑义举例》雷同外，与《书目答问》雷同处更多，如卷三《国朝治经诸儒》条与《书目答问》附列《经学家》雷同，《小学家》亦然。又如《经与史相表里》条："如《逸周书》、《国语》、《国策》、《山海经》、《竹书纪年》、《穆天子传》、《晏子春秋》、《越绝书》、《吴越春秋》、《列女传》、《新序》、《说苑》、《东观汉记》之属，皆可归入史部。"按：《山海经》、《穆天子传》、《新序》、《说苑》在《四库总目》中皆列入子部，《书目答问》方移入史部。《经解入门》云：

---

① 顾颉刚：《记崔适先生》，《顾颉刚学术文化随笔》，中国青年出版社 1998 年版，第 321~322 页。

"《四库提要》为读群书之门径，提要较多，未必人人能置一编，别有《四库简明目录》，乃将提要约撮而成，书止一帙，大抵初学须先将经史子集四种分清何书应入何类，于此憭然，则购书读书皆有头绪，然《简明目录》太略，书之得失亦未详说。且四库未收提要尚列存目于后，《简明目录》无之，不得误认为世间所无也，略一翻阅，然后可读提要。"①这些话说得相当在行。既然该书对于《四库提要》的认识如此深刻，为何其分类与《四库提要》截然不同，而反与后出之《书目答问》雷同呢？

再如《有校勘之学》条所列清代校勘名家与《书目答问》附列《校勘之学家》亦大致相同。详见表2：

表2

人名	《经解入门》	《书目答问》	人名	《经解入门》	《书目答问》	人名	《经解入门》	《书目答问》
惠栋	有	有	李文藻	有	有	阮元	有	有
何焯	有	有	戴震	有	有	顾广圻	有	有
卢见曾	有	有	王念孙	有	有	赵怀玉	有	有
全祖望	有	有	张敦仁	有	有	鲍廷博	有	有
卢文弨	有	有	丁杰	有	有	袁廷梼	有	有
钱大昕	有	有	孙星衍	有	有	吴骞	有	有
沈炳震	无	有	沈廷芳	无	有	谢墉	无	有
姚范	无	有	钱东垣	无	有	彭元瑞	无	有
周永年	无	有	黄丕烈	无	有	秦恩复	无	有
陈鳣	无	有	钱泰吉	无	有	曾钊	无	有
汪远	无	有						

---

① 《经解入门》卷六"门径不可不清第四十五"。

六、与《国朝汉学师承记》多相矛盾

《经解入门》所列《国朝治经诸儒》与《国朝汉学师承记》①所列数量上过于悬殊。后者去取甚严，而前者几乎囊括有清一代经学名家。详见表3：

表3

人名	《经解入门》	《国朝汉学师承记》	人名	《经解入门》	《国朝汉学师承记》	人名	《经解入门》	《国朝汉学师承记》
顾炎武	有	有	李惇	有	有	胡世琦	有	无
阎若璩	有	有	李赓芸	有	无	俞正燮	有	无
张尔岐	有	有	金榜	有	有	臧寿恭	有	无
陈启源	有	无	金梧	有	无	周中孚	有	无
马骕	有	有	汪莱	有	无	李锐	有	无
王尔膂	有	有	凌廷堪	有	有	徐养源	有	无
毛奇龄	有	无	汪龙	有	无	方观旭	有	无
朱彝尊	有	无	顾九苞	有	有	刘履恂	有	无
胡渭	有	有	金曰追	有	有	陈璂	有	无
徐善	有	无	丁杰	有	无	李黼平	有	无
臧琳	有	有	周广业	有	无	李富孙	有	无
臧镛堂	有	无	梁玉绳	有	无	冯登府	有	无
臧礼堂	有	无	梁履绳	有	无	钟文烝	有	无
惠士奇	有	有	武亿	有	有	薛传均	有	无
惠栋	有	有	汪中	有	有	张宗泰	有	无
诸锦	有	无	汪喜孙	有	无	侯康	有	无

① 江藩：《国朝汉学师承记》，中华书局 1983 年版。

续表

人名	《经解入门》	《国朝汉学师承记》	人名	《经解入门》	《国朝汉学师承记》	人名	《经解入门》	《国朝汉学师承记》
汪师韩	有	无	程际泰	有	无	魏源	有	无
杭世骏	有	无	许鸿盘	有	无	郑珍	有	无
齐召南	有	无	孙星衍	有	无	黄宗羲	有	有
秦蕙田	有	无	洪亮吉	有	有	黄宗炎	有	无
庄存与	有	无	许珩	有	无	王夫之	有	无
庄述祖	有	无	阮元	有	无	钱澄之	有	无
庄绶甲	有	无	刘文淇	有	无	徐璈	有	无
褚寅亮	有	有	刘毓崧	有	无	朱鹤龄	有	无
卢文弨	有	有	桂馥	有	有	沈彤	有	有
江声	有	有	钟褱	有	有	陈景云	有	无
余萧客	有	有	焦循	有	无	张尚瑗	有	无
王鸣盛	有	有	赵曦明	有	无	万斯大	有	无
钱大昕	有	有	严可均	有	无	万斯同	有	无
钱大昭	有	无	凌堃	有	无	万经	有	无
钱塘	有	有	马宗梿	有	无	全祖望	有	无
钱坫	有	有	马瑞辰	有	无	徐乾学	有	无
翁方纲	有	无	毕珣	有	无	陆元辅	有	无
朱筠	有	无	姚文田	有	无	徐嘉炎	有	无
纪昀	有	有	郝懿行	有	无	惠周惕	有	无
王昶	有	有	张惠言	有	有	王叔琳	有	无
范家相	有	无	陈寿祺	有	无	方苞	有	无
翟灏	有	无	陈乔枞	有	无	陈厚耀	有	有
周春	有	无	张澍	有	无	吴廷华	有	无
盛百二	有	无	朱兰坡	有	无	胡煦	有	无
毕沅	有	无	周用锡	有	无	王懋竑	有	无

续表

人名	《经解入门》	《国朝汉学师承记》	人名	《经解入门》	《国朝汉学师承记》	人名	《经解入门》	《国朝汉学师承记》
孙志祖	有	无	李钟泗	有	有	顾栋高	有	无
任大椿	有	有	朱彬	有	无	蔡德晋	有	无
孔继涵	有	无	刘玉麐	有	无	陈祖范	有	无
孔广森	有	有	刘宝楠	有	无	任启运	有	无
孔广林	有	无	李贻德	有	无	江永	有	有
邵晋涵	有	有	崔应榴	有	无	汪绂	有	无
金榜	有	有	刘逢禄	有	无	王坦	有	无
程瑶田	有	无	宋翔凤	有	无	徐文靖	有	无
戴震	有	有	陈奂	有	无	程廷祚	有	无
段玉裁	有	无	沈钦韩	有	无	车文	有	无
胡匡衷	有	无	柳兴宗	有	无	吴鼐	有	无
胡培翚	有	无	许桂林	有	无	吴鼎	有	无
胡秉虔	有	无	赵坦	有	无	赵佑	有	无
胡承珙	有	无	洪颐煊	有	无	顾镇	有	无
周炳中	有	无	洪震煊	有	无	许宗彦	有	无
刘台拱	有	无	金鹗	有	无	黄式三	有	无
王念孙	有	无	宋世荦	有	无	陈澧	有	无
王引之	有	无	戚学标	有	无			
宋绵初	有	无	凌曙	有	无			

　　《国朝汉学师承记》中有黄仪、顾祖禹、汪元亮、程晋芳、江德亮、徐复、汪光燨等 7 人不见于《经解入门》，而《经解入门》说："《师承记》所已见，亦备录焉。"《国朝汉学师承记》将顾炎武列为最后一人，"以不纯宗汉儒也"，《经解入门》则列顾氏为第一人。另外，金榜在《金角入门》中重出，亦为一失。《经解入门》有而《国朝汉学师承记》无的多

达 135 人，其中一部分人是因为学术观点相左而见黜，另一部分人则是同辈乃至后辈，如魏源（1794—1857）、侯康（1798—1837）、郑珍（1806—1864）、陈澧（1810—1882）等皆为后辈，时代不相及。古人著书，一般不著录、不引用生存人的著作，古人特别重视盖棺之定论，对于未定之论大都不置可否。江藩门户之见甚深，想必传统成见也不会没有。但无论如何，魏源等人与他之间毕竟异代不同时。我们可以根据江藩之子江钧《国朝经师经义目录跋》得到旁证："著录之意，大凡有四：一，言不关乎经义小学，意不纯乎汉儒古训者，固不著录已；一，书虽存其名而实未成者，不著录；一，书已行于世而未及见者，不著录；一，其人尚存，著述仅附见于前人传后者，不著录。凡在此例，不欲滥登，固非以意为弃取也。"①至于王夫之，有人认为："终江藩之世，他是不可能了解甚至闻知王夫之其人的。"②这种说法显然过于武断。因为王夫之的著作《周易稗疏》、《书经稗疏》、《诗经稗疏》、《春秋稗疏》已被收入《四库全书》，且被《四库全书总目》著录，并给予较高评价。另外，《尚书引义》、《春秋家说》也被列入存目。江藩云："《四库全书提要》、《简明目录》皆出公手。大而经、史、子、集，以及医、卜、词曲之类，其评论抉奥阐幽，词明理正，识力在王仲宝、阮孝绪之上，可谓通儒矣。"又称："公一生精力，萃于《提要》一书。"③江藩对纪昀推崇备至，如果连《四库全书总目》都没有翻读一遍，他是不会轻易下此结论的。退一万步讲，即使江藩见不到《四库全书》与《四库全书总目》，《四库全书简明目录》总是可以见到的。因此，他就完全有可能闻知王夫之其人。

七、与《古书疑义举例》条例不尽相同

有人认为，《经解入门》与《古书疑义举例》条例基本一致，只是次

① 漆永祥：《汉学师承记笺释》，上海古籍出版社 2006 年版，第 890 页。
② 谷建：《经解入门辨伪》，《北京大学中国古文献研究中心集刊》第 1 辑，北京燕山出版社 1999 年版，第 417 页。
③ 江藩：《国朝汉学师承记》，中华书局 1993 年版，第 92 页。

序略有不同。经仔细核对，《经解入门》有而《古书疑义举例》无的条例有 8 条；《经解入门》无而《古书疑义举例》有者共 10 条。详见表 4：

表 4

条例	《经解入门》	《古书疑义举例》	条例	《经解入门》	《古书疑义举例》
复有以反言而见意，不可以偏见拘也	有	无	以旁记字入正文例	无	有
有因误衍而误读者	有	无	字句错乱例	无	有
有因注文而误者	有	无	简策借乱例	无	有
有两字平列而误易者	有	无	文随义变而加偏旁例	无	有
两句相同而误倒者	有	无	字固上下相涉而加偏旁例	无	有
有因误字而误改者	有	无	误读夫字例	无	有
有因误补而误删者	有	无	误增不字例	无	有
有因误删而误增者	有	无	句尾用故字例	无	有
以注误改正文例	无	有	句首用焉字例	无	有

《经解入门》有而《古书疑义举例》无的条例凡 8 条，完全可以视为是对《古书疑义举例》的补充与完善，也是对校勘条例的新发展。《古书疑义举例》被人称为"实千古奇作，发凡起例，祛惑释疑，裨益士林为最大"①。《经解入门》在校勘学上的价值也应该实事求是地予以评价。

八、卷八附选之文皆伪

《经解入门》所附十五篇考证文章，天津市古籍书店本均无主名，容易误会为全是江藩之作。其中《易伐鬼方解》引用惠栋之说时直呼其名，江藩为惠栋再传弟子，在《国朝汉学师承记》中称松崖先生，若直

---

① 张舜徽：《清人文集别录》，中华书局 1963 年版，第 526 页。

呼其名则有悖常理。《格物说》有云："夫程、朱为理学正宗，则《或问》所载二程之说一十六条，乃格物之正义，其余曲说，固可一扫而空之矣，惟郑氏旧注，立学校者已向千载，虽精研未若闽、洛，而训诂具有师承。"江藩重汉学轻宋学，而此说似不出其口。

2001年春，笔者在上海图书馆查到光绪戊子夏鸿宝斋石印本(即初印本)《经解入门》①，始知此类文章全系他人之作，且为清代汉学名家的各种不同类型的考据范文，其目详列如表5：

表5

篇　　名	作　　者	类　　别
箕子明夷解	周中孚	解类
易伐鬼方解	李方湛	解类
考工记五材解	黄明宏	解类
五霸考	蒋炯	考类
周初洛邑宗庙考	吴文起	考类
深衣考	周以贞	考类
八卦方位辨	吴傅	辨类
文王称王辨	邹伯奇	辨类
纬侯不起于哀平辨	李富孙	辨类
辟雍太学说	孙同元	说类
八蜡说	金锡龄	说类
格物说	徐养原	说类
释能	段玉裁	释类
释贯	金鹗	释类
释祊	侯度	释类

上述考据文章，各有其主，本非伪作，后出之本将姓名全部删去，

① 封面有逊敏轩主人题签，钤"黄丙寿"印。

在大题"经解入门卷八"之下全部改小题为"甘泉江藩纂",移花接木,可谓拙于作伪。另外,天津市古籍书店本又删去第五十二篇"科场解经程式",更是伪中之伪。

九、盛行于清末

有人认为,《经解入门》成书后"从未引起学术界的注意","蒙尘插架,无人问津,黯然寂闻"。其实不然,该书出版后"备各省举子携入贡院之用"①,几乎人手一册,"在清末风行最广也"②。另外,还传到了日本③。如果真是江藩所作,以江藩"吴派嫡传"的学术威望,加上《经解入门》本身内容充实,极有可能在清代中叶就会流行开来,为何偏偏要等到清末才一纸风行、洛阳纸贵呢?

十、学术分类思想与乾嘉时代不合

漆永祥先生在《乾嘉考据学研究》一书中对于乾嘉时代的考据学思想作了极有意义的探讨,对戴震、王鸣盛、卢文弨、钱大昕、段玉裁、焦循、顾广圻、江藩、孙星衍、阮元等考据学家的学术分类一一作了发掘,并制成《乾嘉学者学术分类简表》④(见表6)。原表内列有龚自珍,

① 顾颉刚:《记崔适先生》,《顾颉刚学术文化随笔》,中国青年出版社 1998 年版,第 321~322 页。

② 顾颉刚:《记崔适先生》,《顾颉刚学术文化随笔》,中国青年出版社 1998 年版,第 321~322 页。刘声木《苌楚斋四笔》第五卷亦称《经解入门》"虽系石印本,转瞬间以石印二次,是当时学林重视其书可知。予于十六七岁时,即得见此书。当时慕经师之名,颇欲有志于经学,宝此不啻珍秘,无异得一导师"。转引自傅杰《〈古书疑义举例〉袭〈经解入门〉说的始作俑者》,《聆嘉声而响和》,华东师范大学出版社 2001 年版,第 88 页。今按:刘氏此说虽不辨真伪,但是从中可以看出,《经解入门》问世之初即产生了较大的影响。

③ 顾颉刚:《记崔适先生》,《顾颉刚学术文化随笔》,中国青年出版社 1998 年版,第 321~322 页。

④ 漆永祥:《乾嘉考据学研究》,中国社会科学出版社 1998 年版,第 219 页。

但龚氏自称："我有心灵动鬼神，却无福见乾隆春。席中亦复无知音，谁是乾隆全盛人?"可见其时代较晚，并非"乾隆全盛人"。况且其学术分类思想与乾嘉诸老也有所不同，详见其《阮尚书年谱第一跋》①，故删去不录。

表6

人名＼分类名	戴震	王鸣盛	卢文弨	钱大昕	段玉裁	焦循	顾广圻	孙星衍	江藩	阮元		姚鼐	章学诚
诸家分类名称	义理	义理	理学	通儒之学			宋学			心性		义理	义理
	考核	考据	经学博综抄撮校勘	考核学	经学	经学	汉学	考据学	汉学／目录校勘训诂考据	浩博之考据	精核之考据	考证	考据
	文章	词章	词章	俗儒之学			俗学			才人之学		文章	词章

表中所引江藩的学术分类则根据《经解入门》卷五"有目录之学"第三十二、"有校勘之学"第三十三、"有训诂之学"第三十四、"有考据之学"第三十五。漆永祥先生制表的前提是将《经解入门》视为江藩之作，这一点显然有误。可贵的是，他在当时已经发现《经解入门》的学术分类思想与乾嘉时代不合，他说："江藩的汉学或经学同前后诸人所论并不相同，一是在纯学术的范围之内；二是其论考据学较段玉裁、孙星衍等人所指内涵要小得多，是指乾嘉学术之一端而非全体甚明。躬行实

① 龚自珍：《龚定庵全集类编》卷2，中国书店1991年版，第29~31页。

践、发为经济，则是他认为在学术有成的情形下，才能视各人天资的高低来求取。"为什么江藩一个人的学术分类思想与整个乾嘉时代格格不入？反而会与晚清的张之洞如出一辙？只要将《经解入门》与江藩脱钩，就很容易解释清楚。因为《经解入门》的学术分类思想本来就只会出现在晚清而不是乾嘉时代。漆文又引《经解入门》云："余列目录之学，示人以读书之门径；列校勘之学，示读书之当细心；由是而通训诂，精考据，则经学之事尽矣，即凡为学之事亦尽矣。"这段话与张之洞所论有着惊人的相似之处。当时漆永祥先生未及留意，难免智者千虑，或有一失。

十一、关于《经解入门》的编者

关于《经解入门》的真实作者，就笔者所见，有三种说法：一是"崔适所作说"。顾颉刚持此说：

> 予于 1918 年考入北京大学哲学系，其时讲"春秋公羊学"者为崔适（1852—1924），字怀瑾，浙江吴兴人，孑然一身，寄居校中。谈次询其生平，始知其少年时肄业杭州诂经精舍，为俞曲园高第弟子。至 1920 年，予在北大研究所任职，始与钱玄同先生相识，乃知崔老壮年在上海某书店佣工，《皇朝五经汇解》一书是其所编，卷首《经解入门》则是其所作。汇解一书将阮刻经解逐条剪开，分入各经各章之下，用极小字印出……予少时翻览，深疑《入门》题江藩著，而文中提及陈澧《东塾读书记》，两人时代不相及，何以提到？闻钱氏语，乃知崔氏实作于光绪中叶也。①

二是"章太炎所作说"。刘白村在给《经解入门》写提要时径直署"章炳麟撰"，其说如下：

---

① 顾颉刚：《记崔适先生》，《顾颉刚学术文化随笔》，中国青年出版社 1998 年版，第 321~322 页。

按是书乃章氏早年之作。以当时人微言轻，恐不见重于世，遂伪托江藩之名。至今通行各本，仍署江藩编著。①

三是"缪荃孙所作说"。周予同在介绍江藩的《经解入门》时又说：

根据顾颉刚的意见，《经解入门》实际上是缪荃孙编撰的，供初学者使用。②

笔者以为，上述说法均难以成立。首先，"缪荃孙所作说"可能是一种讹传，应该予以排除。缪荃孙曾为张之洞捉刀编纂《书目答问》，后来追悔莫及，成为学界公案，至今尚未论定。周予同极有可能将两事弄混淆了。其次，"章太炎所作说"也不知有何根据。章太炎早年桀骜不驯，不可一世，日后成为革命先驱、国学宗师，岂肯将"早年之作"拱手让与他人？从文本分析来看，《群经缘始第一》阴主"专名说"，是今文经学，而章太炎为古文经学派之代表，向主"通名说"，认为"经"是古代书籍的通称，并不是孔子的"所能专有"，据此可证《经解入门》不会出自章太炎之手。复次，"崔适所作说"也是扑朔迷离，顾颉刚闻于钱玄同，周予同又根据顾颉刚，辗转相传，但又传闻异辞。而伏俊琏根据顾颉刚的前一种说法，当即作出"仲裁"："据此，则是非俱清。《经解入门》卷一《古书疑例第七》一节实崔适据其师俞樾《古书疑义举例》而成。因其主要章节是依据江藩的著作改写而成，同时为了促销作为'高考复习资料'的《五经汇解》一书，故署名曾参加编撰《皇清经解》的汉学名家江藩著。"③既然崔适为俞曲园高第弟子，又为何要编造伪书

---

① 《续修四库全书总目提要》，中华书局1993年版，第1423页。

② 周予同：《中国经学史讲义》，上海文艺出版社1999年版，第5页。

③ 伏俊琏：《俞樾〈古书疑义举例〉不是袭江藩〈经解入门〉而成》，《古汉语研究》2000年第2期。今按：此说失之不考，其主要章节并不是依据江藩的著作改写而成，详细情况见本书下编。

使其师蒙受不白之冤？伏俊琏又云："崔适在诂经精舍时已有《古书疑例》之作，其师俞樾《古书疑义举例》即据此而成。"①一会说《古书疑例》一节是崔适据其师俞樾《古书疑义举例》而成，一会又反口说不能完全排除俞樾《古书疑义举例》即据《古书疑例》而成，前后如此矛盾，又怎能将《经解入门》的真实作者定为崔适？

总之，上述三说不能成立的根本原因在于，他们都错误地认为《经解入门》出自一人之手，是某位作者的个人专著。其实，《经解入门》并非什么专著，而是一部资料汇编，准确地说，它没有真正的作者，只有编者。笔者以为，此书的真实编者极有可能就是《皇朝五经汇解》的编纂者——"抉经心室主人"。《皇朝五经汇解》②一书卷首有俞樾光绪十四年(1888)序，其文曰：

> 我国家正教昌明，巨儒辈出，经学之盛，直接汉、唐。《学海堂经解》之刻，实集大成。近又得王益吾祭酒之《续编》，国朝诸家之说，采撷无遗矣。然篇帙繁富，记诵为难，检寻亦复不易。每思略仿阮文达《经郭》之意，依经编次，集成一书，而精力衰颓，未能卒业。今年夏，有以抉经心室主人所辑《五经汇解》见示者，自《周易》至《小戴礼记》，凡二百七十卷，所采书凡一百四十一家二百八十七种，举经文而具列诸说于下。如乾元亨利贞，先书此五字，又分出乾字、元字、亨字、利字、贞字，即此一条，可见其搜罗之富、诠释之详矣。主人原稿曰《群经汇解》，非止五经，因文逾亿万，写定需时，故先以五经行世……

"抉经心室主人"的身份，至时人杨岘为《五经汇解》作序时已"不知

---

① 伏俊琏：《俞樾〈古书疑义举例〉不是袭江藩〈经解入门〉而成》，《古汉语研究》2000 年第 2 期。

② 扉页有"五经卷首增五经正文卷末附江氏经解入门"一行字。今检光绪癸巳季夏耕余书屋付上海蜚英馆石印本，卷末并无《经解入门》，未审其故。

何许人"①。归安朱镜清②《五经汇解序》曰："近有友人自海上来，出抉经心室所辑《群经汇解》见视，其大旨分经甄录，先列经文为经，然后取国朝诸老之说都一百四十一家，得书二百八十七种，最粹排比，件系其下，以为纬，左右采获，莫便于此，只以卷牍浩繁，先取其五经汇解二百七十卷，用泰西石印法，代为问世。"范希曾在《书目答问补正》中认为"出于坊贾之手"③。伦明在撰写《五经汇解》提要时指出，抉经心室主人为赵贤，贤字子进，浙江钱塘人。光绪丙子（1876）进士，授庶吉士，散馆改刑部主事，又改知县，分发江苏。④ 伦氏此说，未明何据，却为学术界普遍接受，不少论著均采纳了这一结论，如王绍曾著《清史稿艺术志拾遗》，虞万里撰《正续清经解编纂考》，舒大刚著《儒学文献通论》等皆是如此。何以如此？盖因其为朱镜清《五经汇解序》代为抄录，遂被误认为作者。据王应宪博士考证，"抉经心室主人"也非伦明所说的赵贤，而是另有其人。⑤ 光绪三十年癸卯（1904）鸿文书局石印刊行《皇朝四书汇解》，题署抉经心室主人纂辑。抉经心室主人光绪壬寅夏至日《皇朝四书汇解序》曰："曩余索处多暇，壹志经学，尝荟萃国初以来至咸同间诸老先生之撰著，略师阮文达《经郛》之意，排次众说，件系章句之下，粗具草稿，题曰《群经汇解》，燕石自珍，未敢问世。光绪岁戊子，好事者先取余所辑《易》、《书》、《诗》、《礼》、《春秋》五经景石成书，谬承同学不弃覆瓿，张许一辞。庚子之变，两宫西

① 杨岘：《与凌霞书》，参见朱关田：《初果集：朱关田论书文集》，荣宝斋出版社 2008 年版，第 252 页。

② 朱镜清，浙江归安人。张之洞的学生。光绪二年（1876 年）参加丙子恩科会试，得贡士第 27 名。殿试登进士二甲第 75 名。改庶吉士。散馆，著以六部部属用。

③ 张之洞编撰，范希曾补正，孙文泱增订：《增订书目答问补正》，中华书局 2011 年版，第 549 页。今按：此说虽然说得比较含糊，但对编者的职业身份的判断还是比较准确的。

④ 《续修四库全书总目提要·经部》，中华书局 1993 年版，第 1397 页。

⑤ 王应宪：《经解入门三题》，《传统中国研究集刊》第十四辑，上海社会科学院出版社 2016 年版，第 205～206 页。

狩，锐意维新，复举考试用四书义、五经义之令。向学之士咸以余前书有《五经汇解》而无《四书汇解》为憾……" 又称《四书汇解》系与仁和王尊甫、钱塘朱董甫合作编辑而成。卷首俞樾光绪二十九年(1903)序文云："钱唐凌君陛卿著《五经汇解》，余已为序而行之矣。今年夏，《四书汇解》成，又问序于余。"① 据俞序可知，"抉经心室主人"的真实身份，是鸿文书局主人凌赓飏。凌赓飏，字陛卿，一云佩卿，浙江钱塘人。光绪十一年(1885)乙酉科举人，光绪十七年(1891)七月任浙江浦江县学训导。② 凌氏家世丝商，资本雄厚，光绪十三年(1887)于上海四马路胡家宅西首创办鸿文书局，自办石印《御纂七经》、《四库全书提要》、《正续资治通鉴》、《皇朝正续经世文编》等经史图书，同时承办代印业务。③ 鸿文书局为近代民办出版机构之一。初与点石斋、同文书局等齐名，垄断一时，开石印风气之先，所出书籍以科举考试类用书为大宗，后因科举废除，渐趋衰落。陈伯熙记其事云："惟所出者多科举时代考场所用之书，如《五经夏造》、《五经汇解》、《大题文府》、《小题十万选》等类，不下数百种，当时非不风行，士子辄手一编，迨科举既废，不值一钱。"又言其人"学问渊博，性情坦白，待友接物颇能相见以诚，绝非狡猾之书贾可比"④。在经营书局之外，凌赓飏还从事实业。光绪二十二年(1896)在杭州创立有恒农桑公司，自任经理，在震泽、南翔置地数顷，开辟种植实验场，推介西方农业科学技术。⑤ 又"营开垦于安徽郎溪县，至老而精神不衰，偕其妻子且读且耕，自以为人生之大乐，虽南面王不易也"⑥。

---

① 《皇朝四书汇解》，光绪三十年鸿文书局石印本。

② 光绪《浦江县志稿》卷七，1916 年黄志瑶再增补铅印本，第 75~76 页；《震泽镇志续稿》卷八，广陵书社 2009 年版，第 171 页。

③ 《新开鸿文书局》，《申报》1887 年 2 月 21 日；《鸿文书局书籍告白》，《申报》1887 年 3 月 16 日。

④ 陈伯熙编著：《上海轶事大观》，上海书店出版社 2000 年版，第 180 页。

⑤ 凌赓飏：《有恒农桑公司章程》，《富强报》1897 年第 1 期。

⑥ 陈伯熙编著：《上海轶事大观》，上海书店出版社 2000 年版，第 180 页。

上述王应宪博士考据较为准确。而笔者曾经以之为欧景岱别号①。清潘衍桐《两浙輶轩续录》卷四十九载：

> 欧景岱，字仲真，一字仲贞，象山人。候选员外郎。董沛曰：仲真生平服膺姚姬传，所作古文不失桐城家法。尽五年之力，诵《十三经注疏》，点勘"二十四史"，故学有本原，通非磷贩，余事为诗，亦骎骎入古。

欧景岱（道光至光绪间），浙江岱山（象山）人，字仲真，一字仲贞。贡生。授候选员外郎。为学服膺姚鼐，所作古文不失桐城家法。曾尽五年之力，读毕《十三经注疏》，点勘《二十四史》。著有《无名指斋诗集》。其诗亦骎骎入古。曾让产助兄举办各项义举。兄景辰。② 今按：欧景岱之室名为"扶经心室"，而非"抉经心室"，一字之差，谬以千里，特此更正。王应宪博士为之指谬，匡我不逮，谨此鸣谢！但王应宪坚持认为《经解入门》的作者为崔适，也是失察。

光绪癸巳年上海积山局石印本《纂印五经汇解举例》有云：

> 本朝经学之盛，追踪汉唐，非前代空谈义理者比。此书编纂以国朝人为断，不复泛滥旁及。
>
> 是书以汉学为宗，笔削去取间，不徇阿附，不习调人，其为造作异说，反唇汉儒者，一字不敢厕入。
>
> 国朝诸老中，如中吴惠氏、高邮王氏、江都焦氏、嘉定钱氏、阳湖孙氏、武进张氏、金坛段氏、长洲陈氏，近人德清俞氏之属，皆笃守汉儒家法，语不离宗，只字可宝，甄辑尤伙。其他各家，间或不免汉、宋兼采，弃瑜录瑜，端在识者。

---

① 见杨廷福、杨同甫编：《清人室名别称字号索引》增补本上册，上海古籍出版社 2001 年版，第 207 页。

② 陈玉堂：《中国近现代人物名号大辞典》续编，浙江古籍出版社 2001 年版，第 184 页。

挟经心室主人穷十数年之力，成《群经汇解》一书，卷帙浩繁，无力授梓，今索得其"五经"各种，用泰西石印法，代为问世。学者欲窥全豹，有《群经汇解》之原稿在。

是书耕余主人于癸巳年精校付印，每经前增"五经"正文，后附《经解入门》，俾研经者易于检阅，区区之心，于诸君子不无小补云。①

由此可见《五经汇解》编纂宗旨与《经解入门》一致，以东汉之学为宗，而崔适为西汉今文经学，二者实际上完全相反。可能凌曙飏考虑到自己的知名度不太高，只好将《经解入门》嫁名于"甘泉江子屏先生藩"。江藩是清代中叶一位重要的经学家，他在当时即有"通儒"之目②，所撰《国朝汉学师承记》、《国朝宋学渊源记》对清代学术加以总结，影响较大，后人嫁名于他，可能也是出于促销的目的。《经解入门》开卷即载俞樾序，书中又抄袭其《古书疑义举例》，异哉！

《经解入门》的真正编者可以确定为晚清之凌曙飏，当然，也不能完全排除崔适也参与书局的编辑事务（类似现在的责任编辑），须知责编与原编完全是两码事，岂能混为一谈？要之，《经解入门》的成书时代在俞樾《古书疑义举例》之后，因此决非俞樾袭用了江藩之说，而只能是《经解入门》抄袭了《古书疑义举例》。

十二、结论

尽管《经解入门》是一部伪书，但是它仍然有其存在的价值。因为

---

① 光绪十四年鸿文书局石印本无此条。
② 江藩（1761—1831），字子屏，号郑堂，晚号节甫，江苏甘泉人。著有《周易述补》四卷、《尔雅小笺》三卷、《乐悬考》二卷、《国朝汉学师承记》七卷、《国朝宋学渊源记》二卷，其他现存诗文见《江藩集》（上海古籍出版社 2006 年版）。今按：清人吴兰修在给江藩《隶经文》作跋时说："先生受学元和惠氏，博综群经，尤深汉诂……有翼辅马、郑之功，今日通儒，舍先生其谁哉？"

它的主要来源是清代特别是乾嘉以降的几部学术名著，即《日知录》、《经义述闻》、《汉学师承记》、《国朝经师经义目录》、《石经考异》、《古书疑义举例》、《书目答问》、《𬨎轩语》等。虽然《经解入门》抄袭他作，但也颇费心力。如果不是认真研究，也很难发现其中的纰漏。全书篇幅不大，文字通俗易懂，条目秩如，将清初至晚清汉学诸大师的代表作冶于一炉，又作了一点点改造加工，非常便于当时的初学者。

　　无论如何，《经解入门》是一部内容充实的伪书。天津市古籍书店1990 年出版的《经解入门》在黑色的封面上衬托出八个极为醒目的红字："读史必备，读经必备"，虽有商家广告之嫌，但也不是毫无道理。只要我们善于辨别真伪，去伪存真，《经解入门》仍不失为值得一读的入门之作①。但是，如果不辨真赝，仍然坚持将它视为江藩之作，那么，所做的结论无论看起来多么精致，其实都不过是沙上建塔而已。

────────────

　　① 《续修四库全书总目提要》，中华书局 1993 年版，第 1423 页。

《经史杂记》真伪考

一、问题的提出

《经史杂记》八卷，清王玉树撰。玉树字廷桢，一字芗林，号松亭，晚号芳椶老人，陕西安康人。生于乾隆二十九年（1764），卒年不详，道光十七年（1837）尚在世。乾隆五十四年（1789）拔贡生，分发广东，历任新安县丞、高要知县、罗定州同知、惠州与潮州府通判。宦海浮沉三十余年，未尝求闻达，而文望日隆。《芗林草堂诗抄自序》称"少解声病，喜作韵语。自辛亥（1791）出都返舍，考订许氏《说文》，朝研夕摩，此事稍辍。迨乙卯（1795）需次羊城，辄复有诗"。喜著述，尤耽吟咏，与冯敏昌、刘彬华、宋湘、谢兰生交善，时相唱和。又曾与南海曾钊（1793—1854）往复论学。著有《退思易话》八卷、《说文拈字》七卷、《芗林草堂诗抄》八卷、《芗林草堂文抄》四卷、《诗薮余谈》四卷、《词薮余谈》二卷，有《芳椶堂丛书》行世。早年师从董诏，研治《说文》之学。晚年专力正学，复著《志学录》及《存心浅说》。事迹见《（嘉庆）安康县志》卷七。

《经史杂记》有道光芳椶堂本，为王氏自刻。《续修四库全书》列于子部杂家类。全书共计 236 条，以经史辨证为主，旁涉天象、地理、人事、职官、历法、制度、训诂等。

书首有王玉树道光庚寅自序，文曰：

刘向杂采群言以为《说苑》，列于儒家，此后世说部书所由作也。而其中之有裨经史者，则莫如宋洪容斋《随笔》、王伯厚《困学纪闻》及国朝孙北海《藤阴札记》、顾宁人《日知录》，皆彪炳艺苑，鼓吹儒林，洵足启迪后学，迥非《虞初》、《周说》之类所可比拟也。公余读书，每究寻经史。偶有所得，辄笔记之，间有他说，亦附益焉。日月既深，纸墨遂多，爰择其有关考证者，荟萃成编，题曰《经史杂记》。惟是义鲜发明，语无诠次，缅彼前修，瞻望弗及焉尔。

可见，《经史杂记》为王氏自撰，成于道光十年(1830)。《续修四库全书总目提要(稿本)》称"盖取《容斋随笔》、《困学纪闻》、《藤阴札记》、《日知录》诸书之例，是书所录，或杂采群说，或随文发明，虽不及《日知录》考证之精确，然征引尚为浩博"①。徐德明《清人学术笔记提要》亦谓其某些条目"论述精当"、"评论公允"②。然而细考之下，本书内容竟与《四库全书总目》、《尚书后案》、《廿二史劄记》、《经义杂记》、《韩门缀学》等存在诸多雷同之处。今本审慎态度对前人著作进行考证，论证此书系抄袭之作。

二、条目探源

表中所列《经史杂记》条目以原书顺序排列，出处栏标明其抄袭出处，之后以 A、B、C 区分不同类别。其中，A 类表示此条仅来自某一部书：或来自某书某一条，或由同一部书多条拼凑而成；B 类表示此条由多部书拼凑而成；C 类表示此条全文见于多书，无法确认王书为抄袭其中哪一部而来，故单列一类。

---

① 中国科学院图书馆整理：《续修四库全书总目提要(稿本)》第 11 册，齐鲁书社 1996 年版，第 685 页。

② 徐德明：《清人学术笔记》，学苑出版社 2004 年版，第 152 页。

序号	《经史杂记》条目名称	抄袭他作的原始出处	类型
1	《论语》古本	《论语后案》,《四库全书总目》卷三十五《论语义疏》提要	B
2	《论语》引《汤誓》	《尚书后案》卷五《商书》	A
3	《释文》厩夫子家厩也	《经义杂记》卷六"民无德而称焉"条、卷七"厩焚"条、卷十九《经典释文》条	A
4	《论语》古今文	《经义杂记》卷二《论语》古文今文"条、卷七"吾不梦见周公"条、卷十六"患不知也"条、卷十七"居不客"条	A
5	《论语》衍文	《经义杂记》卷六"朝服而立于阼阶"条,卷十七"雍也博学于文"条、"子曰义以为质"条,卷二十七"没阶趋进"条,《皇氏论语义疏参订》卷四"舜有臣五人章",《四库全书总目》卷三十六《四书通》提要	B
6	王充、高诱解《论语》	《经义杂记》卷五"父母唯其疾之忧"条、卷十二"死生有命说"条、卷十七"王充《论衡》"条	A
7	《论语》异解	《四库全书总目》卷三十五《论语拾遗》提要、《论孟精义》提要、《论语集说》提要、《论语全解》提要、《论语意原》提要	A
8	《中庸》、《大学》注	《四库全书总目》卷三十五《大学章句·论语集注·孟子集注·中庸章句》提要、《中庸辑略》提要,清汪师韩《韩门缀学》卷一"《中庸》、《大学》注"条	B
9	赵岐注《孟子》	《四库全书总目》卷三十五《孟子正义》提要、《大学章句·论语集注·孟子集注·中庸章句》提要,《经义杂记》卷六"夫予之设科也"条、卷九《孟子》西夷北夷"条、卷二十四"万子曰"条、卷三十"有攸不惟臣"条	B

序号	《经史杂记》条目名称	抄袭他作的原始出处	类型
10	《孟疏》甚浅陋	《四库全书总目》卷三十五《孟子正义》提要	A
11	《孟子》讹字	《经义杂记》卷六"行者必以赆"条、卷七"二女婐"条、卷十"行者有裹囊"条、卷十七"贪夫廉"条、"而民劝乐之"条、卷十九"不若是恝"条	A
12	郑氏《易注》	《四库全书总目》卷一《新本郑氏周易》提要、《周易郑康成注》提要、《周易集解》提要，《经义杂记》卷十五"为宣发"条	B
13	《易》古本	《经义杂记》卷三"承天龙也"条，卷五"君子以经论"条、"终朝三拕之"条，卷九"即鹿无虞"条，卷十"乘马般如"条、"其欲逡逡"条，卷十五"为宣发"条，《简庄疏记》卷一《易》，《尚书后案》卷二十九《周书》	B
14	《子夏易传》无真本	《四库全书总目》卷一《子夏易传》提要	A
15	《易数钩隐图》出道经	《四库全书总目》卷二《易数钩隐图》提要	A
16	杜林解筮法	《韩门缀学》卷一《左传》"筮法"条	A
17	张子《正蒙·动物篇》	《韩门缀学》卷一"本天亲上本地亲下"条	A
18	《诗序》不可废	《四库全书总目》卷十五《诗集传》提要、《诗序》提要	A
19	《诗传》作自毛亨	《四库全书总目》卷十五《毛诗正义》提要	A
20	毛传体例	《经义杂记》卷二十三"毛传文例最古"条	A
21	郑笺改字	《经义杂记》卷九"《毛诗》改从郑笺"条、卷十"愿言则疐"条、卷十二"古之人无斁"条、卷十七"郑笺改字有本"条、卷二十九"君子好仇"条	A
22	《韩诗》为今文	《经义杂记》卷二十一"《诗》古文今文"条	A

序号	《经史杂记》条目名称	抄袭他作的原始出处	类型
23	《毛诗》讹异	《四库全书总目》卷十五《诗集传》（朱子本）提要	A
24	《毛诗》讹字非《集传》原本	《经义杂记》卷二十七"俗本《诗集传》"条	A
25	逸诗不当补	《韩门缀学》卷一"补逸诗"条	A
26	《毛诗》古本	《经义杂记》卷四"乘我乘骄"条、卷五"硕人顾顾"条、卷十一"万民不承"条、卷十二"维周之祺"和"维石严严"条、卷十七"郑笺改字有本"、卷二十七"好是家啬"条、卷二十九"湜湜其止"条	A
27	逸书多亡于永嘉	《尚书后案》卷十《周书》、卷三十序，《尚书古文疏证》卷一第五，《孟子正义》卷十八	B
28	伏女传经	《尚书古文疏证》卷八第一百十五、《尚书序》，《汉书·儒林传》，《后汉书·伏湛传》	B
29	纳于大麓	《尚书后案》卷一《虞夏书》	A
30	郑解《洪范》	《尚书后案》卷十二《周书》	A
31	伪孔改字	《尚书后案》卷二十五《周书》（又见《蛾术编》卷三十二说字十八"卷十四上考证"条）	C
32	《酒诰》古今文皆有	《尚书后案》卷十六《周书》	A
33	虞翻驳郑	《尚书后案》卷二十五《周书》	A
34	《酒诰·成王若曰》	《经义杂记》卷二十一"成王若曰"条，《尚书后案》卷二十五《周书》	B
35	《孟子》引《书》	《尚书古文疏证》卷一第十四	A
36	柳谷有三义	《尚书后案》卷一《虞夏书》	A
37	《禹谟》十六字	《尚书古文疏证》卷二第三十一	A
38	平王文侯之命	《尚书后案》卷三十序	A
39	左丘明受经于孔子	《四库全书总目》卷二十六《春秋左传正义》提要	A

序号	《经史杂记》条目名称	抄袭他作的原始出处	类型
40	《左传》衍文	《经义杂记》卷二十八"《左传》衍文册二"条	A
41	《左传》引《商书》	《尚书后案》卷六《商书》	A
42	《公》、《穀》传非高、赤自作	《四库全书总目》卷二十六《春秋公羊传注疏》提要、《春秋穀梁传注疏》提要	A
43	《公》、《穀》经异同	《经义杂记》卷五"《穀梁》经召伯"条、"《公羊》经菑丘"条	A
44	三传详略不同处	《尚书后案》卷二十九《周书》	A
45	郑康成《春秋》无注	《经义杂记》卷二十"郑氏五经"条，《四库全书总目》卷二十六《针膏肓》、《起废疾》、《发墨守》提要	B
46	《周礼》非伪托	《四库全书总目》卷十九《周礼注疏》提要	A
47	安石《周礼》	《四库全书总目》卷十九《周礼新义》提要，《廿二史劄记》卷二十六"青苗钱不始于王安石"、"王安石之得君"条	B
48	陈澔《礼记》	《四库全书总目》卷二十一《云庄礼记集说》提要	A
49	卢植注《礼记》	《经义杂记》卷二十五"卢植《礼记》注"条、"卢植奏定石经"条	A
50	王肃改《礼记》	《经义杂记》卷十六"王肃改《玉藻记》"条	A
51	《孝经·闺门章》	《经义杂记》卷五"《孝经·闺门章》"条，《四库全书总目》卷三十二《孝经正义》提要	B
52	经注引《苍颉》	《经义杂记》卷十六"《孝经·庶人章》"条、卷二十六"汉注用《苍颉篇》"条	A
53	《尔雅》列经部	《四库全书总目》卷四十《尔雅注疏》提要	A
54	《尔雅》句读	《经义杂记》卷四"误读《释山》文"条，《四库全书总目》卷四十《尔雅注疏》提要	B
55	西汉儒解经	《经义杂记》卷二十"董仲舒《孝经》解"条	A
56	古用"优贤扬历"语	《尚书后案》卷六《商书》、卷十四《周书》	A

续表

序号	《经史杂记》条目名称	抄袭他作的原始出处	类型
57	"苍生"不作民解	《尚书后案》卷二《虞夏书》	A
58	有治人无治法	《尚书后案》卷十五《周书》	A
59	汉儒言性	《经义杂记》卷三"《说文》言性善"条、卷十八"董子言性"条、卷十九"韩子知命说"条	A
60	《周书·粊誓》	《尚书后案》卷三十序	A
61	《荀子》引经	《尚书后案》卷十二《周书》	A
62	《说文》古训	《尚书后案》卷十二《周书》	A
63	《周书》非出汲冢	《四库全书总目》卷五十《逸周书》提要	A
64	《说文》旁采诸说	《蛾术编》卷十七《说文》三"引诸家言"条	A
65	《论语》改字	《经义杂记》卷七"施弛古通"条、卷八"李翱《论语笔解》"条、"《论语笔解》纂"条、卷十七"《论语笔解》好改字"条	A
66	《洪范》改字	《尚书后案》卷十二《周书》	A
67	《史记》各本互异	《尚书后案》卷十二《周书》	A
68	《史记》纪年体例	《尚书古文疏证》卷四第五十四	A
69	《史记》有后人羼入者	《廿二史劄记》卷一"《史记》有后人窜入处"条、《四库全书总目》卷四十五《史记》提要	B
70	《史》、《汉》互异处	《廿二史劄记》卷一"《史》、《汉》不同处"条	A
71	《史》胜《汉》处	《廿二史劄记》卷一"汉王父母妻子"条、"《史》、《汉》互有得失"条、"《史》、《汉》不同处"条和《四库全书总目》卷四十五《史记疑问》提要	B
72	《汉》胜《史》处	《廿二史劄记》卷一"《史》、《汉》不同处"条、"《史记》自相歧互处"条、"《史》、《汉》互有得失"条，卷二《汉书》增传"条、"《汉书》增事迹"条；《四库全书总目》卷四十五《汉书》提要	B
73	荀悦《汉纪》	《四库全书总目》卷四十七《汉纪》提要	A

序号	《经史杂记》条目名称	抄袭他作的原始出处	类型
74	《史记》书金縢事	《尚书后案》卷十三《周书》	A
75	《后汉书》铺叙有法	《廿二史劄记》卷四"《后汉书》编次订正"条、"《后汉书》间有疏漏处"条，《四库全书总目》卷四十五《后汉书》提要	B
76	《后汉书》与《三国志》书法不同处	《廿二史劄记》卷六"《后汉书》、《三国志》书法不同处"条	A
77	袁宏《后汉纪》	《四库全书总目》卷四十七《汉纪》提要、《后汉纪》提要	A
78	《三国志》注征引之博	《廿二史劄记》卷六"裴松之《三国志》注"条，《四库全书总目》卷四十五《三国志》提要	B
79	《晋书》多舛漏	《廿二史劄记》卷七"《晋书》二"条、"《王导》、《陶侃》二传褒贬失当"条，《四库全书总目》卷四十五《晋书》提要	B
80	史家子孙附传之例	《廿二史劄记》卷十"南、北《史》子孙附传之例"条	A
81	《魏书》多党齐毁魏	《廿二史劄记》卷十三"《魏书》多曲笔"条，《四库全书总目》卷四十五《魏书》提要	B
82	《宋书》告成之速	《廿二史劄记》卷一"司马迁作史年岁"条、卷九"《宋书》多徐爰旧本"条，《韩门缀学》卷二"裴子野《宋略》"	B
83	《北齐书》多残阙	《四库全书总目》卷四十五《北齐书》提要	A
84	史家类叙之法	《廿二史劄记》卷四"《后汉书》编次订正"、卷九"《齐书》类叙法最善"条	A
85	《梁》、《南》二史得失	《四库全书总目》卷四十六《北史》提要、《南史》提要、《梁书》提要，《廿二史劄记》卷十"《南史》增《梁书》有关系处"条、卷十一"《梁》、《南》二史歧互处"条	B

序号	《经史杂记》条目名称	抄袭他作的原始出处	类型
86	《陈》、《南》二史不同处	《廿二史劄记》卷十一"《南史》与《陈书》歧互处"条，《四库全书总目》卷四十六《南史》提要	B
87	《周书》多取《北史》	《四库全书总目》卷四十五《周书》提要	A
88	私史反多回护	《廿二史劄记》卷十三"《北史》全用《隋书》"条	A
89	《宋书》带叙之法	《廿二史劄记》卷九"《宋》、《齐书》带叙法"条	A
90	《齐》、《南》二史得失	《廿二史劄记》卷十"《南史》与《齐书》互异处"条、"《南史》增《齐书》处"条，《四库全书总目》卷四十五《南齐书》提要	B
91	《陈书》多曲笔	《四库全书总目》卷四十五《陈书》提要、《梁书》提要，《廿二史劄记》卷九"萧子显、姚思廉皆为父作传入正史"条、"《陈书》多避讳"条，卷十一"《南史》与《陈书》歧互处"条、"《南史》于《陈书》无甚增删"条	B
92	《南史》于《陈书》无大增删	《廿二史劄记》卷十一"《南史》于《陈书》无甚增删"条	A
93	《隋书》十志	《四库全书总目》卷四十五《隋书》提要	A
94	一人两史	《廿二史劄记》卷七"一人二史各传"条，《韩门缀学》卷二"一人两史"条，《四库全书总目》卷四十六《北史》提要	B
95	《新书》详于《旧书》	《廿二史劄记》卷十六"《新唐书》"条、卷十七"《新书》增《旧书》有关系处"条，《四库全书总目》卷四十六《新唐书》提要、《旧唐书》提要	B
96	唐修史避讳	《廿二史劄记》卷八"唐人避讳之法"条	A

序号	《经史杂记》条目名称	抄袭他作的原始出处	类型
97	唐人三礼之学	《廿二史劄记》卷二十"唐初三礼、《汉书》、《文选》之学"条	A
98	欧、薛二史得失	《四库全书总目》卷四十六《旧五代史》提要、《新五代史记》提要	A
99	《宋史》列传多失实	《廿二史劄记》卷二十三"《宋史》各传回护处"条，《四库全书总目》卷四十六《宋史》提要	B
100	王偁《东都事略》	《四库全书总目》卷五十《东都事略》提要	A
101	《辽史》最简略	《廿二史劄记》卷二十七"《辽史》"条、"《辽史》疏漏处"条、"《辽史》立表最善"条，《四库全书总目》卷四十六《辽史》提要	B
102	《金史》采录详核	《四库全书总目》卷四十六《金史》提要，《廿二史劄记》卷二十七"《金史》"条	B
103	《元史》多据实录	《四库全书总目》卷四十六《元史》提要，《廿二史劄记》卷二十九"《元史》"条	B
104	三史人名多雷同	《韩门缀学》卷二"一人两史"条、"三史姓氏"条	A
105	《明史》最完善	《四库全书总目》卷四十六《明史》提要，《廿二史劄记》卷三十一"《明史》"条	B
106	《明史》立传多斟酌	《廿二史劄记》卷三十一"《明史》立传多存大体"条	A
107	《竹书纪年》非本书	《四库全书总目》卷四十七《竹书纪年》提要，《经义杂记》卷二十五"《竹书纪年》"条	B
108	《家礼》非朱子之书	《四库全书总目》卷二十二《家礼》提要	A
109	纬候图谶之书	《韩门缀学》卷一"纬候图谶"条	A
110	《南史》较《齐书》加详	《廿二史劄记》卷十"《南史》增《齐书》处"条	A

序号	《经史杂记》条目名称	抄袭他作的原始出处	类型
111	《南史》增《梁书》最多	《廿二史劄记》卷十"《南史》增删《梁书》处"、"《南史》增《梁书》有关系处"条，卷十一"《南史》增《梁书》琐言碎事"条	A
112	历代纪年	《韩门缀学》卷三"年号"条	A
113	公主立传	《韩门缀学》卷三"公主驸马"条	A
114	薛史书法多隐讳	《廿二史劄记》卷二十一"欧史不专据薛史旧本"条、"薛史书法回护处"条、"薛史亦有直笔"条、"薛居正《五代史》"条	A
115	康王冕服见群臣	《尚书后案》卷二十五《周书》	A
116	谅阴谓居庐	《尚书后案》卷二十一《周书》	A
117	祥禫不同月	《四库全书总目》卷二十五《齐家宝要》提要，《礼记正义》卷六	B
118	丧服无定制	《廿二史劄记》卷三"两汉丧服无定制"条，《日知录》卷十五"期功丧去官"条	B
119	属吏为长官持服	《廿二史劄记》卷三"长官丧服"条	A
120	弟子为师持服	《经义杂记》卷六"为师齐衰三月"条	A
121	鲁公居丧即戎	《尚书后案》卷二十六《周书》	A
122	公刘非后稷曾孙	《四库全书总目》卷三十五《论语集注考证·孟子集注考证》提要，《尚书古文疏证》卷四第五十七	B
123	父师、少师非疵、强	《尚书后案》卷九《商书》	A
124	太姒为文王继妃	《韩门缀学》卷一"田间释《关雎》诗义"条	A
125	文王十子序次	《尚书后案》卷十三《周书》	A
126	《左传》继室有二	《韩门缀学》卷一"娶妻先后"条	A
127	象刑非画象	《尚书后案》卷一《虞夏书》	A
128	刑罚世轻世重	《尚书后案》卷二十七《周书》	A
129	汉除肉刑	《尚书后案》卷二十七《周书》	A

续表

序号	《经史杂记》条目名称	抄袭他作的原始出处	类型
130	援经决狱	《廿二史劄记》卷二"汉时以经义断事"条，《尚书后案》卷二十七《周书》	B
131	莽托《尚书》	《廿二史劄记》卷三"王莽引经义以文其奸"条，《尚书后案》卷十九《周书》	B
132	左右史得交相摄代	《尚书后案》卷十六《周书》	A
133	汉诏多天子自作	《廿二史劄记》卷四"汉帝多自作诏"条	A
134	汉定石经	《经义杂记》卷二十五"李巡奏定石经"条，《廿二史劄记》卷五"宦官亦有贤者"条	B
135	汉文帝始置五经博士	《经义杂记》卷六"文帝始置博士"条	A
136	经策尺度	《经义杂记》卷八"《左传》错简"条，《尚书后案》卷十三《周书》	B
137	三族不得有异姓	《尚书后案》卷一《虞夏书》，《廿二史劄记》卷十四"后魏刑杀太过"条	B
138	汉重节义	《廿二史劄记》卷五"东汉尚名节"条	A
139	六朝世族	《廿二史劄记》卷十二"江左世族无功臣"条	A
140	朱陆异同	《鹅湖讲学会编》卷九《鹅湖诗说》	A
141	元尚风雅	《廿二史劄记》卷三十"元季风雅相尚"条	A
142	毛氏议礼之非	《四库全书总目》卷二十四《曾子问讲录》提要，《四书改错》卷二十二	B
143	祫大禘小之说	《尚书后案》卷六《商书》	A
144	有虞氏宗尧配天	《尚书后案》卷二《虞夏书》	A
145	昭穆原庙制	《四库全书总目》卷二十五《庙制考议》提要，《仪礼通论》、《唐会要》	B
146	庙制三代不同	《尚书注疏》卷八，《蛾术编》卷六十八说制六"庙制"条	B
147	明堂之制	《尚书后案》卷十九《周书》、卷二十五《周书》，《四库全书总目》卷十九《周礼传》提要、卷二十五《明堂问》提要	B

序号	《经史杂记》条目名称	抄袭他作的原始出处	类型
148	裸礼有二	《尚书后案》卷十九《周书》	A
149	皇天上帝	《尚书后案》卷二十二《周书》	A
150	古今乐律	《韩门缀学》卷一"古今乐器乐声"条	A
151	相墓非始于郭璞	《廿二史劄记》卷八"相墓"条	A
152	浑天仪传自齐、梁	《尚书后案》卷一《虞夏书》	A
153	唐古文非倡自昌黎	《廿二史劄记》卷二十"唐古文不始于韩柳"条	A
154	书院创自唐开元	《韩门缀学》卷二"四大书院"条	A
155	汉侍中多用宦官	《尚书后案》卷二十四《周书》	A
156	殷五官即六官	《尚书后案》卷二《虞夏书》,《四库全书总目》卷三《朱文公易说》提要	B
157	六军将皆用卿	《尚书后案》卷四《夏书》	A
158	兵车将居中	《尚书后案》卷四《夏书》	A
159	东汉功臣多儒将	《廿二史劄记》卷四"东汉功臣多近儒"条	A
160	宋初诸臣多习掌故	《廿二史劄记》卷二十四"宋初考古之学"条	A
161	因讳改谥	《韩门缀学》卷三"谥因讳改"条	A
162	名宦乡贤立祠	《韩门缀学》卷二"名宦乡贤祠"条	A
163	回授之典	《韩门缀学》卷三"移封"条	A
164	后世官制不师古	《尚书古文疏证》卷七第一百	A
165	逃官无禁	《廿二史劄记》卷五"擅去官者无禁"条	A
166	北齐官吏猥滥	《廿二史劄记》卷十五"北齐以厮役为县令"条	A
167	晋人清谈之习	《廿二史劄记》卷八"六朝清谈之习"条	A
168	魏晋中正之弊	《廿二史劄记》卷八"九品中正"条	A
169	齐典签之权	《廿二史劄记》卷十二"齐制典签之权太重"条	A
170	齐梁台使之弊	《廿二史劄记》卷十二"齐梁台使之害"条	A

序号	《经史杂记》条目名称	抄袭他作的原始出处	类型
171	唐试士之法	《经义杂记》卷三"唐试士法"条	A
172	宋道学伪学之禁	《韩门缀学》卷二"道学之名"条、"庆元伪学之禁"条	A
173	南宋文字之祸	《廿二史劄记》卷二十六"秦桧文字之祸"条	A
174	历代科场之弊	《廿二史劄记》卷二十五"宋科场处分之轻"条、卷三十六"明代科场之弊"条	A
175	天子驾六马	《经义杂记》卷十一"天子驾六马"条	A
176	天子士皆用笏	《尚书后案》卷二《虞夏书》	A
177	戈戟之制	《尚书后案》卷十一《周书》	A
178	夷狄之数互异	《尚书后案》卷二《虞夏书》	A
179	古人名字相配	《尚书后案》卷二十八《周书》,《经义杂记》卷二十五"卢植《礼记》注"条	B
180	稽首礼最重	《尚书后案》卷一《虞夏书》	A
181	章服尊卑之制	《尚书后案》卷二《虞夏书》	A
182	韦弁非爵弁	《四库全书总目》卷二十二《礼书》提要、卷二十三《仪礼释例》提要	A
183	深衣之制	《四库全书总目》卷二十一《深衣考误》提要	A
184	周之九服	《尚书后案》卷二十四《周书》	A
185	井田沟洫不同制	《尚书后案》卷二《虞夏书》	A
186	呵引之制	《韩门缀学》续编"引喤"条	A
187	策简长短之制	《尚书古文疏证》卷七第一百十一	A
188	古尺数、步数、亩数、里数	《尚书后案》卷二《虞夏书》	A
189	大斗重秤起于魏齐	《廿二史劄记》卷十五"魏齐斗秤"条	A
190	十万为亿	《尚书后案》卷十九《周书》	A
191	钱法权子母	《经义杂记》卷七"权子母轻重"条	A

续表

序号	《经史杂记》条目名称	抄袭他作的原始出处	类型
192	合龠即两龠	《蛾术编》卷七十二说制十"《书》疏言量之数与《汉志》异"条	A
193	古赎刑用铜	《尚书后案》卷一《虞夏书》	A
194	三代以贝玉为货币	《尚书后案》卷六《商书》	A
195	书契非起于伏羲	《蛾术编》卷十五说字一"六书原本八卦出非一时"条	A
196	历家岁差之法	《尚书后案》卷一《虞夏书》	A
197	古历家九道八行之说	《尚书后案》卷十二《周书》	A
198	晦朔弦望	《尚书后案》卷十五《周书》	A
199	古今宿度不同	《韩门缀学》卷四"宿度古今不同"条	A
200	历数节气之度	《尚书后案》卷十二《周书》	A
201	古今星象不同	《韩门缀学》卷四"星有古今不同"条	A
202	置闰	《尚书后案》卷一《虞夏书》	A
203	日食有昼食夜食之分	《韩门缀学》卷四"日食"条	A
204	求地中	《尚书后案》卷十二《周书》、卷十八《周书》	A
205	箕风毕雨	《尚书后案》卷十二《周书》	A
206	古宫室之制	《蛾术编》卷六十六说制四"西南其户"条、"《顾命》宫室制度"条；《尚书后案》卷二十五《周书》；《四库全书总目》卷二十《宫室考》提要、《仪礼图》《仪礼旁通图》提要、《仪礼释宫》提要、《仪礼释宫增注》提要，卷二十二《参读礼志疑》提要	B
207	天子诸侯朝门之制	《尚书后案》卷二十五《周书》（又见《蛾术编》卷六十九说制七"天子诸侯各有三朝"条）	C

续表

序号	《经史杂记》条目名称	抄袭他作的原始出处	类型
208	外朝治朝无堂阶	《蛾术编》卷六十九说制七"天子诸侯各有三朝"条，《尚书后案》卷二十五《周书》	B
209	门屏间谓之宁	《尚书后案》卷二十五《周书》	A
210	五行万物之本	《尚书后案》卷十二《周书》	A
211	五行所生之次	《尚书后案》卷十二《周书》	A
212	五事配五行	《尚书后案》卷十二《周书》	A
213	董、刘《春秋》灾异之说	《经义杂记》卷一"亳社灾"条、"昭九年陈灾"条、"西宫灾"条、"宣谢火"条、"雉门及两观灾"条，卷二"鼷鼠食郊牛角"条、"庄十一年宋大水"条，卷十"恒星不见"条，卷十三"庄十八年日食"条，卷十四"李梅实"条、"僖廿九年大雨雹"条，卷十五"僖十年大雨雪"条、"陨霜杀菽"条、"庄廿九年有蜚"条，卷十六"哀十二年螽"条、"雨螽于宋"条，卷十八"新宫灾"条，卷二十"隐九年大雨"条、"桓宫、僖宫灾"条，卷二十二"隐三年日食"条，卷二十四"御廪灾"条，卷二十七"陨霜不杀草"条；《廿二史劄记》卷二"汉儒言灾异"条	B
214	汉儒以灾异规时政	《廿二史劄记》卷二"汉儒言灾异"条	A
215	黑水无考	《尚书后案》卷三《虞夏书》	A
216	今三江与《汉志》、《水经》不合	《尚书后案》卷三《虞夏书》，《禹贡锥指》卷六	B
217	《禹贡》九州	《尚书后案》卷一《虞夏书》、卷三《虞夏书》	A
218	九河遗迹	《尚书后案》卷三《虞夏书》	A
219	九江非湖汉九水	《尚书后案》卷三《虞夏书》，《蛾术编》卷四十五说地九"九江"条	B

续表

序号	《经史杂记》条目名称	抄袭他作的原始出处	类型
220	太原六名	《尚书后案》卷三《虞夏书》	A
221	孟津在河北	《蛾术编》卷四十四说地八"孟津"条,《禹贡锥指》卷十三中之上	B
222	傅岩在虞虢之间	《国语正义》卷十七《楚语》上	A
223	太湖非笠泽	《禹贡锥指》卷六	A
224	五湖即太湖	《禹贡锥指》卷六	A
225	涂山不得有二	《尚书后案》卷二《虞夏书》	A
226	河徙始末	《尚书后案》卷三《虞夏书》	A
227	汉水有二源	《尚书后案》卷三《虞夏书》	A
228	汉人用字不同	《尚书后案》卷十三《周书》	A
229	唐宋人不识采字	《尚书后案》卷一《虞夏书》	A
230	甄故有二音	《正字通》卷七,《古今韵会举要》卷四平声上	B
231	妇人识字	《挥麈后录》卷之七百三五	A
232	汉时俗字	《尚书后案》卷二《虞夏书》、卷七《商书》、卷二十一《周书》,《蛾术编》卷二十六说字十二,《九经古义》三	B
233	古字多假借	《四库全书总目》卷三十三《九经古义》提要,《尚书后案》卷七《商书》、卷十一《周书》、卷十二《周书》,《经义杂记》卷十九"《仪礼》古文"条	B
234	古字多通用	《尚书后案》卷一《虞夏书》、卷十二《周书》、卷十三《周书》、卷二十《周书》、卷二十一《周书》、卷二十二《周书》、卷二十五《周书》,《四库全书总目》卷十九《周官集传》提要、卷三十三《九经古义》提要	B

续表

序号	《经史杂记》条目名称	抄袭他作的原始出处	类型
235	古字音义相兼	《尚书后案》卷二《虞夏书》、卷十二《周书》、卷二十三《周书》、卷二十九《周书》，《说文解字义证》卷三十九，《四库全书总目》卷二十《仪礼小疏》提要	B
236	古人校书最精	《经义杂记》卷三"刘向校书"条	A

全书共计 236 条，其中：A 类 176 条，占总数的 74.57%；B 类 58 条，占总数的 24.58%；C 类 2 条，占总数的 0.85%。

三、分 类 举 例

A 类

此类每一条目出自同一本书，又可分为两小类：

(1)摘自他书同一条目。如《经史杂记》卷四"唐修史避讳"条：

唐人修诸史，避祖讳。如"虎"字、"渊"字，或前人名有同之者，有字则称其字，如《晋书》公孙渊称公孙文懿，刘渊称刘元海，褚渊称褚彦回，石虎称石季龙是也。否则竟删去所犯之字，如《梁书》萧渊明、萧渊藻，但称萧明、萧藻，《陈书》韩擒虎但称韩擒是也。否则以文义改易其字，凡遇"虎"字皆称猛兽，李叔虎称李叔彪，殷渊源称殷深源，陶渊明称陶泉明，魏广阳王渊称广阳王深是也。其后讳"世"为"代"，讳"民"为"人"，讳"治"为"理"之类，皆从文义改换之法也。①

_____

① 王玉树：《经史杂记》卷四，《续修四库全书》第 1156 册，上海古籍出版社 2002 年版，第 267 页。

对比赵翼《廿二史劄记》卷八"唐人避讳之法"条：

> 唐人修诸史时，避祖讳之法有三：如"虎"字、"渊"字，或前人名有同之者，有字则称其字，如《晋书》公孙渊称公孙文懿，刘渊称刘元海，褚渊称褚彦回，石虎称石季龙是也。否则竟删去其所犯之字，如《梁书》萧渊明、萧渊藻，但称萧明、萧藻，《陈书》韩擒虎但称韩擒是也。否则以文义改易其字，凡遇"虎"字皆称猛兽，李叔虎称李叔彪，殷渊源称殷深源，陶渊明称陶泉明，魏广阳王渊称广阳王深是也。其后讳"世"为"代"，讳"民"为"人"，讳"治"为"理"之类，皆从文义改换之法。①

首句删去"时"和"之法有三"，末句增一"也"字，其余内容一字未易。此类作伪方法极为简便，比较容易识破。

（2）组合同一书的不同条目。如《经史杂记》卷二"古用优贤扬历语"条：

> 案《文选·魏都赋》刘渊林注，引《尚书·般庚》"优贤扬历"，裴松之注《三国志》亦引此语。《汉咸阳令唐扶颂》已云"优贤扬历"，载洪适《隶释》。又《国三老袁良碑》云"优贤之宠"，谓溥求贤者而优礼之，扬其所历试也。郑本《尚书》作"忧肾阳"，夏侯等《书》误以一"优"字，分作"心腹"二字。"肾阳"当作"贤扬"，亦以字形相似致误。今本作"心腹肾肠"，"历"字属下，古义遂微。亦犹《大诰》"不少延"为句，"洪"惟属下读，而毛氏奇龄据裴度《中和节赐百官尺》连用"延洪"字，以为唐人犹知古义。不知"延洪"之解出晚晋伪传，古实无此义也。②

---

① 赵翼著、王树民校证：《廿二史劄记校证》卷八，中华书局 2005 年版，第 175 页。

② 王玉树：《经史杂记》卷二，《续修四库全书》第 1156 册，上海古籍出版社 2002 年版，第 341 页。

对比以下两条：

王鸣盛《尚书后案》卷六《商书》：

> 《文选·魏都赋》刘渊林注引《尚书·般庚》曰"优贤扬历"，若依今本，则《盘庚》不见有此文，乃知郑本作"忧肾阳"者，"忧"本"优"字。夏侯等《书》以一"优"字，误分作"心腹"二字。"肾阳"者，当作"贤扬"，皆以字形相似而致误。……而前此《汉成阳令唐扶颂》已云"优贤扬历"，载洪适《隶释》。《隶释》又载《国三老袁良碑》有云"优贤之宠"。①

王鸣盛《尚书后案》卷十四《周书》：

> 据《释文》及疏，郑、马、王皆"不少延"为句，惟伪孔传以"延洪"连文。而毛氏奇龄据唐裴度《中和节赐百官尺》诗，连用"延洪"字，以为唐人犹知古义。然《翟义传》亦以"洪"属下句，则知"延洪"之解出晚晋伪传，古无此训也。②

可知《经史杂记》前半段据《商书》檃括成文，并改换顺序，又取《周书》，中间以"亦犹"作为连接，并不显得突兀。

B 类

此类内容来自不同书籍，如《经史杂记》卷六"古人名字相配"条：

> 许氏《说文·㫃部》："㫃，旌旗之游㫃蹇之貌。古人名㫃字子游。"又云："施，旗貌。齐栾施字子旗，知施，旗也。"又《㫃部》

---

① 王鸣盛：《尚书后案》（上），北京大学出版社 2012 年版，第 259 页。
② 王鸣盛：《尚书后案》（上），北京大学出版社 2012 年版，第 376 页。

云："碫，厉石也。郑公子①碫，字子石。"又《黑部》："黰，虽皙而黑也。古人名黰字子皙。"是名、字恒相配也。案卢植校定《礼记·檀弓下》："子显以致命于穆公。"郑注："使者，公子縶也。"卢氏曰："古者名、字相配，'显'当作'鞙'。"今考《诗·白驹》："縶之维之"，传："縶，绊也。"《礼记·月令》则"縶腾驹"，是縶为维绊义。《说文·页部》："显，头明饰也。从页，㬎声。"与縶义无涉。《革部》："鞙，著掖鞯也。从革，显声。"又《释名·释车》云："鞙，经也。横经其腹下也。"与"维绊"义合，故名縶字。子显依《说文》当作鞙，卢氏校定作"鞙"者，汉人隶省也。②

对比以下两条：

臧琳《经义杂记》卷二十五"卢植《礼记》注"条：

卢氏校定《礼记》今日虽亡，汉唐人偶有称述，尚可得其略其一。《檀弓下》："子显以致命于穆公。"郑注："使者，公子縶也。"卢氏云："古者名、字相配，'显'当作'鞙'。"今考《诗·白驹》"縶之维之"，传："縶，绊也。"《礼记·月令》则"縶腾驹"，是縶为维绊义。《说文·页部》："显，头明饰也。从页，㬎声。"与縶义无涉。革部："鞙，著掖鞯也，从革，显声。"又《释名·释车》云："鞙，经也。横经其腹下也。"（案杜注《左传》僖廿八年云："在背曰鞙。"非是）与维绊义合，故名縶字子鞙。依《说文》："鞙"当作"鞙"。卢云当作"鞙"者，汉人隶省。③

王鸣盛《尚书后案》卷二十八《周书》：

---

① 考《说文》当为"公孙"，王书误。
② 王玉树：《经史杂记》卷六，《续修四库全书》第 1156 册，上海古籍出版社 2002 年版，第 423 页。
③ 臧琳：《经义杂记》卷二十五，《续修四库全书》第 172 册，上海古籍出版社 2002 年版，第 237 页。

古人名、字往往相配，如《说文·㫃部》云："㫃，旌旗之游㫃蹇之貌。古人名㫃字子游。"又云："施，旗貌。齐栾施字子旗，知施者旗也。"又《石部》云："碏，厉石也。郑公孙碏，字子石。"又《黑部》云："黬，虽皙而黑也。古人名黬字子皙。"是名、字恒相配。①

《经史杂记》此条前部分取王鸣盛《尚书后案》"如《说文》㫃部云"至"是名、字恒相配"，后部分取臧琳《经义杂记》中的内容。连缀成文，可谓移花接木。

C 类

此类条目见于多书，如《经史杂记》卷二"伪孔改字"：

《说文·金部》"铣"注云："侍臣所执兵也。《周书》曰：'一人冕执铣。'读若允，余准切。"知《说文》所引皆真古文，郑注必与之同。今《周书·顾命》，伪孔则改铣作锐。《说文》金部锐但云"芒也"。《左传》成二年"锐司徒免乎"，杜注："锐司徒，主锐兵者。"《汉书·高帝纪》"朕亲被坚执锐"，颜注："谓利兵。"锐皆作虚字，无兵器解也。又《汉书·扬雄传·长杨赋》有云："㧖铤瘢者，金镞淫夷者数十万人。"臣泌按："字书无㧖字，今俗以为兖州字。"本作沇，此"㧖铤"合作"铣铤"，《汉书》相承，误为㧖字。如淳乃云："㧖，括也。"师古又依孟康为"箭括"，愈无所据。且箭括非刃，岂能与铤小矛同可伤夷人乎？考宋本《汉书》附此段于《雄传》之末。所谓"臣似"者，宋祁谓是张似，江南人归宋者。《说文》铣字与铤字相次，则"臣似"说是也。今伪孔妄改铣作锐，唐人不知检察，

① 王鸣盛：《尚书后案》（下），北京大学出版社 2012 年版，第 613 页。

且并郑注亦改作锐矣。皆非也。①

此条见于王鸣盛《尚书后案》卷二十五《周书》：

> 《说文》卷十四上《金部》锐字但云"芒也"，无兵器解。《左传》成二年"锐司徒免乎"，杜注："锐司徒，主锐兵者。"《汉书·高帝纪》"朕亲被坚执锐"，颜注："锐谓利兵。"锐皆作虚字，无兵器解也。金部𨦗字注云："侍臣所执兵也。从金，允声。《周书》曰：'一人冕执𨦗。'读若允，余准切。"据此，知当作𨦗。《说文》所引皆真古文，郑必与之同。伪孔妄改锐，唐人不识字，并所引郑注亦作锐矣，皆非也。《汉书·扬雄传·长杨赋》有云："兖铤瘢者，金镞淫夷者数十万人。"臣似按："字书无兖字，今俗以为兖州字。"兖州本作沇，此"兖铤"合作"𨦗铤"，《汉书》相承，误为兖字。如淳乃云："兖，括也。"师古又依孟康为"箭括"，愈无所据。且箭括非刃，岂与铤小矛同可伤夷人乎？考宋本《汉书》附此段于《雄传》之末。所谓"臣似"者，宋祁谓是张似，江南人归宋者。《说文》𨦗字与铤字相次，则"臣似"说是也。②

四、结论与余论

由上可见，《经史杂记》与他书皆有雷同，或全文抄录，或拼凑组合。其中全抄自一书的有176条，占总数的74.57%，由多书拼凑而成的有58条，占总数的24.58%，见于多书的有2条，占总数的0.85%。《经史杂记》在诸书成书以后，其抄袭作伪证据确凿，不容置疑。下表

---

① 王玉树：《经史杂记》卷二，《续修四库全书》第1156册，上海古籍出版社2002年版，第330页。

② 王鸣盛：《尚书后案》(下)，北京大学出版社2012年版，第555页。

反映出所抄袭各书在《经史杂记》中出现条目数。

书 目 名 称	涉及该书的《经史杂记》条目数①
《尚书后案》	86
《四库全书总目》	61
《廿二史劄记》	58
《经义杂记》	37
《韩门缀学》	22
《蛾术编》	11
《尚书古文疏证》	8
《禹贡锥指》	4
《简庄疏记》	1
《国语正义》	1
《日知录》	1
《说文解字义证》	1
《孟子正义》	1
《九经古义》	1
《挥麈后录》	1
《皇氏论语义疏参订》	1
《古今韵会举要》	1
《正字通》	1
《礼记正义》	1
《鹅湖讲学会编》	1
《四书改错》	1
《仪礼通论》	1
《唐会要》	1
《论语后案》	1

① 有《经史杂记》一条对应多书者，各算一条。故总条目数多于《经史杂记》的 236 条。

另其抄袭前人著作，即使原书有误，也不知考证，而是妄加猜测，师心自用。如《经史杂记》卷七"求地中"条：

> 郑引郑司农云："土圭之长，尺有五寸。以夏至之日立八尺之表，其影适与土圭等，谓之地中。据中表之东表而言，于昼漏半中表景得正时，东表日已昳矣，是地与日为近。昼漏半已得正夕景，故云景夕多风。据中表之西表而言，是地与日为近。亦于昼漏半中表景得正时，西表日未中仍得朝时之景，故云日西则景朝多阴。据中表之南表而言，昼漏半，立八尺之表，表北得尺四寸景，不满尺五寸，不与土圭等，是其日南，是地与日为近南，景短多暑。据中表之北表而言，亦昼漏半，表北得尺六寸，是地与日为近北，景长多寒也。"①

对照王鸣盛《尚书后案》卷十八《周书》原文：

> 彼疏云："据中表之东表而言，于昼漏半中表景得正时，东表日已昳矣，是地与日为近。昼漏半已得夕景，故云景夕多风。据中表之西表而言，是地与日为近西。亦于昼漏半中表景得正时，西表日未中仍得朝时之景，故云日西则景朝多阴。据中表之南表而言，昼漏半，立八尺之表，表北得尺四寸景，不满尺五寸，不与土圭等，是其日南，是地于日为近南，景短多暑。据中表之北表而言，亦昼漏半，表北得尺六寸景，是地于日为近北，景长多寒也。"②

《尚书后案》此处引自郑玄《周礼疏》，于"东表日已昳矣，是地与日为近"后脱一"东"字，与后文不类。王玉树不知据《周礼疏》以补足，为

---

① 王玉树：《经史杂记》卷七，《续修四库全书》第 1156 册，上海古籍出版社 2002 年版，第 440 页。

② 王鸣盛：《尚书后案》（下），北京大学出版社 2012 年版，第 437 页。

求上下一致，竟牵合文字，将《尚书后案》"中表之西表而言，是地与日为近西"中"西"字删去，导致此段文字不知所云，殊为可笑。

如此之类，在《经史杂记》中还有颇多。可见《经史杂记》绝非自我创见，是一部彻头彻尾的伪书。

王玉树晚年讲学宗李颙，主"存心"之说，却做出如此掠美之行径，言行不一，令人匪夷所思。抄袭作伪，本为王氏一贯作风，考其所著《说文拈字》、《退思易话》等书，亦多掩袭。如晚清李慈铭早就揭发其《说文拈字》之伪：

> 其书大半稗贩，凡《尚书》中所有之字，皆直录王氏《后案》，《易》则多本惠氏《易述》，《诗》则多本陈氏《稽古》篇，而皆掩为己说，余亦不出《释文》、《汗简》、《六书故》、《复古编》、《丹铅录》诸书。其最可笑者，如枯字下袭《后案》引《释文》载陆玑《疏》篾可以为笃箱，印本皆烂一箱字，《学海堂经解》本亦作一黑块，《拈字》遂删去箱字，不知检《释文》补之矣。横字下言古黉舍字只作横，因引《鲍昱传》修起横舍，又引《儒林传》游庠序横塾，继引《后汉书》、《儒林传》更修黉宇云云，不知游庠序横塾即出《后汉书·儒林传论》，而《鲍昱传》亦在《后汉书》也。其订正文字，往往与段、钱诸君合，疑已见诸家之书而并讳之。惟校附一卷，折衷是非，颇多可取，足与纽氏《新附考》毛氏《新附述谊》并传耳。①

由此观之，王玉树之作伪，前人已有辨及。然而《经史杂记》问世以来，无人揭其作伪事实。今论定其抄袭他书手法及内容，揭穿其作伪骗术，以免此书贻误后世。

最后，我们附带讨论一下"经学文献学"的辨伪意识。

各行各业都有自己的行业意识，如环保意识、保险意识、文保意识、法制意识、安全意识，等等。人文社会科学也有各自的专业意识，

---

① 李慈铭：《越缦堂读书记》，上海书店出版社 2000 年版，第 169 页。

如历史意识、文学意识、语言意识、文化意识，等等。文献学作为一门带有综合性质的基础学科，它的各个环节如目录、版本、辨伪等等，理应有相应的"目录意识"、"版本意识"、"辨伪意识"，且有一个更高层次的"文献学意识"的存在。笔者曾经长期在高等院校讲授《文献学概论》课程，也出版过同名教程，但发现一个奇怪的现象，几乎所有的文献学教材都回避掉了这一块。这可能与文献学的实证性有关，对于比较虚的理论问题往往避而不谈。如果缺少这种理论意识，编得再好的文献学教材都是没有灵魂的"空心菜"，任何文献研究可能都要流入饾饤之学。没有"目录意识"，你不过横通而已，与书店服务员相差不远。没有"版本意识"，你与图书馆管理员相差不远。没有"辨伪意识"，你与一般读者相差不远。如果缺乏"文献学意识"，任何人的研究都缺少坚实的基础，很难保证能够立于不败之地。

笔者对于"经学文献学"的提法表示赞同。按照四部分类，文献学下面又可以分为经部文献学、史部文献学、子部文献学、集部文献学。但是，我们注意到：经部文献学≠经学文献学，史部文献学≠历史文献学，子部文献学≠哲学文献学，集部文献学≠文学文献学。因为经学文献除了经部文献之外，在其他三部中都或多或少地存在经学文献。此问题超出本论题范围，我们不展开具体论证。

经学文献学有一个重要的环节，即经学文献的辨伪。2013 年 11 月，首都师范大学左东岭教授在一次学术研讨会上很慎重地指出，文学研究已经到了一个瓶颈期，文学文献首先需要辨伪，他以李贽著作为例，现行 90 多种李贽著作有一多半都是后人伪托的。其实，经学文献学也存在一个瓶颈期，经学文献的辨伪也制约着经学的研究进程。众所周知，有些经学文献的真伪问题争论了很久，迄今没有定论，而有些问题又被反复翻案，争论得不可开交。

经学文献学要取得较大的突破，首先要强化辨伪意识。"辨伪意识"这个概念不是我的首创，有一位叫任火的人早在 1993 年《科技与出版》第 5 期就发表了《编辑审稿应有辨伪意识》，强调科技期刊编辑应有高度警觉，警惕伪科技成果混入科技期刊。赵丽《浅析编辑审稿中的文化积累和辨伪意识》(《神州》2012 年第 24 期)也重申审稿中要具备辨伪意识,提高辨伪能力。此外,武原在《收藏》2001 年第 8 期也发表《唐人书法收藏中的辨伪意识》。毫无疑问,他们提出的"辨伪意识"概念对于我们具有启发意义。

20 世纪 90 年代,学术界大力提倡学术规范,这对于学界的种种不规范的行为是一次大的反动,具有积极意义。现在学术规范的问题基本解决了,但更重要的是学术缺少创新。学术规范只能治标,不能治本。要真正做到学术创新,不能缺少辨伪意识。任何学术创新首先要去伪存真,剔除虚假的东西。经学文献学要获得发展,也不能缺少辨伪意识。辨伪意识既是比较意识与学术意识,也是历史意识与文化意识,关于此点暂不展开,拟另文申论。

《子略校证》解题

《子略》，系南宋高似孙择取"子部"中诸子著作，依次分卷编纂而成的一部专科目录。下面主要从作者生平和主要著述、该书内容与主要学术价值、前人对该书的评论、该书的研究现状、版本源流以及底本与校本的确定情况、此次整理的个人创获等方面加以说明。

一、作者生平和主要著述

高似孙（1158—1231）①，字续古，号疏寮，浙江鄞县（今属宁波）人，后迁居嵊县（古称剡县）。似孙为高文虎长子。宋孝宗淳熙十一年（1184）进士，赐文林郎。绍熙元年为会稽主簿，庆元五年除秘书省校书郎，翌年任徽州通判。嘉泰元年知信州，开禧二年知严州。嘉定元年封通议大夫、知江阴军，后与祠禄。嘉定十六年除秘书郎，次年升著作佐郎，兼权吏部右侍郎。宝庆元年出知处州。进官中大夫，提举建康府崇禧观。绍定四年卒于嵊县，赠通议大夫。

其父高文虎（1134—1212），字炳如，号雪庐，绍兴三十年进士，与修国史及皇帝实录，宁宗朝曾先后任中书舍人、翰林学士兼侍读等职，官至翰林院华文阁大学士。着有《蓼花渊闲录》一卷。据《剡南高氏

---

① 详见左洪涛、张恒《两宋浙东高氏家族研究——以由鄞迁剡的高氏家族及其文学为中心》第三章《个案研究——高似孙的生平与相关问题》（海洋出版社 2010 年版）。据民国二十年（1931）高我桂等第七次续修的永思堂木活字本《剡南高氏宗谱》卷三《内纪行传》载："（高似孙）生于绍兴戊寅（1158）二月初三日，卒于绍定辛卯（1231）十月十五日。娶侍郎赵磻公之女，封恭人，合葬剡北金波山父坟侧。事见《邑志》并《传》。生二子，普、历。"

宗谱》卷三《内纪行传》载，（文虎）"有《天官书集注》传世。博物洽闻，编修国史，性爱山水，庆元中入剡，建玉峰堂藏书寮于金波玉岑山，即明心寺之东麓也。卒葬其处，为南渡始祖。生于绍兴甲寅六月廿三日，卒于嘉定甲戌五月初一日。配太学生升上舍绍兴丙寅科贡士周世修字德远公长女，合葬剡北金波玉岑山明心寺左，事见邑志并传。生二子，似孙，饮孙，一女适司农卿赵士逵"。

据其嗣孙高佑所撰《疏寮公行述》记载：

> 公讳似孙，字续古，号疏寮，生于鄞，从父雪庐公来剡。自幼颖悟嗜学。凡读书过目成诵，诗古文词，涉笔即工，不待思索。又属意寻山水胜，遇迹必考，遇物必详。剡中诸美，为所襟收。尝与舅氏周子瑞、周子章等同学，晨夕坐谈文艺，讨论典制，相契最厚。前守处州，有《纬略》、《骚略》等作，所言皆道术权变、调剂文武之义。嘉定朝，剡令史安之亦鄞人，慕祖才名，以剡典故无稽，求之作志。乃为撰《剡录》十卷。凡山川、城社、人物、景迹，细及土产、风俗、茶品、泉味，有辨罔不详悉，剡邑为之发耀。家居宦任，著述极富，每为文士习诵。又善以孔孟之旨，借发于浅近之言，邑中名俊类奉为宗法。持躬最谦蔼，虽仓卒，无失常容。平居未尝有躁怒之状。绍定辛卯卒，葬于金波山。缙绅恸哀，送葬者百数，群奉主入贤祠，春秋牲祀。①

纵合宋代文献资料、《宗谱》和中国台湾知名学者黄宽重先生的研究，其一生大致可以分三个阶段：第一，鄞县时期。此期高似孙经历了对其一生具有重大影响的两件事：随其父迁剡和为其父守孝。主要是因为高氏父子在党争中紧跟韩侂胄，而在韩氏被杀之后，高似孙在仕途上无疑遭受了较大影响。第二，居剡时期。高文虎被夺职后，遂于庆元中入剡，建玉峰堂、秀堂、藏书、雪庐于金波山明心寺之东麓。高似孙亦

① 见《剡南高氏宗谱》卷一。

随父居嵊。居乡期间，高似孙一方面寄情于奇山异水之间，剡中山水之胜，甲于东南，人文之景观亦伙，如右军之金庭，安道之故里，"留连娱目，令人应接不暇"（语见《高似孙集·周舅氏家乘序》）；另一方面研读典籍，发愤著书。高似孙著作可确定作于此期的有《纬略》(1212)、《剡录》(1214)。第三，由剡重入仕途至去世。嘉定十六年(1223)五月，高似孙再度入任秘书郎，十七年九月，除著作佐郎兼权吏部侍右郎官。宝庆元年(1225)九月知处州，颇有政声。

高似孙虽然在天资、家学、著述、政绩等方面具有一定的优势，又与同时名公巨卿如洪迈（1123—1202）、陆游（1125—1210）、周必大（1126—1204）、楼钥（1137—1213）、辛弃疾（1140—1207）等人多有交往，但在宋代理学家眼中，高似孙无疑被视为另类，因其卷入党争，其人品问题也成为争论的焦点。同乡前辈楼钥非常欣赏高似孙其人其文，所拟《自代状》盛称："右臣伏见文林郎绍兴府会稽县主簿高似孙，夙有俊声，能传家学，词章敏赡，吏道通明，臣今举以自代。"①从家学、词章、吏道等方面给予高度评价，故力荐以自代。而与此形成鲜明对照的是，他被人戴上了"不忠、不孝、不仁、不义"的帽子。如宋代陈振孙《直斋书录解题》卷二十对其人其文皆有相对严厉的批评：

> 《疏寮集》三卷，四明高似孙续古撰。少有俊声，登甲辰科。不自爱重，为馆职，上韩侂胄生日诗九首，皆暗用"锡"字，为时清议所不齿。晚知处州，贪酷尤甚。其读书以隐僻为博，其作文以怪涩为奇，至有甚可笑者。就中诗犹可观也。

"为时清议所不齿"，"贪酷尤甚"，可见其人品之劣；"其读书以隐僻为博，其作文以怪涩为奇"，可见其文品之劣。幸好最后说了"诗犹可观"，没有将其全盘否定。宋盛如梓《庶斋老学丛谈》卷中之上亦将他与辛弃疾一道大加讥讽：

---

① 见楼钥《攻媿集》卷三十一《除给事中举高似孙自代状》。

  《宋史》载，韩侂胄用事时，其诞日，高似孙献诗九章，每章用一"锡"字；辛弃疾以词赞其用兵，则用司马昭假黄钺异姓真王故事。是诚何心哉！士大夫所守必正，可仕则仕，可止则止，一以孔孟为法，斯不失为君子。如疏寮、稼轩，负大文名，而有此作秽名史册。悲夫！

给韩侂胄献"九锡"①诗，诏媚奸臣，被认为对皇上"不忠"。此其一也。陈振孙《直斋书录解题》卷十四"《兰亭考》十二卷"之解题云：

  其书始成，本名《博议》，高内翰文虎炳如为之序，及其刊也，其子似孙，主为删改……其最甚者，序文本亦条达可观，亦辄改无完篇，首末缺漏，文理断续，于其父犹然，深可怪也。

又周密《癸辛杂识》别集下"银花"条载亦云：

  高疏寮一代名人，或有讥其家庭有未能尽善者。其父尝作《兰亭博议叙》，疏寮后易为《兰亭考》，且辄改翁之文，陈直斋尝指其过焉。近得炳如亲书与其妾银花一纸，为之骇然，漫书于此。（下略）

宋人据此认为高似孙"不孝"。此其二也。周密《癸辛杂识》续集载：

  高疏寮守括，因有籍妓洪渠，慧黠过人。一日歌《真珠帘》词，至"病酒情怀犹困懒"，使之演其声，若病酒而困懒者，疏寮极称

---

  ① 九锡，古代天子赐给诸侯、大臣的九种器物，是一种最高礼遇。魏晋六朝掌政大臣夺取政权、建立新王朝率皆袭王莽谋汉先邀九锡故事，后以九锡为权臣篡位先声。

赏之。适有客云："卿自用卿法。"高因视洪云："吾亦爱吾渠。"遂
与落籍而去，以此得啧言者。

为官贪酷，又挟妓以去，故被认为高似孙对人"不仁"。此其三也。周
密《齐东野语》卷十九又载：

> 程文简著《演繁露》初成，高文虎炳如尝假观，称其博赡。虎
> 子似孙续古时年尚少，因窃窥之。越日程索回原书，续古因出一
> 帙，曰《繁露诘》，其间多程书所未载，而辩证尤详。文简虽盛赏
> 之，而习实不能堪。或讥其该洽有余，而轻薄亦太过也。

此事被认为高似孙对人"不义"。此其四也。后代学者如洪业、左洪涛
等人对陈振孙、周密等人的记载颇有质疑，为之辩诬。诚如左洪涛所指
出的："这是党争与学派不同造成的。"①政治上站错了队，学术上又与
主流不搭界，于是乎"不忠"、"不孝"、"不仁"、"不义"的高帽子像
"飞来峰"一样飞到他的头上，高似孙就像孙悟空一样被压在五行山下，
压得喘不过气来。因为这致命的"四宗罪"，他就为清议所不齿，为时
代所抛弃，最终连《宋史》也没有给他一席之地。平心而论，高似孙真
是生不逢时。假如生在魏晋，他必定成为名士，与嵇康为邻，与阮籍为
友，因其生性无拘无束，"逍遥乎山水之阿，放旷乎人间之世"②。假
如生在唐代或者清代，他必定成为名儒，因为他博览四部，孜孜考古，
勤于著述，上可窥陆德明、孔颖达之藩篱，下可开朱彝尊、纪晓岚之先
河。而他偏偏生在朱熹的时代。庆元四年，朝廷宣布禁伪学，高文虎草
诏，高似孙又作道学之图。高氏父子联袂站在"伪学"的对立面，难免
大大小小的理学家要将他妖魔化。

　　高氏才情勃发，文名藉甚，学问亦优，勤于著述，著作多达二十余

---

① 左洪涛：《两宋浙东高氏家族研究》，海洋出版社 2010 年版，第 99 页。
② 语见晋潘岳《秋兴赋》。

种。现存世的有：《剡录》、《史略》、《子略》、《纬略》、《蟹略》、《骚略》、《砚笺》、《疏寮小集》、《选诗句图》、《剡溪诗话》①。现在浙江古籍出版社已经组织人员将上述著作整理为《高似孙集》，列入《浙江文丛》，于 2015 年公开出版。亡佚的有：《经略》、《集略》、《诗略》、《古世本》、《战国策考》、《蜀汉书》、《汉书司马相如传注》、《汉官》、《烟雨集》、《秦桧传》及《乐论》等。从其著书目录来看，高氏在目录学方面下过不少功夫，其《史略》、《子略》与今已失传的《经略》、《集略》、《诗略》构成一整套关于我国古籍的专科目录学系列著作。此外，《剡录》属于方志，《纬略》属于杂家，《蟹略》、《砚笺》属于谱录。尽管这些著作的质量高低不一，但其综合实力在当时还是出类拔萃的。

二、主要内容与学术价值

《子略》共五卷，《子略目》一卷，正文四卷。高似孙在该书序言中介绍了写作目的：

> 六经后，以士才艺自声于战国、秦、汉间，往往骋辞立言，成一家法。观其跌宕古今之变，发挥事物之机，智力足以尽其神，思致足以殚其用。其指心运志，固不能尽宗于经，而经纬表里，亦有不能尽忘乎经者。使之纯乎道，昌乎世，岂不可驰骋规画，锄铮事功，而与典谟风雅并传乎？所逢如此，所施又如此，终亦六六与群言如一，百氏同流，可不嗟且惜哉！呜呼！仲尼皇皇，孟子切切，犹不克如皋、夔，如伊、吕、周、召，况他乎？至若荀况、扬雄氏、王通、韩愈氏，是学孔孟者也，又不可与诸子同日语。或知此意，则一言可以明道艺，究讦谟；可以立身养性，致广大，尽高明，可以著书立言，丹青金石，垂训乎后世。顾所择如何耳，审

---

① 俞弁子跋称此书非高似孙所著，因其笔意与《纬略》不同。语见《高似孙集》，浙江古籍出版社 2015 年版，第 1061 页。

哉！审哉！乃系以诸子之学，必有因其学而决其传，存其流而辨其术者，斯可以通名家，究指归矣。作《子略》。

高氏对于子书的性质、功用皆有所阐发，提出了"经纬表里"（即"经经子纬、互为表里"）的观点，同时明确指出了诸子"跌宕古今之变，发挥事物之机"，"纯乎道，昌乎世"，"明道艺，究订谟"，"致广大，尽高明"，"通名家，究指归"等作用。其书宗旨在于"因其学而决其传，存其流而辨其术"，与后世章学诚所谓"辨章学术，考镜源流"若合符契。

《子略目》摘录《汉书·艺文志》、《隋书·经籍志》、《新唐书·艺文志》、庾仲容《子钞》及郑樵《通志·艺文略》中的诸子书目，并简要附录撰者姓名及卷数。

正文一至四卷，共著录诸子三十八家，其中《八阵图》附于《握奇经》，《新序》、《说苑》合二为一，故高氏所撰题识实为三十六篇。卷一包括《黄帝阴符经》、《风后握奇经》（附《八阵图》）、《鬻子》、《太公金匮六韬》、《孔丛子》、《曾子》、《鲁仲连子》、《晏子春秋》；卷二包括《老子》、《庄子》、《列子》、《文子》；卷三包括《战国策》、《管子》、《尹文子》、《韩非子》、《墨子》、《邓析子》、《亢桑子》、《鹖冠子》、《孙子》、《吴子》、《范子》、《鬼谷子》；卷四包括《吕氏春秋》、《黄石公素书》、《淮南子》、贾谊《新书》、桓宽《盐铁论》、王充《论衡》、《太玄经》、《新序》、《说苑》、《抱朴子》、《文中子》、《元子》、《皮子隐书》。其中，《黄帝阴符经》、《风后握奇经》因篇幅短小抄录原书，其余各家，皆不著录。如有为诸子作注的，则先于各家名目下罗列注家姓名，并附录书名及卷数。

《子略目》一卷大体摘录前志，价值不大。不过高氏于每篇志前分别撰有按语，其中所蕴含的高氏本人对待官方史志目录与私家目录的不同态度，直接体现了他的目录学思想。《子略》正文四卷，共三十六篇题识，虽然汇集了别家言论，但大多为高氏本人撰写的评论和心得体会，包含了高氏对诸子各家独到的理解和看法。其中有不少考订和辨伪的内容，马端临编撰《文献通考》时多所采用。《四库全书总目》论及高氏《子略》时称"颇有所考证发明"，又称其"荟萃诸家，且所见之本犹近古，终非焦竑《经籍志》之流辗转贩鬻、徒构虚词者比"，可谓允论。高氏于诸子中选取三十八家，逐一解题，采纳众言，分析入理，考证大体精详。就《子略》全书的组织形式而言，高氏对于书目体式的探索和尝试，体现了他在书目体例建构方面勇于创新的一面。若将高氏选取的三十八家诸子串联起来，我们也能比较清晰地看到，高氏尊孔崇儒，忧国忧民，颇有传统士大夫的情怀。总之，《子略》一书在目录学、考据学等方面所具有的学术价值是不言而喻的。

三、前人对本书的评论

清代初期汪琬《尧峰文钞》卷三十九《跋高似孙〈子略〉》批评其辨伪之失误：

高氏疑《孔丛子》伪书，历引《孟子》及《家语后叙》证孔子、子思无问答事，最悉。然予以为非是。《汉书·孔光传》首载孔氏谱牒，孔子生伯鱼鲤，鲤生子思伋，伋生子尚高，则伯鱼为子思父，审矣。《孔子家语》："孔子年二十娶亓官氏，明年生伯鱼。伯鱼年五十，先孔子卒。"孔子后三年始卒。使子思犹未生，则孔氏谱不足据邪？《史记·鲁世家》："穆公之立也，距孔子已七十年。"子思寿止六十二，使穆公时犹在，则与孔子相隔绝久矣。其去伯鱼当益远，不得为其子。然遍考诸书，又不言孔子有他支庶，何也？予以为宜从《孔丛子》。盖《孔丛子》与谱牒皆出孔氏子孙之手，其说必有证左，非他书臆度者比也。呜呼！尽信书则不如无书。后世迂儒小生读书不知通变，往往舍其大者，旁引琐细，以相辨难，岂非好古，而失之愚者哉！

《四库全书总目》卷八十五《子略》提要持论较为公允：

《子略》四卷、《目录》一卷，宋高似孙撰。似孙有《剡录》，已著录。是书卷首冠以目录，始《汉志》所载，次《隋志》所载，次《唐志》所载，次庾仲容《子钞》、马总《意林》所载，次郑樵《通志·艺文略》所载，皆削其门类而存其书名，略注撰人卷数于下。其一书而有诸家注者，则惟列本书，而注家细字附录焉。其有题识者，凡《阴符经》、《握奇经》、《八阵图》、《鬻子》、《六韬》、《孔丛子》、《曾子》、《鲁仲连子》、《晏子》、《老子》、《庄子》、《列子》、《文子》、《战国策》、《管子》、《尹文子》、《韩非子》、《墨子》、《邓析子》、《亢桑子》、《鹖冠子》、《孙子》、《吴子》、《范子》、《鬼谷子》、《吕氏春秋》、《素书》、《淮南子》、贾谊《新书》、《盐铁论》、《论衡》、《太玄经》、《新序》、《说苑》、《抱朴子》、《文中子》、《元子》、《皮子隐书》，凡三十八家。其中《说苑》、《新序》合一篇，而《八阵图》附于《握奇经》，实共三十六篇。惟《阴符经》、《握奇经》录其原书于前，余皆不录，似乎后人删节之本，未必完书也。马端临《通考》多引之，亦颇有所考证发明。然似孙能知《亢桑子》之伪，而于《阴符经》、《握奇经》、《三略》、诸葛亮《将苑》、《十六策》之类乃皆以为真，则鉴别亦未为甚确。其盛称《鬼谷子》，尤为好奇。以其荟萃诸家，且所见之本犹近古，终非焦竑《经籍志》之流辗转贩鬻、徒构虚词者比。故录而存之，备考证焉。

清张海鹏(1755—1816)《学津讨原本跋》：

续古氏取鬻熊以下三十八家，著之论说，其卑法术、拒刑名、黜玄虚、扫掉阖，可谓卓然绝识矣。唯能决洞灵之妄而乐治丹经，能戒黩武之残而侈谭陈法，未免目淆五色，见涉两歧。至谓殷橚既奠，子思未生，竟志泰山未颓，伯鱼早卒，偶疏点检，未足訾警。要其俯首孟氏，折衷孔经，扬子有云"好书而不要诸仲尼，书肆也；好说而不要诸仲尼，说铃也"，续古其免于此议欤？宋椠久废，兹从《百川学海》中录出，为校正脱伪四百余处，复取隋、唐诸志及马、郑两家之书，核其篇目，悉为厘正，稍还高氏之面目云。

今按：此跋完全同于清孙原湘(1760—1829)《天真阁集》卷五十四《高似孙〈子略〉跋》。

清代中期钮树玉《匪石先生文集》卷下《读高氏〈子略〉》批评其"是非之是无定"：

> 按《汉·艺文志》所载子书，流传于今十不存五，又多依托者。由今溯古，岂能惑哉？夫黄帝《阴符》、太公《金匮》及《鬻子》之类，见称虽远，而太史公已言百家言黄帝，其文不雅驯，荐绅先生难言之矣，余观《子略》所采，皆据前志，足资考览。然论管、晏则黜管而进晏，恐非持平之论。至于《孙子兵法》，甚贬其权诈，而于《风后握奇》、黄帝《阴符》又全登之。是非之是无定，见欲厌服于后世，难矣。

民国初期著名学者孙德谦《诸子通考》卷二对《子略》给予很高的评价：

> 诸子立言，无不自成一家。故治其学者，莫要于辨别家数。何者为儒，何者为道，知其家数，而立言之意亦可由此而窥矣。宋之学者，以尊儒之故，屏诸子为离经畔道。高氏今谓不能尽宗于经，亦不能尽忘于经，犹晓然于诸子之术，不尽有悖于经教，其见超矣。吾尝谓刘向之辨章诸子，用经为衡，而班固故曰"六经之支与流裔"。今观高氏之说，诸子之无违经义，殆亦先得吾心之同然乎？夫诸子名为专家，其书则各有指归。高氏云"可以通名家，究指归"，其说是也，惟高氏能言之。而其论列诸子，则未必能得其指归。列子贵虚，彼未识其指归，疑为"鸿蒙列缺"之类。邓析则

以为流于申、韩，且不辨名自为名，与法家不可混，何能探其指归乎？然游文六经，留意仁义，为儒家之指归；清虚自守，卑弱自恃，为道家之指归；班氏于《诸子》一略，固皆标揭之。有好家学者，从高氏之言，以究其指归，则诚确凿而无可易者也。若谓荀况、扬雄不可与诸子同语，吾不知高氏何愤愤若此。是二家者，均诸子之儒家流也，汉、隋、两唐，其史志皆然，乃谓不可与诸子同语，大可异矣。将二氏非诸子乎？虽然，诸子亦宗于经，而以究其指归为务，高氏之于子学犹有得焉者也。

上述各家褒贬各异，见仁见智，皆属正常范围内的学术批评。

四、该书研究现状

现代学者有关《子略》的研究总量较少，相对集中在下列几个问题上：

第一，作者生平问题。时人强加在高氏头上的几顶帽子颇有妖魔化的倾向，这种同行之间的恶搞行为本身就是一种极其恶劣的作风，此风不可长。还原一个真实的高似孙，这是历史学家的责任。现代著名史学家洪业先生《高似孙〈史略〉笺正序》（载《洪业论学集》，中华书局 1981 年版）针对前人的种种不实之词为高氏作了辩诬。黄慧鸣《高似孙的生平及其著作》（《古籍研究》2000 年第 1 期）简要介绍了高似孙的生平事迹，并为其现存著作做了简明解题，稍微涉及了《子略》，但还过于简略。左洪涛《两宋浙东高氏家族研究》第三章为个案研究，对高似孙的生平与相关问题进行了比较细致深入的探讨，首次解决了高氏父子的生卒年问题，洵为难得之发现。

第二，体例问题。姚名达《中国目录学史》认为，《子略》"体例与《史略》同"，而刘子明《高似孙在我国目录学史上的贡献》（《图书馆理论与实践》1989 年第 4 期）认为这两书的体例是有所不同的："首先，《子略》目录一卷纯为书目，其他四卷则是集诸家评论，并进行考证，也在《老子》、《庄子》等列了注疏本，而《史略》则没有把其中的书目独立开来，而是将书目、说明混杂在一起，这也就是姚名达先生所说的'其体例庞杂，有似书目者，有似提要者，有尽抄名文者，有移录旧事者，然其大体既近目录'。其次，《子略》目录一卷依次着录了《汉志》、《隋志》、《唐志》、《子钞》、《意林》、《通志·艺文略》所收的诸子著作，而《史略》则把有关的书集中在一起，如《汉书》后面，还列举了汉书注、汉书考、褚音义书、诸家本等。"

第三，学术价值问题。刘固盛教授曾经发表《高似孙〈子略〉初探》（《古籍整理研究学刊》1996年第4期）重点从学术源流、考证辨伪等方面分析其特色，并援引日本学者石田肇的看法："就高似孙之学术言，则需要从南宋学术界诸种动向及明州地域性特点来加以分析。考虑到朱子道学后来成为官方认可的官学，反道学派著作因之淹没不彰，对其评价也因之不高等情况，还有必要从南宋政治史、思想史相对的角度，对他进行重新评价。"进而提出了从学术思想史方面研究《子略》的新视角。童子希《高似孙辨伪方法探析》（《黄冈师范学院学报》2012年第1期）从目录、年代、思想、内容、引文、序跋、撰者七个方面总结了高氏的辨伪方法，比顾颉刚的三点总结（即年代、比较、缀辑）还要细致一些。左洪涛《两宋浙东高氏家族研究》第四章对似孙重要的学术专著进行了分析，重点介绍了《子略》一书的写作目的、版本和主要篇目、主要内容，在前人研究的基础上有所推进。

总的来看，对于《子略》一书一直存在两种截然不同的判断。一种观点认为其书价值不大。宋代陈振孙首倡此说，现代学者余嘉锡、姚名达等人的说法也大致与陈氏相近。余嘉锡先生认为："高氏著书，成于率尔，大抵抄撮之功多，而心得之处少也。"姚名达认为："所惜似孙学识低暗，徒录成文，无所发明。"另外一种观点与此相反。如刘固盛教授认为此书在汇集诸子、考镜源流、明断真伪、阐释旨意、辨别得失诸方面都能给人有益的启示。《四库全书总目》称其"颇有所考证发明……荟萃诸家，且所见之本犹近古，终非焦竑《经籍志》之流辗转贩鬻、徒构虚词者比"。杨守敬云："似孙以博奥名，其《子略》、《纬略》两书，颇为精赅。"马端临在《文献通考·经籍考》中引用《子略》多达 24 处,而《子略》辨伪方面的成就也多为姚际恒《古今伪书考》等书所吸收。由此可见,《子略》作为一部专门的诸子目录,其价值不容忽视。宋人对高似孙的评价可能受到当时主流学术评价的影响,而现代考证学者的评价似乎又缺少历史的观点,完全是拿后代学术标准来衡量前人的成就,皆不免失之偏颇。至于姚名达所谓"无所发明"的说法,不知何所据而云然,评论古人竟然不顾事实,如此信口开河,令人匪夷所思。我们应该看到,在高氏所处的时代,考据方法尚未大明,考据学还处在探索阶段。能够将诸子单独划分出来,已经是截断众流,颇具特识,仅此一点就不容小觑,何况他在考证辨伪等方面还有所发明呢?

五、版本源流以及底本与校本的确定情况

现存最早的《子略》版本,收录在刻于南宋咸淳年间的《百川学海》丛书里。其后明弘治十四年华珵、嘉靖十五年郑氏宗文堂、民国十六年陶湘涉园翻刻的《百川学海》,还有《四库全书》、《学津讨原》、《四明丛书》、《丛书集成初编》以及《四部备要》都收录了《子略》一书。此外,日本国立公文图书馆藏南宋刻本(内阁文库五二○八号,仅存目及前三卷)。董康《书舶庸谭》卷八载:"《子略》三卷。与前(按指《史略》)同一行款,盖同时梓行。前有序目,序未署名。"《史略》序作于宝庆元年,此本为宋本无疑。经过比较版本异同之后,《子略》大体可分为三个版本系统:①《百川学海》本自为一系;②学津本、四明本、丛编本、四部本为一系,凡与底本文字有别的地方,这四个版本对应之处基本相同;③四库本亦自成一系,该本与底本文字出入较大,且径自改动处较多,诚如顾颉刚所谓"为求其文从字顺,时时凭臆窜改"。

此次整理,以中华再造善本《百川学海》丛书中所收录的《子略》为底本,再用景刊《百川学海》本、《四库全书》本、《学津讨原》本、《四明丛书》本、《丛书集成初编》本、《四部备要》本及日本内阁文库本对校。此外,我们在校勘时还充分利用了《文献通考》所引用的《子略》。

六、此次整理的个人创获

第一，高氏在《子略目》中，对前代子书书目皆有所删减，这种随心所欲的做法未免太任性，无疑大大降低了其书的学术价值。我们在整理的过程中发现，为了提升《子略》的学术价值，必须对这一部分加大注释的力度，特别是对《汉书·艺文志·诸子略》进行集释，梳理好子书的源头，做好正本清源的工作。我们由此认识到《汉志》的魅力，并因此步入《汉志》的殿堂，进而撰写《汉书艺文志诸子略集释》。同时，我们也由此更加明确了今后的治学思路，即"抓两头(指《汉志》与《四库提要》)，促中间"，拟对中国目录学、分类学等相关学科的发展历程展开一场攻坚战。

第二，《子略》在诸子辨伪方面取得了一定的成就。《子略》对《鬻子》、《孔丛子》、《曾子》、《列子》、《文子》、《战国策》、《尹文子》、《亢桑子》、《鬼谷子》等子书的真伪进行了考辨。高似孙对柳宗元极为推崇，其对子书的辨伪显然受到柳宗元的影响，同时《子略》的辨伪成就也为宋濂、胡应麟、姚际恒等后来学者所吸收。因此，在诸子辨伪方面，高似孙是承上启下的重要人物。顾颉刚说："宋代继承柳宗元辨子书真伪的是高似孙，他所作的《子略》四卷是他说子书时的笔记，从《阴符经》到《皮子隐书》，共搜罗了三十八种子书，有的是抄撮，有的是列举历代注释本书的书目，有的是批判书中议论的是非和本书著作的真伪。……由于这本书是随笔性的，所以体例不谨严，文辞又拖沓，心得也稀少，在学术上的地位不高。不过，他总是上承柳宗元，下开宋濂、胡应麟的一个人，不能抹杀他的筚路蓝缕的功劳。"有鉴于此，我们加大了有关辨伪资料的集释工作，有利于更加清楚地判断《子略》一书在辨伪史上的功过得失。

乾隆王朝的禁毁实录
——以《翁方纲纂四库提要稿》为中心

一、缘起

翁方纲（1733—1818），字正三，号覃溪，晚号苏斋。直隶大兴（今属北京）人。乾隆十七年进士，授编修。历督广东、江西、山东三省学政，官至内阁学士。精通金石、谱录、书画、词章之学。在诗论方面创立了"肌理说"。著有《粤东金石略》、《苏米斋兰亭考》、《复初斋诗文集》等。他是乾嘉时期著名的诗人、学者，也是四库馆臣之一。翁方纲当年所撰四库提要稿总计在 1200 条以上，是现存分纂官提要稿保存最多的一家。其手稿本收提要稿 1150 条，是当时撰写提要稿的最初文献，是研究《四库全书总目》（简称《总目》）乃至《四库全书》编纂的原始材料。但是，翁氏原稿一直下落不明，其过录本也长期"养在深闺人未识"，成为学人梦寐以求的珍贵四库文献。令人欣喜的是，流传到澳门何东图书馆的《翁方纲纂四库提要稿》（以下简称《翁稿》）终于浮出水面，2000 年已由上海科技文献出版社正式影印出版，随后又有整理本行世。①

笔者 2001 年 1 月专程至上海图书馆拜访文献学家、信息学家王世伟先生，汇报博士论文写作情况，当时王先生任该馆副书记，他听了之后大加肯定，并提供了《翁方纲纂四库提要稿》刚刚由上海科技文献出

---

① 笔者最初撰写此文初稿时是直接引用影印本，时在 2001 年 1 月至 10 月，而上海科技文献出版社的 2005 年版整理本尚未问世。此次修改增益，将所有引文据此本复核，改标页码，便于读者方便，特此说明。

版社正式影印出版的最新消息，当时书还没有进入流通环节，图书馆也没有入库，他特地给古籍阅览室梁颖先生写了一张条子，特别批准供我就室借阅此书，当时我借住在中国科学院上海分院，每天闻鸡起舞，欣然前往上图，将一整部《翁稿》节要抄写了一遍，随后将有关新材料充实到博士论文《四库全书总目研究》之中。2001 年 7 月我又进入复旦大学中文站从事博士后研究，题目锁定为"《四库全书总目》编纂考"，又再次前往上图复核《翁稿》，将它与《四库全书总目》进行了完整地比较，据此新材料得出了大量的新结论，后来也得到诸多学界前辈如章培恒先生、王俊义先生、李庆先生等的肯定与赐教①。我的中心是紧紧围绕《四库全书总目》的编纂过程展开探讨，并非对《翁稿》进行专门研究，而台北有一位研究翁方纲的任真博士对此大放厥词，肆意诋毁，我当时对这种非学术性质的意气之争未予以回应，因为各人的出发点不同，自然做法不同，对那样靠打压别人借以抬高自己的做法实在难以认同。窃认为，《翁稿》保存了大量的原始资料，显而易见，《翁稿》所保存的毁书实录，为我们研究清代政治史、文化史、思想史提供了大量珍贵的史料。而从总体上来看，《翁稿》自身的学术价值并不高，只有放在《四库全书总目》的编纂过程中加以考察才能凸显其史料价值。当时我在博士后报告中只是写了一小节，举例太少，蜻蜓点水，未免过于简略。后来曾经抽出来以"乾嘉时期的禁毁实录"为题发表在《出版科学》上，引起了一些学界同行的关注，也被另外一位从名校名院名导训练出来的史学博士（姑隐其名）巧取豪夺。现在我重读《翁稿》，补充观点，增补例证，数量较原来那篇翻了几倍，故改为此题，重新发表，借机回应海峡两岸的那两位博士，并向章培恒先生、王俊义先生、李庆先生、王世伟先生、吴根友教授、王承略教授等师友公开致谢。

① 章培恒先生、王俊义先生为拙著《四库全书总目编纂考》撰序予以肯定，李庆先生也曾经赐教，吴根友教授在《中华读书报》、王承略教授在《文汇读书周报》上分别发表书评文章。师友们的肯定与扶持，对我是最大的鞭策。

二、实录

清高宗在《四库全书》与《总目》的编纂过程中，自始至终起着主导作用。在"稽古右文"的幌子下，利用编纂《四库全书》之机，将心目中的禁书不动声色地"格式化"。既轻而易举地完成了文化专制与思想统制之大局，又博得"右文"之美名。清高宗在一道谕诏中说："各省进到书籍不下万余种，并不见奏及稍有忌讳之书，岂有裒辑如许遗书，竟无一违碍字迹之理？况明季末造，野史甚多，其间毁誉任意，传闻异辞，必有抵触本朝之语。正当及此一番查办，尽行销毁，杜遏邪言，以正人心而厚风俗，断不宜置之不办！"①可谓一语道破天机！

清高宗将征集来的图书交《四库全书》馆处检查。分纂官的一个重要职责就是审查图书中是否有语涉违碍之处。《翁稿》中注明应禁毁或抽毁的地方甚多，如《宝日堂初集》，明张鼐著。张鼐(？—1510)，字用和，济南历城人。成化十一年(1475)进士，先授襄陵知县，不久入京为御史。巡抚辽东。针对辽东军备废弛、粮饷困难的实际，提出定马制、核屯粮、清隐占、稽客户等主张，获准推行。《翁稿》认为此集"以今馆臣恭办全书之体论之，自是不应存目"。另签"毁"，因为"卷二诸疏内有不可存之语"，卷二十五为《辽□略》，卷三十为《使东日记》，可能都语涉违碍。无名氏眉注"酌办"，而翁方纲认为："未可轻看，似应另商。"②虽查无实据，但事出有因。

《北海集》，明冯琦著。冯琦(1559—1603)，字用韫，号琢庵、胸南，临胸人。万历五年(1577)进士。历任编修、侍讲、礼部右侍郎、礼部尚书等职。著有《通鉴分解》、《经济类编》。事迹具《明史》本传。史称其明习典故，学有根底，数陈谠论，中外想望风采。其《肃官常

---

① 《高宗实录》卷九六四。

② 翁方纲：《翁方纲纂四库提要稿》，上海科技文献出版社 2005 年版，第 960~962 页。

疏》陈述当朝官场腐败之风，指出"士大夫精神不在政事，国家之大患也"。《翁稿》认为应存目，但又云："内违碍者粘记二十七签，但此人卒于万历三十一年，则其中所指，或未遽是悖触，或抽记另办。"①翁方纲签出《燕然行》等文语涉违碍，但又不能确定是否悖触，但后来还是从严处理。

《遁庵全集》，明蔡复一著。蔡复一（1577—1625），字敬夫，号元履，福建同安金门（今金门县）人。万历二十三年（1595）进士。为官奉守"报国以忠心，担国事以实心，持国论以平心"之旨，以"正己不求"律己，为世所称许。对于这样一位鞠躬尽瘁死而后已的晚明忠臣，《翁稿》共记涉触违碍五十签：

序，第三页上违碍；又（谭元春）序第三页上一行悖触。

卷二，序，二十一页上末行，此内应签记；二十二页上中，此内应签记。

卷三，寿文，二页首行，此内应签记。

卷四，记，一页上一行，此内悖犯谬妄之极。

卷五，传，一页一行，此内悖犯甚多。

卷八，祭文，五页上三行，此内悖触应记。

卷九，杂著，四十页上六行，此内悖犯抵触甚多。

……

卷十一，楚牍，卅九页上三行，此内悖谬甚多。

卷十三，燕牍，第一页，此一本内处处皆是狂悖触犯语，俱应销毁，全不可存。

卷十四，郧牍一之四页上，此内多悖犯；七页下二行，此内多悖触；二十六页上四行，此内悖触；四十三页上四行，此内悖触；四十七页下五行，此内悖触。郧牍一之五十四页下二行，此内悖

① 翁方纲：《翁方纲纂四库提要稿》，上海科技文献出版社2005年版，第980~981页。

犯；五十五页上六，此内悖犯；六十七页上一行，悖犯；七十五页下七行，此内应签记；七十九页下七行，此内应签记；八十六页上七行，悖犯，下五行，悖犯；八十九页下末行，悖犯；六十一页下一行，悖犯；六十九页上四行，此内应签记；八十一页上二行，悖犯；八五页下二行，触犯。

卷十七，黔牍二之三十八页下四行，此内悖犯。

以上十八卷之前皆文。

诗，卷一，五言古之七十页下五行，此内悖犯甚多。

卷四，七言律七页下四行，此内应签记。

……末册《续骈语》一之廿一页下二行，此内应签记；廿五页下七行，此内悖犯。①

翁方纲又称："此书内悖触违碍处粘签至五十处，而又有一本全签出者，恐不可据此存目，则或除应销毁者外，另就余卷存目可否？"②

《范玺卿集》，明范凤翼著。范凤翼（1575—1655），字异羽，号太蒙，南直隶通州（今江苏南通）人。万历戊戌进士。天启初历尚宝少卿（玺卿以此得名——引者），以朋党落职。崇祯初起复，迁光禄寺卿。郑玄岳称其人见善如渴，见不善如仇，所谓德音不瑕者。③ 为范仲淹之后裔，学者称真隐先生。卓尔康称之为东南之望，隐狼山，与高僧野老游。著有《超逍遥草》。子国禄，亦以诗名世。④ 凤翼工词，王士禛称道之。⑤ 而《翁稿》认为"皆应销毁，毋庸存目"，另有批语："董序行草甚妙。二十一卷。总一，内十三，内签出十三处应毁。卷四，四页下七

---

① 翁方纲：《翁方纲纂四库提要稿》，上海科技文献出版社 2005 年版，第958~959 页。

② 翁方纲：《翁方纲纂四库提要稿》，上海科技文献出版社 2005 年版，第960 页。

③ 朱彝尊：《明诗综》卷五八，中华书局 2007 年版，第 2936 页。

④ 卓尔康：《遗民诗》卷一，华东师范大学出版社 2013 年版，第 4 页。

⑤ 陈廷焯云："渔洋谓异羽词似半山，今观此词颇见风韵。"见氏著《白雨斋词话全编》卷一三，中华书局 2013 年版，第 300 页。

行，此内签记。五页上一行，悖触。卷六，十一页上七行，此应签记。卷十，四页下二行，此内悖触。七行，此亦应签记。九页下一行，此应签记。卷十二，三页下八行，签记。七页下三行，签记。卷十三，六页下六行，签记。九页上三行，签记。十六页上一行，签记。卷十六，二页下三行，签记。卷十九，十页下《时感》三十首，此内悖触，总签记于此。"①据《纂修四库全书档案》载，乾隆四十年五月三十日，安徽巡抚裴宗锡奏续查违碍各书中有《浮山文集》、《范玺卿集》等，共计二十四种，"非系载及宏光、隆武等伪号，即有悖逆诋毁触碍语句，种种谬妄，殊堪痛恨，应请销毁"。乾隆四十二年五月二十日，两江总督高晋奏违碍应毁书籍清单中有《范玺卿集》一部。乾隆四十三年六月十六日，江苏巡抚杨魁奏呈续缴违碍书目中有《范玺卿集》一部。乾隆四十四年四月初八日，江苏巡抚杨魁奏续缴应毁书籍清单中有《范玺卿集》二部。乾隆五十一年四月十三日，安徽巡抚书麟奏缴应禁书籍清单中有《范玺卿集》一部。其诗严于夷夏之辨，如《时感》三十首有引曰："岁在辛酉（天启元年），寇陷辽阳。……臣翼望边烽而震悚，纬恤方殷；顾梓里之孤危，杞忧倍切。"彼视满族统治者为寇，满族统治者亦视之为敌。此集被禁，还有一个重要诱因，就是钱谦益为之撰写了著名的《范玺卿诗集序》。

《峄桐集》，明刘城著。刘城，贵池人。《翁稿》："盖未经编定者，且多违碍应签记处。除已逐处加签外，可毋庸存目。"②此书内记出二十七签，如《蓟西杂咏》内悖触，乐府亦多谲诡，因此被禁毁。

《天傭子集》，明艾南英著。艾南英（1583—1646），字千子，号天傭子，抚州东乡（今江西东乡）人。临川四才子之一。又以八股文名重当时。事迹具《明史·文苑传》。曾撰写《古今全史》一千余卷，刚写完即遭兵火，其他著述也散失殆尽，只存有《禹贡图注》一卷见于《四库

---

① 翁方纲：《翁方纲纂四库提要稿》，上海科技文献出版社 2005 年版，第960 页。

② 翁方纲：《翁方纲纂四库提要稿》，上海科技文献出版社 2005 年版，第974 页。

全书》，《天傭子集》乾隆时遭到禁毁。《翁稿》云："其论文大都排诋
王、李之徒，虽多论时艺，然亦可以观一时文体正变得失之故。至其
编次评语，内多述吕留良、钱谦益之处，则宜痛加削去者也。应存目
而核正之。"注云："此集之存，但借以为评文之一助，足矣。"眉注：
"此书内记出十七签。"①如《上提学书》、《张培甫稿序》等皆有违碍诋
触之处。

《吾美楼集》，明邱士毅著。邱士毅（？—1631）字远程。明代江西
丰城人。万历二十五年（1597）中举人，三十二年中进士，选庶吉士，
授翰林院检讨。四十一年分校礼闱。四十三年出典湖广乡试。后历官左
春坊左赞善、南京礼部侍郎、《神宗实录》总裁官、南京礼部侍郎署尚
书。《翁稿》："此内有记签，悖谬之处至十余处之多，其书应毁，毋庸
校办。"②

《喜闻集》，明刘孔当著。孔当字任之，号喜闻，福建安福人。明
万历二十年（1592）壬辰科进士，任翰林院编修、正史馆纂修。著有《五
经难字》、《五经叶韵》，上附琉球红夷字。③《翁稿》："或酌存目。"书
内仅仅签出一处，即卷五记十二页上二行内有违碍④，竟然以此被禁
毁，岂不冤哉！

《莲须阁集》，黎遂球著。黎遂球（1602—1646），字美周，广东番
禺人。天启七年（1627）举人，再应会试不第。崇祯中荐为经济名儒，
以母老不赴。南明隆武朝官兵部职方司主事，提督广东兵援赣州，城破
殉难，谥忠愍。工画山水，有"黄牡丹状元"之雅称，传世画作有《送区
启图北上山水图》。著有《莲须阁诗文集》、《周易爻物当名》。《翁稿》：

———————————

　①　翁方纲：《翁方纲纂四库提要稿》，上海科技文献出版社 2005 年版，第
964~966 页。

　②　翁方纲：《翁方纲纂四库提要稿》，上海科技文献出版社 2005 年版，第
957 页。

　③　刘献廷：《广阳杂记》卷三，中华书局 1957 年版，第 149~150 页。按：此
条叙述刘氏早年在武功山异闻。

　④　翁方纲：《翁方纲纂四库提要稿》，上海科技文献出版社 2005 年版，第
979 页。

"应以二十六卷存其目。"①因为签出二十六处，未能豁免。

诸如此类，不胜枚举。如此详细的记载，堪称密档。虽然时隔两百余年，仍然令人目瞪口呆，触目惊心。最初读《四库全书总目》，误以为语语皆真，至此始知不可尽信。《四库全书总目》乃皇家话语，评判标准与话语权自始至终被清高宗自己掌握。纪昀等人不过是御用文人而已，哪里有独断之权？《四库全书总目》哪里又能够称得上是纪昀一家之言？明乎此，则思过半矣！乾隆王朝设置的防火墙严密至极，空前绝后，片言只语，绝不放过。文字获罪，思想有罪，专制至极，实则也是盛世之下，危机四伏。

《翁稿》上所签"毁"字甚多，与翁方纲笔迹不类。经笔者反复验证，审为纪昀手笔。综观毁书过程，也是从分纂官到总纂官到总裁官到清高宗，流水作业，层层把关。文网之密，专制之严，可谓登峰造极。《翁稿》关于禁毁内容的真实记载，较之以往所有的禁毁书目都更具体，可以因此顺藤摸瓜，找到当时被禁毁的具体篇目。

三、标准

乾隆时期的禁书标准也可从《翁稿》中得到验证，大致可以归纳为以下七条。

第一，因其人而废。

钱谦益是被钦定的问题人物，清高宗云："前因汇辑《四库全书》，谕各省督抚遍为采访，嗣据陆续送到各种遗书，令总裁等悉心校勘，分别应刊、应抄及存目三项，以广流传……节经各督抚呈进，并饬馆臣详细检阅，朕复于进到时亲加披览，觉有不可不为区别甄核者，如钱谦益在明已居大位，又复身事本朝，而金堡、屈大均则又遁迹缁流，均以不能死节，腼颜苟活，乃托名胜国，妄肆狂狺。其人实不足齿，其书岂可

---

① 翁方纲：《翁方纲纂四库提要稿》，上海科技文献出版社 2005 年版，第979 页。

复存？自应逐细查明，概行毁弃，以励臣节而正人心。……又若汇选各家诗文内，有钱谦益、屈大均所作，自当削去其余，原可留存，不必因一二匪人致累及众。"①

不但其书被禁，而且凡属引用过其文或有其序跋的著作也在清洗之列。如《翁稿》中徐允禄之《思勉斋集》，书内记出二签，"此集为其门人潘润所辑录者。文十二卷，诗二卷。应存目。前后有钱谦益文二篇，后一篇则是为潘润作者，与此集更无涉，俱削去之可也"②，而《总目》未见著录。又如《翁稿》中《天傭子集》，书内记出十七签，《总目》亦未见著录，其原因均与钱谦益有关。《四库全书总目·集部总叙》云："大抵门户构争之见，莫甚于讲学，而论文次之。讲学者聚党分朋，往往祸延宗社；操觚之士，笔舌相攻，则未有乱及国事者。盖讲学者必辨是非，辨是非必及时政，其事与权势相连，故其患大。文人词翰所争者，名誉而已，与朝廷无预，故其患小也。然如艾南英以排斥王李之故，至以严嵩为察相，而以杀杨继盛为稍过当，岂其扪心清夜，果自谓然。亦朋党既分，势不两立，故决裂名教而不辞耳。至钱谦益《列朝诗集》，更颠倒贤奸，彝良泯绝，其贻害人心风俗者，又岂鲜哉。今扫除畛域，一准至公，明以来诸派之中，各取其所长，而不回护其所短，盖有世道之防焉，不仅为文体计也。"

第二，因其书而废。

周亮工思想观念颇为正统，道学气挺重，其人虽由明入清，降清后做了多年的官，并无任何反清行为。他的许多著作本已收入《四库全书》。《翁稿》认为《读画录》应存其目，也就是说，翁方纲最初拟稿时并没有发现问题③，但是后来发现其《读画录》里有一首诗中有"人皆汉魏

---

① 《四库全书总目》卷首一，乾隆四十一年十一月十七日《圣谕》。
② 翁方纲：《翁方纲纂四库提要稿》，上海科技文献出版社 2005 年版，第 988 页。
③ 《翁方纲纂四库提要稿》："《读画录》四卷，国朝周亮工著。记一时画手，略有事实，兼及题韵，而附画人姓氏于后。盖亮工尝作《画人传》，凡所及见之画家，皆记其梗概也。应存其目。"见上海科技文献出版社 2005 年版，第 317 页。

上，花亦义熙红"两句，"语涉违碍"。由此及彼，其《字触》①、《赖古堂诗集》②等无一幸免，周亮工的书在四库馆中全被禁毁。

另外一种情况是，书稿质量不够，因而被禁，如明俞琬纶著《自娱集》"中多赠妓之作"，"诗文皆无足取，或姑存其目"③。但《总目》未见著录。俞琬纶，字君宣，长洲（今江苏苏州）人。万历四十一年（1622）进士。任衢州、西安知县。性疏简有高韵，风流文采，掩映一时，临池最胜。有"明日山上山，相思旦复旦"之诗句。④ 又有"让人一步，高人一筹"之嘉言。⑤ 后竟因有名士风为过失，被劾罢官，从此以著述自娱。著有《琬纶诗余》、《自娱集》等书。自古诗人多有赠妓之作，似不应成为被废的理由，必有隐情。"诗文皆无足取"也是夸大其词，朱彝尊《明诗综》就选录了他的两首诗《明朝别》与《古意》，可见并非一无足取。

第三，因抵触本朝而废。

清高宗曾公开下令："前因汇辑《四库全书》，谕各省督抚遍为采访，嗣据陆续送到各种遗书，令总裁等悉心校勘，分别应刊、应抄及存目三项，以广流传。第其中有明季诸人书集，词意抵触本朝者，自当在销毁之列。"⑥

---

① 《翁方纲纂四库提要稿》："《字触》六卷，国朝周亮工著。亮工字符亮，祥符人。官至户部左侍郎。著有《赖古堂》。此其撫古今说字为一编，字廋部至谐部，触类所记，梦占戏谜皆涉及焉。末卷说部，乃归正论，然亦寥寥杂引数则，非实有裨于字学也。至其前六卷，则诚无关义要，大都拆字离合之类。桂阳鹤觜，司农牛角，其文不雅，稽古者所诃也。或仅存目。"见上海科技文献出版社2005年版，第489页。

② 《翁方纲纂四库提要稿》："《赖古堂诗集》四卷，国朝周亮工著。……至王士禛所称亮工诗'花开今十日，酒冷古重阳'之句，虽载此卷中，然是亮工述其友之作，非元亮诗，盖士禛误记耳。存目。"见上海科技文献出版社2005年版，第1050页。

③ 翁方纲：《翁方纲纂四库提要稿》，上海科技文献出版社2005年版，第958页。

④ 朱彝尊：《明诗综》卷六〇，中华书局2007年版，第3053页。

⑤ 张怡：《玉光剑气集》卷二四，中华书局2006年版，第864页。

⑥ 《四库全书总目》卷首一，乾隆四十一年十一月十七日《圣谕》。

如《邹忠介奏疏》,《翁稿》注明"第三卷《辽饷末议》内△"①。遍检《总目》,未见著录。晚明至清初的著作大多从严审查,如刘孔当《喜闻集》,总签一,内签一。内签记一处:卷五记十二页上二行,此内违碍,应记。《翁稿》认为"除粘签外,或酌存目"②,但《总目》未见著录。明万历末年以后的著作是重点审查对象,只要词意稍有抵触,无不在禁毁之列。如明赵南星撰《赵忠毅集》二十四卷,内记签十六处。③明陈继儒撰《白石樵真稿》二十四卷《尺牍》四卷,内诋触违碍共记廿一签。④明高攀龙《高子遗书未刻稿》六卷,内违碍处谨粘四签。⑤明高出撰《镜山庵集》二十五卷,眉注:"此种集以今馆臣等恭办全书之体,似不应存目。然明人万历年间以后之集恐不止此,应否商定画一。且不应校办。以上只就集论集,若办其书,则方纲另有粘签,请总裁酌定,并请定一画一之例,以馆中之书恐不止此一种也。"提要稿曰:"《镜山庵集》二十五卷,明高出著。其集之是非勿论已,即以今馆臣恭办全书之体,此等集不但不应存目,而且不应校办。不但不应校办,而且应发还原进之人。从前于明末茅元仪所著书卷前亦已粘签,候总裁大人酌定。明人万历以后之书恐不止此,应如何商定画一,请酌定,俾各纂修一体照办。方纲谨识。"⑥四库馆臣实质上就是御用文人,他们是皇帝的爪牙与心腹,在审查晚明书稿时确实采用了严厉的管制手段。而对此前的著作一般从宽处理,如:《宏艺录》三十二卷,明邵经邦撰。眉注:"此人卒

① 翁方纲:《翁方纲纂四库提要稿》,上海科技文献出版社 2005 年版,第 266 页。
② 翁方纲:《翁方纲纂四库提要稿》,上海科技文献出版社 2005 年版,第 979 页。
③ 翁方纲:《翁方纲纂四库提要稿》,上海科技文献出版社 2005 年版,第 945~946 页。
④ 翁方纲:《翁方纲纂四库提要稿》,上海科技文献出版社 2005 年版,第 949~952 页。
⑤ 翁方纲:《翁方纲纂四库提要稿》,上海科技文献出版社 2005 年版,第 952~954 页。
⑥ 翁方纲:《翁方纲纂四库提要稿》,上海科技文献出版社 2005 年版,第 957 页。

于嘉靖四十四年，语无遵碍，毋庸加签。"①《程文恭遗稿》三十二卷，明程文德撰。眉注："此人卒于隆、万之际，其第三卷内诸疏言嘉靖间山西等处之事，皆非违碍，是以毋庸记签。"②《蔡可泉集》十五卷，明蔡克廉撰。眉注："此人诗文皆作于嘉靖年间，是以毋庸粘签。"提要稿曰："其文每篇系以时地，后缀诗及公移，皆嘉靖年间历官并家居之作。万历初年，其子应龙、应麟录而梓之。应存目。"③《寒村集》四卷，明苏志皋撰。旁注："嘉靖时人。"④《大司空遗稿》十卷，明陈绍儒撰。眉注："此人诗文皆嘉靖末至万历八年以前之作，其第十卷《戊申元夕》诗是嘉靖二十七年戊申也，是以毋庸记签。"提要稿曰："前八卷文，后二卷诗，皆嘉靖四十年以后至万历八年以前之作。应存目。"⑤《彭比部集》八卷，明彭辂撰。此人卒于万历二十年间，可以不记签。提要稿曰："其诗则皆嘉、隆间至万历初年之作也。应存目。"⑥《学孔精舍汇稿》十二卷，明孙应鳌撰。眉注："此人在嘉靖末至万历初年，是以毋庸记签。""此集刻于万历六年，是以毋庸记签。"⑦《怡云堂集》十卷，明蔡国珍撰。眉注："此人卒于万历三十八年，是以内无违碍之签。"⑧《华阳洞稿》二十二卷，明张祥鸢撰。眉注："此人卒于万历十四年，是

① 翁方纲：《翁方纲纂四库提要稿》，上海科技文献出版社 2005 年版，第 896 页。

② 翁方纲：《翁方纲纂四库提要稿》，上海科技文献出版社 2005 年版，第 900 页。

③ 翁方纲：《翁方纲纂四库提要稿》，上海科技文献出版社 2005 年版，第 901 页。

④ 翁方纲：《翁方纲纂四库提要稿》，上海科技文献出版社 2005 年版，第 905 页。

⑤ 翁方纲：《翁方纲纂四库提要稿》，上海科技文献出版社 2005 年版，第 907～908 页。

⑥ 翁方纲：《翁方纲纂四库提要稿》，上海科技文献出版社 2005 年版，第 909 页。

⑦ 翁方纲：《翁方纲纂四库提要稿》，上海科技文献出版社 2005 年版，第 912 页。

⑧ 翁方纲：《翁方纲纂四库提要稿》，上海科技文献出版社 2005 年版，第 914 页。

以其中无记签处。"①《狎鸥子摘稿》一卷，明吴崇节撰。眉注："此人生于嘉靖二十二年，其文皆万历二十几年以前之作，毋庸记签。"②《芸晖馆稿》十三卷，明茅积翁撰。眉注："此人卒于万历七年，是以毋庸粘签。"③《华礼部集》八卷，明华叔阳撰。此人卒于万历三年，无违碍粘签处。④《蠪衣生晋草》九卷《楚草》十二卷《家草》八卷，明郭子章撰。此集三种，皆万历二十六年以前之作，是以毋庸记签。⑤《邹聚所文集》六卷外集一卷，明邹德涵撰。眉注："此人卒于万历九年，是以无违碍记签处。"⑥《研山山人漫集》一卷，明方旰撰。其序与传，皆在隆庆时。或存其目。⑦《调象庵集》四十卷，明邹迪光撰。眉注："此集皆万历三十六年以前所作，无连碍记签处。"⑧《松门稿》八卷，明王庭譔撰。眉注："此人卒于万历十九年。集中虽记数签，而皆似泛言者。谨记候酌。"⑨《菿言》六卷，明余懋孳撰。眉批："此集皆万历三十七年以前之作，是以无记签处。"⑩总之，万历末年是一条红线，此前思想比较

① 翁方纲：《翁方纲纂四库提要稿》，上海科技文献出版社 2005 年版，第915 页。

② 翁方纲：《翁方纲纂四库提要稿》，上海科技文献出版社 2005 年版，第918 页。

③ 翁方纲：《翁方纲纂四库提要稿》，上海科技文献出版社 2005 年版，第919 页。

④ 翁方纲：《翁方纲纂四库提要稿》，上海科技文献出版社 2005 年版，第924 页。

⑤ 翁方纲：《翁方纲纂四库提要稿》，上海科技文献出版社 2005 年版，第925 页。

⑥ 翁方纲：《翁方纲纂四库提要稿》，上海科技文献出版社 2005 年版，第926 页。

⑦ 翁方纲：《翁方纲纂四库提要稿》，上海科技文献出版社 2005 年版，第927 页。

⑧ 翁方纲：《翁方纲纂四库提要稿》，上海科技文献出版社 2005 年版，第929 页。

⑨ 翁方纲：《翁方纲纂四库提要稿》，上海科技文献出版社 2005 年版，第931 页。

⑩ 翁方纲：《翁方纲纂四库提要稿》，上海科技文献出版社 2005 年版，第935 页。

平稳，此后随着王学的勃兴与传播，出现了一股极大威力的思想解放与震荡。黄仁宇从其大历史观出发别具心裁地从万历十五年写起，而许苏民以李贽遇害的万历三十年为界碑，视角不同，但结论相近，可谓英雄所见略同，但许先生似乎射得离靶心更为精准，与四库馆臣的反面判断也更为合拍。

第四，因怀念前朝而废。

凡是能引起人们对于明朝好感或怀念的书，都不能保留。如王世贞《明事三述》，包括《盛事述》、《异典述》、《奇事述》三种，《翁稿》曰："《盛事》凡六卷，皆记勋戚爵秩门第诸事。《异典》凡十卷，皆记尊号褒封锡赉诸事。《奇事》凡四卷，则取其事迹之有异者记之。述自明初，迄于万历十五年，当是丁亥所著，晚年笔也。可备有明一代掌故，亦可见世贞留心当代之务，不徒卮言之类而已。应抄录之。"①经过翁方纲的初审，认为是一部相当不错的书，根本没有抵触本朝之意，但《总目》未见著录。又如明朱国桢辑《皇明大训记》，《翁稿》建议"今如存其目，则或即以十六卷存目矣"②，但《总目》未见著录。究其原因，无非是阻止人们怀念前朝，一心一意地效忠本朝。中国历来有"奉正朔"的传统，清朝虽以异族入主中原，但很快被汉化。以往的种种文字禁忌，至此变本加厉。这也禁，那也忌，使得人们无所适从，动辄得咎。

第五，因名教而废。

历来的统治者都深知，风雅之道，关乎名教。推尊孔子及其名教，既是清代开国以来的既定方针，也是《总目》一以贯之的思想宗旨。如黄宗羲撰《明文案》，《翁稿》认为："至于选明一代之文，必将知人论世，斟酌于质文损益之间。有明经术、文学，皆不及唐、宋固已，亦当就中择其言近雅者，而何以传奇之文、小说之文、游戏狎荡之文，若屠隆、李贽诸作亦一概选入，将使后学何所适从？甚至沈士柱《遥祭阮大

① 翁方纲：《翁方纲纂四库提要稿》，上海科技文献出版社 2005 年版，第 208 页。

② 翁方纲：《翁方纲纂四库提要稿》，上海科技文献出版社 2005 年版，第 196 页。

铖文》，为大铖辨冤者，如此等文何可入选？不知宗羲最负文名，于时何以漫无别裁至此？或仅存其目，已为幸矣。内所录钱谦益文应削去。"①《翁稿》另签："内违碍廿五签。"②检《总目》未见著录。李贽因为"非圣无法"，不以孔子之是非为是非，是当时公认的"名教罪人"，其书一一遭到馆臣的歧视与贬斥。至于传奇之文、小说之文、游戏猢荡之文，在翁方纲看来，均属不能登大雅之堂，也不合风雅之道。是不是符合风雅之道，就看它是不是遵守名教，是不是以孔子之是非为是非。《翁稿》认为："有害于人心义理者，不应存目。"③

又认为"二氏之书，不应存目"，如：

> 《憨山绪言》一卷，明沙门德清述禅家语录也，不应存目。④
> 《观老庄影响论》一卷，明沙门德清述释氏之书，不应存目。⑤
> 《梅花草堂笔谈》第十三卷《论孟解》十二条，以禅家语入圣门书，可恶。……此书其说部也，所说既皆无关考证，而其第十三卷内《论孟解》十二条，以释家语诂圣经，害道之尤者也，不应存目。⑥
> 《丰草庵集》，明董说著。掇拾禅门公案偈子以诂经书，则畔

---

① 翁方纲：《翁方纲纂四库提要稿》，上海科技文献出版社 2005 年版，第 1143 页。
② 翁方纲：《翁方纲纂四库提要稿》，上海科技文献出版社 2005 年版，第 1121 页。
③ 《翁方纲纂四库提要稿》认为《辨隐录》一书："其分目之当否姑毋论，即以其末卷'仕隐'一门以五代冯道终之，冯道历仕数朝，欧阳修《五代史传论》以为可谓无廉耻者矣，而此人独取冯道以入仕隐，且其序曰'上自有莘，讫于冯道'，竟俨然以伊尹始，以冯道终，则是有害于人心义理者。不应存目。"见上海科技文献出版社 2005 年版，第 312 页。
④ 翁方纲：《翁方纲纂四库提要稿》，上海科技文献出版社 2005 年版，第 658 页。
⑤ 翁方纲：《翁方纲纂四库提要稿》，上海科技文献出版社 2005 年版，第 659 页。
⑥ 翁方纲：《翁方纲纂四库提要稿》，上海科技文献出版社 2005 年版，第 566 页。

道之尤者也。①

《含素子麈谭》十卷，明朱清仁著。其书盖自附于子书，每卷为一篇，篇各标题。多释道荒幻语，毋庸存目。②

《觉迷蠡测》上中下三卷，明吴人管志道与其徒答问之书。……此书皆释氏之言，毋庸存目。③

紫阳真人《悟真篇注疏》八卷二册。道家之书，不应存目。④

在传统士大夫看来，二氏之书与名教背道而驰。以孔子之道为正，并以此衡量群言。害道者禁之，畔道者毁之。

第六，因"淫秽"而废。

《总目·词曲类序》云："词曲二体，在文章技艺之间，厥品颇卑，作者弗贵，特才华之士，以绮语相高耳。然《三百篇》变而古诗，古诗变而近体，近体变而词，词变而曲……王圻《续文献通考》，以《西厢记》《琵琶记》俱入经籍类中，全失论撰之体裁，不可训也。"如《西厢记》等书，早在乾隆十八年就被禁。清高宗云："似此秽恶之书，非惟无益，而满洲等习俗之偷，皆由于此。如愚民之惑于邪教、亲近匪人者，概由看此恶书所致。"翁方纲在处理《西厢记》一书时亦云："词曲之书，毋庸存目。"⑤

显然，翁氏完全是以清高宗之是非好恶为准的。历代统治者大多喜欢禁毁"淫秽"之书，而他们自己却又偏偏喜欢阅读"淫秽"之书。只许

---

① 翁方纲：《翁方纲纂四库提要稿》，上海科技文献出版社 2005 年版，第 988 页。
② 翁方纲：《翁方纲纂四库提要稿》，上海科技文献出版社 2005 年版，第 660 页。
③ 翁方纲：《翁方纲纂四库提要稿》，上海科技文献出版社 2005 年版，第 658 页。
④ 翁方纲：《翁方纲纂四库提要稿》，上海科技文献出版社 2005 年版，第 658 页。
⑤ 翁方纲：《翁方纲纂四库提要稿》，上海科技文献出版社 2005 年版，第 1167 页。

州官放火，不许百姓点灯。双重标准，自古而然。

第七，因文字狱案而废。

《查浦诗抄》，查嗣琏著。《翁稿》认为："其诗尖辟，而无收裹，气不完，神不属，谓之未成章可也。"①《总目》未见著录。其实，《查浦诗抄》被禁另有隐情，与作者之弟查嗣庭的一场文字狱密切相关。查嗣琏（1652—1733），字德尹，号查浦，浙江海宁人。查慎行之弟，查嗣庭之兄。康熙三十九年（1700）进士，选翰林院庶吉士，授编修，升至侍讲。查嗣庭，字润木，号横浦，又号查城。中康熙乙酉（1705）亚魁，次年联捷得进士。由翰林院庶吉士授编修。甲午（1714）任湖广副主考，戊戌（1718）任山西正主考。嗣经吏部尚书隆科多荐举，特令在内廷行走，授内阁学士兼礼部侍郎衔。复经左都御史蔡珽保奏荐举，授礼部左侍郎，加经筵讲官。雍正四年（1726）秋天，发生了一桩震惊全国的大案，即所谓"查嗣庭科场试题案"。这是继顺治间庄廷鑨《明史稿》案、康熙间戴名世《南山集》案和雍正三年汪景祺《西征随笔》案之后的又一大案。历来的文字狱中基本上是以诗文获罪，而以科场试题嫁祸的可谓绝无仅有，且受到查处的竟是当朝二品大臣、内阁学士兼礼部左侍郎、江西正主考官查嗣庭，除了株连亲属、大加杀戮之外，还停止整个浙江士人参加乡试会试。雍正四年秋，查嗣庭受命出任江西乡试正主考。他按照惯例出了这样几道试题：首题是"君子不以言举人，不以人废言"，出自《论语》；三题"介然用之而成路，为间不用，则茅塞之矣"②，出自《孟子》；次题两道：一道是《易经》的"正大而天地之情可见矣"，另一道是《诗经》的"百室盈止，妇子宁止"。本来都是合乎规范、无疵可指的，而且那次主持乡试时查嗣庭行事相当谨慎，对关节的查防非常严格，考试也顺利结束，一切正常。可是，雍正却无中生有，借口"有人

---

① 翁方纲：《翁方纲纂四库提要稿》，上海科技文献出版社 2005 年版，第1059 页。

② 徐珂：《清稗类钞》，中华书局 2010 年版，第 1039 页。按：其时方行保举，廷旨谓其有意讥刺，认为其居心不可问。因查其笔札诗草，语多悖逆，遂伏诛。

告发"，猛然拿查嗣庭开刀。雍正帝把查所出三个题目联系起来，说："今查嗣庭所出经题，前用'正'字，后有'止'字，'正'字有一止之象。"又罗织其他试题及查的日记文字有悖逆之词，共四十二款，定为"大逆不道，怨诽诅咒"罪，查下狱，病死后戮尸另示，籍没家产，子查澐处斩，秋后处决。胞兄查嗣瑮、胞侄查基"从宽免死"流放三千里（查嗣瑮年逾八十，不久卒于戍所）。族人或流放或与功臣为奴。只有其兄著名诗人查慎行父子"从宽免罪"释放。后来民间也有附会，说查嗣庭所出题中"维民所止"一句（语出《礼记·大学》），"维""止"二字是把"雍""正"砍去了头。这大约是因为查嗣庭写过一部《维止录》，后世附会从这部书名产生。此说出自《清稗类钞·查嗣庭以文字被诛》："查君书名震海内，而不轻为人书，琉璃厂贾人赂查侍者，窃其零缣剩墨出，辄得重价。世宗登极，有满人某欲得查书，贾人以委侍者，半年不能得一纸。一日，查闭书室门，有所作，侍者穴隙窥之，则见其手一巨帙，秉笔疾书，书讫，梯而藏之屋梁。乃伺查出，窃以付贾人。贾人以献满人，遂被举发。是夜三更，查方醉眠，围而捕之，全家十三口，无一免者。"①

四、结语

总之，以上各条基本上是政治标准。"其人实不足齿，其书岂可复存？"这不是因人废言又是什么？而清高宗又口口声声标榜不因人废言。出尔反尔，未免自欺欺人。思想统制之严厉，乾隆一朝可谓空前。四库馆的文字审查由清高宗亲自抓。乾隆四十四年二月二十六日奉上谕："四库全书馆节次汇进各省送到违碍应毁书籍，朕亲加抽阅……以次呈览，候朕鉴定。"自秦始皇以来，暴君总是喜欢破坏文献，或焚烧，或禁毁。文献之厄，少半由于天灾，多半由于人祸。如何尽量减少人为的破坏，需要从法制的高度加以根本解决。

---

① 徐珂：《清稗类钞》，中华书局 2010 年版，第 1040 页。

《四库全书总目》对书名学的贡献①

　　书名是一部书的窗口，而给书命名绝对是一门富有艺术的学问。近年，著名学者来新夏先生倡议建立"书名学"②。笔者认为，这是一个极富创意的课题。我国书名数量之丰富、历史之悠久，足以耙梳出一部具有原创性的专门之学。迄今为止，对于书名学的研究仍然还很薄弱。余嘉锡先生《古书通例》曾设专节《古书书名之研究》初步讨论，曹之先生先后发表了《古书命名趣谈》③、《古书命名续谈》④，均提出了不少有价值的论点。我国自古有立德、立功、立言的传统，历代的读书人都把著述看得比生命还重，呕心沥血之作一旦问世，作者都会在书名上挖空心思，别出心裁，以抒发自己的思想情怀。

　　《四库全书总目》(以下简称《总目》)便是一部书名学的宝库，它对大量的书名进行了解说，这些材料既是研究《总目》的有用资料，更是探讨书名学的珍贵史料⑤。《总目》对书名之分析大致可以表现为以下七个方面。

---

　　①　原载于《图书馆杂志》2002 年第 6 期，以"黄小玲"之名发表。此文本来需要扩充，但这次时间不允许，以俟异日。

　　②　见来新夏为赵传仁、鲍延毅、葛增福主编的《中国古今书名释义释典》(山东友谊书社 1992 年版)所作序，载于该书卷首。

　　③　曹之：《古书命名趣谈》，《图书与情报》1984 年第 4 期。

　　④　曹之：《古书命名续谈》，《图书与情报》1987 年第 3 期。

　　⑤　笔者曾在《四库全书总目编纂考》一书中指出："《总目》对于书名诠释颇为留意，这种材料在《总目》中比比皆是，可以做专题研究，进而可以扩大到对所有古籍的书名进行系统研究，写出一系列厚重扎实的专著，如《古籍书名研究》、《中国书名学史》、《书名论》等等。"详见我所指导的硕士生沈科彦的硕士论文《四库全书总目书名研究》(武汉大学 2007 年)。

一、阐旨

《总目》旨在阐明学术，考镜源流，书名解说是其解题的一个重要切入点。可惜此点长期以来无人注意，几成盲点。有些书的大旨可以从书名上得到体现，《总目》把准这一角度，阐发大旨。如《用易详解》提要云："考忆《自序》称，经必以史证，后世歧而为二，尊经太过，反入于虚无之域，无以见经为万世之学，故取《文中子》之言，以'用易'名编，其述称名之意甚详。"(《总目》卷三)其述称名之意正是其著述大旨。《周易文论》提要云："观其名书曰'文论'，其宗旨固可见矣。"(《总目》卷四)《总目》认为《周易》乃群经之首，命以"文论"，显然降低了《周易》的地位，因而对其宗旨流露出鄙夷之意。《周易简说》提要引作者自序云："其知易知，其能简能，易简而天下之理得。"《总目》加以评论："是其著书大旨也。"(《总目》卷五)该书论解《易》义，每条不过数言，与其大旨吻合。《易义古象通》提要云："大旨谓：'文、周之《易》，即象著理；孔子之《易》，以理明象。'又于汉、魏、晋、唐诸人所论象义，取其近正者，故名'古象通'，而冠以'易义'，言即象以通义也。"(《总目》卷五)朱彝尊《经义考》将书名改为《周易古象通》，《总目》认为朱说与原作者名书之意不合，《总目》借机对明代经学大加讨伐："明自万历以后，经学弥荒。笃实者局于文句，无所发明；高明者婴于虚无，流为悠肆。"同时，认为该书"能博考旧文，兼存古义，在尔时说《易》之家，譬以不食之硕果，殆庶几焉"，评价还比较高。《易用》提要云："其每卦之论，皆逐爻寻理，务以切于人事为主，故名曰'用'。"并引原序论证该书大旨具在于一"用"字："义理无穷，非言之所能尽，故传注于汉、疏义于唐、议论于宋，日起而日变，而《易》之用则随时事可以自察。"(《总目》卷五)总之，《总目》由书名而探大旨，由大旨而定价值，其解题方式可谓一目了然。

二、溯源

书名是一种专名，有些书名来源甚古，《总目》在追溯词源时也做了不少有益的工作，如《周易口诀义》提要云："《崇文总目》及晁氏《读书志》皆以为自抄注疏，以便讲习，故曰'口诀'。"（《总目》卷一）"直抄注疏，以便讲习"，正是对"口诀"一词的溯源。《周易口义》提要云："朱彝尊《经义考》引李振裕之说云：'缓讲授之余，欲著书而未逮，其门人倪天隐述之。以非其师手著，故名曰《口义》。后世或称《口义》，或称《易解》，实无二书也。'其说虽古无明文，然考晁公武《读书志》，有云胡安定《易传》，盖门人倪天隐所纂，非其自著，故序首称'先生曰'。其说与'口义'合。"（《总目》卷二）学生整理老师的著作或言论，自古便是义不容辞的。倪天隐整理其师胡安定的《易传》，将书命名为《口义》，与现在某些文抄公明目张胆剿窃师说或他人著作比较起来，可谓光明磊落，不悖于君子之道。《周易象旨决录》，明代熊过撰。据其自序，初名《易象旨》，后来加"决录"之名。《总目》考证"决录"之源："案《三辅决录》，名始赵岐，而命名之义，古无传说，以意推之，盖定本之谓也。"（《总目》卷五）当然，余嘉锡先生对此有更精细的考证。余先生认为，《总目》不知赵岐《三辅决录》自序尚存，而"决录"之"决"，犹决断之决，即决断其贤愚善否而录之，使有定论，非谓定本之意。

三、论典

所谓论典，即解释书名中的用典。有些书名取得非常古雅，《总目》在解释典故来源时往往画龙点睛，帮助人们一下子记住书名。如《易璇玑》提要云："其曰'璇玑'者，取王弼《易略例·明象篇》'处璇玑以观大运'语也。"（《总目》卷三）《三传折诸》提要云："曰'折诸'者，取扬雄'群言淆乱折诸圣'之语也。"（《总目》卷二十九）《肆献裸馈食礼》

提要云："其名则取《周礼》'以肆献裸享先王，以馈食享先王'之文。"（《总目》卷二十一）

四、释词

书名中有些词语需要解释，一本书为什么叫这个名字？人们对于书名理据的探究往往饶有兴趣。《总目》在这方面也做了大量工作，如《春秋微旨》提要云："自序谓事或反经，志协于道，迹虽近义，而意实蕴奸，或本正而末邪，或始非而终是，介于疑似之间者，并委曲发明，故曰'微旨'。"（《总目》卷二十六）《春秋集传辨疑》提要云："此书乃举传文之不入《纂例》者，缕列其失，一字一句而诘之，故曰'辨疑'。"（《总目》卷二十六）《读易大旨》提要云："原非逐句逐字作解，故曰'大旨'。"（《总目》卷六）

五、正谬

《总目》对那些词不雅训或名实相乖的书名提出了批评意见，如《易传灯》提要云："'传灯'本释氏之语，乃取之以名经解，殊为乖刺。"（《总目》卷三）今按："传灯"，佛家指传法。佛法犹如明灯，能破除迷暗，故称。唐代诗人崔颢《赠怀一上人》诗云："传灯遍都邑，杖锡游王公。"唐代诗人刘禹锡《送僧元暠南游》诗云："传灯已悟无为理，濡露犹怀罔极情。"《六家诗名物疏》提要云："所论六家，乃谓齐、鲁、毛、韩、郑笺、朱传，则古无是目，而自应京臆创之。"（《总目》卷十六）《大戴礼删翼》提要云："然古书存者仅矣，翼，可；删，不可一也。"（《总目》卷十六）《总目》认为古书存者不多，不可妄删。这种观点出自馆臣之口，是何等珍贵，因为当时正是文字狱如火如荼之日，随时都有不少古书惨遭删改甚至禁毁。《春秋漱》提要云："名书以'漱'，于义既为未允，且左氏、公羊、穀梁皆前代经师，功存典籍，而加以推鞫之目，于名尤未为安。是则宋代诸儒藐视先儒之痼习，不可为训者耳。"

（《总目》卷二十七）

六、明体

《总目》通过书名解说，说明了一些书的编撰体例，如《易本义附录纂疏》提要云："是编以朱子《本义》为宗，取文集、语录之及于《易》者附之，谓之'附录'；取诸儒《易说》之合于《本义》者纂之，谓之'纂疏'。"（《总目》卷四）《易经补义》提要云："其书全列《本义》于前，而以己所发明附赘于末，皆标'补'字以别之。"（《总目》卷八）《尚书集传纂疏》提要云："是编一以疏通蔡传之意，故命曰'疏'；以纂辑诸家之说，故命曰'纂'。"（《总目》卷十二）《尚书辑录纂注》提要云："是编虽以蔡沈《集传》为宗，《集传》之后续以《朱子语录》及他书所载朱子语，谓之'辑录'；又采诸说之相发明者，附列于末，谓之'纂注'。"（《总目》卷十二）《诗传旁通》提要云："盖是书仿孔、贾诸疏证明注文之例，凡《集传》所引故实，一一引据出处，辨析原委。因杜文瑛先有《语孟旁通》，体例相似，故亦以'旁通'为名。"（《总目》卷十六）《周礼注疏删翼》提要云："是书于郑注、贾疏多刊削其繁文，故谓之'删'；又杂引诸家之说以发明其义，故谓之'翼'。"（《总目》卷十九）

七、标类

《总目》通过书名解说，标明了书的类别，大致有以下几类：

(一) 以号名书

《了翁易传》，宋陈莹中撰，了翁乃其自号（《总目》卷二）。《紫岩易传》，宋张浚撰，"紫岩者，浚自号也"（《总目》卷二）。《复斋易说》，宋赵彦肃撰。彦肃字子钦，号复斋（《总目》卷三）。《诚斋易传》，宋杨万里撰，诚斋乃其自号。初名《易外传》，后来改定今名（《总目》卷三）。《田间易学》，提要云："国朝钱澄之撰。自号田间老人。"（《总

目》卷六）以时名书。《丙子学易编》提要云："是书于嘉定九年竭二百八日之力，排纂藏业，以岁在丙子为名。"（《总目》卷三）

（二）以地名书

《桂林点丹易》提要云："其自题桂林者，乃举所居之地而言也。"（《总目》卷八）

（三）以字名书

《八白易传》，明叶山撰，八白是叶山的字（《总目》卷五）。

（四）以室名书

《玩易意见》提要云："（王）恕于弘治壬戌养病家居，因构一轩名'玩易'。"（《总目》卷七）"玩易"原是作者的室名。《易说存悔》提要云："学《易》期于寡过，欲过之寡，惟在知悔，悔存而凶咎渐消，可日趋于吉，故以'存悔'颜其斋，因以名其《易说》。"（《总目》卷一）"存悔"原是作者的斋名，以此名书是为了趋吉消灾。

透过书名，我们可以看到古往今来的文人墨客的种种奇思妙想。正是那些引人入胜的书名把我们导入雄伟神奇的知识殿堂。

【附录】书名学研究论著索引

（一）著作类

四库全书研究所. 钦定四库全书总目（整理本）. 北京：中华书局，1997。

章学诚. 文史通义新编. 上海：上海古籍出版社，1993。

余嘉锡. 余嘉锡说文献学. 上海：上海古籍出版社，2001。

曹之. 中国古籍版本学. 武汉：武汉大学出版社，1991。

曹之. 中国古籍编撰史. 武汉：武汉大学出版社，1999。

司马朝军.《四库全书总目》研究. 北京：社会科学文献出版社，2004。

司马朝军.《四库全书总目》编纂考. 武汉：武汉大学出版社，2005。

赵传仁等. 中国古今书名释义辞典. 济南：山东友谊出版社，1992。

赵传仁等. 中国古今书名释义大辞典. 济南：山东友谊出版社，2007。

杜信孚. 同书异名通检(增订本). 南京：江苏古籍出版社，1982。

杜信孚，王剑. 同书异名汇录. 南京：江苏古籍出版社，2000。

李剑国. 唐前志怪小说史. 天津：南开大学出版社，1984。

纳日碧力戈. 姓名论. 北京：社会科学文献出版社，1997。

纳日碧力戈. 姓名. 北京：中央民族大学出版社，2000。

尹黎云. 中国人的姓名与命名艺术. 北京：中央民族大学出版社，1998。

华林甫. 中国地名学源流. 长沙：湖南人民出版社，1999。

华林甫. 中国地名学史考论. 北京：社会科学文献出版社，2002。

(二) 论文类

1984 年
曹之. 古书命名趣谈. 图书与情报，1984(4)。

1987 年
曹之. 古书命名续谈. 图书与情报，1987(3)。

1992 年
鲍延毅. 书名常用词语例释(下). 枣庄师专学报，1992(1)。

嘉琪. 古书书名与篇名. 长沙水电师院学报，1992(3)。

1993 年
李纯蛟.《三国志》书名称谓考. 浙江学刊，1993(3)。

章文. 一种值得倡导的治学精神——简评《中国古今书名释义辞

典》. 烟台师范学院学报，1993（2）。

潘树广. 从《中国古今书名释义辞典》说开去. 辞书研究，1993（4）。

1994 年

梁前刚. 书名艺术之我见. 出版科学，1994（1）。

力牧. 书名学的新开拓——评《中国古今书名释义辞典》. 枣庄师专学报，1994（1）。

朱天俊. 一部有特色的辞书——评《中国古今书名释义辞典》. 山东图书馆季刊，1994（2）。

李津，周冰. 中文书名情报性的调查分析. 图书馆理论与实践，1994（4）。

刘嘉陵. 传统小说的书名类聚现象. 社会科学辑刊，1994（3）。

王松林. 并列书名的著录与标目问题. 图书馆论坛，1994（5）。

王松林. 对"正书名"等的几点思考. 江苏图书馆学报，1994（3）。

王晓鹤，宋风武. 古医籍书名用典释例. 山西中医，1994（3）。

赵传仁. 中国古籍难解书名例释. 文献，1994（4）。

1995 年

刘义钦.《论语》书名意义之我见. 信阳师范学院学报（哲学社会科学版），1995（3）。

高文铸.《黄帝内经素问》书名卷数版本源流小考. 中国中医基础医学杂志，1995（4）。

郑雷. 书名漫想录. 大舞台，1995（6）。

舒宝璋. 从《语言大典》的书名谈起. 编辑之友，1995（4）。

郭宗明. 闲话书名. 文学自由谈，1995（3）。

郭以实. 书名的艺术. 科技与出版，1995（6）。

严中.《石头记》书名解. 南京社会科学，1995（2）。

步晓辉. 类书及其书名的由来. 内蒙古民族师院学报，1995（2）。

1996 年

熊成乾. 画龙须点睛——编辑应注意对书名的推敲. 编辑学刊，1996（6）。

熊成乾. 书名尤宜细推敲. 编辑之友，1996(6)。

李雁.《论语》书名释义. 齐鲁学刊，1996(6)。

徐云. 浅谈书名对读者阅读心理的影响. 图书馆论坛，1996(4)。

郁果. 书名的堕落. 中国图书评论，1996(8)。

吴岳添. 书名的技巧. 读书，1996(4)。

任小明. 试论书名、题目的翻译. 四川师范学院学报，1996(1)。

骆伟里.《围城》与《文化苦旅》中的两处书名讹误. 咬文嚼字，1996(10)。

1997 年

陈玉珍. 两种著作的书名引起的思考. 大学图书情报学刊，1997(2)。

张静. 书名改换以后. 山西老年，1997(5)。

朱农. 书名设计安排的缺失——读书的遗憾之六. 出版参考，1997(9)。

一衣. 如此书名太乏味. 人民论坛，1997(5)。

陈玉珍. 书名编排岂能胡来. 出版发行研究，1997(2)。

朱积孝. 书名目录探微. 图书馆论坛，1997(3)。

高光伟. 英国对商标的保护(二)——书名使用构成商标侵权了吗. 中华商标，1997(4)。

陈四益. 书名是张脸. 读书，1997(8)。

1998 年

陈青荣.《六韬》书名辨析. 齐鲁学刊，1998(3)。

文榕生. 论书名著录的规范. 图书馆建设，1998(1)。

徐超. 漫谈古籍书名的翻译. 语言教学与研究，1998(2)。

朱吉文. 中国通俗小说书名刍议. 北方论丛，1998(3)。

徐光星. 定本《金匮要略》历代书名考辨. 浙江中医学院学报，1998(6)。

汪少华. 书名须慎辨. 古籍整理研究学刊，1998(1)。

陈如松. 谈"主题书名"与"功用书名". 科技与出版，1998(1)。

陈浩元. 图书封面、书名页不规范问题综述. 科技与出版, 1998 (4)。

杨东鲁. 书名有病还是人有病?. 文明与宣传, 1998(1)。

毛汉玉. "书名原则"与"著者原则"——中西方文献著录标目的比较. 上饶师范学院学报, 1998(5)。

丁振祺.《为芬尼根守灵》书名解读. 无锡教育学院学报, 1998(1)。

张玉成. 关于《正红旗下》书名的断想. 小学教学参考, 1998(Z1)。

王惠英. 书名小议. 伊犁师范学院学报, 1998(2)。

金文明.《勇庐闲诘》书名质疑——审读手记(一). 咬文嚼字, 1998 (3)。

祁戎. 闲话书名. 咬文嚼字, 1998(9)。

张子才. 书名差错三例. 咬文嚼字, 1998(9)。

1999 年

米舒. 一个书名卖几万. 编辑学刊, 1999(6)。

杨天宇. 关于《周礼》书名、发现及其在汉代的流传. 史学月刊, 1999(4)。

杨玉昆. 对书名争冠"档案"的思考. 中国档案, 1999(12)。

梁太济.《建炎以来系年要录》书名考. 浙江大学学报(人文社会科学版), 1999(1)。

郭冰九. 书名与商标. 中华商标, 1999(4)。

许隽超.《人海诗区》书名正解. 北方论丛, 1999(6)。

俞世伟.《白氏内经》等合编成《素问》的考证. 甘肃中医学院学报, 1999(3)。

王兵. 书名的困惑. 科技与出版, 1999(3)。

唐述宗, 扬绍北. 翻译英文书名与标题的十大基本原则. 四川外语学院学报, 1999(2)。

尚志钧.《神农本草经》书名出现时代的讨论. 中华医史杂志, 1999 (3)。

陈治海. 释疑难书名 有利于教学. 中学历史教学参考, 1999(6)。

苏培成. 治一治书名不通病. 咬文嚼字, 1999(12)。

2000 年

麦绣文. 浅议书名商标的注册. 编辑学刊, 2000(3)。

王文戈. 书名艺术浅论. 编辑学刊, 2000(5)。

钱大群.《唐律疏议》结构及书名辨析. 历史研究, 2000(4)。

马显彬. 这种书名号该不该用. 语文建设, 2000(7)。

麦绣文. 书名商标能否注册. 中国出版, 2000(6)。

王今觉.《珍珠囊补遗药性赋》书名研析. 中国中药杂志, 2000(11)。

纪永贵. 论《红楼梦》书名之寓意. 南都学坛, 2000(1)。

袁品荣. 译书名忌浮躁. 上海科技翻译, 2000(3)。

容融. 改书名. 咬文嚼字, 2000(3)。

2001 年

张兴元. 都是书名惹下的祸. 文学自由谈, 2001(5)。

莫道才. 新旧唐书经籍艺文志所载书名变异考. 常德师范学院学报, 2001(6)。

徐鹤. 让书名字更富艺术性. 美苑, 2001(5)。

刘建臻. 20 世纪《周易》书名研究综述. 陕西师范大学继续教育学报, 2001(2)。

刘雪河.《越绝书》书名释疑. 中国地方志, 2001(6)。

2002 年

周晓瑜.《史通》书名辨证. 山东大学学报(哲学社会科学版), 2002(4)。

张丽娟, 聂延平. 对译著书名原文使用 454 字段的质疑. 图书情报工作, 2002(10)。

赵平. 善改书名. 中国图书评论, 2002(11)。

武秀成.《旧唐书·经籍志》著录书名考误. 古籍整理研究学刊, 2002(4)。

文榕生. 书名规范的再探讨. 图书馆界, 2002(3)。

范崇高. 中古文献整理中的书名问题. 自贡师范高等专科学校学报, 2002(3)。

2003 年

樊秀峰. 书名理应费推敲. 文学自由谈, 2003(1)。

黑琨.《盐铁论》书名辨义. 吉林师范大学学报, 2003(3)。

邓福泉. 书名附注方法探讨. 情报探索, 2003(4)。

王健.《尚书》书名的意义与儒家道统关系新探. 学海, 2003(4)。

陆梅. 小说书名渐入"怪"圈. 文学报, 2003-2-20。

陆高峰. 靠书名能赢得读者吗. 光明日报, 2003-4-30。

吴锡平. 走火入魔的书名. 今日信息报, 2003-6-15。

廖仲毛. 拯救书名. 中华新闻报, 2003-6-23。

吴亚芬. 书名媚俗风侵蚀文化家园. 中国新闻出版报, 2003-7-23。

顾遥. 书名是怎样"炼"成的. 咬文嚼字, 2003(7)。

曹明.《指南录》书名的含义. 咬文嚼字, 2003(7)。

晓万. 书名里面"作"文章. 出版参考, 2003(7)。

田建平. 书名也"疯狂"——近年来畅销书书名一瞥. 中国编辑, 2003(4)。

刘更生. 古籍书名误读举例. 中医文献杂志, 2003(4)。

明光. 啥样的书名更吸引眼球. 出版参考, 2003(24)。

王立强. 我赞成讨论书名. 中国新闻出版报, 2003-9-4。

张翠侠. 书名成"流行语". 中国图书商报, 2003-12-26。

2004 年

秦立新.《素问》书名来自《道德经》. 中医古文知识, 2004(1)。

刘翔.《黄帝内经》书名来源之探讨. 河南中医, 2004(3)。

金常政. 最长的书名. 出版参考, 2004(12)。

曲进. 中医书名中的感性和神秘主义色彩. 山西中医学院学报, 2004(2)。

李玉清.《注解伤寒论》书名考. 江西中医学院学报, 2004(3)。

兰凤利.《黄帝内经素问》书名英译探讨. 中国中西医结合杂志,

2004(2)。

刘晓峰. 书名的漂流. 读书, 2004(10)。

举人.《文心雕龙》书名的涵义. 南京理工大学学报, 2004(4)。

刘立翔. 合意合宜、意形兼似——浅议三部书名汉译. 湖北大学成人教育学院学报, 2004(5)。

但琼琳. 点评《红楼梦》的书名之英译. 科技英语学习, 2004(4)。

韩格平. 魏晋子书书名作者杂考数则. 古籍整理研究学刊, 2004(6)。

吾爱漂. 严肃作家的不严肃书名. 散文百家, 2004(7)。

姜文兆."准风月"书名可休矣. 光明日报, 2004-12-20。

2005 年

肖荣. 中国古代目录书名著录试探. 图书馆学刊, 2005(1)。

周路红, 穆俊霞. 中医古籍书名的演变. 山西中医学院学报, 2005(1)。

苏惠昭. 书名的力量有多大. 江淮时报, 2005-6-8。

杨民强. 是抢眼还是胀眼——关于恶俗书名现象的批判. 出版发行研究, 2005(6)。

吴伟. 四个书名对我的启示. 秘书工作, 2005(6)。

李金坤.《金瓶梅》书名寓意探微. 文史月刊, 2005(6)。

任水湖. 古代书名十二问. 咬文嚼字, 2005(6)。

余点. 现代书名十二问. 咬文嚼字, 2005(9)。

陈荣昌, 申佃才.《红楼梦》书名知多少. 语文天地, 2005(11)。

李解民. 从《庚己编》书名之讹说起. 中国典籍与文化, 2005(3)。

黄天禄. 略论《四库全书》对部分书名著录存在的问题. 重庆三峡学院学报, 2005(5)。

洛雨.《扬州书舫录》书名有误. 南京理工大学学报, 2005(5)。

李万生."水浒"书名及相关问题. 云梦学刊, 2005(6)。

王少良.《文心雕龙》书名韫义新探. 学术论坛, 2005(12)。

王红. 从分类难看中医书名的文化色彩——中医著作分类难的原因

及带来的后果. 中医药学报，2005（6）。

蔡鸿生. 书名学. 北京日报理论周刊，2005（11）。

2006 年

苗锋. 书名译法二题. 上海翻译，2006（1）。

陈卫星，杜菁锋. 《世说新语》书名考论. 天中学刊，2006（1）。

李晶. 翻译与意识形态——《水浒传》英译本不同书名成因探析. 外语与外语教学，2006（1）。

李旋珠，李文军. 《滇南本草》书名考. 云南中医中药杂志，2006（1）。

曹凌. 论书名在封面装帧设计中的视觉艺术魅力. 美与时代，2006（2）。

曹凌. 论书名设计的艺术魅力和表现手法. 装饰，2006（3）。

付文斌. 目睹近几年书名之怪现状. 社会观察，2006（3）。

周绍恒. 《文心雕龙》书名与"文之枢纽"的关系初探. 贵州文史丛刊，2006（2）。

余群. 《论语》书名释义. 宁波教育学院学报，2006（2）。

余群. 《论语》书名新解——兼与敖晶先生商榷. 孔子研究，2006（3）。

陈杰. 书名策划的经验法则. 湖南城市学院学报，2006（2）。

毛远明. 汉语文辞书名物词语释义存在的问题. 阿坝师范高等专科学校学报，2006（2）。

周邵玲，贾德江. 从《红楼梦》中书名的翻译看文化信息传译. 南华大学学报，2006（2）。

裴丽，常存库. 中医古籍书名的信息障碍及文化分析. 中医药学报，2006（3）。

戴凡. 书名的文体意义——系统功能语言学的文体分析. 中山大学学报，2006（4）。

2007 年

王富强. 古书命名方法撷谈. 图书与情报. 2007（2）。

谢玉娥. 《历代妇女著作考》所载妇女著作书名探析. 昌吉学院学报，2007（6）。

2008 年

刘天. 古代书名中的文史知识. 国学, 2008(3)。

徐建华. 传承文化、辅助阅读的呕心力作——评《中国书名释义大辞典》. 图书馆杂志, 2008(5)。

熊辉. 历代古书书名与避讳. 图书馆学研究, 2008(7)。

刘冬颖. 古代书名趣谈. 文史知识, 2008(9)。

2009 年

陈虎. 古代书名中的学问——我看《中国书名释义大辞典》. 寻根, 2009(1)。

徐强. 书名文化研究的新成果——评《中国书名释义大辞典》. 辞书研究, 2009(1)。

梁义亭. 破译书名的秘密——读《中国书名释义大辞典》. 编辑学刊, 2009(2)。

吕建军. 点睛之笔：书名在营销中的价值探析. 出版发行研究, 2009(2)。

孙根荣. "创新书名"才是"敲门砖". 中华读书报, 2009-2-11。

李璐, 翟兴波. 书名制作背后的出版伦理失范. 华中师范大学研究生学报, 2009(3)。

2010 年

马子雷. "被畅销"图书：眼球经济下的视觉暴力. 中国文化报, 2010-3-3。

李锐. 新出简帛与古书书名研究——《古书通例·古书书名之研究》补. 文史哲. 2010(5)。

沈倩倩, 张志强. 畅销书书名设计艺术浅探. 编辑学刊, 2010(4)。

陈立民, 韩莉. 书之"以目传神"——浅析书名设计的表现技法. 美与时代, 2010(7)。

2011 年

俞剑明. 冷眼观书名. 观察与思考, 2011(1)。

黄威. 中国古籍书名研究刍议. 图书馆工作与研究, 2011(4)。

黄威. 中国古籍书名研究问题解析与理论构建①. 图书与情报，2011(2)。

姜秀花. 古今书名探析. 兰台世界，2011(5)。

李华年. 人靠衣裳马靠鞍——漫谈"书名"的艺术. 贵州文史丛刊，2011(4)。

来新夏. 书名雷同及其他. 中华读书报，2011-9-14。

2012 年

赵晨. 古代书名的从无到有. 现代交际，2012(1)。

易图强，刘乐. 励志畅销书书名的符号学解读②. 出版发行研究，2012(7)。

周慧虹. 书名"傍名作"，歇歇吧. 工人日报，2012-8-13。

谢诗敏. 书名的"奇观化"现象解读. 出版发行研究，2012(8)。

李兴茂. "书名党"：营销时代的文化怪胎. 语文建设，2012(9)。

张青. 畅销书书名演变的五个趋势. 出版参考，2012(Z1)。

2013 年

许玉洁. 书名传达情感——试论书名设计在封面装帧中的视觉信息传达③. 艺术科技，2013(1)。

筱舟. 书名"傍名作"并非灵丹妙药. 中国图书商报，2013-03-15。

刘火雄. 书名借用古诗词的美学价值及出版效应. 现代出版，2013

---

① 该文指明研究中存在忽视书名起源、发展问题，材料选择存在局限，材料使用混乱无序，缺乏理论支撑，研究对象比例失衡五方面缺陷并提出了解决方法，即：书名起源与形制研究宜结合出土文献，研究材料来源宜以古代目录著作为依据，书名研究需借鉴关于"名"的理论，书名研究应注意一些高频字的使用。

② 畅销书是典型的符号消费。励志畅销书的书名包含了丰富的符号学内涵，集中体现了当今读者需求的功利性倾向。作为一种社会文化的符号，励志畅销书书名反映了社会转型时期的人们对名利的追逐，对成功的希冀，对自我价值的追求，对当下快乐的渴求。有一个好的书名是图书畅销的重要原因。

③ 书名设计处于整个封面装帧的核心地位，书名设计中暗含着将多维情感外化为视觉信息的功能。一方面，书名作为情感的载体以其独有魅力吸引着读者的关注，另一方面，书名设计将文字情感外化为视觉形象，沟通着书籍作者、书名设计者和读者之间的情感。

（3）。

宋焕起. 书名：装帧设计的灵魂①. 编辑学刊，2013（3）。

陶恒. 基于模因论的畅销书书名分析. 编辑之友，2013（7）。

张爱民. 书名策划与编辑创新. 出版与印刷，2013（4）。

许锡强. 书名妙可谐音读. 书屋，2013（9）。

张晓媛. 怪书名长书名的新腔调. 山东商报，2013-7-23。

陶恒，姚纯贞，欧阳婷. 出版界"书名党"现象②解析. 出版发行研究，2013（12）。

2014 年

张爱民. 略谈书名策划的艺术. 现代出版，2014（4）。

周云钊，赵东栓. 从《晏子春秋》书名含义看其文体性质. 兰州学刊，2014（3）。

叶新，詹雪美. 饶舌的书名：一场"舌尖上"的图书盛宴. 中国图书评论，2014（2）。

2015 年

杜浩. 雷人书名掩饰不了内容空虚. 工人日报，2015-3-9。

张魁兴. 奇葩书名伤市场. 中国新闻出版报，2010-3-18。

杜浩. 过度"书名营销"伤害图书文化价值. 河北日报，2015-3-27。

张春津.《易经》书名辨析. 理论与现代化，2015（9）。

罗敏超. 解读文艺类畅销小说的书名元素. 出版广角，2015（6）。

刘安然. 畅销书名的形式特征考察与语言失范反思——以开卷畅销书榜（2007—2013 年）为例. 岭南师范学院学报，2015（4）。

---

① 书名是装帧设计的灵魂，书名是图书内容的核心，抓住书名，设计就有了出发点、方向和归宿。该文从书名本身、书名用字和书名位置经营三个要素入手，剖析装帧设计的灵魂。

② "书名党"现象主要体现为矫揉造作、跟风搭载和凸显感官刺激三种类型的书名，是一些策划人顺应社会语境、文化语境以及读者低层次心理的结果。

《天岳山馆文钞》与《四库提要》关系考论

李元度(1821—1887),字次青,一字笏庭,湖南平江人。《天岳山馆文钞》(以下简称《文钞》)四十卷,李元度于光绪四年(1878)亲自编定,并于光绪六年(1880)刊印。张舜徽先生在《清人文集别录》中曾经指出:"元度留心当世文献,刻意搜求,所著《先正事略》一书,于有清一代遗闻轶事,综录颇备。而其一生致力,专在文辞,于学术造诣甚浅。集中凡论涉经学,大半抄袭《四库提要》。若卷二十四《重刻周易来注序》、《海粟楼藏书目录序》、《易学一得序》、《读左随笔序》诸篇,或节取,或全录,一字无易,殊嫌掠美。"①

自张氏发难以来,迄今未见嗣响。我们在将《文钞》涉及抄袭《四库提要》的篇目做了详细考察的基础上,深入分析《四库提要》对李元度的影响,进而对《四库提要》在晚清的传承做初步的探究。

一、"论涉经学"取材《四库提要》考

据李元度光绪四年自序,《文钞》"计为类二十有八,为文五百一十有六"②,今所见刻本《文钞》实止 27 类,而《重修南岳庙殿上梁文》有目无文,如单独分计《南岳志小序》14 则、《平江县志论》32 则,《文钞》所有文章合计仅 492 篇,较有可能是李元度刊印《文钞》之时,又作了删改。《文钞》卷一至卷三为"论"和"说",卷四为"碑",卷五至卷十

---

① 张舜徽:《清人文集别录》卷 19,华中师范大学出版社 2004 年版,第 484~485 页。

② 李元度:《天岳山馆文钞自序》,岳麓书社 2009 年版,第 6 页。按:如与光绪六年刻本不符,则以刻本为据,下同。

四为"别传"、"事略"和"行状"，卷十五至卷十九为"记"和"书事"，卷二十至卷二十三为"墓志铭"、"墓表"和"神道碑"，卷二十四至卷三十为"序"、"跋"和"书后"，卷三十一至卷三十四为"赠序"和"寿序"，卷三十五为"策问"和"议"，卷三十六为"书"，卷三十七为"箴"、"铭"、"颂"、"赞"、"哀辞"、"祭文"和"祝文"，卷三十八至卷四十为"杂著"。其中，《文钞》"论涉经学"的篇目如下表：

卷数	篇数	经学篇目	小计
卷一至卷三	33	舜论、泰伯论、钮麑论、孔子诛少正卯论、思无邪说、格物说、孟子说、甘誓汤誓说、金縢说、关雎说、将仲子说、檀弓说、檀弓说二、周礼媒氏说	14
卷四	15		0
卷五至卷十四	80		0
卷十五至卷十九	51	书吴妙应事	1
卷二十至卷二十三	55		0
卷二十四至卷三十	94	四书广义序、小学弦歌序、六经诸史因果录序、重刻周易来注序、易学一得序、读左随笔序、绣佛楼诗序、学佛阁诗序、养贞阁诗序	9
卷三十一至卷三十四	60	彭丽崧亲家七十寿序	1
卷三十五	3	策问八道	1
卷三十六	14		0
卷三十七	23		0
卷三十八至卷四十	64	原性、读《论语》、读《论语》二、读《论语》三、读《论语》四、读《大学》、《孟子》错简、《四书》次第、是非、气机、轮回、因果、志疑	13
合计	492		39

《文钞》涉及经学的部分篇目仅偶有征引经书，或是借以论事，无关学术，如《子产论》等，故不予列入。将这些篇目去除后，《文钞》"论涉经学"的篇目共 39 篇，占总篇数的 7.9%，比例极小。

张舜徽先生列举了《文钞》"论涉经学"篇目抄袭《四库提要》的几个例证，经过考察，《海粟楼藏书目录序》并不涉及经学，将其与《四库提要》相关内容对比后，两者也不存在很大的关联。除《海粟楼藏书目录序》外，各篇取材《四库提要》的史源如下表：

经学篇目	史源
《重刻周易来注序》	《四库提要》卷一《易类序》；《四库提要》卷五《周易集注》提要
《易学一得序》	《四库提要》卷一《易类序》
《读左随笔序》	《四库提要》卷二十六《春秋左传正义》提要、《春秋集解》提要；卷二十八《左传属事》提要、《左氏释》提要；卷三十一《左传评》提要

诚如张舜徽先生所言，以上三篇中的经学内容确是节录或全取《四库提要》一则或数则提要而成，然而，各篇借用《四库提要》的文字并非"一字不易"，而是均对《四库提要》作了一定幅度的修改，如《重刻周易来注序》，《文钞》卷二十六《重刻周易来注序》原文如下：

> 《易》之为书，推天道以明人事者也，精微广大，无所不赅。汉儒若费、孟、荀、郑诸家，皆言象数，去古未远。一变而为京房、焦子赣，入于机祥；再变而为陈希夷、邵康节，务穷造化。王辅嗣尽黜象数，说以老庄。一变而为胡翼之、程伊川，阐明性理；再变而为李庄简、杨文节，又参证史事。此两派六宗者，一主天道，一主人事，各得《易》之一端，交相胜，亦交相足。其他《易》

外别传者，无论已。

宋以后，言数者宗邵子，言理者宗程子，而朱子《本义》，则发明程《传》者也。明代精《易》学者，前有蔡虚斋、胡敬斋、韩恭简，后有高忠宪、黄忠端、倪文贞，多主言理，惟忠端言数。而梁山来瞿塘先生，兼理数而精之，研究二十九年，遂成专家之学。先生乡举后，移居万县穹山中，覃思《易》理，自隆庆庚午至万历戊戌，始成《集注》一书。其立说专取《系辞》中"错综其数"以论《易》象，而以《杂卦》证之。其论"错"有"四正错"，有"四隅错"，论"综"有"四正综"，有"四隅综"，有"以正综隅"，有"以隅综正"。其论"象"有"卦情之象"，有"卦画之象"，有"大象之象"，有"中爻之象"，有"错卦、综卦之象"，有"占中之象"，有"爻变之象"。而于卦变之说则辟之。其注先释象义、字义及错综义，然后释本卦、本爻正意。凡皆冥心力索，得其端倪，因而参互旁通以自鬯其说，盖兼通程、邵之理数，以上彻四圣人之奥义微言，而于象之为像，其所以弥纶天地之故，独能会诸意言之表。其《自序》谓"孔子殁而《易》亡，二千余年如长夜"，言大而实，非夸也。顾其书虽流布艺林，后学不能尽得而读之，吾乡同志之士，乃能勾资重刻，以表彰先儒绝业，甚盛举也。善学者观辞玩占，用以深究夫天道之盈虚消长，与人事之吉凶悔吝、进退存亡，其必以先生此书为秘钥也夫？①

文中第一段的内容出自《四库提要》卷一《易类序》，《四库提要》载：

圣人觉世牖民，大抵因事以寓教：《诗》寓于风谣，《礼》寓于节文，《尚书》、《春秋》寓于史，而《易》则寓于卜筮。故《易》之为书，推天道以明人事者也。《左传》所记诸占，盖犹太卜之遗法。

---

① 李元度：《天岳山馆文钞》卷26《重刻周易来注序》，岳麓书社2009年版，第568~569页。

汉儒言象数，去古未远也。一变而为京、焦，入于机祥；再变而为陈、邵，务穷造化，《易》遂不切于民用。王弼尽黜象数，说以老庄。一变而胡瑗、程子，始阐明儒理；再变而李光、杨万里，又参证史事，《易》遂日启其论端。此两派六宗，已互相攻驳。又《易》道广大，无所不包，旁及天文、地理、乐律、兵法、韵学、算术，以逮方外之炉火，皆可援《易》以为说，而好异者又援以入《易》，故《易》说愈繁。夫六十四卦《大象》皆有"君子以"字，其爻象则多戒占者，圣人之情见乎词矣。其余皆《易》之一端，非其本也。今参校诸家，以因象立教者为宗，而其他《易》外别传者，亦兼收以尽其变，各为条论，具列于左。①

对比可知，《重刻周易来注序》对《四库提要》做了较大修改。《四库提要》说道，汉儒主象数，"去古未远也"，《易》学在汉以后分两派六宗，且"互相攻驳"，皆非《易》之本，故《四库提要》"以因象立教者为宗"。而《重刻周易来注序》将《易》学之两派六宗"互相攻驳"更改为"各得《易》之一端，交相胜，亦交相足"，其后，又将"以因象立教者为宗，而其他《易》外别传者，亦兼收以尽其变，各为条论"更改为"其他《易》外别传者，无论已"。即《重刻周易来注序》不偏主象数，而是肯定《易》之理数二宗各有所得，互为补充。《重刻周易来注序》第二部分的内容出自《四库提要》卷五《周易集注》提要，《四库提要》载：

《周易集注》十六卷，明来知德撰。知德字矣鲜，梁山人。嘉靖壬子举人。万历三十年，总督王象干、巡抚郭子章荐授翰林院待诏。知德以老疾辞，诏以所授官致仕。事迹具《明史·儒林传》。知德自乡举之后，即移居万县深山中，精思《易》理。自隆庆庚午至万历戊戌，阅二十九年而成此书。其立说专取《系辞》中"错综其数"以论《易》象，而以《杂卦》治之：错者阴阳对错，如先天圆图，

---

① 永瑢等：《四库全书总目》卷1，中华书局1965年版，第1页。

乾错坤，坎错离，八卦相错是也；综者一上一下，如屯、蒙之类，本是一卦，在下为屯，在上为蒙，载之文王《序卦》是也。其论"错"有"四正错"，有"四隅错"，论"综"有"四正综"，有"四隅综"，有"以正综隅"，有"以隅综正"。其论"象"有"卦情之象"，有"卦画之象"，有"大象之象"，有"中爻之象"，有"错卦之象"，有"综卦之象"，有"爻变之象"，有"占中之象"。其注皆先释象义、字义及错综义，然后训本卦、本爻正意。皆由冥心力索，得其端倪，因而参互旁通，自成一说，当时推为绝学。然上、下经各十八卦，本之旧说，而所说中爻之象，亦即汉以来互体之法，特知德纵横推阐，专明斯义，较先儒为详尽耳。其《自序》乃高自位置，至谓"孔子没后而《易》亡，二千年有如长夜"。岂非伏处村塾，不尽睹遗文秘籍之传，不尽闻老师宿儒之论，师心自悟，偶有所得，遽夜郎自大哉！故百余年来，信其说者颇多，攻其说者亦不少。然《易》道渊深，包罗众义，随得一隙而入，皆能宛转关通，有所阐发，亦不必尽以支离繁碎斥也。①

对比两段材料，《重刻周易来注序》"先生乡举后……本爻正意"与《四库提要》差别不大，不同的是，《重刻周易来注序》在前半部分增加了宋至明代《易》学概况的论述，并强调来知德"兼理数而精之"，后半部分增添了"盖兼通程、邵之理数……独能会诸意言之表"一句，并将《四库提要》"偶有所得，遽夜郎自大"更改为"言大而实，非夸也"。《四库提要》重在阐述《周易集注》的论说方法，避谈理数问题，且讽刺来知德"夜郎自大"，而《重刻周易来注序》则论述来知德兼通理数，并有意强调来知德自序"言大而实"。《重刻周易来注序》虽借用了《四库提要》的话语，立论却与《四库提要》迥异。

除以上"论涉经学"篇目外，《文钞》借用《四库提要》的经学篇目尚有《四书广义序》、《气机》。《四书广义序》涉及借用《四库提要》的史源

---

① 永瑢等：《四库全书总目》卷5，中华书局1965年版，第30页。

为:《四库提要》卷三十五《大学章句·论语集注·孟子集注·中庸章句》提要;卷三十六《四书管窥》提要、《四书大全》提要。《气机》涉及借用《四库提要》的史源为:《四库提要》卷三十五《大学章句·论语集注·孟子集注·中庸章句》提要。与《重刻周易来注序》等篇目相同的是,《四书广义序》、《气机》同样对《四库提要》作了一定程度的修改,如《文钞》卷二十六《四书广义序》载:

> 朱子生平著述最多,行世亦最早,往往有后来考定未及造改者,故或沿汉唐诸儒之讹,或汉唐诸儒疏解不误,朱子改之而转误。不独《文集》、《语录》不无矛盾,即《章句》、《集注》、《或问》亦时有抵牾,原书具在,可覆按也。且夫注曰《集注》,传曰《集传》,曷尝以一家之说尽经哉?有能拾遗纠谬以匡所不逮,朱子必乐闻之,或更补正焉以求无憾于圣贤,不如是不足为朱子也。观易箦前数日,犹手自更定"诚意"章注,其不自信若此。乃自科举学兴,读朱子书者,一字一句奉为经典,虽其甚不安于心者,亦为说以附会之。①

《四库提要》卷三十六《四书管窥》提要载:

> 《四书管窥》八卷,元史伯璇撰。……考朱子著述最多,辨说亦最夥。其间有偶然问答未及审核者,有后来考正未及追改者,亦有门人各自记录,润色增减,或失其本真者。故《文集》、《语录》之内,异同矛盾,不一而足。即《四书章句集注》与《或问》亦时有抵牾。原书具在,可一一覆按也。当时门人编次,既不敢有所别择,后来读朱子书者,遂一字一句奉为经典,不复究其传述之真伪与年月之先后。但执所见一条,即据以诋排众论,纷纭四出,而朱

---

① 李元度:《天岳山馆文钞》卷26《四书广义序》,岳麓书社 2009 年版,第560~561 页。

子之本旨转为尊信者所淆矣。①

可见，李元度并非严格地征引《四库提要》，而是根据己意做出修改。遍考《文钞》经学篇目，并未再发现借用《四库提要》的例证，即《文钞》借用《四库提要》内容的经学篇目共 5 篇，约占所有经学篇目的 12%，远没有达到"大半抄袭"的程度。

二、《四库提要》为"读书之门径"

《文钞》借用《四库提要》的内容并不限于经学，《文钞》对《四库提要》史部、子部、集部提要均有所取资，如《史书纲领序》、《与郭筠仙中丞论通志体例书》、《平江县志例言》、《地理小补序》、《国朝古文正的序》等篇目，而这些篇目同样不是对《四库提要》的简单复制，如《史书纲领序》，《史书纲领序》与《四库提要》有关联的内容如下：

> 尝考《隋书·经籍志》，谓刘向《别录》、刘歆《七略》，剖析源流，各有序以推寻事迹。宋之《崇文总目》及陈氏《解题》、晁氏《读书志》，并得此意，使后儒得略见古书之崖略，端赖乎此。②

《四库提要》卷八十五《目录类序》载：

> 《隋志》曰："刘向《别录》、刘歆《七略》，剖析条流，各有其序，推寻事迹。自是以后，不能辨其流别，但记书名而已。"其文甚明，应麟误也。今所传者以《崇文总目》为古，晁公武、赵希弁、陈振孙并准为撰述之式。③

---

① 永瑢等：《四库全书总目》卷 36，中华书局 1965 年版，第 301 页。
② 李元度：《天岳山馆文钞》卷 27《史书纲领序》，岳麓书社 2009 年版，第 582 页。
③ 永瑢等：《四库全书总目》卷 85，中华书局 1965 年版，第 728 页。

《四库提要》卷八十五《崇文总目》提要载：

> 《崇文总目》十二卷，宋王尧臣等奉敕撰……考原本于每条之下具有论说，逮南宋时，郑樵作《通志》，始谓其文繁无用，绍兴中，遂从而去其序释……考《汉书·艺文志》本刘歆《七略》而作，班固已有自注。《隋书·经籍志》参考《七录》，互注存佚，亦沿其例。《唐书》于作者姓名不见纪传者，尚间有注文，以资考核。后来得略见古书之崖略，实缘于此，不可谓之繁文。①

毫无疑问，《史书纲领序》以上内容为综合《四库提要·目录类序》与《崇文总目》提要而成。又如《国朝古文正的序》，其与《四库提要》相关的内容如下：

> 古人操选政者，若《唐文粹》、《宋文鉴》、《元文类》、《明文海》之属，皆断代为书。若《文选》、《文苑英华》之属，则综历代而撷其尤。若朱氏右选《八先生文集》，茅氏坤因之，储氏欣广之为十家，则合数家为一集。至吕东莱之《古文关键》，楼迁斋之《古文标注》，真西山之《文章正宗》，谢叠山之《文章轨范》，又各取古人名作，标举其命意布局之所在，示学者以径途，其为来学计，益深切矣。②

《四库提要》卷一百八十七《古文关键》提要载：

> 《古文关键》二卷，宋吕祖谦编。取韩愈、柳宗元、欧阳修、

---

① 永瑢等：《四库全书总目》卷85，中华书局1965年版，第728页。
② 李元度：《天岳山馆文钞》卷27《国朝古文正的序》，岳麓书社2009年版，第580~581页。

曾巩、苏洵、苏轼、张耒之文，凡六十余篇，各标举其命意布局之处，示学者以门径，故谓之"关键"……叶盛《水东日记》曰：宋儒批选文章，前有吕东莱，次则楼迂斋、周应龙，又其次则谢叠山也。朱子尝以拘于腔子议东莱矣。要之，批选议论，不为无益，亦讲学之一端耳云云。然祖谦此书，实为论文而作，不关讲学。盛之所云，乃《文章正宗》之批，非此书之评也。①

对比可知，《国朝古文正的序》"至吕东莱之《古文关键》……示学者以径途"与《四库提要》有相似之处，但并非完全照录。周应龙在《四库提要》仅此一见，而真德秀及其《文章正宗》在《四库提要》同卷多次出现，李元度很可能据此增补。

此外，《文钞》已明确标注出自《四库提要》或提及"四库"的篇目有10篇，如《文钞》卷二十五《湖南文征序》载：

> 考文章家总集，有合一朝为一集者，若《唐文粹》、《宋文鉴》、《元文类》、《明文海》之属是也。有合一州一邑为一集者，若宋有《成都文类》、《吴都文粹》及会稽、严陵、赤城诸集，元有《宛陵群彦集》、明有《中州名贤文表》、《新安文献志》、《全蜀艺文志》、《三台文献录》、《吴兴艺文补》诸集，国朝有《粤西文载》、《金华文略》、《柘浦文钞》诸集是也。其书并录在《四库》，藏之名山。②

除《柘浦文钞》未见诸于《四库提要》外，《唐文粹》、《宋文鉴》等著录于《四库提要》卷一百八十六至卷一百九十四总集类提要。

《文钞》经学篇目借用《四库提要》的比例虽然不大，但结合《文钞》非经学篇目借用《四库提要》的例证，可以发现，李元度对《四库提要》

---

① 永瑢等：《四库全书总目》卷187，中华书局1965年版，第1698页。
② 李元度：《天岳山馆文钞》卷25《湖南文征序》，岳麓书社2009年版，第547~548页。

经、史、子、集四部均有所择取，且李元度对《四库提要》的运用极为娴熟。如若李元度对《四库提要》没有足够的了解，显然很难灵活地借用《四库提要》。张舜徽先生在《清人文集别录》中说道：

> 观其平日论学之语有曰："尝论读书难，其在今日转易。何者？经学至国朝诸儒，实能洞辟奥窔，尽发前人之覆。今既有《皇清经解》一书，以汇众说，又得钦定《四库全书提要》，类聚条分，以辨读书之门径。学者即二书求之，思过半矣。"（是集卷二十七《重刻輶轩语书目答问序》）可知元度一生，固奉《四库提要》为守约之书，而未尝从事本原之学。宜其言及群经源流得失，自不免于剿窃陈言，以为己作也。①

张舜徽先生认为，李元度奉《四库提要》为"守约之书"，而不从事扎实的"本原之学"，故于经学无所得，习惯于抄袭《四库提要》。李元度有无从事"本原之学"或可商榷，但从李元度的序中得知，李元度视《四库提要》为"读书之门径"。至于李元度何以视《四库提要》为"读书之门径"，其在序中作了交代，即它与《四库提要》的学术地位和著作类型有关。

首先，《四库提要》具有相当高的学术地位。李元度说道："经学至国朝诸儒，实能洞辟奥窔，尽发前人之覆。"在李元度看来，"国朝诸儒"的学术水准超越前人，成就卓越，而《四库提要》的编纂与李元度所赞颂的"国朝诸儒"关系甚大。《四库提要》的编纂为旷世巨典，参与编纂人员，几乎囊括当世学界名家，如著名的"五征君"（戴震、邵晋涵、周永年、余集、杨昌霖）。一部汇聚"国朝诸儒"之力的《四库提要》，无疑具有很高的学术地位。更为关键的是，《四库提要》为清廷钦定的学术史著作。《四库提要》虽由纪昀等四库馆臣参与编纂，但它绝不是纪

① 张舜徽：《清人文集别录》卷19，华中师范大学出版社2004年版，第485页。

昀等四库馆臣的个人著作，而是代表着清廷当局的意志和主张，故李元度在序中使用了"钦定《四库全书提要》"的话语，而不是仅用"《四库全书提要》"。因而，一部由当世学界名家参与编纂，经过最高统治者钦定的《四库提要》，具有极高的权威。《四库提要》在刊行后获得的评价可以很好地说明这一点，如周中孚在《郑堂读书记》中说道："自汉以后，簿录之书，无论官撰、私著，凡卷第之繁富，门类之允当，考证之精审，议论之公平，莫有过于是编矣。"①阮元说道："凡六经传注之得失，诸史记载之异同，子集之支分派别，罔不抉奥提纲，溯源彻委……考古必衷诸是，持论务得其平。"②

正因如此，学者纷纷奉《四库提要》为撰著、治学之资。如阮元编纂《儒林传稿》，大幅度地征引《四库提要》；梁章钜《退庵随笔》读经、读史、读子、学文诸类所论，多采自《四库提要》③，以备治学之参考；张之洞在《輶轩语》中说道："今为诸生提一良师，将《四库全书总目提要》读一过，即略知学问。析而言之，《四库提要》为读群书之门径。"④所以，李元度视《四库提要》为"读书之门径"的观点并不仅仅是一己之见，它在清后期具有一定的代表性。

在此背景下，李元度自然对《四库提要》有相当的熟悉度，以致在文章中频频借用《四库提要》。《文钞》借用《四库提要》的篇目多是用以作论述之资，如《重刻周易来注序》、《易学一得序》、《国朝古文正的序》等。在《国朝古文正的序》中，李元度借用《四库提要》关于吕祖谦《古文关键》的论述，并特地在其后增加"其为来学计，益深切矣"一句，看似肯定《古文关键》等著作，实则是为下文表彰杨彝珍《国朝古文正的》作铺垫。然而，《文钞》借用《四库提要》的篇目，并非完全顺承《四库提要》之意，部分篇目对《四库提要》进行修改后，其论学宗旨与《四库提要》已不同，这些篇目多"论涉经学"，如《重刻周易来注序》、《易

---

① 周中孚：《郑堂读书记》卷32，北京图书馆出版社2007年版，第587页。
② 阮元：《纪文达公集序》，《揅经室集》三集卷五，《四部丛刊》景清道光本。
③ 徐德明：《清人学术笔记提要》，学苑出版社2004年版，第135页。
④ 司马朝军：《輶轩语详注》，华东师范大学出版社2010年版，第139页。

学一得序》。李元度之所以如此修改，其原因是多方面的。

表面看来，《重刻周易来注序》等篇目与《四库提要》的论述目的不同。《四库提要》重在考辨源流与评判著作，而《重刻周易来注序》、《易学一得序》作为序，目的是为所序著作张目，故李元度不得不对《四库提要》做出适当的修改，如《四库提要》批评来知德"夜郎自大"，这种说法显然不利于《周易集注》，李元度将其更改为"言大而实"，以便为《周易集注》作宣传。

事实上，《重刻周易来注序》等篇目与《四库提要》出现差异的原因并非仅因两者论述目的不同，它与李元度的治学宗旨、《文钞》的时代背景有很大关系。

李元度的治学宗旨与《四库提要》不同。李元度受学于曾国藩，尊崇程朱理学，并能出入朱王二家，于王学持论较为平允。《文钞》中多处可反映李元度的思想倾向，部分学者对此也有论及。① 而《四库提要》扬汉抑宋，其《易》学观以汉儒象数之说为宗。所以，李元度的治学宗旨与《四库提要》的论学宗旨相反。更重要的是，《文钞》的时代背景与《四库提要》不同。《四库提要》编纂于乾隆晚期汉学正如日中天之时，李元度主要生活于道光至光绪年间，《重刻周易来注序》、《易学一得序》等篇目撰写于道光晚期至光绪初年。道光以降，汉学已渐趋衰落，而一度偃旗息鼓的程朱理学，在唐鉴、曾国藩等的倡导下，却出现复兴之迹象；另一方面，清廷早已不复乾隆时期的辉煌，疲于应对社会危机，思想控制渐趋松缓。因而，学术生态和社会形势都变得有利于宗理学者。

在这种情况下，《四库提要》无法对李元度形成强有力的约束力，故李元度敢于修改《四库提要》。如在《重刻周易来注序》中，关于《易》学源流，《四库提要》"以因象立教者为宗"，李元度阐述《易》学两派，互为补充，各有所得；对于来知德《周易集注》，李元度强调来知德"兼

① 戚学民：《〈国朝先正事略〉与〈儒林传稿〉》，《阮元〈儒林传稿〉研究》，三联书店 2011 年版，第 420~450 页。

通程、邵之理数"。在《易学一得序》中，同样可以体现李元度的治学宗旨，《易学一得序》与《四库提要》有关联的内容如下：

> 　　古圣人觉世牖民，大氐因事以寓教。《易》则寓于卜筮，推天道以明人事者也。《左传》所记诸占，盖犹太卜之遗法。汉儒言象数，去古未远，郑康成从马融受费氏《易》，实为传《易》之正脉。一变而入机祥，为京、焦之学；再变而穷造化，为陈、邵之学，此一派也。王辅嗣尽绌象数，以老庄说《易》。一变而为胡翼之、程伊川，阐明儒理；再变而为李庄简、杨文节，参证史事，此又一派也。汉以后说《易》诸家，无出两派六宗外者。又《易》道广大，无所不包，旁及天文、地理、乐律、兵法、医宗、韵学、算术，以逮方外之炉鼎，皆可援《易》以为说，而好奇者又往往援之以入《易》，于是《易》说愈繁。夫六十四卦之爻象，多戒占者，圣人之情见乎词矣。其余皆《易》之一端，非其本也。然《易》理统贯天人，成于四圣，京、孟、郑、虞诸经师，各述其所得，仁者见仁，智者见智，自非圣人复出，未有能得其定论确解者。虽程《传》、朱《义》，所诣最深，不敢谓尽得圣人之意也。故说《易》当以因象立教为宗，而其他《易》外别传者，亦必兼收以尽其变焉。①

此段内容的史源基本出自《四库提要·易类序》，而"郑康成从马融受费氏《易》，实为传《易》之正脉"一句出自《四库提要》卷一《周易郑康成注》提要，《四库提要》载：

> 　　《周易郑康成注》一卷，宋王应麟编。……考玄初从第五元先受京氏《易》，又从马融受费氏《易》，故其学出入于两家。然要其

---

　　① 李元度：《天岳山馆文钞》卷27《易学一得序》，岳麓书社2009年版，第585~586页。

大旨，费义居多，实为传《易》之正脉。①

此外，《易学一得序》增添了"然《易》理统贯天人……虽程《传》、朱《义》，所诣最深，不敢谓尽得圣人之意也"等内容，又将《四库提要》"亦兼收以尽其变"增补为"亦必兼收以尽其变焉"。对比《易学一得序》对《四库提要》所做的增补，《易学一得序》与《四库提要》的论学宗旨已大相径庭。费氏《易》学为义理之祖，李元度借用《四库提要》的话语，强调义理方为汉《易》之正脉，其后李元度特意增添内容，强调对于《易》学，"仁者见仁，智者见智"，"程《传》、朱《义》，所诣最深"。而这些修改并非仅仅是为《易学一得》寻求理论依据，《易学一得》多循陈、邵之学，非义理之学。李元度所作的修改，实则是对《四库提要》之《易》学观的否定，是其个人论学宗旨的体现。

因而，李元度虽然认可出自钦定的《四库提要》对于读书治学甚有裨益，并且确实对其有相当程度地了解，却未奉《四库提要》为不刊之典，仅是限于作为"读书之门径"。李元度对《四库提要》持实用之态度，即以《四库提要》为撰著之资，合则从之，不合则改之，而经部提要是《四库提要》贬抑宋学的主要阵地，所以李元度对《四库提要》修改幅度较大的篇目多在"论涉经学"篇目。

李元度在《四书广义序》中借用《四库提要》的话说道："乃自科举学兴，读朱子书者，一字一句，奉为经典，虽其甚不安于心者，亦为说以附会之。"李元度本学宗程朱，但其未步唐鉴等人后尘，一味墨守程朱，相反，李元度敢于质疑朱子，认为将朱子言论奉为金科玉律者并非真得朱子之意。又如李元度认为，王阳明"立德、立功、立言，实兼三不朽"②，这一观点在王学饱受抨击的清代，可谓通达之论。李元度对程朱理学和阳明心学的认识正可以很好地佐证其对《四库提要》之态度。

---

① 永瑢等：《四库全书总目》卷 1，中华书局 1965 年版，第 2 页。
② 李元度：《天岳山馆文钞》卷 36《与邢星槎孝廉书》，岳麓书社 2009 年版，第 740 页。

三、结论与余论

张舜徽《清人文集别录》一书，提要钩玄，阐幽表微，已经成为清代文学史与学术史研究的一部必读之作。他指控李元度《天岳山馆文钞》"论涉经学"的部分涉嫌抄袭《四库提要》，已经成为学界的一重公案。但经过我们的比勘复审，发现其说法稍有不妥，未免言过其实。李元度视《四库提要》为"读书之门径"，并频频征引《四库提要》有关论述，但并未墨守《四库提要》，其原因在于：李元度的治学宗旨与《四库提要》不同；《文钞》的时代背景与《四库提要》不同。《文钞》借用《四库提要》内容的经学篇目，非但不是"一字不易"，而实际情况是部分篇目还有较大幅度的修改，其论述内容仅涉及《易》、《四书》和《左传》，所占篇幅远未达到大半，难以据此确定李元度有无从事"本原之学"。因此判断李元度"于学术造诣甚浅"，未免贬之过甚。

《清人文集别录》中论述《天岳山馆文钞》的内容最早见于《壮议轩日记》，该日记撰于20世纪40年代初期，张舜徽先生当日并未仔细核对《四库提要》，仅是举起大概而言之，凭印象发言，难免失误。张舜徽先生所阅读的《文钞》同为光绪六年李元度自刊本，《清人文集别录》却误将《重刻周易来注序》等篇目的出处标为"卷二十四"，而《壮议轩日记》所标注的出处则没有错误，令人费解。《壮议轩日记》一度于战乱中丢失，《清人文集别录》于1963年付梓，很可能在此后并未再检阅《文钞》，而是凭记忆重写了《天岳山馆文钞》的解题。

余嘉锡在《四库提要辨证》中说道："故曰自《别录》以来，才有此书，非过论也。故衣被天下，沾溉靡穷，嘉、道以后，通儒辈出，莫不资其津逮，奉作指南，功既巨矣，用亦弘矣。"①余嘉锡所言颇为中肯。《四库提要》在清后期的影响极为广泛，持久而深入。如阮元编纂具有准国史性质的《儒林传稿》，征引《四库提要》超过了170次之多，李元

---

① 余嘉锡：《四库提要辨证·序录》，中华书局2007年版，第49页。

度《文钞》不啻将《四库提要》作为文章之司南。《四库提要》泽被后世，对清后期著作的渗透已经由官方向个人转移，遍及书志、史志、学术史著作、笔记，影响甚至及于文集。

值得注意的是，李元度并未将《四库提要》一字一句均奉为不刊之论，如其在《书罗氏识遗后》对《四库提要》关于罗璧《识遗》、彭其位《学宫备考》的籍贯著录提出了异议，而对于《四库提要》扬汉抑宋的宗旨，李元度更是大不以为然。余嘉锡注意到："乾嘉诸儒于《四库总目》不敢置一词，间有不满，微文讥刺而已。道咸以来，信之者奉为三尺法，毁之者又颇过当。"①余嘉锡指出，道光前后，学者对《四库提要》的态度有明显转变，不过，余嘉锡未作深入细致的阐述。从李元度对《四库提要》的接受与批评中，可以初步得出，《四库提要》在道光以降的影响已经发生微妙的变化，一方面，《四库提要》在学术上仍旧具有相当大的影响力；另一方面，《四库提要》所确立的"扬汉抑宋"之宗旨已然受到挑战。李元度不满的是《四库提要》的论学宗旨，对于《四库提要》的学术水准，李元度尚无太多异词。这一现象透露，作为出自钦定的《四库提要》，其境遇与汉宋学术兴衰及清朝国力息息相关，当学术生态发生改变、清朝国力渐趋下降之时，笼罩在《四库提要》之上的光环日益褪色，逐渐由权威著作向普通的学术著作转变。今后需要进一步挖掘《四库提要》丰富的学术资源，弄清其传承轨迹，以便更为全面、深入地了解清代学术文化生态。

---

① 余嘉锡：《四库提要辨证·序录》，中华书局 2007 年版，第 48 页。

许瀚《读四库全书提要志疑》对四库学的贡献

许瀚（1797—1866），字印林，又字元翰，号兰若，又号培西，山东日照人。道光十五年（1835）举人，选滕县训导，生平事迹见袁行云所编《许瀚年谱》。目前，学界对于许瀚的研究，主要集中在对其著作的收集、考证和目录版本校勘学、金石方志学、文字训诂学的探讨，前者如王献唐对许瀚著作的搜求与所作题跋、袁行云所编《攀古小庐全集》，后者如丁原基《许瀚之文献学研究》、范晓娟《许瀚学术研究》等。而对许瀚在四库学上的贡献多语焉不详，袁行云、丁原基虽偶有论及①，但并未从四库学的层面加以论析。我们通过对许瀚《读四库全书提要志疑》一文的分析，发现许氏对四库学多有贡献，现论述如下。

许瀚《读四库全书提要志疑》（下文简称《志疑》）②，又称《读书附识》，是其读《四库全书总目》（下文简称《总目》）的札记。李祖望《攀古小庐文补遗序》（1874）称："许君精研小学，兼及于金石、杂家、著录，皆考核详审，不沿前人之讹误，观文册中《读书附识》可知也。"③是耶？非耶？下面逐条分析，论其得失。

---

① 参见袁行云：《许瀚年谱》，齐鲁书社1983年版，第175～176页；丁原基：《许瀚之文献学研究》，华正书局1999年版，第192页。

② 《读四库全书提要志疑》主要版本有：（1）《许印林手稿》中收《读四库全书提要志疑》，山东省博物馆藏稿本，《山东文献集成》第二辑第38册；（2）《攀古小庐文》（一卷），咸丰七年（1857）高均儒刊本，作《读书附识》；又有光绪元年杨铎函青阁重刻本（有《补遗》一卷），日本昭和七年东京文秋堂影印原刊本；（3）《攀古小庐杂著》（十二卷）卷三，光绪间海丰吴重熹刊本，作《读书附识》；（4）《攀古小庐杂著》（十二卷）卷三，清刻本，收入《续修四库全书》1160册，作《读四库全书提要志疑》。本文所引《志疑》文本，以《续修四库全书》本为底本，参以《许印林手稿》，限于篇幅，不一一出注。

③ 转引自丁原基：《许瀚之文献学研究》，华正书局1999年版，第107页。

1.《史记提要》云："然《汉志·春秋家》载《史记》百三十篇，不云有阙，盖是时官本已以少孙所续，合为一编。观其《日者》、《龟策》二传并有'臣为郎时'云云，是必尝经奏进，故有是称。其'褚先生曰'字，殆后人追题，以为别识欤？"瀚谨案：《汉志·春秋家》有《太史公》百三十卷，不名《史记》，班固自注云："十篇有录无书。"未尝无阙。又古人私家著述，亦可称臣，不必因奏进而始称也。《史记》自称臣迁，亦自称太史公，则"褚先生曰"亦无以定其为后人追题。

今按：《史记提要》载《四库全书总目》卷四五。《史记提要》认为班固《汉书·艺文志》所著录《太史公书》一百三十卷已合褚少孙所续，并经奏进，其中"褚先生曰"乃后人追题。许瀚则认为班固自注已言《太史公书》中有十篇仅有目录，而无其书，并不包括褚氏续作；又认为古人私家著述也有"称臣"之例，不能据褚氏"臣为郎时"之语而断其必经奏进，司马迁《史记》中就有自称"臣迁"、"太史公"之例，也不可据"褚先生曰"而谓其为后人所题。许氏据《史记》内证而驳《史记提要》之论，其言甚确。

2. 欧阳修《集古录提要》云："曾巩欲作《金石录》而未就，仅制一序存《元丰类稿》中。修始采摭佚遗，积至千卷。撮其大要，各为之说。"瀚谨案：据此文，则似曾为《金石录》未成，而欧阳继之者。欧阳跋尾类，在嘉祐、治平间，曾跋尾虽不题年月，而《桂阳周府君碑跋》云："熙宁八年，余从知韶州王之材求得此书。"《江西石幢记跋》云："至熙宁九年，祠部郎中集贤校理叶钧，此下阙。"《汉武都太守汉阳阿阳李翕西陕颂跋》云："熙宁十年，马瑊中玉为转运判官于江西，出成州所得此颂。"则其集录，固在熙宁后矣。又《周府君碑跋》、《李翕西颂跋》皆有订正永叔语，斯又曾《录》在欧阳后之明证矣。至谓曾制序一篇，存《元丰类稿》中，今检《类稿》，实无此序，岂因其弟五十卷为《金石录跋》十四则，而误忆之欤？孙冯翼《京畿金石考序》、李芝龄《金石存序》，皆有"序存《元丰类稿》"语，然检《类稿》各本，皆无之，或别有此本，疑莫能明也。

今按：《集古录提要》载《总目》卷八六。许氏据曾巩跋语，以证曾氏"欲作"之《金石录》实在欧阳修《金石录》之后，其论甚确，可祛《集古录提要》之疑窦；而《集古录提要》"序存《元丰类稿》中"之语纯属"误忆"。余嘉锡《四库提要辨证》"《集古录》"一条，全引许瀚之说，并加案语，称《总目》著录《元丰类稿》的版本为"康熙中长洲顾崧龄所刊，以宋本参校"，其中并无《金石录序》，"《提要》实误记题跋为序，审矣。孙氏、李氏，盖皆承《提要》之误耳，非别见一宋元本也"。① 于此可知许说之确。

3. 《博古图提要》云："按晁公武《读书志》称《宣和博古图》为王楚撰，而钱曾《读书敏求记》称：'元至大中重刻《博古图》，凡臣王黼撰云云，都为削去，殆以人废书。'则是书实王黼撰，楚字为传写之讹矣。"瀚谨案：此盖黼字讹，非楚字讹也。《诗》"衣裳楚楚"，《说文》引作"衣裳黼黼"，作书者自名楚，或书作黼，犹米芾亦书作黻也，不知何时误书作黼，人习知《佞幸传》之王黼，遂认为黼作，至大刊本辄削其名，是殆拟于子我作乱、曾参杀人矣。晁公武《读书志》成于绍兴二十二年，上距大观、政和，才四十余年，其于本书既题"王楚集"，又于薛尚功《钟鼎篆韵》云："政和中王楚所传，亦不过数千字。"岂书出于黼，而公武不知，顾一再称楚不已邪？

今按：《宣和博古图提要》载《总目》卷一一五。余嘉锡《四库提要辨

---

① 余嘉锡：《四库提要辨证》，中华书局 1980 年版，第 494 页。

证》引用许瀚此说，谓其"实确"，又补充若干证据。① 丁原基亦称："灏生平事迹具《宋史》（卷四七〇），不云有此书。是知许瀚之考证甚是。惟王楚（王黼），史无传。"②许氏之证《博古图》为王楚所作，甚确。

4. 吾丘衍《周秦刻石释音提要》云："所正《诅楚文》二字：'绊'之为'缝'，其说于古无所据，以文义、字体按之，皆未可信。'遻'之为'遝'，则'遻'、'遝'二字，《诅楚文》石本、版本皆无其文，不知衍所据何本。"瀚谨案：《诅楚文》云："绊以昏姻。"《说文》："绊，絷也。"则"绊"义自通，不必改作"缝"，而衍以为"缝"者，疑衍所据本作"绊"，《说文》无此文，而有"缝"字，缝以针线衣也，"缝以昏姻"，联属之意，义亦可通。缝，逢声；绊，亦当半声。衍求"绊"字不得，故以"缝"通之也。"遻"之为"遝"，盖"遝取吾边城"，衍所据本"遝"作"遻"，《说文》："遻，迫也。""迫，遻也。"二字相转注，"遻取吾边城"，无义可说，而"遝"之古文作"𨙅"，形与"遻"似，故衍易为"遝"也，"遝"则通矣。《提要》并云"遻"、"遝"二字，《诅楚文》版本、石本皆无其文，又不知《提要》所据何本也。

今按：《周秦刻石释音提要》载《总目》卷四一。《诅楚文》，又称《秦祀巫咸神文》，《文渊阁四库全书》所据编修汪如藻家藏本"绊"下无"缝"字，《十万卷楼丛书》本"绊"下有"缝"字；又"遻"字，《四库》本"遻取吾边城"作"逮取吾边城"，"逮"下亦无"遂"字。检"元至正吴刊本"《诅楚文》，有"绊"字，而"遻"则模糊难辨。③ 许瀚认为吾丘衍据《说文》而改"绊"为"缝"，二字皆可通；吾丘衍又以字形相近，而改"遻"为"遝"，以"遻"字文义不通，而"遝"字则可通。《诅楚文》原石刻

---

① 参见余嘉锡：《四库提要辨证》，中华书局 1980 年版，第 804~805 页。
② 丁原基：《许瀚之文献学研究》，华正书局 1999 年版，第 195 页。
③ 参见王美盛：《诅楚文考略》，齐鲁书社 2011 年版，第 18~20 页。

亡于两宋之际，宋拓本亦不可见，今传世之"元至正吴刊本"《诅楚文》，又多不可辨识。许氏之言，可备一家之说。

5. 杨慎《水经注碑目提要》云："昔宋洪适作《隶释》，尝以《水经注》所载诸碑，类为三卷。慎偶然未检，遂复著此编。"瀚谨案：《隶释》《水经注碑》实一卷，彼书《提要》亦云一卷，此作三卷误矣。

今按：《水经注碑目提要》载《总目》卷八七。今检《隶释》卷二十为"郦道元《水经》"，卷末称："右东汉及魏正始以前碑见于《水经》者如此。"①《隶释提要》亦称："凡汉魏碑十九卷，《水经注碑目》一卷……与二十七卷之数合。"②则洪适《水经注碑目》确为一卷，许瀚之说是矣。

6. 张弨《瘗鹤铭辨提要》云："弨亲至焦山拓原铭，较宋黄长睿、董逌所载者多得八字，所辨亦较顾起元书为详核。"瀚案：顾起元当是顾元庆之讹，起元字太初，江宁人，万历戊戌进士，官至侍郎，谥文庄，著有《金陵古金石考》。与《瘗鹤铭》无涉。元庆号茞畦，苏州人，著述甚富，《瘗鹤铭考》其一也。

今按：《瘗鹤铭辨提要》载《总目》卷八七。丁晏《攀古小庐文序》称："（许瀚）论吾乡张力臣先生《瘗鹤铭辨》阁本引'顾起元'为'顾元庆'之误，皆确不可易。"③又《总目》卷八七载顾元庆《瘗鹤铭考提要》，其文曰："国朝张弨作《瘗鹤铭辨》，仅于董、黄之外复得八字。"④可证"顾起元"为"顾元庆"之误，许氏之说信而不诬。

---

① 洪适：《隶释》，中华书局 1986 年版，第 210 页。
② 永瑢等：《四库全书总目》卷八十六，中华书局 1965 年版，第 735 页。
③ 转引自丁原基：《许瀚之文献学研究》，华正书局 1999 年版，第 105 页。
④ 永瑢等：《四库全书总目》卷八十七，中华书局 1965 年版，第 749 页。

7.《焦山古鼎考提要》云："焦山古鼎，久已不存，世仅传其铭识。王士禄所据者，程邃之本；林佶所据者，徐燉之本。二本互有得失，张潮则又就寺中重刻石本为之，益失真矣。"瀚谨案：焦山鼎至今无恙。《提要》此言殊不可解，潮别刻石，为省摹拓，岂必原器不存乎？

今按：《焦山古鼎考提要》载《总目》卷一一六。焦山鼎，又称无更鼎、无专鼎、酈专鼎，曾藏于镇江焦山定慧寺，现藏镇江市博物馆。①许瀚之说信而有征。

8. 顾炎武《金石文字记提要》引《潜研堂金石文跋尾》，摘其舛误之第三条云："《元赐冥福禅院地土牒》，赵延寿、范延光皆押字，炎武视之未审，皆以为无押字。"案：此碑长兴四年九月，是"后唐"，非"元"，顾、钱二书，皆不误，《提要》作"元"，殆写刻者之误耳。

今按：《金石文字记提要》载《总目》卷八六，武英殿本、浙本《总目》"元"字皆作"后唐"，故"元"字当是许瀚所据《金石文字记提要》写刻之误。许氏之推测无误。

9. 徐官《古今印史提要》云："至谓縣字取系，系倒首之意，假借为州縣字，所以言民之倒縣。其谬妄更不足辨矣。"案：二系字当作県。県，倒首也，见《说文》。徐盖据《说文》释其从県之意，而不知県、系会意为縣，假借作州縣字，则惟依声托事，非有义也，遂成谬论。兹又误作系，谬戾滋甚。瀚未见徐书，不知此徐书板本之误邪？抑《提要》板本之误邪？

———————————————

① 参见中国社会科学院考古研究所：《殷周金文集成》第五册，中华书局1985 年版，第 37 页。

今按：《古今印史提要》载《总目》卷一一四。今检明嘉靖、隆庆间刻本《古今印史》"縣字"条称："縣，古悬字，从系，系倒首以见意。"①《宝颜堂秘籍》本"糸"字作"系"，皆"県"之误刻。许瀚认为"縣"字并非从県而有倒悬之意，而是県、系二字会意为縣字，徐官之说误矣。其文应为"从県，県，倒首以见意"，《古今印史提要》"県"作"系"，误矣。许氏因未见《古今印史》原书，故怀疑《古今印史》或《古今印史提要》版本有误。案《说文》"县"字："系也。从系持県。"段玉裁注曰："会意。"②可见，徐官解"县"字之说已误，原书又误刻，《古今印史提要》又踵其误，许氏力为辨之，此事遂明。

10.《孔北海集提要》云："此本乃明人所掇拾。凡表一篇、疏一篇、上书三篇、奏事二篇、议一篇、对一篇、教一篇、书十六篇、碑铭一篇、论四篇、诗六篇，共三十七篇。"又云："张溥《百三家》较此本少《再告高密令教》、《告高密县僚属》二篇。"今案《百三家》，表、疏二篇，上书五篇，对一篇，教六篇，书十六篇，论四篇，议二篇，碑一篇，诗五篇八首，共四十二篇。比《四库》本多五篇，而《提要》则谓其少二篇，何也？盖此《提要》细数总数虽相符合，而实有错误，如教称一篇，而又云张溥本较此本少二篇，然则教当作八篇，此云一篇，显然错误；张本议二篇，一为《马日磾不宜加礼议》，一为《肉刑议》，二篇不应有阙，则议一篇当作二篇。其诗六篇，盖分《杂诗》二首为二篇，非有加于张本也，其总数当作四十二篇，而云三十七篇者，就已误之，细数计之，未与原书对核耳，臆揣如此，俟觅《四库》本对证之。

今按：《孔北海集提要》载《总目》卷一四八。许氏所引《提要》与武

① 徐官：《古今印史》，《四库全书存目丛书》子部75册，齐鲁书社1996年版，第396页。

② 段玉裁：《说文解字注》卷九篇上，上海古籍出版社1988年版，第423页。

英殿本《总目》同，《四库》本《孔北海集》书前《提要》"诗六篇，共三十七篇"作"诗，共四十五篇"，书中表一篇、疏一篇、上书三篇、奏事二篇、议二篇、对一篇、教八篇、书十六篇、碑铭一篇、论四篇、诗六篇（九首，较《百三家》多"占句"一篇），共四十五篇。故许瀚谓"教当作八篇"、"议一篇当作二篇"，皆是。《四库》本书前《提要》改殿本总数之误，而未及各类之数也，其总数当为四十五篇，许瀚谓"总数当作四十二篇"则误矣，盖其未见《四库》本也。许氏此条，得失参半。

11. 蔡戡《定斋集提要》云："集本四十卷，乃绍定三年其季子户部郎官总领四川财赋庋所刊，眉山李埴为序。见于陈振孙《书录解题》。"今检陈《录》，惟云"《定斋集》四十卷，宝谟阁直学士蔡戡定夫撰，君谟四世孙，丙戌甲科"而已，更无他语。《通考》引同。不知《提要》所据陈《录》何本。

今按：《定斋集提要》载《总目》卷一六〇。今检陈振孙《书录解题》"《定斋集》"一条，确如许氏所言，并无李埴序。然《定斋集提要》"见于陈振孙《书录解题》"一句，当作"陈振孙《书录解题》著录《定斋集》"解，未必即谓《书录解题》中载有李埴序也。许氏之说，未免求之过深，不足据。

12. 黄注《文心雕龙》"《宗经篇》'《三坟》、《五典》、《八索》、《九丘》'，不引《左传》，而引伪孔安国《书序》"。为《宗经》本文："皇世《三坟》，帝代《五典》，重以《八索》，申以《九丘》。"从引《左传》，仍不能明，非不知《三坟》、《五典》、《八索》、《九丘》出《左传》也。"《谐讔篇》'荀卿《蚕赋》'，不引《荀子·赋篇》，而引明人《赋苑》。"为《赋苑》云："荀卿《蚕赋》通篇皆形似之言，至末语始云'夫是之谓蚕理'。"足明"谐讔"之意，不然，虽全钞《蚕赋》一篇，意仍不明，非不知《蚕赋》在《荀子·赋篇》也，要亦以人所共知，不须兼引。《提要》乃指此为"尤多不得其根柢"，过矣。至安国《书序》虽伪，梁朝文士无害其宗信，此又不必责注家之滥引矣。

今按：《文心雕龙辑注提要》载《总目》卷一九五。《文心雕龙辑注提要》认为黄叔琳注《文心雕龙》，有信孔安国《伪古文尚书序》、注荀卿《蚕赋》而引明人《赋苑》之弊，不得根柢。许氏则认为，刘勰著《文心雕龙》时宗信《伪古文尚书序》，不必求全责备于黄叔琳；《文心雕龙辑注提要》多有先入为主之论，许氏则具同情之理解，其论当矣。许氏又认为黄注《谐讔篇》"荀子《蚕赋》"引《赋苑》不引《荀子·赋篇》，旨在明"谐讔"之意，且《蚕赋》在《荀子·赋篇》为"人所共知，不须兼引"。今检明万历刻本《赋苑》（载《四库全书存目丛书》集部第 384 册），书中仅录荀子《蚕赋》全文，并无"通篇皆形似之言"一句，不知黄氏所据何本，而许氏未检原书，随之长短，未免疏漏。许氏此条得失参半。

13.《提要》载任昉《文章缘起》有"明陈懋仁注，国朝方熊更附益之。题'注'者，懋仁语；题'补注'者，熊所加"，而讥其"蔓衍论文，多掇拾挚虞、李充、刘勰之言，而益以王世贞《艺苑卮言》之类，未为精要"。又讥其"议论纰缪，谓《七发》原于《孟子》、《庄子》之七篇，'乡约'当仿王褒《僮约》"。瀚案：凡此所讥，皆"补注"也。补注本，瀚未见，其陈注本，则见于曹氏《学海类编》，训释谨严，盖无长语。

今按：《文章缘起提要》载《总目》卷一九五。《四库》本《文章缘起》与《学海类编》本中陈注详略稍有不同，且《文章缘起提要》所讥，并非皆为补注，如"四言诗"一条，《四库》本陈注末有"王世贞曰：四言须本风雅，间及韦、曹，然勿相杂也"一句，见王世贞《艺苑卮言》卷一，而《学海类编》本则无。是陈注已"益以王世贞《艺苑卮言》之类"矣，许氏谓《文章缘起提要》"凡此所讥，皆补注也"之说不确。

14. 强行父撰《唐子西文录提要》引强行父自序："宣和元年罢

官京师，唐先生同寓城东景德僧舍。"而驳之云："考庚以张商英罢相之后，坐为商英赋《内前行》贬惠州，大观五年会赦，北归，道卒。大观五年即政和元年辛卯，下距宣和元年己亥，唐没九年矣，安得同寓京师？其说殊为可疑。"谓"好事者依托为之"。瀚案：强序又云："自己亥九月十三日，尽明年正月六日而别。先生北归还朝，得请宫祠归泸南，道卒于凤翔，年五十一，自己亥距今绍兴八年戊午，二十年矣。"所记琐细明确如此，岂似依托者之所为，如后依托，亦当略考其卒年，岂得于卒九年后，犹觍觍作生交语，且别撰出一卒年，以招驳难乎？此盖作《宋史·文苑传》者，"北归"、"道卒"间有脱漏，遂致子西减算九年，正当据此以正史，不当据史疑此。《提要》又以刘克庄《后村诗话》恨子西不得及东坡之门，而《文录》言及东坡者八，其一条言"余雅善东坡"，又一条言"年十八，东坡赴定武，过京师，谒于城外一园子中"为疑。按：子西曾一谒东坡，岂必令后村知。据强序，子西卒于宣和庚子，年五十一，盖生于熙宁三年庚戌，其十八岁当元祐二年丁卯，是正可借东坡赴定武事，考其年岁符合与否。至"余雅善东坡"一条，彼固云"余雅善东坡"以约辞纪事，善犹喜也，非谓与东坡交善也。

今按：《唐子西文录提要》载《总目》卷一九七。大观元年即政和元年，为1111年；宣和元年为1119年，绍兴八年为1138年。《唐子西文录提要》以《唐子西文录》强行父序为依托，许瀚驳之，证强序非伪，足补正史之误。丁晏《攀古小庐文序》亦申许氏之说。① 又吕荣义《眉山文集原序》称："（唐庚）其后归京师，僦居于景德寺，予时与先生比舍。"②亦可与强序相印证，可见强序非伪。李裕民亦据唐庚《亡兄墓铭》证唐庚"宣和元年在京师与强行父会面，自属情理中事"。③《唐子

① 参见丁原基：《许瀚之文献学研究》，华正书局1999年版，第105页。
② 唐庚：《眉山集》，《文渊阁四库全书》1124册，台北"商务印书馆"1983年版，第272页。
③ 李裕民：《四库提要订误》，中华书局2005年版，第451页。

西文录提要》又据刘克庄《后村诗话》疑唐庚雅善、拜谒苏轼之事为伪托，许瀚驳之，认为唐庚拜谒苏轼之事，刘克庄未必知晓，而"雅善"并非谓唐庚与苏轼交善。今检《后村诗话》卷二曰："唐子西诸文皆高，不独诗也。其出稍晚，使及坡门，当不在秦、晁之下。"①又徐时栋亦称："后村云'不及东坡之门'，非谓不及见东坡之人。子西固不隶坡门，而遂不许其十八岁之尝一晋谒，此何说耶？景仰前辈，望见颜色，不得师事其人，古今恒有之事，而以未及其门，遽断为生平未见，可耶？若以'雅善东坡'语驳之，则尤怪。按《文录》此条之前方称'东坡诗叙事言简意尽'，此条因云'谢固作六一堂，求余赋诗，余雅善东坡以约辞记事，冥搜既久，仅得句云云，然深有愧于东坡矣'。是雅善东坡者，雅善东坡之诗，非雅善东坡之人。'余雅善'以下十字为一句，稍知文义者，一见便晓，今以'余雅善东坡'五字为句，不知下文将作何解。"②徐说较许说益善。郭绍虞则据周紫芝《竹坡诗话》载强行父为周氏述唐庚论苏轼诗之语，见于《唐子西文录》，而称"强氏此书固非好事者依托所为矣"。③李裕民则称："刘克庄生于淳熙十三年（1186），晚于唐庚之生一百一十六年，对唐庚生平不甚了解，其说不足以否定唐庚与苏轼有过交往。……一条称'东坡赴定武，过京师'，确有其事，此在元祐八年（1093），是年唐庚二十四岁，《文录》作'年十八'，当属唐庚晚年记忆之误，或强行父追记之误。"④诸家所论，皆可证《唐子西文录提要》"伪托"说之误，许瀚辨《唐子西文录》非伪，虽非尽善尽美，然首创之功不可埋没。

15.《提要》议许彦周《诗话》："读汉武帝《李夫人歌》，以'立

①　刘克庄：《后村诗话》，《文渊阁四库全书》1481 册，台北"商务印书馆"1983 年版，第 317 页。

②　徐时栋：《烟屿楼读书志》卷十六，《续修四库全书》1162 册，上海古籍出版社 1996 年版，第 601 页。

③　郭绍虞：《宋诗话考》，中华书局 1979 年版，第 46~47 页。

④　李裕民：《四库提要订误》，中华书局 2005 年版，第 451 页。

而望之偏'为句，为好奇而至于不可通。"当矣。又谓："《歌》本以'之'、'时'为韵。"瀚案：此歌："是耶非耶？立而望之，翩何珊珊其来迟。"无"时"字，岂有一本作"其来时"耶？然逊"迟"字远甚，纵有是，不可从也。而考以古韵，"之"、"时"同部，"之"、"迟"不同部，仍不无可疑。窃谓当作"翩何珊珊其迟来"，"迟来"犹言徐徐来也，若言"来迟"，不惟乖韵，义亦未协。宝应成心巢蓉镜云："非与'迟'韵耶，语助不韵。"或是也。

今按：《彦周诗话提要》载《总目》卷一九五。焦竑称："武帝《李夫人歌》：'是邪非邪，立而望之，翩何珊珊其来迟？''之'与'迟'一韵。'翩何珊珊'，言其来翩然，而珮珊珊然耳。许顗《诗话》云：'立而望之偏'，是退之'走马来看立不正'之所祖也。以'翩'字属上，不惟于韵不叶，且'立而望之偏'是何语邪？"①焦氏已指摘《诗话》之误属翩字于上，《彦周诗话提要》、许瀚皆踵其说。又《汉书·外戚传》载《李夫人歌》作"是邪，非邪？立而望之，偏何姗姗其来迟"。② 干宝《搜神记》作"是耶？非耶？立而望之，偏。婀娜何冉冉其来迟"。③ 无有作"时"字者，当是《彦周诗话提要》字误，许氏之说是矣。而许瀚又以"'之'、'迟'不同部"，案《广韵》中"之"为"之"部字，"迟"为"脂"部字，在段玉裁提出"支、脂、之"三分之前，学界多以"脂"、"之"古同韵，故焦竑以"'之'与'迟'一韵"，而许氏则已知其不同部矣；然许氏改"来迟"为"迟来"以协韵，则未必确当。

16. 李日华《恬志堂诗话提要》云："此编载曹溶《学海类编》中，乃摘其诸杂著中论诗之语，凑合成编。如武伯英《烛剪》一联，其文甚繁，今删其上文，但云：'《烛剪》句，余改曰：吐残月魄蟆

---

① 焦竑：《焦氏笔乘》卷三"李夫人歌"，中华书局 2008 年版，第 133 页。
② 班固：《汉书》卷九十七上，中华书局 1962 年版，第 3952 页。
③ 干宝：《搜神记》，中华书局 1979 年版，第 25 页。

颐动，蹴落春红燕尾忙。'此改字竟从何来，是直不通书贾所摘矣。至日华堂名恬致，其集即名《恬致堂集》，而改曰'恬志'，尤耳食之误也。"瀚谨案：《学海类编》实作《恬致堂诗话》，未尝误"致"为"志"，岂后人因《提要》改正耶？至《烛剪》事，尤与《提要》所说不符。今备录于左，以备考。第三卷第三条云："元元遗山《赋云岩石诗序》，因载观州倅武伯英《咏烛剪》一联云：'啼残瘦玉兰心吐，蹴落春红燕尾香。'当时以为奇绝，予细思上句无味，因戏改之云：'吞残月魄蟆颐动，蹴落花须燕尾香。'庶于体物较胜乎！"又第六条云："《烛剪》句，余又改云：'朱樱颗坼金虫堕，绛树花残玉燕斜。'觉更缛丽。"如所载，原委分明，并无不通处，不知《提要》所据何本，舛互至此，疑当时从《学海类编》中抄出别著，写者卤莽脱误，《提要》但据摘抄本驳斥，未检《学海类编》原本一对勘也。又按："斜"字盖"忙"字之误，"斜"则非韵矣。

今按：《恬志堂诗话提要》载《总目》卷一九七。翁方纲称："谨按：《恬志堂诗话》上中下三卷，明嘉兴李日华著。……至其改金人武伯英《咏剪烛刀》诗句，尤为鄙陋。存目可矣。"①道光十一年（1831）六安晁氏刻本《学海类编》集余三文词类有《恬致堂诗话》四卷。翁氏所见《恬志堂诗话》与《学海类编》中《恬致堂诗话》书名既异，卷数亦不同。《学海类编》道光之前以钞本行世，翁方纲所见《恬志堂诗话》，当即其一，故讹误不少，而翁氏多有批评。许瀚所据《恬致堂诗话》应为晁氏刻本，已经人校改。许氏疑《恬志堂诗话提要》所据本为"从《学海类编》中抄出别著"者，大抵近是，惜无原钞本对验耳。

17.《帝范提要》云："《唐书·艺文志》载有贾行注，而《旧唐书·敬宗本纪》称：宝历二年，秘书省著作郎韦公肃注是书以进。

---

① 翁方纲：《翁方纲纂四库提要稿》，上海科学技术文献出版社 2005 年版，第 1163 页。

是唐时已有二注。今本注无姓名，观其体裁，似唐人注经之式。而其中时称杨万里、吕祖谦之言，疑元人因旧注而补之。"瀚谨案：都穆《铁网珊瑚》称："大德中，霸州李鼐元为之注，庐陵邓光荐序之。"疑今本注乃李作也。

今按：《帝范提要》载《总目》卷九一。《帝范提要》又称："后有吴莱跋，谓征云南僰夷时，始得完书。考其事在泰定二年。"①都穆《铁网珊瑚》卷一"《帝范》"条则称："元元贞初，云南行省左丞得之白人，字与汉异，乃译而进之，其书乃始行。大德中，霸州李鼐元镇尝为之注，庐陵邓光荐序之。余家所藏安成刻本，元旧物也。"②可知《帝范》之流传：《帝范》成书后，遭五代战乱，遂在中原地区失传；到元代元贞（1294—1297）年间，云南行省左丞从白人手中得到《帝范》原本；大德（1297—1307）年间，李鼐元为之作注；泰定二年（1325），元朝平定云南叛乱时得到《帝范》；明代修《永乐大典》时将《帝范》采入，清代修《四库全书》时从《永乐大典》中辑出，即今《四库》本，今检此本中确有"杨诚斋"、"东莱先生"之语。许氏据单文孤证，疑注本为李鼐元作，恐非定论。

18.《史记索隐提要》云："裴骃《集解》，旧有《音义》，年远散佚。诸家《音义》，延笃《音隐》，邹诞生、柳顾言等书，亦失传。"瀚谨案：司马贞《索隐后序》云："始后汉延笃乃《音义》一卷，别有《音隐》五卷，不记作者何人，近代鲜有二家之本。"然则延笃亦撰《音义》耳，《音隐》非笃撰也。③

① 永瑢等：《四库全书总目》卷九十一，中华书局 1965 年版，第 774 页。
② 都穆：《铁网珊瑚》卷一，《四库全书存目丛书》子部 117 册，齐鲁书社 1996 年版，第 589 页。
③ 转引自袁行云：《许瀚年谱》，齐鲁书社 1983 年版，第 175~176 页。按：此条不见于《续修四库全书》本《攀古小庐杂著》中《读〈史记索隐提要〉志疑》，《许印林手稿》中有，袁行云称："第一条《史记》内，刻本漏去一节（或为许瀚自删），今补录于此。"

今按：《史记索隐提要》载《总目》卷四五。梁玉绳称："注《史记》者甚少，延笃、徐广、邹诞生、刘伯庄俱作《音义》；别有《音隐》五卷，莫详其人，并佚不传。"①又检裴骃《史记集解》所引《史记音隐》若干条，亦皆未言为延笃所作。许氏之说是矣。

综上所述，许瀚在对 18 条《提要》的考辨中，有 9 条(第 1、2、3、5、6、7、8、9、18 条)可作定论，3 条(第 10、12、15 条)得失参半，4 条(第 4、14、16、17 条)可备一家之说，仅有 2 条(第 11、13 条)有误。

司马朝军在《四库学研究的战略思考》一文中指出："尽管'四库学'一词出现较晚，其实，关于四库学的研究可以一直追溯到《四库全书》编纂之时。""从乾嘉至晚清这段时间，许多学者都对四库学展开了研究，其成果散见于各种文集、笔记、书目、日记之中，可惜这部分材料发掘不够，这段学术史至今还是模糊不清的。"②我们对许瀚《读四库全书提要志疑》一文的分析，就是为全面清理四库学学术史而做的初步努力。

余嘉锡在总结清人对《四库全书总目》的研究时说："乾嘉诸儒于《四库总目》不敢置一词，间有不满，微文讥刺而已。道咸以来，信之者奉为三尺法，毁之者又颇过当。"③这种对清人百余年研究情况的概括过于笼统，许瀚作为道咸时期的学者，对《总目》虽有辨误，但也并非余氏所言"信之"或"毁之"那么简单，他更多的是从学术的角度对《总目》进行考辨，虽然未必条条皆为不刊之论，但他的这种研究态度已经超越了信或毁的情感评价，而将其上升到学术研究的层面。

所以，我们认为，要对四库学史进行系统的清理，尤其是对《四库全书》修成之后至清末的这百余年四库学研究状况的梳理，就要努力从清人的研究成果中发掘鲜为人知的"新材料"，对这一阶段的研究成果进行系统总结。

---

① 梁玉绳：《史记志疑》卷三十六，中华书局 1981 年版，1489 页。
② 倪莉、王蕾、沈津：《中文古籍整理与版本学目录学国际学术研讨会论文集》，广西师范大学出版社 2013 年版，第 19~22 页。
③ 余嘉锡：《四库提要辨证》，中华书局 1980 年版，第 48 页。

顾炎武考据学准则辨析

——以《谲觚十事》为例

顾炎武（1613—1682）之所以能够被后世尊为清代学术的开山之祖，主要是因为他对清代主流学术——考据学的开创性推进。考据学虽然并不源于清代，顾炎武也并非第一个以考据成就而著称的学者，但顾氏在考据学方法上的推进，使其成为考据学史上的重要人物。

《谲觚十事》一文是顾炎武针对李焕章《与顾宁人书——辩正地理十事》①而作。李焕章（1614—1688），字象先，号织斋，山东乐安人。明诸生，明亡后，隐居不出。李氏此札原文虽不可见，但顾炎武在《谲觚十事》中对原札中辩正地理的十条内容皆有引及，顾氏谓："（李氏）所辩十事，仆所著书中有其五事，然李君亦未尝见，似道听而为之说者，而又或以仆之说为李君之说，则益以征李君之未见鄙书矣。"②

顾炎武《谲觚十事》一文虽然旨在与李焕章质疑辩难，但其在对李氏考据论据问题、态度问题的批评过程中，也展现了顾氏考据学方法的原则。本文主要分析了《谲觚十事》一文展现的考据学论据原则与态度原则，并结合现代学术状况，对其原则做方法论上的反思。

一、顾炎武考据学的正面准则

考据学主要是通过论据来证明观点、考辨讹误的，论据是考据学的

---

① 光绪间张昭潜认为此札为他人伪作："好事者或冒先生名，作为尺牍，竟自刊布，以与亭林辩正地理。"（张昭潜《织斋文集序》）张维华则考辨此札确实为李焕章所作（张维华：《顾炎武在山东的学术活动及其与李焕章辩论山东古地理问题的一桩学术公案》，《山东大学学报》1962 年第 4 期），笔者认同张维华观点。

② 顾炎武：《谲觚十事》，《日知录集释》（校注本）附录一，浙江古籍出版社2013 年版，第 1907 页。

基础，某一具体的考据结论是否能够成立，论据起着非常重要的作用。所以，考据学家对于论据的文献来源，必须非常谨慎。文献在内容上，既有类型的不同，又有时代的先后，而不同的文献作为论据起到的论证力度也是不一样的。

(一)重古书

顾炎武在与李焕章讨论具体的问题时，也提出了一些论据方面的原则。如第一事中李焕章称：

> 来札①："孟尝君封邑在般阳，不当名薛，薛与滕近。《孟子》篇中'齐人将筑薛'。"此足下泥古之过，汉淄川郡即今寿光，今淄川即汉淄川郡所属之般阳。孟尝封邑在淄川，今寿光地，墓在寿光西四十里朱良镇，后人以淄川之般阳为淄川，如以琅邪之临沂为琅邪，乐安之博昌为乐安。孟尝封邑偶名同薛国耳。不然，今肥城有薛王城，考其地去滕颇远，当何说也？②

顾炎武称其所著"《日知录》有辩'淄川非薛'一事"（见《日知录》卷三十一"《史记》菑川国、薛城之误"条），并详加引用，顾氏于此后论曰："仆所论如此，乃言'孟尝君之薛不在般阳'，不曰'孟尝君封邑在般阳，而不当名薛也'。李君之辩，既已失其指矣。凡考地理，当以《水经》、《皇览》、《郡国志》等书为据，昔人注书皆用之。若近年郡邑志乘，多无稽之言，不足信。今曰'孟尝君墓在寿光'，其昉于何书邪？《史记·孟尝君传》：'湣王即位三年，封田婴于薛。'《正义》曰：'薛故城在今徐州滕县南四十四里。'今曰'孟尝封邑偶同此名'，是古人所传皆非也。又《汉书》有菑川国，无淄川郡，而般阳县自属济南。今曰'汉

---

① 顾炎武原注："据李君谓仆与之札。"本文中独立引文为李焕章原札内容，其中李氏所谓"顾炎武论点"居引号之中。

② 顾炎武：《谲觚十事》，《日知录集释》附录一，浙江古籍出版社 2013 年版，第 1907~1908 页。

淄川郡所属之般阳'，李君既博考地理，何乃舍近而求远，并《史记》、《汉书》而不之考邪?"①李氏考证行文之中，其论证并无文献依据，不知其论据从何而来，如其谓"孟尝君墓在寿光"就不知缘据何书，令人生疑。而顾氏之考据，则以《史记》、《汉书》、《水经注》、《皇览》等与所考证之对象有直接关联的文献为依据，有理有据。这就为考据学在论据方面提出了方法论上的原则：考据当以文献为据，不能臆断。即顾氏所谓"凡考地理，当以《水经》、《皇览》、《郡国志》等书为据"。

从顾炎武提到考证地理当以《水经》、《皇览》、《郡国志》等书为论据，我们可以看到，考证地理，当以古书为据。凡地理之书，多重沿革，后世所修方志，必以前代之书为损益，在此过程之中，难免出现讹误或曲解，因此，在对地理的考证中，当以古书为据。如顾氏所举《水经》为首部记载我国水系的著作，北魏郦道元曾为之作注，时代较早且较为完备，后世治地理者皆奉为圭臬。而《皇览》则是我国首部类书，其中亦有记载地理的内容，只是此书很早就亡佚，只有部分佚文存于古书之中，顾氏举《皇览》作为考证地理时论据之书的代表，更可见其"尚古"的思想，凡于古有征，虽只言片语，亦有取焉，顾炎武此条引《日知录》驳正李焕章观点时，即引及《皇览》。而顾炎武对"近年郡邑志乘"则持否定态度，谓其"多无稽之言，不足信"。顾氏在第五事辨"景公碑"时，就曾论道："因叹近代士人之不学，以本邑之人书本邑之事，而犹不可信，以明白易见之碑而不之视，以子孙而不识其先人。推之天下郡邑之志，如此者多矣。"②也可见其对于"近年郡邑志乘"的批评态度。

(二) 重正史

考证地理，当以正史为据。顾炎武所据《郡国志》即《后汉书·郡国

① 顾炎武：《谲觚十事》，《日知录集释》附录一，浙江古籍出版社 2013 年版，第 1909 页。
② 顾炎武：《谲觚十事》，《日知录集释》附录一，浙江古籍出版社 2013 年版，第 1913~1914 页。

志》，顾氏此条引《日知录》驳正李焕章观点时，亦引及该书以及《史记》、《汉书·地理志》等，可见顾氏举《郡国志》之意，应理解为正史中对地理问题的记载。顾氏对正史的重视，也与其反对以齐东之语为论据的观点相呼应。

顾炎武除从正面提出正史作为考据论据的原则外，还从反面对考据征引"别史"作为论据的现象提出了批评，如第八事中李焕章称：

> 来札："泰山无字碑，非始皇，乃汉武时物。"《别史》："始皇移徂徕，命李斯篆文如琅邪之累碑。因阻暴风雨，大怒，罢。"此可信者。汉武何故立无字碑，未敢以足下言为是。①

李氏依据《别史》所载秦始皇因暴风雨而罢篆书碑文之事，以证泰山无字碑为秦始皇所立，而驳顾炎武谓泰山无字碑乃汉武帝所立之说。顾炎武称其所著"《日知录》有考'泰山无字碑'一事"（见《日知录》卷三十一"泰山立石"条），并详加引用，文中引及《史记》、《后汉书》等，顾氏于此后论曰："李氏似未见仆此论，不知其所谓'别史'者何书？将考千载以上之事，乃不征《史记》而征'别史'乎？"并进一步论证李氏"所引'别史'不过二十余字，而谬妄已有数端"。② 首先，顾炎武对李氏所称"别史"的来源提出质疑。就顾炎武所见历代典籍而言，其中并无名"别史"之书者，"别史"只是史部典籍中的一个类型，并非具体某部史书。如果李氏论据来自"别史"类中某一史籍的话，那就应标出具体书名，不当以"别史"含混称之。如果李氏所引"别史"文字并无文献来源的话，那么李氏就有自造证据之嫌。安致远（1628—1701）《与李象先辩答顾宁人书》中亦批评其引书不著书名，含混不清，曰："汉去古未远，此可信者。而足下风雨暴罢之言，所引何书耶？足下书中所引用

---

① 顾炎武：《谲觚十事》，《日知录集释》附录一，浙江古籍出版社 2013 年版，第 1915 页。

② 顾炎武：《谲觚十事》，《日知录集释》附录一，浙江古籍出版社 2013 年版，第 1916~1917 页。

皆云'别史'、'古史'，不著书名，足下博物弘览，当今侨、札，固无书不读，岂鄙正史为寻常不足道，而故以僻奥之书相炫斗耶?"①也是对李氏论据来源的质疑。其次，顾炎武对以《史记》为代表的正史与李氏所谓"别史"进行了区分，认为考史事，当以正史为主，而不可依据别史。也就是说，即使李氏所据材料确为别史中的某一具体史籍，也不足以否定顾炎武依据《史记》得来的观点。可见，顾炎武在史籍作为论据方面，是"重正史，轻别史"的。这正是顾氏对其"考据当以正史为论据"的观点进一步深化。

（三）重阙疑

顾炎武在与李焕章辩驳之前，就提出了考据中一个重要态度——"阙疑"："若方舆故迹，亦于经史之暇，时一及之。而古人之书，既已不存，齐东之语，多未足据，则尤所阙疑而不敢妄为之说者。"②即在所考据的问题论据不足以得出确定的结论时，或论据中有不同观点而未能得出具体结论时，不能够妄下判断，而应该将问题暂时悬置，以待发现新的材料进行进一步论证。如第十事中李焕章称：

> 来札："太公封营丘，地泽卤，人民寡，因上古封建，各有其国，未便夺其地，遂就其隙封之，非不置太公于上游也。"古史万国，商三千，周千八百，当伐纣时不知其如何变置。殷都朝歌，千里内不免改王畿为侯国；周都镐京，千里内不免改侯国为王畿。洞水东、瀍水西皆诸侯，营洛后能各守其地乎？王以东方诸侯附纣者众，故封太公以弹压耳，足下乃过信《货殖传》，未敢以足下为是。③

---

① 安致远：《纪城文稿》卷四，《清代诗文集汇编》第 107 册，上海古籍出版社 2012 年版，第 568 页。
② 顾炎武：《谲觚十事》，《日知录集释》附录一，浙江古籍出版社 2013 年版，第 1907 页。
③ 顾炎武：《谲觚十事》，《日知录集释》附录一，浙江古籍出版社 2013 年版，第 1918 页。

顾炎武《日知录》卷七"象封有庳"条论及太公封齐之事，而与李氏所言顾氏"来札"不同。顾炎武引该条以证，并补论"周封太公"之事曰："《汉书》曰：齐地，虚危之分野也。少昊之世有爽鸠氏，虞、夏时有季蒯，汤时有逢公柏陵，殷末有薄姑氏，皆为诸侯，国此地。至周成王时，薄姑氏与四国共作乱，成王灭之，以封师尚父，是为太公。而《史记》以太公为武王所封，当武王之时，而太公至国修政，人民多归，齐为大国矣。考《左氏传》，管仲之对楚子，展喜之对齐侯，并言成王，不言武王。而郑康成注《檀弓》，谓：'太公受封，留为太师，死葬于周。'又《金縢》之书有二公，则太公在周之明证。二说未知孰是。李君'变置'、'弹压'之论，恐亦是以后世之事而测量古人也。"①

周封太公，《史记》以为是武王所封，《汉书》以为是成王所封，二说不同。顾炎武虽考之《左传》、《檀弓》、《金縢》，但仍以谨慎之态度，谓"二说未知孰是"，不敢妄下判断，阙疑以待进一步考证。这就是顾氏在考据遇到观点不一的材料，而又不能判断孰是孰非时所采用的阙疑态度。

同时，顾炎武还批评了李焕章"以古测今"的态度："李君'变置'、'弹压'之论，恐亦是以后世之事而测量古人也。"李焕章在解释周封太公于齐的原因时，认为这是周王朝在灭商之后，出于政权稳定的考虑而做出的决定。商灭周兴，东方诸侯曾经依附商纣，又距周之政治中心较远，容易反叛，所以封太公于齐，以起到弹压震慑的作用。而顾炎武则认为李氏此论，是以后世之事来推测古人行事的原因，并无文献依据。从顾炎武的这一批评，我们可以看出，顾炎武反对在考据中以今测古，在没有文献作为论据的情况下，是不能对古代史事进行推测的。

（四）重目验

在第五事中李焕章称：

① 顾炎武：《谲觚十事》，《日知录集释》附录一，浙江古籍出版社2013年版，第1919页。

来札:"景公墓在临淄东南十二里，淄河店桓公墓旁。"又曰:"在长白山下，今长山境内。"又云:"周景公墓。景姓稀少，更无多为官者，必景延广。延广，陕州人，后晋出帝，与桑维翰同时，非周臣。又不当云周景公墓。"考《五代史·周列臣传》:"景范，邹平人，世宗显德中官宰相，显德六年罢。"故云"周景公墓"。墓在邹平，今割入长山界。在临淄淄河店者，春秋周齐景公墓，非周世宗景公墓也。①

顾炎武谓其《金石文字记》中有"后周中书侍郎景范碑"一文，并引其文以证此碑为后周景范之墓碑，非晋景延广之墓碑。今考顾氏《山东考古录》中亦有"辨景相公墓"一条，二者略同，皆未如李氏所言，误"景相公"为景延广。顾氏于引《金石文字记》之后，并记其与马骕访"景相公碑"一事，称:"此仆在邹平，与邑人宛斯马君亲访其墓而录之者，不知李君何所闻之，而剿为己说。且与齐之景公何涉，而横生此一辨?又此墓旧属长山，今割入邹平，今反曰旧属邹平，今割入长山。又景相，长山人，今反曰邹平人。知李君之道听而途说也。"②对待论据应该讲求目验，顾炎武与马骕访碑一事，就充分体现了顾炎武考据学实践中非常注重目验。纸上得来终觉浅，绝知此事要躬行。他不是书斋型的学者，他的学问是跑出来的，从田野考古中查看出来的。

与此同时，顾炎武认为考据不可道听途说。他在开篇即宣称:"其所辩十事，仆所著书中有其五事，然李君亦未尝见，似道听而为之说者，而又或以仆之说为李君之说，则益以征李君之未见鄙书矣。"③可见，李焕章所辨顾炎武地理考证十事，就是依据道听途说之言而来。而

① 顾炎武:《谲觚十事》，《日知录集释》附录一，浙江古籍出版社 2013 年版，第 1912~1913 页。
② 顾炎武:《谲觚十事》，《日知录集释》附录一，浙江古籍出版社 2013 年版，第 1914 页。
③ 顾炎武:《谲觚十事》，《日知录集释》附录一，浙江古籍出版社 2013 年版，第 1907 页。

在本条中，李氏更是依据道听途说之言，误倒景相公墓之古今隶属沿革。

二、顾炎武考据学的负面准则

(一)轻俚俗

顾炎武在正式辩驳李氏观点之前，就提出了"齐东之语，多未足据"的观点："若方舆故迹，亦于经史之暇，时一及之。而古人之书，既已不存，齐东之语，多未足据，则尤所阙疑而不敢妄为之说者。"①在这里，顾炎武即是强调在考证的过程中应该避免使用"齐东野语"等志怪小说作为考证地理的论据。这是顾炎武从文献来源的角度对论据进行的区分，凡是那些得自底层传闻的材料，大多不能作为论据来证明自己的观点。同时，这也是顾炎武从否定的层面对何种材料不适合作为论据的界定。

(二)轻佛道

顾炎武还对宗教类文献作为论据提出了自己的看法。如第七事中李焕章称：

> 来札："黄冠别说，劳山有吴子宫，是吴子夫差请《灵宝度人经》处。"春秋，吴伐齐，至艾陵。艾陵，齐南境，今郯城，去劳六七百里，甚为牵合难据。足下未读道书，道书云："许旌阳弟子吴猛，东昌人，入劳请《灵宝度人经》。"吴子，吴猛，非夫差。道家所居皆曰宫，不仅王侯也。②

---

① 顾炎武：《谲觚十事》，《日知录集释》附录一，浙江古籍出版社 2013 年版，第 1907 页。
② 顾炎武：《谲觚十事》，《日知录集释》附录一，浙江古籍出版社 2013 年版，第 1915 页。

李焕章此条与顾炎武辨劳山吴子宫一事。李氏认为：顾炎武误以吴子宫是因"吴子夫差请《灵宝度人经》"而得名，并引"道书"，谓吴子宫是因许旌阳弟子吴猛请《灵宝度人经》而得名，非吴子夫差。顾炎武诸书之中并无关于"劳山吴子宫"的论述，所以顾氏反驳道："此道家荒唐之说，不足辩。《莱州府志》'传疑'一条云：'春秋时，吴王夫差登劳山，得《灵宝度人经》。'今欲去其年代而改为吴猛，庸愈乎？按《晋书》：'吴猛，豫章人。'晋时亦未有'东昌'之名也。"①

在这里，顾炎武提出了他在考据学方法上的一个重要原则："此道家荒唐之说，不足辩。"即在考据过程中，是不能以道家（实际指道教）等宗教文献作为论据的。顾炎武在反驳李氏观点时，引及《莱州府志》、《晋书》，引《莱州府志》证明传闻亦有"夫差请《灵宝度人经》"一事，引《晋书》证明李焕章谓吴猛为东昌人之误。顾氏所引为方志、正史，这与李氏引道书适成对照，可见顾氏以儒家为本位的正统思想已影响到其对考据学方法的运用。顾炎武的这一考据学方法观念对后世影响极大，有清一代考据学家，大多以正经正史为论据，少有引及佛、道教文献者，其考据学之对象亦以经史以及先秦两汉子书为主，更少对宗教类文献的考证。可见，顾炎武考据学的方法论，在论据方面，对佛道书是极其排斥的。

（三）反剿袭

从前面"重目验"条的论述中，可以看到考据学者在从事考据时应持之态度：考据不可剿他人之说以为己说。顾氏已通过亲自访求到的景相公墓碑文证明该墓为景范之墓，而非景延广之墓，而李氏则将顾氏考据成果据为己有，用以攻击顾氏。此外，考据不可横生枝节。对"景相公墓"的考证本应集中在该墓是景范墓，还是景延广墓，而李焕章插入

---

① 顾炎武：《谲觚十事》，《日知录集释》附录一，浙江古籍出版社 2013 年版，第 1915 页。

临淄淄河店之"齐景公墓"非景范墓一事，实在突兀，属于横生枝节。

从顾炎武对李焕章的批评可以看出，顾炎武认为在考据过程中，应该有诚实的态度，不能剽袭他人的考据成果而据为己有。

（四）反妄改

如第九事中李焕章称：

> 来札："俗以丈人为泰山。唐明皇封禅，张说婿韦晊扈驾，以说婿，增三级。后帝忘其故，问群臣，伶官黄幡绰曰：'泰山之力也。'因以丈人为泰山。"不知春秋时，已有丈人峰，孔子遇丈人荣启期处也，未敢以足下言为是。①

李焕章此条与顾炎武辨"以丈人为泰山"事。李氏认为顾炎武以唐明皇封禅事为后世称丈人为泰山之出处，而李氏则认为：春秋时泰山已有"丈人峰"，是"孔子遇丈人荣启期处"，这才是后世称丈人为泰山之出处。顾炎武反驳道："此俚俗之言，亦不足辩。乃谓'春秋时有丈人峰'，其何所据？《列子》：'孔子游于泰山，见荣启期，行乎郕之野。'无'丈人'字。夫纪载之文，各有所本，今欲实此峰之名，即添一'丈人'字；欲移吴门于曲阜，即去一'阊'字。用心之不平如此，而谓天下遂无读《列子》、《论衡》二书之人哉？"②

顾炎武诸书之中并无关于"俗以丈人为泰山"的论述。他认为，像李焕章这种考证问题缺乏相关文献作为论据，而只以所谓俗语作为依据的论证，是不值得进行考辨的。并且李氏谓"春秋时有丈人峰"，也缺乏文献作为依据，李氏又以丈人峰为孔子遇荣启期处，顾氏据《列子》文，谓其中并无"丈人"二字，此二字实为李氏妄添，以证成己说。

---

①　顾炎武：《谲觚十事》，《日知录集释》附录一，浙江古籍出版社 2013 年版，第 1917 页。
②　顾炎武：《谲觚十事》，《日知录集释》附录一，浙江古籍出版社 2013 年版，第 1917~1918 页。

从这里我们可以看出：第一，顾炎武非常强调在考据过程中的文献论据问题，没有文献作为论据支撑的论证是不成立的。顾氏之所以对俚俗之言不予关注，也主要是因为这些俚俗之言大多难以从文献上找到依据。第二，顾炎武认为，在依据文献进行论证的过程中，绝对不可以根据论证的需要而妄改论据，而李氏在此条中于"荣启期"前加"丈人"二字以证明春秋时丈人峰因此得名，以及第四条改"吴阊门"为"吴门"以移吴国之阊门于鲁，都是妄改论据的做法。

在上文论述的第九事中，顾炎武对李焕章妄改论据的做法提出了严厉的批评，末尾称："用心之不平如此，而谓天下遂无读《列子》、《论衡》二书之人哉？"可见，在考据的过程中，顾炎武认为应该采取客观的、实事求是的态度，即所谓"平心"，而不能为了达到论证事先预设论点之目的，而妄改证据。

三、对顾氏考据学准则的辨析

（一）顾氏考据学准则的局限

从上文对顾炎武考据学论据原则的归纳中，我们可以看出，顾炎武的观点是以儒家为本位的，在考据过程中，注重运用古书、正史等居于正统地位的典籍作为论据，而轻视齐东之语、佛道之书、俚俗之言，这些方面的典籍，在顾炎武看来是不能作为论据来进行考据的。顾炎武《日知录》中有关考据的条目，大多以十三经、历代正史、先秦两汉诸子书等为论据，而对齐东之语、佛道之书、俚俗之言等文献则相当排斥，即是其论据原则的体现。

对于顾炎武在考据学上强调运用古书以及正经正史作为论据的观点，笔者是认同的。因为，古书以及正经正史的产生时代相对较早，其可信度高，在考据的论据中占据着重要的地位。但是，笔者也认为，顾炎武在考据学的论据上一味排斥齐东之语、佛道之书、俚俗之言等文献，并将其与古书以及正经正史等文献对立起来的做法，是有其局限性的。这是因为：

第一，并非所有的问题都可以从古书和正经正史中得到证明。古书和正经正史等正统主流文献作为论据自然有其优势，但这些材料毕竟是有限的。而考据学所面对的问题却是丰富多样的，并非所有的问题都能从文献中得到解答，而能从古书和正经正史中得到证明的问题则更少。所以，严格将论据限定在古书和正经正史等书中，只能使某些原本可以通过其他途径得到证明的问题，依然处于悬而未决的境地。

第二，古书和正经正史中的问题并非都有考据学的价值。某一问题是否在考据学上具有价值，不是从证明该问题的论据来判断的，而在于问题本身是真问题还是伪问题，是大问题还是小问题。如果以古书和正经正史等文献为论据证明的问题本身就是伪问题，那么该考据自然也没有价值。

第三，并非只有古书和正经正史等文献才有考据学的价值，齐东之语、佛道之书、俚俗之言等文献也有一定价值。某一文献是否能够作为论据，用以考据，并不在于这一文献本身的性质，而在于其所要进行考据的对象，即考据所要证明的问题。如果将考据学严格限定在史实考据上，顾炎武的论据原则是值得提倡的，毕竟很多齐东之语、佛道之书、俚俗之言很难作为论据用以证明史实，因为这些典籍相较古书和正经正史而言，其可信度较低。但是，在考据学的其他方面，例如对民俗、俗语、民间信仰等问题的考据，这些文献未必就不能作为论据来证明问题，如果能够运用新方法、新理论，这些材料仍能在考据学上发挥作用。

所以，笔者认为，如果只以古书和正经正史等文献为论据，而排斥齐东之语、佛道之书、俚俗之言等文献，势必大大缩小考据学的范围，使很多有价值的问题得不到考据学上的证明。顾氏提出的观点大多就具体问题而发，其论据原则并不具备普遍适用性。在考据学实践中，我们不能将之作为考据学的不二准则，而应该具体问题具体分析，根据考据时所面对的问题，而对不同论据的可信度进行区分，以使各类论据能各尽其用，以达到证明问题的目的。所以可以说，顾炎武在《谲觚十事》

中提出的论据原则是有一定的局限性的。

(二)顾氏考据学准则的价值

尽管顾氏考据学准则中的两条有一定的局限性，但大部分极具借鉴价值。

第一，考据毕竟是以论据为基础而进行证明的，而论据毕竟是有限的，并不是所有的问题都能够通过现有的文献得到证明。而且，即使在关于所论证的问题材料充足的情况下，也可能出现论据之间相互矛盾的情况。在这样的情况下，如果无法进行明确的判断，最好的方法就是阙疑存疑，暂且将问题提出，不强行做出论断。所以，顾炎武在考据学中重阙疑这一条是极有价值的。由于古今之间存在着一定的差异，在没有证据的情况下，采用"以古测今"的方法对考据的问题进行推测，就有可能造成错判，而采用"以古测今"的方法推测出的观点，也未必与事实相符。因此，如果在证据不足的情况下，以推测的方式，强行对问题作出论证，其结论的可信度就要大打折扣，甚至与事实相反。

第二，考据是一个发现问题，并通过论证进而解决问题的过程，而解决问题的过程，是具有原创性的。所以，我们在考据的过程中，如果要证明的问题前人已有考证，即使未能完善，也应该尊重其劳动成果，采取引证的方式来加以展现，不能掩人之善，更不能掠人之美，剽袭他人之说以为己说。考据成果的"后出转精"就是指在尊重前人成果的基础上，进一步推进问题的考证，而剽袭他说在考据学上则是极其"不德"的行为。考据所面对的问题一般都是比较直接的单一的问题，在论证过程中只要能通过对论据的梳理，达到证明观点的目的就可以，没有必要在本问题之外横生枝节，使人看不清论证的问题所在。考据要以论据为基础，论据应有文献依据，而不能以道听途说之言作为论据。

第三，考据是人的行为，难免受到主观因素的影响，但是为了使考据的结论可信，在考据的过程中，应该尽量以"平心"要求自己，以客观的、实事求是的态度对待面临的问题和使用的材料。在对问题进行论证的过程中，我们最好不要提前预设问题的结论，以免在材料的梳理过程中有所侧重，而使结论出现偏差。在无法避免对结论提前预设时，我们也应该以材料与论证过程为主，在论证的结果与预设结论出现偏差时，宁可放弃预设结论，也绝不能为了证成预设的结论，而故意隐匿、曲解甚至妄改证据。

四、结语

顾炎武在考据学上提出的少数准则虽然有一定的局限性，但在清代以正经正史为主的考据学中，还是有很高的适用性的，他的几条准则对乾嘉考据学的兴盛起到了重要作用，如代表乾嘉考据学最高成就的高邮王氏父子，其文献考据成果《读书杂志》、《广雅疏证》、《经义述闻》、《经传释词》等，都是集中在对早期古书与正经正史的考据。而顾炎武对齐东之语、佛道之书、俚俗之言等文献的排斥，也造成了清代考据学对这些方面文献研究的冷落，这也就为近现代以来学界在古代小说、佛道文献、民俗学的研究方面留下了巨大的空间。

顾炎武在考据过程中强调的态度问题，也对清代学术风气产生了重要影响，如清代学者普遍对辨伪问题比较关注，《四库全书总目》中就有许多对古代典籍抄袭问题的批评①，而清代学术史上关于著作权的公案，如"戴震、赵一清《水经注》校本案"、"《日知录集释》作者案"、"《书目答问》作者案"等，都受到当时学者的极大关注，这些都表明了清代学术界对剿袭他说行为的反对。

---

① 参见司马朝军：《〈四库全书总目〉研究》附录一"《四库全书总目》辨伪书目"，社会科学文献出版社 2004 年版。

第三辑

综 述

20世纪版本学研究综述①

版本学是一门古老而年轻的学科，它经受了世纪的风风雨雨，走过了崎岖而又漫长的里程。现在，我们站在跨世纪的立交桥头，对20世纪的版本学研究进行回顾和总结，是一件很有意义的事情。

一、20世纪前半期的版本学

以中华人民共和国成立作为界碑，可以把20世纪的版本学研究分为前后两个时期。20世纪前半期，天下多故，战火纷飞。然而，由于近代机械印刷术（包括凸版、平版、凹版等）传入中国，大大提高了图书制作的效率，各类图书版本反而大量增加，从而促进了版本学研究的进展。

（一）版本学著作

我国版本学的历史虽然最早可追溯到先秦，但是版本学专著的出现，还是20世纪初期的事情。一般认为，叶德辉著《书林清话》是我国最早的版本学专著②。

叶德辉（1864—1927），字焕彬，号直山，一号郋园，祖籍苏州吴

---

① 原载《图书与情报》1999年第5期。此文是第一篇关于版本学的大型综述文章，是在曹之先生的指导下完成的，由我完成初稿，后经过曹先生修饰润色。此次收入本书时我又做了较大幅度的修改补充。今按：李明杰《20世纪中国古籍版本学史研究综述》、刘佳《20世纪版本学史研究》、杜少霞《民国时期古籍版本学研究》等文皆与此文有着或近或远的关系，敬请学界共鉴。

② 关于《书林清话》的研究成果有任莉莉《书林清话笺证》（华东师范大学2009年博士学位论文）。

县，寄籍湖南湘潭。光绪十八年（1892）进士，授吏部主事。对于中国近代以来思想、文化、学术发展演进的潮流，人们常将其分成激进主义、保守主义两大派别，而叶德辉又被公认为极端保守主义的代表人物，因为反对革命，最后惨遭杀害，死于非命。其人固不足论，但叶氏热心古书收藏、校勘和出版，也是清末民初知名藏书家和版本学家。①《书林清话》写于清代末年。该书采用笔记体裁，共十卷，分为126小节，以官刻、私刻、坊刻三大部分，分不同朝代来展开叙述，全面论述了版本学领域的诸多问题，包括历代书籍制度、历代抄书和刻书、版本鉴定等。在广泛罗列史料的基础上，间有考辨，颇有条理，该书在版本学历史上具有开创意义。诚如叶启鋆在《书林清话》的跋语中所说："（此书）于刻本之得失、抄本之异同，撮其要领，补其网遗，推而及于宋元明官刻书前牒文、校勘诸人姓名、版刻名称，或一版而转鬻数人，虽至坊估之微，如有涉于掌故者，援引旧记，按语益以加强，凡来自藏书家所未措意者，靡不博考周稽，条分缕析，此在东汉刘、班，南宋晁、陈以外，别自开一蹊径也。"除了《书林清话》之外，叶德辉尚有《书林余话》、《郋园读书志》、《藏书十约》等著作。

钱基博（1887—1957），字子泉，别号潜庐，江苏无锡人。钱锺书之父。著有《现代中国文学史》等书，今人整理有《钱基博集》②。誉之者称其博通四部，贬之者则讥其游谈无根。总体而论，钱基博也是一位具有鲜明保守特色的旧派人物。③ 他在其所著《现代中国文学史》的"四

---

① 　关于叶德辉的研究成果，主要有：（1）杜迈之、张承宗合撰《叶德辉评传》（岳麓书社1986年版）。该书写得过于简略，需要重写。（2）王逸明、李璞合撰《叶德辉年谱》（学苑出版社2012年版），该书三个部分，一为年谱，二为《叶德辉集佚文》，三为《相关资料传记》。莫美《墨雨》第二十五章所描写的吴辉之死，实际上就是指叶德辉被以"著名劣绅"之名义被特别法庭判决。见作家出版社2016年版，第274~275页。

② 　《钱基博集》共分五辑，由华中师范大学出版社出版。

③ 　关于钱基博的研究，有傅宏星《钱基博年谱》（华中师范大学出版社2007年版）。2007年在华中师范大学召开了"钱基博与国学研讨会"，研讨会的论文后来结集为《钱基博学术研究》一书出版。此外，据不完全统计，近三十年中，以钱基博作为研究对象的论文已有100余篇、博士论文1部。

版增订识语"中如是说:"时迫事近,其在今日,溺于风尚,中于意气,必有以余论列为不然者。吾知百年以后,世移势变,是非经久而论定,意气阅世而平心,事过境迁,痛定思痛,必有沉吟反复于吾书,而致戒于天下神器之不可为,国于天地之必有与立者。"这番话一方面表明了作者对其所著《现代中国文学史》一书的自信,另一方面也预计到了自己著作的意义价值,恐怕要在很久以后,"是非经久而论定,意气阅世而平心",才会被人们所认识。《现代中国文学史》是如此,对《版本通义》一书亦可作如是观。《版本通义》是继《书林清话》之后又一部版本学专著,该书写于 1930 年,1933 年由上海商务印书馆出版。全书分为四个部分:"原始第一"记上古至五代版本;"历史第二"记宋、元、明、清版本沿革;"读本第三"记四部要籍善本;"余记第四"杂记治版本之心得,指示治学门径。① 其《叙目》称"余读官私藏书之录,而籀其所以论版本者,观于会通,发凡起例","籀诵诸家,删次其要,参互钩稽,积久成帙,董而理之,以著为篇"。钱基博发凡起例,点铁成金,自具卓识,首次以"版本"为书名,将"版本"作为独立的研究对象加以界定。从"书林"到"版本"的转变,不仅是著述主题词的"偷梁换柱",更体现了版本学由目录学、校勘学的附庸走向独立的嬗变历程,应该说这是版本学史上的一大拐点。②

孙毓修(1871—1922),字星如,一字恂如,号留庵,自署小渌天主人,江苏无锡人。清末秀才。因屡试不中,放弃科举,学习英文和各种西学,并决心从事著译。早年在南菁书院执教,得到缪荃孙指教,留意目录之学。光绪三十三年(1907)入上海商务印书馆编译所,得到张元济赏识,委任其筹建图书室。次年,商务印书馆购得绍兴徐氏、太仓顾氏、长洲蒋氏之书,设图书馆(即"涵芬楼")于其编译所,出任涵芬楼负责人。著有《永乐大典考》、《江南阅书记》、《四部丛刊书录》、

---

① 钱基博:《版本通义》,商务印书馆 1933 年版。

② 参见刘佳《20 世纪版本学史研究》(河北大学 2009 年硕士学位论文)第 6 页。

《中英文字比较论》等。被茅盾赞为"中国童话开山祖师"。《中国雕版源流考》考证了刻本源流，重点考证了官本、坊刻本、活字印书法和装订等问题。①

(二)版本目录和善本书影

20世纪前半期，有关图书馆和藏书家编制了大量版本目录，这些版本目录汇集了古籍版本鉴定的丰硕成果。荦荦大者如缪荃孙编《艺风藏书记》、《艺风藏书续记》、《艺风藏书再续记》、《江南图书馆善本书目》、《清学部图书馆善本书目》等；故宫博物院编《故宫所藏殿本书目》；张允亮编《故宫善本书目》；王文进编《文禄堂访书记》；赵万里编《北平图书馆善本书目》；赵录绰编《北平图书馆善本书目乙编》；孙殿起编《贩书偶记》及其续编等。

随着西方摄影技术的传入和普及，继杨守敬刻《留真谱》之后，20世纪前半期用照相制版技术编印了不少善本书影，例如瞿启甲《铁琴铜剑楼宋金元本书影》、张允亮《故宫善本书影初编》、柳诒徵《钵山书影》、刘承干《嘉业堂善本书影》、故宫博物院文献馆《重整内阁大库残本书影》、王文进《文禄堂书影》、陶湘《涉园所见宋版书影》、顾廷龙和潘景郑合编《明代版本图录初编》，等等。其中《明代版本图录初编》开始把目光由宋元本转向明代版本，其远见卓识远在同类版本目录著作之上。该书对于扩大版本学的研究领域，一改沿习已久的"佞宋"之风，产生了积极影响。② 名家题跋是版本学家考订古籍版本的结晶，对于后人鉴定版本有其重要的借鉴价值。20世纪前半期，名人题跋汇辑成册者有：缪荃孙辑《士礼居藏书题跋续录》、《荛圃藏书题识》、《荛圃刻书题识》、《红雨楼题跋》等；王欣夫辑《荛圃藏书题识续录》、《荛圃藏书题识再续录》、《思适斋书跋》等；罗继祖编《大云书库藏书题识》等。

---

① 孙毓修：《中国雕版源流考》，商务印书馆1941年版。按：此书系孙氏翻译美国汉学家卡特所著《中国雕版源流考》，是较早系统讲述中国古代印刷史的研究著作，扼要论述了雕版印刷术的发明和发展。

② 顾廷龙、潘景郑：《明代版本图录初编》，开明书店1941年版。

(三) 版本学家

20 世纪前半期涌现出缪荃孙、叶德辉、罗振玉、王国维、钱基博、傅增湘、陶湘、郑振铎、张元济、孙毓修、向达、赵万里、王重民等一批版本学家。这些版本学家大多是国学名家，他们的学术成就与版本学密不可分。罗振玉撰《流沙坠简考释》、《宋元释藏刊本考》等；王国维撰《五代两宋监本考》、《两浙古刊本考》等；陶湘撰《明吴兴闵版书目》等。下面重点介绍傅增湘、张元济、王重民等人在版本学方面的成就。

傅增湘（1872—1949），字叔和，号沉叔，别署双鉴楼主人、藏园居士①，四川江安（今属宜宾）人。20 世纪 20 年代末，傅增湘曾赴日本搜集流失的中国古籍。他热心于收书，犹如"蚁之集膻，蛾之扑火"，一生所藏总计达 20 余万册。其中多有宋、元、明精刊及抄本。傅的收藏在当时独步天下，仅宋、金刊本就有 150 余种，后来编制的《北京图书馆善本书目》就著录傅氏藏善本 280 多种。他酷爱校书，如寒之索衣，饥之思食，无日或间，校勘文字异同是他鉴定版本的主要方法。《藏园群书题记》中的许多篇章的版本考证都与校书有关。他终生校书1600 余卷，鉴定古籍 4500 余种。主要著作有《双鉴楼善本书目》、《藏园群书题记》、《藏园群书经眼录》等。又有《藏园续收善本书目》四卷、《双鉴楼珍藏宋金元秘本书目》四卷、《藏园校书录》四卷、《藏图诗稿》四卷，稿藏于家，尚待出版。生平事迹见傅增湘自撰《藏园居士七十自述》。关于傅增湘研究的成果主要有：孙荣耒《近代藏书大家傅增湘研究》（山东大学 2007 年博士论文）②、孙英爱《傅增湘年谱》（河北大学2012 年硕士论文）。

---

① 傅增湘藏有一部南宋本《资治通鉴》，一部元刻本《资治通鉴音注》（后来以南宋写本《洪范政鉴》来代替），别署"双鉴楼主人"。又由于其在北京西城西四石老娘胡同建有"藏园"（取自苏轼"万人如海一身藏"之句）作书库，自号"藏园老人"。

② 该论文第三章从鉴定版本、校勘群书、撰写题记三节加以总结。书后附录《傅增湘简谱》。今按：此文写得还比较简略。

张元济（1867—1959），字筱斋，号菊生，浙江海盐人。他是商务印书馆的奠基人，被誉为"中国现代出版第一人"。1936 年，由蔡元培、胡适、王云五等人发起，收录当时二十多位文化界名人学者在各自领域的学术论文，编印了《张菊生先生七十生日纪念论文集》，以此特殊方式为这位出版界前辈祝寿。张元济被友人称为"富于新思想的旧学家，也是能实践新道德的老绅士"。1948 年 8 月被选为中央研究院第一届院士。著有《校史随笔》、《涵芬楼烬余书录》、《宝礼堂宋本书录》、《涉园序跋集录》、《张元济日记》、《张元济书札》、《张元济傅增湘论书尺牍》等书，现已汇编成十卷本《张元济全集》（商务印书馆 2009 年版）①。生平事迹见张树年所撰《我的父亲张元济》（东方出版中心 1997 年版）、张人凤与柳和城合编《张元济年谱长编》（上海交通大学出版社 2011 年版）。此外，学界对于张元济的生平与学术的研究相当火爆，代表性的成果有：王绍曾《近代出版家张元济》（商务印书馆 1984 年版、1995 年增订本）、叶宋曼瑛《从翰林到出版家——张元济的生平和事业》（英文版 1985 年 4 月由北京商务印书馆出版，后由张人凤、邹振环译成中文，1992 年由香港商务印书馆出书）、汪家熔《大变动时代的建设者——张元济传》（四川人民出版社 1985 年版）、王英《一代名人张元济》（济南出版社 1992 年版）、吴方《仁智的山水：张元济传》（上海文艺出版社 1994 年版）、陈建民《智民之梦——张元济传》（四川人民出版社 1995 年版）、柳和城《张元济传》（南京大学出版社 1996 年版）、张荣华《张元济评传》（百花洲文艺出版社 1997 年版）、张人凤《智民之师：张元济》（山东画报出版社 1998 年版）、李西宁《人淡如菊：张元济》（山东画报出版社 1998 年版）、周武《张元济：书卷人生》（上海教育出版社 1999 年版）、汪凌《张元济：书卷中岁月悠长》（大象出版社 2002 年版）、张学继《出版巨擘——张元济传》（浙江人民出版社 2003 年版）、张人凤《张元济研

---

① 全集约 550 万字，按体裁分类编辑，包括书信、诗、文、日记以及古籍研究五类。详细情况参见孙鲁燕《张元济全集的出版价值及研究价值》（《出版发行研究》2011 年第 6 期）。

究文集》（上海辞书出版社 2007 年版）。张元济故里浙江海盐举行过 3
次全国性的张元济学术讨论会。第一次 1987 年 10 月，第二次 1992 年 4
月，第三次 2007 年 9 月。第一、第二次讨论会论文的合集《出版大家张
元济》由学林出版社于 2006 年出版，第三届学术讨论会提交的论文以
《张元济研究论文集》为名于 2009 年由中国文史出版社推出。值得注意
的是，《涉园序跋集录》是他的序跋汇编。每篇序跋都是精心考证版本
写成的。在选择《四部丛刊》、《百衲本二十四史》底本的过程中，张元
济呕心沥血，不遗余力，为后人提供了大量古籍善本书影。

王重民（1903—1975），字友三，号冷庐主人，河北高阳人。1924
年考入北京师范大学。1930 年任北海图书馆（今国家图书馆）编纂委员
会委员兼索引组组长。1934 年被派往国外，先后在法、英、德、意、
美等国著名图书馆，刻意搜求流散于国外的珍贵文献。1937 年 4 月，
在法国巴黎与刘修业女士结婚。1939 年受聘于美国国会图书馆，整理
馆藏中国善本古籍。1947 年回国后，仍任职于北平图书馆，兼任北京
大学中文系教授，主持该系图书馆学组的教学。1947 年在北京大学中国
文学系创办图书馆学专科（后改本科，他任系主任）。1949 年北平和平
解放后，兼任北京图书馆副馆长。于 1952 年辞去北京图书馆职务，专
事教学，除主持系务外，并担任目录学等课程的讲授，为中华人民共和
国培养出一大批专业人才。1956 年任北京大学图书馆系主任。1957 年，
王重民只因给当年北京图书馆的军代表，主管文化工作的个别领导人提
意见，被打成右派，与黄现璠、向达、雷海宗、陈梦家等人并称"史学
界五大右派"。著有《老子考》、《敦煌古籍叙录》、《中国善本书提要》
等。生平事迹见刘修业《王重民教授生平及学术活动编年》与《王重民年
谱》初稿、傅振伦亲撰《王重民教授别传》（北京图书馆《文献丛刊》编辑
部编《中国当代社会科学家》总传第一辑）、李墨《王重民年谱》（河北大
学 2008 年硕士论文）。关于王重民研究的成果主要有《王重民先生百年
诞辰纪念文集》（北京图书馆出版社 2003 年版）①。杨殿珣《略论王重民

① 详参孟昭晋、王锦贵：《二十年来的王重民研究》，《中国图书馆学报》
1999 年第 2 期。

同志对于版本学的研究》(《图书馆学通讯》1982 年第 3 期) 一文对王重民的版本学成就进行了总结，包括据刻工、版框、序跋牌记、考证版本，用校勘方法解决版本问题，对套版书发明的研究，对异本和孤本的研究等六个方面。《中国善本书提要》著录了他亲自鉴定的 4300 余种古籍善本，在版本学历史上具有比较重要的价值。①

人们注意到，20 世纪 30 年代前后，北京图书馆曾是古籍版本学家的摇篮。当时王重民、向达、赵万里②、谢国桢、孙楷第、张秀民等人云集北京图书馆。他们在这座神圣的殿堂里，朝夕相处，切磋学问，后来大多成为版本学的巨擘。

(四) 版本学研究的评价

尽管 20 世纪前半期在版本学研究方面取得以上成绩，但是，总的来说，版本学理论还是一片空白。尽管在当时条件下，《书林清话》的出现已属难能可贵，但它毕竟只是史料的排比和堆积，缺乏理论色彩。一些版本学家以编制版本目录为己任，耗费了大量青春年华，却没有认真坐下来把版本学作为一门学科加以研究和总结。最后撒手而去，仅仅留下一册册账簿式的版本目录。造成以上情况的主要原因是——直到 20 世纪前半期，版本学还是作为目录学、校勘学的附庸而存在，还不是一门独立的学问。

二、20 世纪后半期的版本学

20 世纪后半期正是中华人民共和国成立后的 50 年。50 年来，版本学研究有了长足的进展。具体来说，可分三个阶段。

(一) 第一阶段 (1949—1965)

1949 年中华人民共和国成立后，百端待举，年轻的共和国还拿不

---

① 沈津先生在写给顾廷龙先生的信中对王重民的研究颇有微词。
② 参见赵深《著名版本目录学家赵万里小传》(《文献》1985 年第 4 期)、郑炳纯《赵万里谈古籍版本》(《中国典籍与文化》1994 年第 1 期)。

出更多的人力、物力和财力从事古籍版本的研究工作。尽管如此，版本学研究还是取得了一定成绩。

1. 版本学家及其专著

这个阶段的版本学专著有陈国庆《古籍版本浅说》、毛春翔《古书版本常谈》、张秀民《中国印刷术的发明及其影响》等。

陈国庆（1890—1973），字助山，号抱残，祖籍福建泉州，迁居辽宁盖平。著名学者陈公柔之父。20 世纪 20 年代末期曾任东北大学理工学院学监，后因反满抗日被关入日伪政权的监狱。解放后曾任辽宁图书馆副馆长。著有《汉书艺文志注释汇编》、《长春伪宫残存宋元珍本目录考略》等。其《古籍版本浅说》对 220 多个版本学术语作了简明扼要的解释，对普及版本学常识和推动版本学术语规范化起了一定作用。①

毛春翔（1898—1973），笔名乘云、夷白、童生，浙江江山人。1924 年毕业于浙江法政专门学校。1927 年 2 月北伐军抵达江山，被推选为"人民审判土豪劣绅委员会"主席，曾加入中国共产党。蒋介石发动"四·一二"政变后，毛春翔被捕，关押于杭州陆军监狱。两年后，由毛彦文等营救出狱，去江西省上饶中学任教员。1932 年，毛春翔到北京图书馆工作，从此专心研究图书古籍。次年他转到杭州，在浙江省立图书馆任善本编目员兼孤山分馆主任干事。抗战爆发后，他随图书馆迁走。1941 年，毛春翔到重庆负责保管馆藏文澜阁《四库全书》。抗日战争胜利后，其在时任国民党中央政府教育部主管文博事业的徐伯璞率领下，将《四库全书》运回杭州。回杭州后，毛春翔任图书馆特藏部主任，直至 1965 年退休。著有《论语类编通义》、《齐物论校读记》、《浙江先哲遗书目录》、《文澜阁书目》、《古书版本常谈》、《浙江省大事记》等。《古书版本常谈》是作者长期从事图书馆古籍整理工作的经验总结，全书文字简略，重点论述了古籍版本源流和古籍版本的鉴定问题。②

① 陈国庆：《古籍版本浅说》，辽宁人民出版社 1957 年版。
② 毛春翔：《古书版本常谈》，中华书局 1965 年版。

　　张秀民(1908—2006)，谱名荣章，字涤瞻，浙江嵊州人。南宋名相张知白第 28 代玄孙。1931 年毕业于厦门大学国学系，同年进入国立北平图书馆(今北京图书馆)，直到 1971 年，从事图书馆工作 40 年。曾任北平图书馆索引股股长。中华人民共和国成立后，历任北京图书馆参考研究组组长、副研究员。著有《中国印刷术的发明及其影响》(人民出版社 1958 年版、1978 年再版；台湾文史哲出版社 1988 年版；1960 年日文版)、《中国印刷史》(上海人民出版社 1989 年版)。《中国印刷术的发明及其影响》的内容分两个部分：第一部分探讨印刷术的起源，提出了印刷术起源于唐代的"贞观说"；第二部分论述了中国印刷术对亚洲、非洲和欧洲的影响。该书的价值有二：一是标志图书制作方式演变源流的研究有了重大突破；二是详细论证了印刷术的发明权属于中国，功莫大焉。前此同类著作有美国人卡特①著《中国印刷术的发明和它的西传》(商务印书馆 1957 年版，据美国哥伦比亚大学出版社 1925 年英文版译出)，该书征引了中国、朝鲜、日本等国的大量文献，对于印刷术的发明及其向世界各地的传播作了简要而又全面的论述。但张书在许多方面可补卡特著作之不足。②

　　2. 版本目录和书跋汇编

　　这个阶段还编印了大量版本目录，例如《北京图书馆善本书目》、《北京大学图书馆善本书目》、《上海图书馆善本书目》、《复旦大学图书馆善本书目》、《南京大学图书馆善本书目》、《广东中山图书馆藏善本

---

　　①　托马斯·弗朗西斯·卡特(Thomas Francis Carter, 1882—1925)，美国学者和传教士。生于新泽西布顿。父亲托马斯·卡特(Rev. Thomas Carter)是神职人员，母亲 Hattie Dodd Carter。卡特 1904 年毕业于普林斯顿大学，获得学士学位，后于 1910 年毕业于纽约协和神学院，成为神职人员，并于同年与神职人员 Rev. Ole Olsen 之女 Dagny Oslen 结婚。婚后，卡特携夫人前往中国，在安徽宿州从事教育和宗教活动长达十二年，其间与同在当地的赛珍珠结为至交。1923 年，卡特受哥伦比亚大学之邀，从欧洲返回美国担任该校中国语言系主任、教授。1925 年 6 月，卡特在哥伦比亚大学获得博士学位，他的名作"*The Invention of Printing in China and its Spread Westward*"也由该校出版。同年 8 月 6 日，饱受病痛折磨的卡特于纽约曼哈顿家中去世。

　　②　曹之：《中国印刷术的起源》，武汉大学出版社 1994 年版，第 8~9 页。

书目》、《天津市人民图书馆善本书目》、《增订四库简明目录标注》、《中国地方志综录》、《中国丛书志综录》等。其中《增订四库简明目录标注》原名《四库简明目录标注》，为《四库全书》所收各书的版本目录，清邵懿辰撰，宣统三年(1911)板行。后来递经缪荃孙、王懿荣等名家批注，邵懿辰之孙邵章、曾孙邵友诚增订，1959 年由中华书局改易今名印行。

《中国地方志综录》是一部方志版本目录，由方志学家朱士嘉编撰，1958 年由商务印书馆出版。上海图书馆在特殊历史时期集合众力编纂而成的《中国丛书综录》是一部大型丛书版本目录，该书共著录丛书 2797 部，附有《子目书名索引》、《子目著者索引》和《全国主要图书馆收藏情况表》，使用起来非常方便。①

这个阶段编印的古籍名家题跋有：顾廷龙辑、叶景葵撰《卷庵书跋》，潘景郑校订、毛晋撰《汲古阁书跋》，等等。

1960 年北京图书馆编《中国版刻图录》是一部规模空前的善本书影汇编，该书收录古籍善本 550 种，图版 724 幅。内容分刻版、活字版、版画三个大类，卷首有序文一篇，简述我国版刻的历史。② 该书虽然已经注意到传世最多的明清刻本，但还远远不够。

3. 版本学研究的评价

长期以来，给人们造成如此错觉：版本学好像是少数行家的事情，与己无关；版本学就是研究宋元版本，而宋元版本被少数机构的少数专家垄断，没有宋元版本，就别干这一行；版本学是一门“玄学”，只可意会，不可言传。为什么会出现这种情况呢？主要原因就是版本学理论研究严重滞后。尽管版本学的实践活动从未停止，但是直到“文化大革命”前，始终没有出现过一本阐述版本学理论的著作。在版本源流的研究方面，《中国印刷术的发明及其影响》虽然功不可没，但也有明显不足：一是研究方法简单，甚至抓住片言只语，就匆忙去作结论；二是把

① 上海图书馆：《中国丛书综录》，中华书局 1962 年版。

② 北京图书馆：《中国版刻图录》，文物出版社 1960 年版。

印刷术的发明时间同普及时间混为一谈。

（二）第二阶段（1966—1977）

1966 年，"文革"开始，几乎所有的学术活动和科学研究遭受灭顶之灾，版本学研究亦未能幸免于难。不仅如此，"文革"中大量古籍版本被当成封建主义"黑货"付之一炬，也是版本学研究的重大损失。

不过，20 世纪 70 年代初期，考古工作者先后在山东临沂银雀山、甘肃武威旱滩坡和长沙马王堆发掘出了一批竹简、帛书，如银雀山西汉竹简本《孙子兵法》和《孙膑兵法》，甘肃武威汉代医简，长沙马王堆帛书《老子》甲乙本、《战国纵横家书》和《治法》等，为写本研究提供了实物，为研究汉代简策制度和帛本提供了方便。

（三）第三阶段（1978—1998）

1978 年十年动乱结束之后，拨乱反正，百废俱兴，版本学研究突飞猛进，令人刮目相看。

1. 版本学著作如林

1978 年以来，出版了许多版本学专著、版本目录、索引和书影。版本学专著如吴则虞《版本通论》（1978 年、1979 年连载于《四川图书馆学报》）、魏隐儒《中国古籍印刷史》和《古籍版本鉴定丛谈》（印刷工业出版社 1984 年版）、邱陵《书籍装帧艺术简史》（黑龙江人民出版社 1984 年版）、瞿冕良《版刻质疑》（齐鲁书社 1987 年版）、张秀民《中国印刷史》（上海人民出版社 1989 年版）、李致忠《历代刻书考述》（巴蜀书社 1990 年版）和《古书版本学概论》（书目文献出版社 1990 年版）、陈宏天《古籍版本概要》（辽宁教育出版社 1991 年版）、程千帆与徐有富合著《校雠广义·版本编》（齐鲁书社 1991 年版）、曹之《中国古籍版本学》（武汉大学出版社 1992 年版）和《中国印刷术的起源》（武汉大学出版社 1994 年版）、姚伯岳《版本学》（北京大学出版社 1993 年版）、卢贤中《古代刻书与古籍版本》（安徽大学出版社 1995 年版）、谢水顺《福建历代刻书》（福建人民出版社 1997 年版）等。版本目录、索引和书影有《中国古籍善本书总目》(上海古籍出版社已出版经、史、丛等部)、杜信孚《明代版刻综录》(广陵古籍刻印社 1983 年版)、《中国地方志联合目录》(中华书局 1985 年版)、杨绳信《中国版刻综录》(陕西人民出版社 1987 年版)、《中国科学院图书馆藏中文古籍善本书目》(科学出版社 1994 年版)、《湖南省古籍善本书目》(岳麓书社 1998 年版)、王肇文《古籍宋元刊工姓名索引》(上海古籍出版社 1990 年版)、罗伟国《古籍版本题记索引》(上海书店 1991 年版)、上海图书馆《善本书影》(上海古籍出版社 1978 年版)、黄裳《清代版刻一隅》(齐鲁书社 1992 年版),等等。另外,这个阶段台湾也出版了不少版本学著作,其中有李清志《图书版本鉴定研究》(台湾文史哲出版社 1980 年版)、屈万里与昌彼得《图书版本学要略》(台湾中国文化大学出版部 1989 年版)等。据不完全统计,这个阶段在全国各类杂志发表的版本学研究论文有 2005 篇,是 20 世纪初至 1977 年前版本学论文总数的 15 倍。

2. 关于版本学基础理论的研究

版本学基础理论是版本学的支柱,不少有识之士认识到这个问题的严重性,在报刊上发表了不少争鸣文章。这个阶段关于版本学基础理论的研究论文有 185 篇,其中如卢中岳《版本学研究漫议》、李致忠《论古书版本学》、郭松年《古籍版本与版本学》、姚伯岳《"版本"考辨》、周铁强《近年来古籍版本学理论研究述评》、石洪运《版本学基础理论研究述评》等。不少版本学专著也开始注意理论研究,例如曹之《中国古籍版本学》比较全面地论述了古籍版本学理论的种种问题,其中包括古籍版本学的定义、研究对象、研究内容、研究方法、与相关学科的关系和研究古籍版本的意义等。

3. 关于版本学史的研究

无古不成今,当代版本学需要借鉴古代版本学研究的成果。这个阶段研究版本学历史的文章有 32 篇,其中有胡道静《从黄荛翁到张菊老——150 年来版本学的纵深进程》、刘国珺《关于我国古籍版本学历史阶段划分的思考》等。曹之《中国古籍版本学》专门用了一章的篇幅论述了版本学产生、发展和兴盛的历史,介绍了历代版本学家及其著作,对版本学的发展历史作了粗线条的描绘。

4. 关于版本源流的研究

版本源流是版本学研究的重要内容之一，也是这个阶段版本学研究的热门话题。这个阶段共发表版本源流方面的论文 1441 篇，其中有李致忠《明代刻书述略》、曹之《明代藩王刻书考》、金良年《清代武英殿刻书述略》、肖东发《建阳余氏刻书考略》等。《中国古籍印刷史》、《历代刻书考述》、《福建古代刻书》等专著全面系统地论述了历代刻书的历史。尤其令人瞩目的是写本源流、印刷术起源和考订一书版本源流的研究有了新的突破。《中国古籍版本学》详细论述了写本发生、发展的历史，这在版本学历史上尚属首次。《中国印刷术的起源》则以大印刷史观作为指导思想，全方位、多学科地论证"唐初说"，纠正了许多似是而非的观点。另外，美籍华裔学者钱存训的《纸和印刷》一书是研究印刷术起源的力作，该书征引古今文献 2000 余种，代表了国外同类研究的最新水平，已收入英国学者李约瑟《中国科学技术史》第五卷。在考订一书版本源流方面，出现了魏绍昌《红楼梦版本小考》、刘尚荣《苏轼著作版本论丛》、蒋星煜《明刊本〈西厢记〉研究》等著作。万曼《唐集叙录》则是考证唐诗别集版本的一部力作。在《古籍版本学概论》和《中国古籍版本学》等专著中，也开始把考订一书的版本源流作为重要内容加以论述，扩大了版本学研究的视野。

5. 关于版本鉴定的研究

版本鉴定是版本学研究的核心问题，历代版本学家都无一例外地重视版本鉴定工作。这个阶段发表的版本鉴定论文有 347 篇，其中如廖延唐《古书牌记》、崔建英《明别集版本审订札记》、蒋星煜《明刊本〈西厢记〉的古本、元本问题》、沈津《抄本及其价值与鉴定》等。《古籍版本鉴定丛谈》、《古书版本学概论》等著作全面系统地论述了古籍版本的鉴定方法，具有实用价值。《中国古籍版本学》提出了根据内容鉴定版本的一系列方法，对于纠正"观风望气"的形式主义倾向具有一定价值。

6. 关于新书版本的鉴定

版本学并非古籍的专利，新书也有版本问题。早在 20 世纪 40 年代，著名文学家唐弢就开始发表研究新书版本的短文，1962 年北京出版社结集为《晦庵书话》正式出版，1980 年三联书店又出了增订本。这是版本学历史上第一部研究新书版本的论文集。20 世纪 80 年代以来，研究新书版本的论文有徐孝宓、卫扬春《新书版本研究浅见》、朱积孝《中国近现代图书版本学概述》等，数量虽然不多，但毕竟是有意义的。姚伯岳《版本学》将古籍版本和新书版本熔为一炉，令人耳目一新。

7. 本阶段版本学繁荣的原因

1978 年以来，版本学研究硕果累累，原因何在？第一，国家重视古籍整理与出版工作。1981 年，陈云同志先后两次对古籍整理出版工作作出重要指示。从中央到地方都成立了古籍整理的领导机构，全国各地先后组建了不少专业古籍出版社和古籍整理研究所。第二，培养了一大批版本学研究人才。1978 年以来，古籍整理队伍不断壮大，培养了一大批古籍整理方面的本科生和研究生。在《中国古籍善本书总目》编纂过程中，全国 782 个图书馆和收藏单位的数百名专家参预其事，群贤毕至，少长咸集，培养了一大批版本新秀。第三，学术的繁荣，促进了版本学的繁荣。历史经验告诉我们，学术研究和版本学是互为因果的关系：学术繁荣需要版本学的帮助；版本学的繁荣，也需要学术研究的推动。1978 年之后，广大古籍整理人员努力工作，战果辉煌。从 1982 年至 1990 年就整理出版各类古籍 4065 种，每种古籍的出版都离不开版本的考订工作。第四，版本学研究长期积累的结果。我国的版本学研究从先秦算起，至今已有 2000 多年。2000 多年来，一代又一代学人为之付出了辛勤的劳动。尽管他们没有来得及写出版本学专著，但是薪尽火传，给后人留下了许多宝贵的启示。后人借鉴了先人的研究成果，后来居上，理固宜然。

8. 本阶段版本学研究之不足

本阶段版本学研究虽然成绩卓著，但也有如下明显不足：第一，版本学基础理论研究比较薄弱，翻开任何一本版本学专著，版本学基础理论所占的比重实在太小，有的甚至惜墨如金。第二，版本学史的研究也很不够，有些版本学著作甚至不置一辞。第三，重刻本、轻写本。写本是版本的源头，即使印刷术发明之后，写本仍然大量存在，但是人们不大重视写本源流的研究，至今没有一种系统的写本史。第四，印刷术起源的研究明显不足，中国是印刷术的故乡，但是这方面的论著很少。第五，古籍版本鉴定有重形式、轻内容的倾向。第六，对考订一书版本源流的研究重视不够。① 以上六个问题之中，版本学基础理论研究的薄弱，是最根本的一个问题。本文第三部分将重点讨论这个问题。

三、20 世纪的版本学基础理论研究

20 世纪版本学基础理论研究主要围绕以下几个方面展开。

(一)关于"版本"概念的研究

什么是版本？对于版本学研究来说，这是一个基本而又重要的问题，目前尚未达成共识，至少有以下 5 种观点：

第一，印本说。张舜徽认为："'版'的名称源于简牍；'本'的名称源于缣帛……自从有了雕版印刷术以后，人们习惯于用版本二字作为印本的代称。"②

第二，合称说。施廷镛认为："所谓版本，实写本与刻本的合称。"③戴南海亦说："版本的概念，在两宋时，则成为雕版书和手抄本的合称。这就是版本二字连缀成一个固定名词后的最初概念。"④

第三，总称说。顾廷龙认为："版本的含义实为一种书的各种不同的本子，古今中外的图书，普遍存在这种现象，并不仅仅限于宋、元古籍。"⑤

① 曹之:《中国古籍版本学》，武汉大学出版社 1992 年版，第 88 页。
② 张舜徽:《中国校雠学分论(上)——版本》，《华中师院学报》1979 年第 3 期。
③ 施廷镛:《中国古籍版本概要》，天津古籍出版社 1987 年版，第 2 页。
④ 戴南海:《版本学概论》，巴蜀书社 1989 年版，第 6 页。
⑤ 顾廷龙:《版本学与图书馆》，《四川图书馆》1978 年第 11 期。

第四，实物形态说。姚伯岳认为："版本就是一部图书的各种实物形态。"①

第五，广狭二义说。有人认为："古籍版本有广狭二义。狭义的古籍版本专指雕版印本，广义的古籍版本泛指包括写本、印本在内的，用各种方法制作而成的古代图书的各种本子。"②

我们认为，"版本"最初含义单指刻本，并不包括写本在内（戴南海的说法显系误解）。元、明以后，随着雕版印刷的发展和图书制作方式的复杂化，"版本"一词的含义逐渐扩大，成为一书各种文本的总称。除了刻本之外，还包括写本、活字本、套印本、插图本、石印本等。"印本说"仅指向版本的原始义，忽视了版本含义在后代已经扩大了的事实，不可取；"合称说"认为版本只讲写本和刻本，将活字本、套印本、插图本、石印本排除在外，亦不足取；"总称说"揭示了版本的"同书异本"特质，比较可取，但也有欠妥之处，以"本子"解释"版本"，似有循环解释之嫌；"实物形态"与"总称说"接近，但它特别指出"实物形态"，庶几接近事实；"广狭二义说"其实是"印本说"与"总称说"的折衷。迄今为止，关于版本的概念还没有形成统一的认识，见仁见智，聚讼纷纭。

（二）关于"版本学"的概念

版本学作为实践的产物，一直找不到理论支点。据不完全统计，关于版本学的定义有数十种之多。下面，我们择要介绍 5 种：

第一，旧刻旧钞说。叶德辉认为："自宋尤袤遂初堂、明毛晋汲古阁及康雍乾嘉以来各藏书家，断断于宋元本旧钞，是为板本之学。"③

第二，鉴别说。《辞海》认为："研究版本的特征和差异，鉴别其真伪和优劣，是为版本学。"④

---

① 姚伯岳：《版本学》，北京大学出版社 1993 年版，第 6 页。
② 严佐之：《古籍版本学概论》，华东师范大学出版社 1989 年版，第 1 页。
③ 叶德辉：《书林清话》，中华书局 1957 年版，第 21 页。
④ 辞海编辑委员会：《辞海》，上海辞书出版社 1980 年版，第 1475 页。

第三，价值说。有人认为："鉴定版本时代也好，考订版本源流也好，其最终目的还在于比较、确定版本内容的优劣，在于研究版本'在反映原书内容的特殊作用上'。从这一意义上讲，版本学乃是以研究版本文献价值为主的一门科学。"①此种观点袭自《图书馆古籍编目》的相关论述。

第四，物质形态说。程千帆等认为："版本学所研究的内容无不与书的物质形态有关，因此可以概括地说版本学是研究书的物质形态的科学，是校雠学的起点。"②

第五，规律说。郭松年认为："古籍版本学是从古籍的版本源流和相互关系中，研究古籍版本的异同优劣，鉴定古籍版本的真伪，评定古籍版本的功用价值，并从中总结工作的规律性和方法的一门科学。"③

我们可以看出，这些版本学的定义存在一定的差异，从20世纪初至70年代中期，大多局限于"经验说"，即"观风望气"的经验总结。随着研究的深入，版本学家们开始对"经验说"进行反思。科学研究的任务在于揭示特定事物内部矛盾运动的规律，版本学亦不能例外。我们认为，郭松年等人提出的"规律说"比较可取。版本学是研究版本源流和版本鉴定规律的科学，就是要对各种版本现象作科学的分析和归纳，找出规律。"旧刻旧钞说"是清代版本学家的观点，此"佞宋"之风所由来；"鉴别说"局限于鉴定版本的具体方法，视野不广，此"经验说"所由来；"价值说"讲的是版本学研究的目的，而非版本学的定义；"物质形态说"讲的是问题的表象，而没有揭示问题的实质。

(三)关于版本学的研究对象

任何一门学科都有自己的研究对象。对象不明，则难免误入歧途。截至目前，至少有以下三种观点：

① 严佐之：《古籍版本学概论》，华东师范大学出版社1989年版，第7页。
② 程千帆、徐有富：《校雠广义·版本编》，齐鲁书社1991年版，第9页。
③ 郭松年：《古籍版本与版本学》，《吉林省图书馆学会会刊》1980年第4期。

第一，图书说。李致忠认为："中国古书版本学的研究对象是中国古代图书。"①

第二，文献说。邵胜定认为："版本学和它的兄弟学科一样，研究对象是一切需要整理和利用的文献资料。盖其学虽名'版本'，但它的对象应包括一切历史文献资料。"②

第三，版本说。姚伯岳认为："版本学的研究对象是版本，这本应当是毫无疑义的。"③

我们认为，古籍版本学的研究对象是写本、刻本、拓本、活字本、套印本、插图本等一切形式的版本。其中，写本和刻本是其重点研究对象。"图书说"混淆了图书与版本两个不同的概念。版本和图书二者之间有着密切联系，没有图书的版本和没有版本的图书同样是不存在的。但是图书并不等于版本，版本只是图书内涵的一个方面。同一种图书可以有不同的版本。版本学以版本为研究对象，正是为了探讨同书异本之间的差异。"文献说"将版本的范围扩大到一切文献，同样混淆了文献与版本两个不同的概念。文献的内涵比图书更大，更不能把二者混为一谈。

(四)关于版本学的研究内容

不同学科有各自不同的研究内容，版本学的研究内容，大致有以下4种观点：

第一，鉴定说。主张研究版刻鉴别。如《辞海》修订本："研究版本的特征和差异，鉴别其真伪和优劣。"④

第二，源流说。主张研究版本源流。如谢国桢认为："说明书籍刊刻和抄写流传下来的源流。"⑤

① 李致忠：《论古书版本学》，《吉林省图书馆学会会刊》1979 年第 1 期。
② 邵胜定：《版本学有广狭二义论》，《图书馆杂志》1985 年第 4 期。
③ 姚伯岳：《版本学》，北京大学出版社 1993 年版，第 6 页。
④ 辞海编辑委员会：《辞海》，上海辞书出版社 1980 年版，第 1475 页。
⑤ 谢国桢：《明清时代版本目录学概述》，《齐鲁学刊》1981 年第 3 期。

第三，综合说。主张源流和鉴别同时研究。郭松年认为，版本学的研究内容"一是继承总结发展古籍版本学的基本理论，二是研究古籍版本发展变化的源流，三是研究不同刻本、校勘本内容的异同优劣，四是审定鉴别旧刻、旧抄古籍的版本和总结提高鉴定古籍版本的科学方法，五是研究古籍版本学的发展历史"①。

第四，多维说。主张多维研究。卢中岳在《版本学研究漫议》一文中提出，版本学研究的内容大致包括版本学的一般理论、图书版本的内容与形式的研究、图书版本发展过程的研究、版本学史四个大的方面，并开列了详细子目。②

我们认为，古籍版本学的研究内容是：古籍版本学的基本理论，其中包括古籍版本学的研究对象及其研究内容，古籍版本学与相关学科的关系，研究古籍版本学的意义和方法等；古籍版本学的发展历史，其中包括古籍版本学的发展阶段、各阶段的理论和实践、代表人物等；古籍制作方式的演变源流，其中包括写本源流、刻本源流、雕版印刷术的起源等；单种(含丛书)图书版本的演变源流，其中包括版本数量、版本系统、版本优劣等；古籍版本鉴定的规律，其中包括内容和形式两个方面。以上五个方面，缺一不可。"鉴定说"仅研究版刻鉴别，视野不广，不足以言版本学；"源流说"仅研究版本源流，视野亦未广；"综合说"扩大了视野，但强调"鉴别旧刻旧钞"，似有"佞宋"之嫌；"多维说"的观点比较可取，得到了很多人的认可。

有人将古籍制作方式的演变源流与图书版本的演变源流混为一谈，认为研究图书版本的演变源流其实就包括了对古籍制作方式演变源流的研究。我们认为，古籍制作方式的演变源流主要是指写本源流、雕版印刷的起源、刻本源流等。显然它与单种图书版本演变源流是两码事。有人认为，搞古籍版本鉴定没有必要过多地研究古籍制作方式演变源流。我们认为，搞古籍版本鉴定必须研究古籍制作方式演变源流，不了解古

① 郭松年：《古籍版本与版本学》，《吉林省图书馆学会会刊》1980 年第 4 期。
② 卢中岳：《版本学研究漫议》，《贵图学刊》1982 年第 2 期。

籍制作方式演变源流，就不能搞好古籍版本鉴定。这就好比鉴定一件新的产品，如果不了解产品制作的工艺流程，那就无法鉴定。古籍制作方式的演变源流与单种图书版本的演变源流有着十分密切的联系：研究古籍制作方式的演变源流可以促进单种图书版本演变源流的研究，研究单种图书版本的演变源流反过来又能促进古籍制作方式演变源流的研究，二者之间相互为用。有人对考订一书的版本源流也大不以为然，似乎离开了书目编制就不叫版本学。乾嘉大师"得一书必推求本原"，重在考订版本源流。考订一书的版本源流，也就是对一种图书版本的发生、发展过程及相互关系的研究。考订版本源流，可以理顺每个版本与其他版本间的关系，从而有助于辨别、比较版本的异同优劣。书目编制是反映版本研究成果的一种手段，但不是唯一手段。有人对版本学基本理论与版本学史比较轻视。版本学的基本理论关系到版本学的体系建设，是研究的总纲。研究版本学史是为了借鉴前人的经验，同样不能等闲视之。

（五）关于版本学的研究方法

版本学研究方法，归纳起来有以下两种观点：

第一，观风望气说。注重版刻鉴别，主张靠实践经验积累，捕捉、识别、研究各种各样的标识，既有书籍制作过程中形成的标识，也有书籍流传过程中附加的标识，诸如行格、纸墨、讳字、装订、款式、印章、牌记、字体等。前人在实践中积累了不少经验，但是仅凭经验不可能万无一失。甚至有人至今还坚持"观风望气"、"鼻嗅手摸"即可作出版本鉴定。这种经验至上的方法，不利于版本学学科体系的建立，会把"版本学引上十分狭窄的版刻欣赏和版本认定的玄而莫测、不可捉摸的邪路"。

第二，综合研究说。卢中岳认为，应根据所研究问题的内容、性质以及研究所担负的具体任务来确定研究方法。他率先提出了历史研究法、比较研究法和实验研究法。

我们认为，"综合研究说"才是研究版本学的科学方法。各种版本是特定历史条件下的产物，只有通过全方位、多学科的考证，才能知其源流、真伪和善恶。有比较，才能有鉴别。把同书异本进行比较，也是行之有效地鉴别版本的方法。利用现代技术，通过科学实验和计量分析，建立古籍版本数据库，更是具有广阔前景的研究方法。随着国民经济的发展，电脑已经进入"寻常百姓家"，建立古籍版本数据库已经提到议事日程上来了。可以预料，在这方面是可以大有作为的。

(六) 关于版本学的形成时期

版本学的形成时期也就是版本学史的起点问题，对此众说纷纭，大致有以下 4 种观点：

第一，西汉说。钱基博认为："版本之学，所从来旧矣。盖远起自西汉，大用在校雠。"①郭松年认为："从版本学发展的历史来看，在西汉刘向、刘歆父子总校群书时，已经是广搜异本，雠正一书，讲求版本之学了。"②

第二，宋代说。李致忠认为："自宋代尤袤编制《遂初堂书目》起，始在一书之下著录多种不同的版本……版本学就这样慢慢地形成了。"③

第三，清代说。胡道静认为清乾嘉时期的黄丕烈"是版本学的真实建立者"。④ 周铁强认为："《读书敏求记》、《天禄琳琅书目》的出现及黄丕烈对古籍版本的考订，标志着古籍版本学的初步形成。"⑤

第四，当代说。有人认为："版本研究虽然有着悠久的历史，但其独立成一门专学的时间却不久，而作为以辩证唯物主义、历史唯物主义为指导的科学版本学才刚刚着手建立。"⑥

我们认为，"当代说"以学科是否独立为标准不足取，因为它割断

---

① 钱基博：《版本通义》，商务印书馆 1933 年版，叙目第 1 页。
② 郭松年：《古籍版本与版本学》，《吉林省图书馆学会会刊》1980 年第 4 期。
③ 李致忠：《古书版本学概论》，书目文献出版社 1990 年版，第 1 页。
④ 胡道静：《从黄荛翁到张菊老——150 年来版本学的纵深进程》，《古籍整理研究学刊》1987 年第 4 期。
⑤ 周铁强：《古籍版本学形成时期辨疑》，《图书与情报》1997 年第 3 期。
⑥ 严佐之：《古籍版本学概论》，华东师范大学出版社 1989 年版，第 4~5 页。

了历史，版本学成了无源之水，无本之木。"清代说"同样割断了历史。
清代古籍版本学成就固然很大，但它不是一蹴而就的，它是在前人研究
的基础上逐步发展起来的。古籍版本学也像人一样要经历从"童年"、
"青年"到"成年"的成长过程。如果说清代版本学处于"成年"时期，那
么清代以前的版本学就是"童年"、"青年"时期，否定这一点，也就违
背了事物发展的规律。"西汉说"、"宋代说"亦各明一义，均未能穷本
溯源。我们认为，在先秦时代就产生了版本学。1993 年郭店竹简的出
土为我们提供了强有力的佐证。郭店竹简中有《老子》书三种，整理者
名之为"甲组"、"乙组"、"丙组"。这是迄今为止所见年代最早的《老
子》传抄本，大约写成于战国前期。这三组在竹简形制、抄手的书体和
简文文意等方面都不相同，完全可以视为是《老子》一书的同书异本。
既然先秦同书异本大量存在，孔子、子夏等学者和藏书家又都研究过版
本异同，可见"先秦说"绝非无中生有，空穴来风。

(七)关于版本学的科学地位

版本学的学科地位是关系到版本学能否跻身学术之林的大问题，论
者各执一词。归纳起来有以下 3 种观点：

第一，独立说。叶德辉首倡此说。他在《书林清话》中明确提出了
"板本之学"的名称，且将它与目录之学、校雠之学并列为清代三大根
柢之学。在叶氏看来，板本之学不仅成了一门独立的学科，而且很有学
术地位。他说："板本之学，为考据之先河，一字千金，于经史尤关紧
要。"①他为版本学争得一席之地，功莫大焉。顾廷龙亦反复强调版本学
"应该可以成为一门专门的科学"。②李致忠、郭松年等人亦响应此说。

第二，合流说。崔建英认为："版本学和目录学是同源而同时诞生
的，后世曾版本学、目录学分称，不过是有所侧重，如史志目录，过去

---

① 叶德辉：《书林余话》卷下，《书林清话·书林余话》，岳麓书社 1999 年
版，第 292 页。今按：《四部丛刊例言》与此雷同，实则《例言》亦为叶氏撰定，后
人径引著者，未明源流。

② 顾廷龙：《版本学与图书馆》，《四川图书馆》1978 年第 11 期。

只标目，不问何本；研究版本的，往往着重对一部书版本的考证、分析。但自《遂初堂书目》而后，凡反映具体收藏的目录，很少有避开版本的……因此版本学与目录学就又合流，汇为版本目录学。正式这样叫起来，好像始于近代。"①

第三，支流说。程千帆先生《校雠广义·叙录》认为："盖由版本而校勘，由校勘而目录，由目录而典藏，条理始终，囊括珠贯，斯乃向、歆以来治书之通例……则校雠二字，历祀最久，无妨即以为治书诸学之共名；而别以专事是正文字者，为校勘之学。其余版本、目录、典藏之称，各从其职，要皆校雠之支与流裔。"②

我们认为，版本学经过了两千多年的发展，瓜熟蒂落，理应成为一门独立的学科。其研究对象、研究方法、研究内容、研究目的皆有别于其他学科。"合流论"认为版本学与目录学已经合流，"支流论"又把版本学看作校雠学的分支学科，说法不一，其结果都是否认版本学独立。版本学与目录学、校雠学关系固然非常密切，"你中有我，我中有你"，但侧重点各不相同。"离则双美，合则两伤。"如文字学、音韵学、训诂学关系与此类似，侧重点也各有不同，始则为一、终分为三。学术研究总是朝着精密化方向发展，学科的分化早已成定势，可谓"道术将为天下裂"。我们赞成"独立论"。把版本学视为目录学、校雠学或文献学的附庸的说法都忽视了版本学自身的发展趋势。

以上我们就版本学理论所研究的七个主要问题作了扼要概述。当然版本学理论所涉及的问题远不止此，还有善本、版本学史、版本学意义和任务、版本学与相关学科的关系，等等。有特色的文章还有不少，限于篇幅，不能一一枚举。

综观20世纪版本学研究的发展进程，可知前50年甚至直到70年代虽有《书林清话》、《中国印刷术的起源及其影响》等几种著作问世，

---

① 崔建英：《对版本目录学的探讨和展望》，《津图学刊》1984年第4期。
② 程千帆、徐有富：《校雠广义·版本编》，齐鲁书社1991年版，卷首第6页。

但就整体而言，仍然发展缓慢，徘徊不前。然而自从 1978 年之后，忽如一夜春风，版本学研究突然百花齐放，蔚为大观。尽管在版本学研究中还存在不少问题，版本学基础理论的研究还很薄弱，但是我们坚信，21 世纪的版本学研究将会在 20 世纪的基础上更上一层楼，大放异彩。我们希望能有更多的学人特别是年轻人共同耕耘这块充满希望的田野，从而使版本学这门古老而又年轻的学科焕发出更加美丽的青春。

2005—2009 年古典目录学研究综述①

如果说以目录学的文化研究为代表的深层次目录学研究是 20 世纪目录学发展的主要特征，那么数字化就是新世纪目录学的发展特征。2005 年，柯平教授率先提出了"数字目录学"的新概念，在图书馆、情报与文献学领域产生了一定的影响。2009 年 11 月，国家图书馆举办"数字化时代古籍目录学的发展"研讨会，对古籍编目、书志撰写、古籍资源库与知识库建构等问题进行了探讨。毫无疑问，数字化将成为目录学变革的新方向。②

一、古典目录学基本理论

(一) 目录学的起源

张开选认为中国古典目录学开创于西汉末年的刘向、刘歆父子，中国古典目录学的发展可以分为四个时期：萌芽时期(从远古到秦朝)、发展时期(西汉至宋朝时期)、鼎盛时期(元明清时期)、失去"显学"地位的退守时期。古典目录学的核心思想仍然是现在目录学研究的核心和重点，目录学研究要以目录工作实践为基础，加强同其他学科的横向联

---

① 我的硕士研究生童子希搜集资料，撰写初稿。由我修改定稿。2011 年以删节本在台北大学东亚文献学研讨会上宣读，陈仕华教授担任点评嘉宾，曾经邀请我修改之后交《书目季刊》出版，后来因为头绪太多，一再迁延，未能兑现诺言，谨此致歉。会后台湾大学中文系张宝山教授、山东大学文史哲研究院王承略教授皆有指正，他们认为应该考虑"索引"这一块，但大陆的目录学实际上是将索引排除在外的，索引研究也早已自立门户了。

② 原文以下有"研究状况"一节，系计量分析，今删去。

系与合作。① 我们认为，把元、明划为古典目录学鼎盛时期似有不妥，因为元代的目录著作除了《文献通考·经籍考》外乏善可陈，《宋史·艺文志》为人诟病，私家目录也寥寥无几，明代《文渊阁书目》和《国史经籍志》亦受人指责。林霞提出了真正的目录学是在南宋郑樵的《通志·校雠略》之后才形成的新观点。② 看似新颖，不过仅以出现第一部目录学专著(即《通志·校雠略》)作为支撑，似乎证据比较薄弱。

(二) 目录学的方法

目录学的方法主要包括解题、互著与别裁、分类三种方法，其中解题、互著与别裁属于文献揭示方法，分类属于文献组织方法。

1. 解题

高长青认为刘向首先创制叙录体，开目录学之先河。《别录》由此成为中国古典目录的主要形式之一，是我国第一部书目提要。叙录体的影响主要有三个方面：(1)叙录为后世的编目工作树立了典范；(2)揭示原书学术思想，评论得失，从而指导读书治学；(3)刘向、刘歆开创的为每一部书撰写叙录的方式已成为我国目录学方法的优良传统。③ 钟向群指出，辑录体的特点是广泛辑录与某书相关的资料来揭示这部书籍的内容，并进行评论；辑录体的意义主要有：(1)利于学者研究；(2)拓展读者眼界；(3)扩充研究领域；(4)校勘和辑佚部分文献。④

2. 互著与别裁

张冲认为《七略》已经含有了互著别裁的方法，但这种方法的应用不是有意识的，而是由当时书籍的具体条件所造成的，互著别裁法产生的历史背景包括：(1)基于古人写作的特点；(2)基于中国古代分类体

① 张开选：《中国古典目录学的源流与发展》，《学术界》2006 年第 4 期。
② 林霞：《中国目录学的建立和郑樵》，《图书馆工作》2009 年第 1 期。
③ 高长青：《叙录体的创立对后世目录学的影响——兼论目录学的演变和发展》，《甘肃社会科学》2005 年第 1 期。
④ 钟向群：《论目录的辑录体与马端临的〈文献通考·经籍考〉》，《大学图书情报学刊》2005 年第 6 期。

系的特点；(3)基于目录学要求实现"整体性"的特点。① 张守卫认为最先发明"互著"和"别裁"法的书目应当是南宋末年陈振孙编著的《直斋书录解题》。陈振孙已在其书中多处使用了"互著"和"别裁"这两种辅助性的文献著录方法，不仅在使用"互著"的时间上要早于元代马端临的《文献通考·经籍考》，而且在使用"互著"的范围和意识方面也大大超过了马端临及其《文献通考·经籍考》。② 李丹提出，率先采用互著法并发明别裁法的应该是编于嘉靖十九年的《百川书志》，其后，嘉靖中期的《宝文堂书目》，万历三十年的《红雨楼书目》以及万历后期的《澹生堂书目》，有的采用了互著法或别裁法，也有两法并用者。③

3. 分类

四部分类法是古代目录的主流，应用最广，因而对它的研究最多。四部分类法的起源问题尤其受人关注，到底起源于郑默《中经》还是荀勖《中经新簿》，学者争论不已。

唐明元把学术界对四部分类法起源的观点分为三类：一是以余嘉锡、王重民、王欣夫为代表，认为四部分类法起源于荀勖之《中经新簿》。二是以汪辟疆、来新夏、谢德雄为代表，认为四部分类法起源于郑默《中经》。第三种观点为姚名达所独有，认为四部分类法既不是源于郑默《中经》，也不是源于荀勖《中经新簿》，而是源于李充之《晋元帝四部书目》。同时他认为荀勖《中经新簿》为四部分类法之祖，主要理由：(1)《中经新簿》系"因"《中经》而作，但同时也都先言《中经新簿》，后言四部；(2)"更"应理解为"改"、"改变"之义，"更著《中经新簿》"则应为"改著《中经新簿》"，方符作者之本意；(3)谢德雄认为"朱紫别矣"乃郑默《中经》采用四部分类法之重要证据，不能让人信服；(4)至于《隋志》为何不著录《中经》，很可能此时《中经》已亡佚。④ 张固也从

① 张冲：《试析"互著"与"别裁"》，《图书与情报》2005年第2期。
② 张守卫：《"互著"、"别裁"兼用始于〈直斋书录解题〉》，《图书情报工作》2009年第11期。
③ 李丹：《明代私家书目的传承与开拓》，《中国典籍与文化》2007年第1期。
④ 唐明元：《魏晋南北朝目录学研究》，巴蜀书社2009年版，第47~53页。

《晋太康起居注》、《晋起居注》、《晋书》等文献中挖掘出新的史料，并据此提出，晋武帝分秘书图籍为甲乙丙丁四部的记载，与《七录序》、《隋志》完全相符，则可以作为荀勖创立四部分类法的新证据。四部分类法的产生与魏晋职官制度变革有关，图书分为四部与秘书郎定为四员，可能是一种互相影响、互为因果的关系。魏末司马师当权，《晋书·景帝纪》载："或有请改易制度者，帝曰：'三祖典制，所宜遵奉。自非军事，不得妄有改革。'"因而魏时虞松、郑默就不太可能创立四分法。① 董恩林认为郑默《中经》首创四部分类法，主要理由为：一是郑默出身经学世家，曾任校书郎，具备首创分类法的条件。二是郑默所处时代书籍散佚严重，编次不完整，不得不简化《七略》的分类法。三是《北堂书钞》卷五十七"秘书郎"条、《太平御览》卷二三三"秘书郎"条均引用了一段材料："《晋太康起居注》曰秘书丞桓石绥启，校定四部之书。诏遣郎中四人，各掌一部。"这段材料是重要的证据。四是现存所有古籍著录荀勖《新簿》，均名为《中经》、《晋中经》、《晋中经簿》、《荀勖中经簿》，尚未见名之为《新簿》或《中经新簿》的，因而"新簿"不是荀勖所编目录的名称。②

(三) 目录学的作用

目录学对读书、治学有重要的作用，与文化、学术史有密切的联系。近年来对目录学作用的研究主要围绕学术文化史展开。徐有富先生认为，目录是记录精神财富的数据库，目录学与中国学术史关系非常密切：书目的分类能够反映学术的发展状况；书目的著录情况也清楚地反映了某个时期学术发展的状况与某类学术的发展变化；书目辨章学术、考镜源流的功能还能通过书目的序来实现，书目的序包括全目之序，大类之序、小类之序，皆有学术批评的作用。③ 徐有富先生的《目录学与

① 张固也：《四部分类法起源于荀勖说新证》，《图书情报知识》2008 年第 3 期。

② 董恩林：《郑默〈中经〉首创四部分类法考辨》，《文献》2009 年第 1 期。

③ 徐有富：《目录学与中国学术史》，《新世纪图书馆》2007 年第 2 期。

学术史》一书，择取《汉书·艺文志》、《七录》、《隋书·经籍志》、《新唐书·艺文志》、《宋史·艺文志》、《元史艺文志》、《千顷堂书目》、《四库全书总目》、《书目答问》等目录学名著，从文献聚散、类别分离、序跋评说等方面入手，辨析古代学术各门类的兴衰分合，从中觇见中国学术思想的起伏变迁与学术发展的大趋势。但书中没有一条脚注，似乎有点不合规范。余训培认为目录学能够承担学术史研究职能是有约束条件的，约束条件是文献生产和交流的相对封闭性。当特定的约束条件被改变了以后，目录学的学术史职能也就不复存在了。① 付先华探讨了文化与目录学的相互关系：文化传统的演绎影响和推动着目录学的发展；目录学又以其特有的方式积累、整理、传承、引导和开发着某一时代、某一民族的文化。②

二、目录类别

学者对目录类别的探讨集中在史志目录、佛经目录、戏曲目录等方面。相比以前，对佛经目录和戏曲目录的目录学研究更加深入。

(一)史志目录

史志目录在目录学史上占有重要地位。周旖从史志目录的著录格式、内部结构、著录项目的设置和著录方法三个方面揭示了史志目录书目著录的沿革情况。③ 叶树声认为清儒修补正史艺文志的不足在于：删去《明志》所附宋末、辽、金、元人著述的做法欠妥；补志收书重复较多；补志收书有的不可靠；补志收书有的断代不严。④ 张艳丽、范红霞

① 余训培：《目录学兼治学术史的约束条件及其变迁》，《大学图书馆学报》2006 年第 2 期。

② 付先华：《中国文化传统的演绎与目录学之发展》，《高校图书馆工作》2006 年第 2 期。

③ 周旖：《中国古代史志书目著录沿革》，《图书与情报》2006 年第 4 期。

④ 叶树声：《论清儒编修史志目录》，《淮北煤炭师范学院学报》2005 年第 1 期。

对清代金门诏、黄虞稷与卢文弨、钱大昕三家补元史艺文志进行了比较。① 伍媛媛对清代以来出现的补史艺文志著作进行全面梳理研究，分析了补史艺文志在目录分类体系和具体类目设置两方面的基本情况。② 朱新林力图对曾朴《补后汉艺文志并考》的学术贡献和缺点作出合理的评价，揭示曾朴的史学和目录学思想。③

(二) 宗教目录

1. 佛经目录

党燕妮认为，佛经目录于目录学方面最大的成就和影响在于其十分严谨完备的分类体系，道安《综理众经目录》最早建立了佛经分类体系，隋唐佛教大盛，佛经目录的分类体系亦发展成熟以至确立。④ 郑朝彬考证了佛经目录《众经别录》的撰著时间及体例，并着重论述了《众经别录》在目录学以及佛教文献分类学上的贡献：(1)《众经别录》是现存最早的佛经目录；(2)《众经别录》于每经后皆有小注，注明宗旨或主要内容，多数经典还注明译者及译时；(3)《众经别录》以"五时判教"思想作为分类原则，首次以大小乘判别佛经；(4)注明佛经的翻译风格及水平，利于指导读者。⑤ 曾友和总结了道安《综理众经录》在佛典目录学上的贡献：(1)总集名目，标列译人，诠品新旧，奠定佛典目录学之基础；(2)编目态度严谨，考辩务实有据，开创佛典目录编制之典范；(3)穷源至委，竟其流别，彰显目录学"辨章学术、考镜源流"之精髓。⑥ 杨之峰

---

① 张艳丽、范红霞：《清代三家补元史艺文志探析》，《图书馆理论与实践》2005 年第 4 期。

② 伍媛媛：《补史艺文志的分类特点》，《图书情报工作》2008 年第 4 期。

③ 朱新林：《曾朴〈补后汉艺文志并考〉平议》，《中国典籍与文化》2009 年第 2 期。

④ 党燕妮：《佛经目录分类体系之确立》，《图书馆杂志》2005 年第 2 期。

⑤ 郑朝彬：《论〈众经别录〉在目录学史上的贡献》，《安顺学院学报》2008 年第 2 期。

⑥ 曾友和：《试论道安在佛典目录学上的贡献》，《浙江高校图书情报工作》2008 年第 3 期。

论述了智旭《阅藏知津》对历代佛经目录所进行的改革：打破《开元释教录》以来的分类结构，建立完备的分类体系；改变《开元释教录》单译本、重译本各自排列的编排方式，合单本、重本于一处；改变以往解题目录单部解题的做法，对重译本分组做解题。①

2. 道教目录

胡遂生、付鹏从修道经历、修道主张、整理道教经典、整顿道教组织和道教著述五个方面叙述了陆修静的生平，认为《三洞经书目录》首次提出了按照经书来源分类的"三洞"分类法，奠定了后来《道藏》的分类方法基础，也成为此后编辑经书目录的指导思想。② 杨光文也对陆修静的道教目录学贡献与历史地位进行了介绍，认为陆修静是三洞说的集大成者和以三洞说用于道经分类的创始者。③

(三) 专科目录

1. 经解目录

朱彝尊《经义考》是清初最重要的经学目录著作，它从目录学角度，对清初以前的经学著述之目及其分类、存亡、阙佚等情况详加考述，可称是一部具有示范意义的经学专科目录，《经义考》所建立的经学目录的新体系，在经学史上也具有承先启后的意义。张宗友从学术史的角度来审视《经义考》的问世原因，指出该书既是中国经学与目录学发展的结果，也是清初征实学风影响下的产物，同时还是朱彝尊生平经历与治学旨趣相互作用下的学术结晶。④ 张宗友的《〈经义考〉研究》一书是研究《经义考》的最新成果，该书前述七章，分析了经学目录的形成与流

---

① 杨之峰：《智旭〈阅藏知津〉对佛经目录的改革》，《图书情报工作》2009 年第 1 期。

② 胡遂生、付鹏：《论陆修静及其〈三洞经书目录〉》，《图书馆工作与研究》2008 年第 6 期。

③ 杨光文：《试论陆修静对道教目录学的贡献及其历史地位》，《宗教学研究》2006 年第 2 期。

④ 张宗友：《朱彝尊〈经义考〉问世原因析论》，《古籍整理研究学刊》2007 年第 5 期。

变，讨论了《经义考》得以产生的学术动因；然后分别从条目、分类、提要、按语四个方面，详细考察了《经义考》本身的结构与内容；最后探讨了《经义考》与前代文献的关系及对后代著述的学术影响。经过我们的研究发现，《经义考》本身存在许多致命弱点，学术界对它的基础研究还很不够，这势必影响研究的深入。我们正着手对《经义考》进行疏通证明，探明史料来源，以期为《经义考》的研究搭建更为坚实的平台。

2. 历史目录

乔治忠对《史籍考》编纂中的问题进行了考证，认为周震荣才是《史籍考》的首倡者。① 林存阳把《史籍考》编纂过程分为三个阶段：第一阶段为毕沅主持下的酝酿和初纂，其中章学诚是关键人物；第二阶段为谢启昆主持下的续纂，胡虔、钱大昭等人用力颇勤；第三阶段为潘锡恩主持下的再度续纂，发凡起例，尤以许瀚为最。②

3. 语言文字目录

陈然的硕士论文《〈小学考〉研究》从成书情况、体例内容、提要、按语、书目及提要文字的史料来源、价值与不足六个大的方面对《小学考》进行了研究，比较全面地反映了《小学考》的学术价值。该文若能在深度与广度上有所提高，则对研究《小学考》意义更大。当然，《小学考》也需要疏通证明，探明史源，甚至扩编。

4. 戏曲目录

周汝英总结了《录鬼簿》在目录学史上的主要贡献：按作者进行分类；只收录有元一代剧作家的戏曲剧目；打破了古代目录不收戏曲文献的传统。③ 王瑜瑜回溯了 20 世纪至 21 世纪初 100 多年时间里数部重要的古代戏曲专科目录文献的整理研究历程；回顾了与戏曲著录关系密切的中国古代私人藏书目录的整理研究状况；客观分析了这一时期中国古

① 乔治忠：《〈史籍考〉编纂问题的几点考析》，《史学史研究》2009 年第 2 期。
② 林存阳：《〈史籍考〉编纂始末辨析》，《故宫博物院院刊》2006 年第 1 期。
③ 周汝英：《论〈录鬼簿〉在我国目录学史上的地位》，《温州师范学院学报》2006 年第 3 期。

代戏曲目录宏观研究与微观研究取得的成果和存在的问题与缺陷，为今后相关研究工作的开展提供参考。① 杜海军认为戏曲目录在我国目录学史上是产生较晚的分支，在著录方式、分类方法、著录重点方面与综合性目录皆有极大的不同，对目录学多具补充和发展之处。② 倪莉分析了各时代戏曲目录提要的体例结构、内容及其客观性，以及戏曲目录提要与普通目录提要的区别。③

(四) 特种目录

1. 禁书目录

刘孝平把明朝禁书分为七类：禁天文图谶、邪教异说，禁"奸党"文字，禁亵渎帝王圣贤的词曲、小说、纪闻，禁民间私刻历书，禁冒犯程朱理学，禁八股文选本，禁官颁教材违制改制。④

2. 版本目录

曹之先生认为，《出三藏记集》是现存最早的一部版本目录。《出三藏记集》的"总经序"和"述列传"相当于书目提要，"总经序"实开辑录体目录的先河，"述列传"与王俭《七志》实开传录体目录的先河，《出三藏记集》著录了多种佛经版本，考证了版本派流，并找出了善本，鉴定了佛经的伪本，《出三藏记集》还从译者、执笔者、传抄者、注解者四个方面分析了产生同书异本的原因。⑤ 曹之先生还认为，《隋志》既是中国古代第一部以经史子集命名的史志目录，又是一部版本目录，其总序部分是一部写本目录，而正文部分则著录了大量的同书异本。作为版本目录，《隋志》产生的背景在于唐代古籍版本学在前代的基础上有了

---

① 王瑜瑜：《20 世纪中国古代戏曲目录整理与研究综述》，《图书馆理论与实践》2009 年第 10 期。

② 杜海军：《古代戏曲目录对目录学的发展》，《图书馆理论与实践》2005 年第 2 期。

③ 倪莉：《试论中国古代戏曲目录之提要》，《图书情报知识》2009 年第 5 期。

④ 刘孝平：《明代禁书述略》，《图书馆理论与实践》2005 年第 5 期。

⑤ 曹之、马刘凤：《〈出三藏记集〉是一部版本目录》，《中国图书馆学报》2007 年第 3 期。

更大发展。① 业界一般将"版本目录"从狭义加以界定，而曹之先生往往从广义着眼，故多有新论。

3. 善本目录

近几年出版的善本目录有：翁连溪编《中国古籍善本总目》（线装书局 2005 年版），沈津著《中国珍稀古籍善本书录》（广西师范大学出版社 2006 年版），山东大学图书馆编《山东大学图书馆古籍善本书目》（齐鲁书社 2007 年版），山西省图书馆编《山西省图书馆古籍善本书目》（齐鲁书社 2007 年版），严绍璗编《日藏汉籍善本书录》（中华书局 2007 年版），天津图书馆编《天津图书馆古籍善本书目》（国家图书馆出版社 2008 年版），梁戴光主编《加拿大多伦多大学东亚图书馆藏中文古籍善本提要》（广西师范大学出版社 2009 年版）等。这些目录也有不少是解题目录。

4. 敦煌吐鲁番目录

许建平教授的《敦煌经籍叙录》是近年敦煌经部典籍整理研究的最新成果，改变了此前经部文献整理和研究成果零散分布于《诗经》、《论语》、《尚书》、《左传》等少数几经的状况。该书对于敦煌经籍文献进行了系统深入的研究，是迄今著录敦煌经籍文献最为全面和准确的叙录。② 近年来陆续出版的《吐鲁番文书总目》由于著录规范、收录完备、学术价值高而受到学界的好评，代表了吐鲁番文书研究的最新水平。该书分为中国收藏卷、日本收藏卷和欧洲收藏卷。日本收藏卷对流散到日本的吐鲁番出土文书进行了搜集和整理，形成了日本收藏吐鲁番文书的总目。对于日本一些收藏颇丰，已有过全面拟题的编目，在充分尊重日本学者成果的基础上加以登录和补充，对于一些没有编目的馆藏，则依据每件图版做了新的订题编目。③ 欧洲收藏卷则提供了德国、英国、俄

① 曹之、孙文杰：《〈隋书经籍志〉是一部版本目录》，《中国图书馆学报》2008 年第 6 期。

② 许建平：《敦煌经籍叙录》，中华书局 2006 年版。

③ 陈国灿、刘安志：《吐鲁番文书总目：日本收藏卷》，武汉大学出版社 2005 年版。

罗斯、土耳其、美国 5 个国家以及 6 个收藏单位的吐鲁番文书目录。每件文书都包含现在的馆藏编号、最早的原始编号、文书定名、语言种类、长宽尺寸、存字行数等重要的信息，并以缩略语的形式提供有关此文书此前刊布或研究的参考文献。①

5. 辨伪目录

司马朝军的《文献辨伪学研究》一书对重要的辨伪目录进行了比较深入的研究。如第二章分析了宋濂《诸子辨》的特点，总结了胡应麟《四部正讹》的辨伪学贡献，第三章挖掘了姚际恒《古今伪书考》的学术价值，第四章从文本、作者、著录、比勘、佚文、编例、名物制度、情理及其他八个方面归纳了《四库全书总目》的辨伪方法，第十一章将《伪书通考》与《总目》详加比勘，指出《伪书通考》大量抄袭《总目》。②

李鹏的《〈四部正讹〉研究》对《四部正讹》的成因、内容特征、伪书类型、辨伪思想、辨伪方法等进行了分析。③ 李鹏还认为《四部正讹》的辨伪指导思想是"求真"，"求真"就是追求图书真实的面目，"求真"辨伪思想实现的保障在于胡应麟严谨审慎，实事求是，无成见，不讥评，在辨伪实践上胡应麟"辨伪"与"辨真"并重。④

6. 解题目录

傅璇琮先生主编的《中国古代诗文名著提要》主要包括传统集部中的别集类与诗文评类，对其中有学术价值、有代表性的著作，分别加以介绍和评议，每一提要大致包括著者生平、内容要旨、学术评议与版本介绍。该书内容充实，收录量大，对促进古典文学的发展有重要的意义。⑤ 由江庆柏主持整理的《四库全书荟要总目提要》，整理校勘，比

---

① 荣新江、杨富学：《吐鲁番文书总目：欧美收藏卷》，武汉大学出版社2007年版。

② 司马朝军：《文献辨伪学研究》，武汉大学出版社 2008 年版。

③ 李鹏：《〈四部正讹〉研究》，山东大学 2008 年硕士学位论文。

④ 李鹏：《〈四部正讹〉辨伪思想探析》，《图书馆学刊》2009年第 6 期。

⑤ 傅璇琮主编：《中国古代诗文名著提要》，河北教育出版社 2009 年版。

较异同，弥补了《四库全书荟要》无独立提要的不足。① 此外，还有孙琴安的《唐诗选本提要》(上海书店出版社 2005 年版)，张林川、周春健的《中国学术史著作提要》(崇文书局 2005 年版)，朱一玄、宁稼雨、陈桂声的《中国古代小说总目提要》(人民文学出版社 2005 年版)等，都是此期比较重要的收获。

三、古典目录学史

(一) 孔子与目录学

关于孔子与目录学的关系，历来争论颇多。马海松《孔子在目录学领域的卓越贡献》认为孔子的目录学思想萌芽于"六经"编纂的最初实践，孔子所采用的校雠、编排、创建大小序、类目等方法，都属于目录工作的范畴，开辟了许多目录方法的先河。② 赵永幸提出孔子和中国古代目录学的产生有密切的关系，他从传世文献《周易·序卦》、《尚书序》、《毛诗序》和上海博物馆收藏的出土文献《战国楚竹书·孔子诗论》两方面进行了论证。③ 以上两种观点都肯定了孔子与目录学的关系，但我们认为孔子的工作主要是整理文献，并不属于目录工作的范畴，孔子也没有编过真正意义上的目录，因而孔子之时目录学并没有形成，但孔子的文献整理工作为目录学的产生准备了条件。

(二) 两汉目录学

两汉古典目录学史是古典目录学研究的热点和重点，研究论文依然

---

① 江庆柏等：《四库全书荟要总目提要》，人民文学出版社 2009 年版。今按：汉代今文经学家秦延君用十多万字解释"尧典"两个字，用三万字解释"曰若稽古"四个字。江氏也师法其人，《四库全书荟要总目提要》的前言写了十多万字，另外一部书的前言写了三多万字，可以称为"当代秦延君"。

② 马海松：《孔子在目录学领域的卓越贡献》，《档案》2007 年第 4 期。

③ 赵永幸：《孔子与中国古代的目录学》，《南都学坛》2008 年第 5 期。

集中在《别录》、《七略》、《汉书·艺文志》几部目录书上，研究《别录》、《七略》的论文有 9 篇，研究《汉书·艺文志》的论文有 52 篇，但缺乏从整体上对两汉目录学史进行总结的论文。此外，《史记》的目录学贡献也受到了研究者的关注。

1.《史记》与目录学

张晓光从《史记》著录大量书籍与条辨学术源流两方面讨论了《史记》在目录学上的开创性贡献。① 崇明宇认为《史记》的目录学贡献在于创立发凡起例、条辨学术源流、开创互著法与开创目录学之叙录体。② 司马迁的《史记》具有很高的文献学价值。主要表现在以下几个方面：一是对古文献的大量保存。二是对古文献的考信态度。三是以文献为基础的目录学成就，表现为创立发凡，方便检索以及重视"辨章学术，考镜源流"。③

2. 刘向《别录》与刘歆《七略》

傅荣贤从文化哲学的角度对《七略》进行了阐释，分析了《七略》作为文化哲学的三种前提：（1）社会历史前提：汉武帝"罢黜百家、独尊儒术"，文化重心从诸子百学到儒家经学转移；（2）认识论前提：秦汉之际"哲学的突破"——孟喜、京房的"卦气说"；（3）学科逻辑前提：《七略》的文化观逼近了文化的本质规定性，具备文化哲学方法。④ 张新民提示了《七略》的时代特征：（1）《七略》把儒家经典置于首位，体现了儒家思想成为上层建筑的主导思想；（2）《七略》以《易》为群经之首，反映汉武帝"罢黜百家，独尊儒术，表章六经"的思想文化政策，亦反映了汉初儒家思想与阴阳五行说及天人感应说的汇合；（3）《七略》

① 张晓光：《〈史记〉在目录学上的开创之功》，《佳木斯大学社会科学学报》2006 年第 2 期。

② 崇明宇：《浅论〈史记〉的目录学贡献》，《黑龙江教育学院学报》2009 年第 2 期。

③ 纪丽真：《论司马迁的文献学成就》，《齐鲁学刊》2006 年第 1 期。

④ 傅荣贤：《试论〈七略〉的文化哲学本质》，《图书馆理论与实践》2009 年第 3 期。

的目录体系体现了汉代经学的主导地位。① 郭伟宏从《别录》、《七略》出现的历史背景着手,分析了两部书对汉代学术中古文经学的兴起、今古文之争和学术道统的影响。② 邹贺认为《七略》是刘歆一己之力所创,《七略》之所以采用"六分法",是为了弘扬《周礼》经义,故比类《周礼》"六典"而六分群书,即治典:六艺略;教典:诸子略;礼典:诗赋略;政典:兵书略;刑典:术数略;事典:方技略。③ 这种观点有助于加深对《七略》的认识。

3.《汉书·艺文志》

有关《汉志》的研究论文有 52 篇,反映了《汉志》在古典目录学中的特殊地位。近年来研究《汉志》的专著有傅荣贤的《〈汉书·艺文志〉研究源流考》(黄山书社 2007 年版)。该书对历代《汉志》研究的主要成果进行了系统探讨,对《汉志》研究史进行了梳理,分为史书注解派、目录本体派、学术考辨派和专题派四派。尹海江认为《汉书·艺文志》的编次体现了"辨章学术,考镜源流"的学术思想,《六艺》是当时的优势学科,《诸子》为《六艺》的支裔,不能与《六艺》比肩而立,但《诸子》地位高于《诗赋》,《数术略》、《方技略》为形而下之器,不能同《六艺》、《诸子》相比。④ 邵磊、蒋晓春利用出土文献对《汉书·艺文志》中保存的相关文献进行重新解释,可见"二重证据法"已经成为研究《汉志》不可或缺的方法。⑤ 郭洪涛提出《汉志》不立史目的主要原因是现代意义上的史学观念尚未成熟,比如《汉志》中史籍虽多,但辞分散于各目之中;门类不具,史学体系尚未建立。⑥ 李江峰认为这"东方朔二十篇"

① 张新民:《〈七略〉的时代性特征》,《图书馆理论与实践》2007 年第 5 期。

② 郭伟宏:《〈别录〉、〈七略〉与汉代学术》,《成都教育学院学报》2006 年第 12 期。

③ 邹贺:《〈七略〉六分法探源》,《长江论坛》2008 年第 2 期。

④ 尹海江:《论〈汉书·艺文志〉的编次》,《华中科技大学学报》2006 年第 3 期。

⑤ 邵磊、蒋晓春:《浅谈出土文献对〈汉书·艺文志〉的补证》,《内蒙古农业大学学报》2009 年第 1 期。

⑥ 郭洪涛:《论〈汉书·艺文志〉之不立史目》,《内蒙古社会科学》2007 年第 1 期。

不是东方朔"陈农战强国之计"的上书，而是东方朔的作品集，在某种意义上说，只是东方朔作品的选集。① 何小平从学术史的角度，围绕总百家之绪、溯学术之源、明簿录之体三个层面，论述了《汉书·艺文艺》的学术史意义。② 陈锦春对历代《汉书·艺文志》的研究情况进行了评述，对有关代表性研究论著作出了评价，这对于了解历代《汉书·艺文志》的研究概况有较大的参考价值。③

(三) 魏晋南北朝目录学

1. 郑默《中经》与荀勖《中经新簿》

朱红、唐明元通过对相关史料进行仔细分析，认为郑默《中经》成书于虞松任中书令之后、魏伐蜀之前，即正元元年（254）十月至景元四年（263）五月之间。④ 唐明元、王德平在分析有关《中经新簿》四部之小类的不同观点及其形成原因之基础上，通过研究相关史料，认为《中经新簿》四部之下还有小类。⑤

2. 王俭《七志》与阮孝绪《七录》

廖铭德对王俭《七志》与阮孝绪《七录》进行了比较研究，总结了它们的目录学贡献。⑥ 许刚从《七志》"经典志"之《孝经》居前、王俭与阮孝绪对史书（部）的态度和王俭"先道而后佛"与阮孝绪"先佛而后道"三个方面对王俭《七志》与阮孝绪《七录》学术成就进行了新的研究。⑦ 张

---

① 李江峰：《〈汉书·艺文志〉"东方朔二十篇"考论》，《古籍整理研究学刊》2006 年第 4 期。

② 何小平：《"学术之宗，明道之要"——论〈汉书·艺文志〉的学术史意义》，《图书情报知识》2005 年第 3 期。

③ 陈锦春：《历代〈汉书·艺文志〉研究述略》，《图书馆杂志》2006 年第 9 期。

④ 朱红、唐明元：《〈中经〉成书时间考》，《西南民族大学学报》2008 年第 8 期。

⑤ 唐明元、王德平：《〈中经新簿〉四部之小类问题辨析》，《图书馆理论与实践》2006 年第 3 期。

⑥ 廖铭德：《王俭〈七志〉与阮孝绪〈七录〉比较研究》，《韶关学院学报》2005 年第 7 期。

⑦ 许刚：《王俭〈七志〉与阮孝绪〈七录〉学术成就新论》，《四川图书馆学报》2006 年第 1 期。

固也讨论了《七录序》涉及的两个早期目录学史上的重要问题:《晋中经簿》在四部之外,又分为 14 卷,具有一定的二级分类意义;《古今书最》记载的图书存佚数字,是王俭而不是阮孝绪本人的统计结果。① 朱红、唐明元通过对相关史料进行分析,认为王俭《七志》有两个附录:一个是"所阙之书",另一个是佛经、道经。②

3. 整体研究

曹之先生列举了魏晋南北朝的各类官私目录 62 种,把这一时期书目编撰繁荣的原因归结为三个方面:(1)重视图书的典藏工作;(2)版本学的发展为书目编撰提供了可能;(3)单书目录的编制为群书目录的编撰作了准备。③ 唐明元的《魏晋南北朝目录学研究》是第一部系统研究魏晋南北朝目录学的著作,该书采用问题研究法,对现存史料进行了钩沉辨析,对相关问题进行了梳理和考辩,提出了一些新的观点。④

(四)隋唐五代目录学

隋唐五代目录学研究的重点在《隋书·经籍志》,有关《隋志》的研究论文有 14 篇,与《汉志》相比数量并不多。《汉志》、《隋志》一直是古典目录学研究的重点,两者的比较研究受到学者的重视。此外,有学者对隋唐时期的目录学家如牛弘、毋煚和刘知幾等进行了研究。

1.《隋书·经籍志》

张文敏从四部分类法、辨章学术、著录亡佚、调整类目等方面总结了《隋志》的目录学贡献。⑤ 朱文涛把《隋书·经籍志》在古代图书分类

① 张固也:《〈七录序〉探微二则》,《古籍整理研究学刊》2008 年第 1 期。

② 朱红、唐明元:《关于〈七志〉附录两个问题的再研究》,《西南民族大学学报》2009 年第 9 期。

③ 曹之、马刘凤:《魏晋南北朝书目编撰及其背景考略》,《图书馆论坛》2008 年第 6 期。

④ 唐明元:《魏晋南北朝目录学研究》,巴蜀书社 2009 年版。

⑤ 张文敏:《〈隋书·经籍志〉对我国古代目录学发展的贡献》,《郑州航空工业管理学院学报》2007 年第 1 期。

研究中的贡献概括为三点：突出了经学在图书中的地位，反映了封建统治者重视经学在治国安邦、巩固封建统治中的作用；把史学列为四部中的第二部，从而提高了史学的地位；总结了汉唐间的图书发展史，记录了当时图书的存佚和流传情况，是研究中古时期学术史的一部重要典籍。① 杜延鑫从"六经"的角度比较《汉志》与《隋志》在分类方法、"小序"、"总序"的不同以及关于"六经"的记载的差异。② 薛璞、景浩认为《隋志》在继承《汉志》的学术源流上又有所发展，比《汉志》的分类更加科学化，学术源流更加系统化，收编书目则变被动为主动。③

2.《群书四部录》、《古今书录》与《旧唐书·经籍志》

桂罗敏借助毋煚的《古今书录序》，运用考证、辨伪等方法对《群书目录》进行了客观的描述和评价。④ 牛继清针对"《旧唐书·经籍志》为《古今书录》之节本"这一学界定说，提出了"《旧唐志》对《古今书录》有所增补"的新说，主要理由是《旧唐志》各类目"小序"所载才是它实际著录图书的部、卷数，其合计数与"总序"、"类序"标明的数目有较大差异，《旧唐志》在著录图书时并非原封不动地照录《古今书录》，而是按照实际情况对《古今书录》作了适当的补充，比《古今书录》多著录了29部著作。⑤ 武秀成对牛继清提出的"《旧唐志》对《古今书录》有所增补"的新说进行了驳正。⑥

---

① 朱文涛：《论〈隋书·经籍志〉在图书分类研究中的价值》，《广西师范大学学报》2007年第4期。

② 杜延鑫：《〈汉书·艺文志〉与〈隋书·经籍志〉之比较》，《内江师范学院学报》2007年第1期。

③ 薛璞、景浩：《〈隋书·经籍志〉与〈汉书·艺文志〉之比较》，《鸡西大学学报》2007年第6期。

④ 桂罗敏：《对开元〈群书目录〉的重新审视》，《新世纪图书馆》2007年第4期。

⑤ 牛继清：《〈旧唐书·经籍志〉增补〈古今书录〉考》，《中国典籍与文化》2006年第1期。

⑥ 武秀成：《〈旧唐书·经籍志〉"增补〈古今书录〉"说辨误》，《中国典籍与文化》2006年第3期。

(五)宋代目录学

宋朝的官修目录以《崇文总目》最为著名，有学者对其进行了研究。宋朝私家目录的兴盛是这一时期目录学的显著特点，以晁公武《郡斋读书志》与陈振孙《直斋书录解题》最为学者所推重，对它们的研究是古典目录学中的热点。郑樵在中国目录学史上地位很高，其目录学思想主要体现在《通志·二十略》中的《艺文略》、《校雠略》、《图谱略》、《金石略》四略上。

1.《崇文总目》

李彩霞通过与《旧唐书·经籍志》的比较，探讨了《崇文总目》的分类成就与影响。① 李建军认为《崇文总目》现存的 30 篇类序，有 12 篇或可补前《志》(《汉志》、《隋志》)遗阙，或已经突破前《志》成说，展示出了申补前《志》的学术功用。另有 13 篇或详叙社会功用，或概述门类源流，凸现出了扬弃前《志》的学术智慧。还有 4 篇或厘清新类始末，或总结学术规律，更彰显出了超越前《志》的学术价值。②

2. 晁公武《郡斋读书志》与陈振孙《直斋书录解题》

《晁公武陈振孙评传》将晁公武评传和陈振孙评传合为一书，前一评传对晁公武的生平事迹、学术成就、学术渊源及目录学思想进行了探讨，尤其对《郡斋读书志》的特点、结构、内容、流传、版本及缺点进行了深入研究，揭示其目录学价值；后一评传对陈振孙的籍贯、仕履及藏书著述活动进行了钩稽，对《直斋书录解题》的成书、流传、特点、文献学思想进行了深入的探讨。③

张素霞对《郡斋读书志》的作者、版本流传、编制体例等进行了全面的考析，肯定了该书在目录学、分类学、版本学及文献典籍的保存上

---

① 李彩霞：《〈崇文总目〉的分类在目录学史上的成就和影响》，《江西图书馆学刊》2007 年第 1 期。

② 李建军：《〈崇文总目〉类序价值考辨》，《图书馆理论与实践》2008 年第 1 期。

③ 郝润华、武秀成：《晁公武陈振孙评传》，南京大学出版社 2006 年版。

的重大贡献。① 郝润华认为《郡斋读书志》的分类是在充分吸收和参考《隋书·经籍志》、《古今书录》、《旧唐书·经籍志》、《新唐书·艺文志》、《崇文总目》及私家书目的基础上进行的，并非如前人所说只依据了《崇文总目》。② 杨大忠认为，在《郡斋读书志》某些有小序的类目中，还存在着与其小序体例完全相同的更小的类目，具体为经部易类中的谶纬类诸书、子部五行类中的五星类与遁甲类诸书、子部释书类中的禅学类，这种类中类体例是图书分类由二级类目向三级类目过渡的标志，经过这种过渡，《通志·艺文略》采用了三级类目。③ 孙猛认为，《郡斋读书志》并非成书于自序所说的宋高宗绍兴二十一年(1151)，其书成于宋孝宗淳熙七年至十四年(1180 至 1187)。衢本和袁本的优劣不能仅仅据现存抄本或刻本的时代来评判，而要对它们的内容作全面考察，二本需参照使用。④ 李明杰从著录版本、比较版本异同、鉴定版本、考订辨版本源流、评价版本优劣五个方面对《直斋书录解题》的版本学价值进行了分析。⑤

3. 郑樵目录学成就

戴建业从郑樵对文献学价值目标的设定、对各种知识类型的价值重估、对文献学功能的扩展等层面，分析了郑樵文献学知识论取向的基本特征及其历史意义。⑥ 张新民认为郑樵的目录学思想包含求书、校书、分编三个前后相续的不同阶段，并分别与辑佚学、校勘学和目录学紧密相关，由此反映出其目录学思想的系统性与广义性。《校雠略》中的求书理论成为辑佚学的理论依据，校书思想进一步规范了传统校雠学的范

---

① 张素霞：《宋代私家书目〈郡斋读书志〉考析》，《前沿》2005 年第 7 期。

② 郝润华：《〈郡斋读书志〉的分类及其与〈崇文总目〉的关系》，《史林》2006 年第 5 期。

③ 杨大忠：《论〈郡斋读书志〉的类中类体例》，《淮北煤炭师范学院学报》2009 年第 4 期。

④ 孙猛：《〈郡斋读书志〉浅谈》，《中国索引》2006 年第 2 期。

⑤ 李明杰：《〈直斋书录解题〉的版本学成就探析》，《图书馆》2005 年第 6 期。

⑥ 戴建业：《论郑樵文献学的知识论取向》，《图书情报知识》2009 年第 5 期。

畴，发展成为独立的校勘学，分编则是目录学的理论基础。① 赵宣对郑樵目录学研究中的"部伍之法"和"核实之法"进行了条分缕析，并指出了其现实意义。② 王嘉川认为郑樵《艺文略》实践了他的"泛释无义"主张，同时指出《艺文略》存在着很大的失误。其中关键，不在无解题，而在其不实。③ 张玲总结了郑樵的图书分类原则：图书分类须按内容归类，不能单凭书名归类，同类书必须归入一类，总论性类书必须归入总论，专论性类书必须归入专类，分类之后必须审校。④

(六)元明目录学

元明目录学的成就较之宋代、清代大为逊色。元代目录学研究集中在《文献通考·经籍考》，明代目录学研究则相对分散，有对《明史·艺文志》和《国史经籍志》的论述，也有对一些目录学家的思想进行的探讨。

1.《文献通考·经籍考》

赵宣在厘定"互见"概念和源流的基础上，对《文献通考·经籍考》和《玉海·艺文》两书的"互见"法做了剖析和比较。⑤ 李峰介绍了《文献通考·经籍考》作者的生平与全书的编制体例及内容，并对《文献通考·经籍考》进行了评价。⑥ 杨寄林、董文武对《文献通考·经籍考》"诸评具载"的独特方式进行了深入剖析，并论述了这个方式的意义。⑦

---

① 张新民：《郑樵目录学思想体系及其广义性论》，《图书情报工作》2009 年第 21 期。

② 赵宣：《论郑樵目录学研究中的"部伍之法"和"核实之法"》，《图书与情报》2006 年第 4 期。

③ 王嘉川：《"泛释无义"与郑樵〈艺文略〉之失误》，《图书馆理论与实践》2008 年第 2 期。

④ 张玲：《郑樵图书分类五原则》，《图书馆学刊》2009 年第 3 期。

⑤ 赵宣：《〈文献通考·经籍考〉与〈玉海·艺文〉"互见"法比较》，《图书馆理论与实践》2008 年第 5 期。

⑥ 李峰：《〈文献通考·经籍考〉——中国宋代重要的史志目录》，《江西图书馆学刊》2006 年第 3 期。

⑦ 杨寄林、董文武：《〈文献通考·经籍考〉"诸评具载"的独特方式》，《史学月刊》2006 年第 4 期。

2. 明代目录学家

崔文印先生对《古今书刻》的著录情况进行了分析，评价了《古今书刻》在目录学史上的地位。① 刘开军对明清以来关于《国史经籍志》的两种看法进行了述评，并从体例、分类、《纠缪》之作与小序等方面高度评价了《国史经籍志》的成就。② 吴金敦从分类思想和著录方法两个方面探讨了祁承爜的目录学思想。③

王嘉川的《布衣与学术：胡应麟与中国学术史研究》以中国传统学术研究为背景，总结了胡应麟的学术成就和治学方法，第二章论述胡应麟对古典目录学史研究的贡献及目录学思想，第三章讨论胡应麟与图书事业的关系，后四章总结了胡应麟在辨伪学、史学与考证学上的成就。④

（七）清代目录学

清代是古典目录学发展的鼎盛时期，取得超越前代的成就。这一时期目录学研究的热点问题有：《四库全书总目》研究、章学诚等目录学家研究、《经义考》研究及《书目答问》研究等。

1.《四库全书总目》

《四库全书总目》的研究论文有 140 篇，其中对《四库全书总目》进行补正的占了相当的比例。总体来看，对《四库全书总目》的研究呈现多元化的特征，研究角度多种多样，如从目录、版本、分类、考据、纂修、文学等方面对《四库全书总目》进行研究。其中较为重要的论文有崔富章的《〈四库全书总目〉传播史上的一段公案》，王菡的《国家图书馆所藏〈四库全书总目〉稿本述略》，罗炳良的《〈四库全书总目〉史部提要的理论价值》，张宗友的《〈四库全书总目〉误引〈经义考〉订正》，李舜

---

① 崔文印：《〈古今书刻〉浅说》，《中国典籍与文化》2007 年第 1 期。

② 刘开军：《焦竑〈国史经籍志〉的传播及其影响》，《廊坊师范学院学报》2009 年第 3 期。

③ 吴金敦：《祁承爜目录学思想探析》，《四川图书馆学报》2008 年第 6 期。

④ 王嘉川：《布衣与学术：胡应麟与中国学术史研究》，商务印书馆 2005 年版。

臣、欧阳江琳的《〈四库全书总目〉中的诗僧别集批评》等。司马朝军发表了《纪昀与〈四库全书总目〉》、《陆锡熊对四库学的贡献》、《戴震与〈四库全书总目〉》、《最新发现的张羲年纂四库提要稿》等系列论文。

有关《四库全书总目》研究的专著已有好几本。《四库存目标注》一书,费时甚久,用力甚勤,但弋获无多。《"四库总目学"史研究》本属于学术史研究的范畴,但《四库全书总目》既不能与《四库全书》的"连体"切割开来,也无法脱离古典目录学的"母体",因此,"四库总目学"与"四库总目学史"的所谓"新概念"均难以成立。司马朝军的《〈四库全书总目〉编纂考》,虽欲竭泽而渔,犹有漏网之鱼,需要进一步补充资料,纠正失误(如张升等先生所指即是)。书中所提出的"四库馆派"新概念,引起了学界有识之士的关注,但也需要进一步挖掘史料,疏通证明,以自圆其说,尽快写成专著。

2. 章学诚的目录学成就

张文珍围绕"辨章学术,考镜源流"及"互著别裁"之说,对章学诚的目录学思想进行了分析与评价。[①] 李新英分别论述了章学诚关于目录学思想、分类方法、著录方法及索引理论的创新求变,指出其至今仍具有重要的参考价值。[②] 韩胜认为,章学诚对目录学上经史子集四部分类的看法有一个由肯定到否定再到肯定的转变过程,尤其是对集部态度的前后变化,与章学诚的以史为本的文学观密切相关。[③] 郑天一认为,章学诚对目录学传统的研究是在历史观指导下展开的,从历史积淀的角度,将目录学作为古代社会文化历史中的一部分来研究,着眼于古代历史文化对目录学传统形成的决定作用。[④] 郭剑珩从目录学的任务、文献

---

① 张文珍:《从方法论意义上探析章学诚之古典目录学》,《山东图书馆季刊》2007 年第 3 期。
② 李新英:《章学诚创新目录学理论之功》,《图书馆学刊》2006 年第 3 期。
③ 韩胜:《从目录分类看章学诚以史为本的文学观》,《太原师范学院学报》2005 年第 2 期。
④ 郑天一:《从历史视角解读目录学传统》,《山东图书馆季刊》2005 年第 1 期。

分类、著录方法、叙录以及目录与索引的关系等方面探讨了章学诚的目录学思想。① 孙振田对姚振宗与章学诚的学术继承关系进行了讨论,指出姚振宗对章学诚"辨章学术、考镜源流"的理论身体力行、大力实践,又对之作了修正与发展;对章学诚"互著"与"别裁"说的态度富有辩证色彩;对《校雠通义》中疏失未周之处也多所考论。②

3.《书目答问》

程立中从历史文献学的角度,探讨《书目答问》对历史文献学的贡献,以及对后世历史文献学发展的影响。③ 常虹以国家图书馆所藏《书目答问》各种版本为叙述对象,从版本学角度对其逐一介绍,有利于揭示《书目答问》的版本源流和学术价值。④ 吕幼樵对《书目答问》王秉恩刻本的价值进行了高度评价,认为王秉恩校勘的贵阳刻本是一个很好的重刻本,王秉恩对该书进行了大量的"补"和"正",纠正了原书的许多错误,补充了大量的材料,惜其流传不广。⑤

令人欣喜的是,来新夏先生的《书目答问汇补》是有关笺补《书目答问》一书的集成之作,具有重要研究和实用价值⑥。

四、古典目录学的反思

近年学界继续对古典目录学进行思辨,质疑目录学的传统观点,反思目录学的研究方法,探讨目录学的复兴之路。

---

① 郭剑珩:《章学诚目录学思想述论》,《兰台世界》2008 年第 9 期。
② 孙振田:《姚振宗对章学诚目录学的继承与发展》,《南京师范大学文学院学报》2007 年第 4 期。
③ 程立中:《〈书目答问〉历史文献学价值初探》,《科教文汇》2009 年第 12 期。
④ 常虹:《国家图书馆馆藏〈书目答问〉版本叙录》,《图书馆工作与研究》2009 年第 3 期。
⑤ 吕幼樵:《〈书目答问〉王秉恩刻本述论》,《贵州社会科学》2007 年第 12 期。
⑥ 来新夏:《〈书目答问汇补〉叙》,《中国典籍与文化》2008 年第 2 期。

　　傅荣贤认为，"辨章学术，考镜源流"的语源本意是辨章学术和揭示源流；在对书目学术价值的认识上，中国古代目录学把通过类例辨章学术放在第一位，揭示源流放在第二位；章学诚"辨章学术，考镜源流"的真谛在于强调揭示源流，重视序言和解题在辨考中的作用，运用互著别裁进行变通。① 他还反省了以"辨章学术，考镜源流"为基本旨趣的中国古代目录在具体学术考辨中的缺陷。② 徐跃权从当代科学的新视角，对我国古代目录学的特点与地位进行了分析，对我国近现代目录学的成就与问题进行了总结，提出当代目录学复兴战略的措施为：重视和发展目录学专业人才的培养；完善书目信息的存储、检索与服务的体系；加强目录学的科学研究及成果转化；发展和加强目录学技术化、数字化、标准化；引进理论与技术特别是 IT 技术的协同发展；产业联合。③ 林霞认为，古典目录学不应该满足于传统，而要有所突破：改变各自为战，发挥群体力量；由点成线，编织思路之网；正视"亚理论"流弊，走出理论困境；溯本求源，展开多学科追踪研究；革新研究方法，从"自在"走向"自为"；跨越学术鸿沟，创造新的生机；展望未来，发挥当代研究者的优势。④

五、古典目录学研究存在的问题及发展趋势

(一) 存在的问题

　　从 2005 年到 2009 年，古典目录学研究主要在古典目录学史与古典目录学反思等方面取得一定成就，研究范围进一步拓展，除了《汉志》、

　　① 傅荣贤：《"辨章学术，考镜源流"正诂》，《图书馆理论与实践》2008 年第 4 期。

　　② 傅荣贤：《中国古代目录学学术价值之反思》，《图书情报知识》2008 年第 2 期。

　　③ 徐跃权：《中国目录学复兴论纲》，《图书馆学研究》2005 年第 11 期。

　　④ 林霞：《关于中国古典目录学研究的若干思考》，《图书馆学刊》2008 年第 1 期。

《隋志》、《郡斋读书志》、《直斋书录解题》、《四库全书总目》等重要目录与刘向、刘歆、郑樵、章学诚等目录学家受到关注外，《史记》的目录学成就、《玉海·艺文》、《郑堂读书记》、姚振宗等逐渐受到学者的重视，对古典目录学的反思不断深入，一些学者还提出了新观点，但从总体来讲，古典目录学研究还不足，仍然存在一定的问题，主要表现在：

第一，研究选题重复。此点在学位论文方面比较突出。论文选题重复，内容缺乏新意。炒冷饭的现象在学界还普遍存在。初学者炒冷饭，是不懂规范，需要教育引导；而专家炒冷饭，则是缺少学术良知与学术责任的表现。低水平的重复，本身就是违反学术规范的。这与学术制度密切相关。当前重视数量，大搞量化，势必导致"学术大跃进"，最终导致学问大滑坡。

第二，理论研究薄弱。古典目录学理论的研究论文有 25 篇，与目录学史的研究形成鲜明对比，古典目录学的学科名称还没有统一，关于古典目录学研究对象还没有学者进行专门研究。究其原因，客观上由于古典目录学具有致用性的学科特点，古典目录学源于书目实践，以及中国自古重实践轻理论，主观上由于古典目录学研究大多停留在挖掘材料、罗列现象、提供背景、溯源寻根的阶段，对古典目录学理论比较忽视。古典目录学理论的困境严重影响了古典目录学作为一门学科的发展。

第三，研究程式单一。目录学史的研究仍然没有摆脱那种"目录学家与目录著作"的研究程式，缺乏对目录学发展规律的探讨。目录学固然离不开目录学家与目录著作，但在今天对目录学发展规律的研究更具启发性。目录学史研究需要从历史的高度，透过各时代的目录学家和目录著作，勾勒目录学思想的发展轨迹，揭示目录学的发展规律。

第四，研究方法陈旧。古典目录学的传统研究方法在当今没有过时，应该进一步发挥它们的作用，但仅固守传统难以适应时代的发展。为适应数字时代的发展要求，文献计量法、系统方法以及其他适用于古典目录学的新方法都应该引入该学科中，以促进古典目录学研究的变革。

(二) 发展趋势

数字时代的到来催生了数字目录学，数字目录学成为目录学发展的新方向，这无疑对古典目录学产生了深远影响。数字目录学涉及古代目录的数字化问题，古典目录学应当是数字目录学的一部分。古典目录学研究不仅要在已有的研究方向上深入，而且要探讨数字时代下的新的研究课题。我们认为，古典目录学研究的趋势包括以下几个方面：

第一，古典目录数字化研究。古典目录的数字化就是把古典目录从纸质形态转化为数字形态，形成古典目录数据库，具备检索、分析等相关功能。古典目录数字化是古籍数字化的一部分，也是数字目录学的研究内容之一。古典目录具有很高的学术价值，是相关学科的研究工具，但由于检索困难，古典目录的使用受到了限制。古典目录数字化就能很好地解决这一问题，使古典目录在现代更容易被人们利用，促进古典目录学的普及。我们相信，基于本体的书目文献数据库建设将是一个新的学科生长点，它必将成为引人注目的知识库。

第二，古典目录与出土文献研究。20 世纪以来，出土文献相继问世，引人注目，出土文献成为非常热门的研究领域。出土文献千百年来一直深埋地下，能保持古文献的原貌，相对于传世文献更加真实可靠。《汉志》、《隋志》等著录的图书大多数亡佚了，没有新材料是很难研究下去的，而借助这些出土文献可以把古典目录学的研究推向一个全新的高度。因而，古典目录与出土文献研究成为古典目录学的重要研究方向。如程章灿教授据唐代墓志辑考隋唐经籍，即为成功案例。不过，也有学者正确地指出："到目前为止，这些发现相对于先秦、两汉的学术整体来说，只是在局部有所补充，尚不足以改变我们依据传统史料所形成的完整知识。新发现的简帛史料，基本上可以列在《汉书·艺文志》的学术系统之内，因此说由《汉志》所奠定的基本学术史体制还不能推倒重建。"①

---

① 王锦民：《中国哲学史研究》，福建人民出版社 2006 年版，第 359 页。

　　第三，古典目录的比较研究。比较研究是一种重要的研究方法。一些学者已经对《汉志》、《隋志》、《通志·校雠略》、《四库全书总目》等重要目录进行了比较研究并取得了一定成果，但在目录学家比较、中西古代目录学比较、各朝代目录学比较等方面的研究显得有些不足。

　　第四，古典目录的计量研究。文献计量法是从数量角度对相关文献进行分析与归纳，提示文献中的变化规律、发展趋势的一种科学方法。文献计量法在情报学与图书馆学中都有广泛的应用。利用文献计量法研究古典目录学有很大的发展空间，它可以更好地揭示著者与论文之间的分布关系，发现古典目录学研究中的重点、不足，预测该学科的发现趋势。

　　第五，多维视域中的古典目录学研究。如从文化、哲学等角度对古典目录学进行探讨。目录学与文化的关系是相互的，文化为目录学提供土壤，目录学则起着传承、记录文化的作用。对目录学与文化的深层次探讨关系到对目录学存在价值与本质的认识，具有重要意义。从哲学角度研究古典目录学能够从本质上探讨古典目录学，增加其研究深度。

1995—2005 年四库学研究综述

　　《四库全书》收书 3400 余种，规模空前，号称中国古代最大的一部丛书。围绕《四库全书》的纂修，产生了中国古典目录学的颠峰之作——《四库全书总目》。自两书问世以来，逐渐形成了一门以《四库全书》和《四库全书总目》及其衍生物为研究对象的专门学问——四库学。"四库学"一词首先由台湾"故宫博物院"副院长昌彼得先生正式提出①，刘兆祐、吴哲夫、胡楚生、杨晋龙等先生群起呼应②。两百年来，四库学研究者代有其人，大家辈出。在该研究领域成就最大者首推余嘉锡③，其他如胡玉缙的《四库全书总目提要补正》、郭伯恭的《四库全书纂修考》、李裕民先生的《四库提要订误》、崔富章先生的《四库提要补正》等，都是颇有成就的力作，单篇文章更不胜胪列④。

　　近年来，海峡两岸的学者均开始注意梳理四库学的发展进程，杨晋龙的《"四库学"研究的反思》一文归纳前人研究四库学存在的问题——促成编纂、思想归属、《总目》名称、刻本抄本、成书时间、编纂动机、内容删改、文字狱关联、学术影响、价值评量等十大问题，主张改变"先入为主"、"轻信权威"、"规过前人"等研究态度，采用新的研究方式，直接从《四库全书》和《四库全书总目》内容的"了解"上着手，放弃政治史的研究观点，改从文化史的角度进行研究。陈仕华对于台湾五十

---

① 昌彼得：《影响〈四库全书〉的意义》，《故宫季刊》1982 年第 17 卷第 2 期。

② 杨晋龙：《"四库学"研究的反思》，《中国文哲研究集刊》1994 年第 4 期。

③ 余嘉锡的《四库提要辨正》一书为六十年心血所聚，中华书局于 1980 年出版，最近又被列入《二十世纪学术要籍重刊》，由云南人民出版社于 2004 年出版。笔者在《〈四库全书总目〉研究》的引言部分对余氏的贡献与不足也谈了自己的看法。

④ 侯美珍：《四库学研究论著目录》，《书目季刊》1999 年第 33 卷第 2 期。

年来的四库学研究进行了总结，提出了五点看法①。周积明对 200 年间的四库学史作了粗线条的勾勒，对"四库学"的源起、发生、发展的历程进行了评述，对"四库学"的研究范围和研究内容提出了一孔之见，对 1949 年以后中国四库学的发展情况作了综合介绍，提出了四库学研究的三种类型，即四库学的文献研究、史学研究和文化研究，主张在实证研究、文献研究的同时，强化文化研究，倡导从宏观视野去思考问题、开掘课题②。崔富章先生指出了 20 世纪的四库学研究存在的种种误区③。

杨晋龙的《"四库学"研究的反思》一文发表于 1994 年，故本文将上限定在 1995 年，下限暂时定在 2005 年年底，不避狗尾续貂之讥，对近十年来四库学的研究进展作一鸟瞰。需要说明的是，我写作此文时身处沪渎，困于逆旅，资料未能悉数携带，春节期间又无法借阅所需资料，且限时交卷，因此，本文之"误"与"漏"，在所难免，敬请前辈时贤批评指正。假以时日，我当重新作一比较全面公正的综论。甘肃省《四库全书》研究会秘书长易雪梅女士远道寄赠巨册《四库全书研究文集》④，我的研究生沈科彦同学也帮助搜集有关参考资料，谨致谢忱。

一、《四库全书》

（一）概述

1.《四库全书》研究概况

康尔琴依据《全国报刊索引》，从论文年代、内容、出版刊物三个方面对中华人民共和国成立以来（1949—2000 年）的《四库全书》研究论

① 陈仕华：《五十年来台湾"四库学"之研究》，《四库全书研究文集》，敦煌文艺出版社 2005 年版，第 52~57 页。

② 周积明：《"四库学"：历史与思考》，《清史研究》2000 年第 3 期。

③ 崔富章：《20 世纪四库学研究之误区》，《书目季刊》2002 年第 1 期。

④ 甘肃省图书馆编：《四库全书研究文集》，敦煌文艺出版社 2005 年版。

文进行了概述①。沈科彦依据《全国报刊索引》检索 1995 年至 2005 年《四库全书》研究论文共有 49 条，又从《中国期刊网》上找到 111 条。下面我们将以此为主要材料，再参考其他有关资料，有选择性地介绍、评述若干代表性论著。

2.《四库全书》的功过是非

《四库全书》的编纂是中国文化史上的一件大事，至其为功为过，则在学者中存在着不同的甚至尖锐对立的见解。

（1）"罪首论"

此种意见可以鲁迅先生为代表。他说："清朝的考据家说过：'明人好刻古书而古书亡'，因为他们妄行校改。我以为这之后，则清人纂修《四库全书》而古书亡，因为他们变乱旧式，删改原文……"②章培恒先生认为："尽管鲁迅先生的意见在近若干年来常被某些人谥为'过激'，但我想，至少他对《四库全书》的看法还是对的。"③有人认为，鲁迅对《四库全书》的多次评判，表现了他从善拒恶、真伪分明、科学严谨、实事求是的科学态度。④

（2）"功魁论"

任继愈先生认为，《四库全书》是一项史无前例的巨大文化工程，汇集了中国古代乾隆以前的主要文化典籍，长期以来被誉为"传统文化之总汇，古代典籍之渊薮"，许多学者将它与长城、京杭大运河联系在一起，被视为中国历史上最伟大的三大文化工程，视为中华民族的骄傲。⑤ 任继愈先生近来特地为《四库全书》正名，他对否定《四库全书》

① 康尔琴：《建国以来〈四库全书〉研究论文概述》，《图书馆学刊》2002 年第 6 期。
② 鲁迅：《病后杂谈之余（二）》，《且介亭杂文》，人民文学出版社 1973 年版，第 149 页。
③ 章培恒：《〈四库全书总目〉编纂考》序，司马朝军：《〈四库全书总目〉编纂考》，武汉大学出版社 2005 年版。
④ 崔石岗：《鲁迅与〈四库全书〉》，《图书馆建设》1997 年第 6 期。
⑤ 任继愈：《四库全书研究文集序》，《四库全书研究文集》，敦煌文艺出版社 2005 年版。

的过激之谈批评甚厉——我们应该充分挖掘出蕴藏在其中的学术文化价
值，简单、粗浅地否定这样一桩举世皆知的文化伟业不是狂妄，便是文
化虚无主义。许多否定《四库全书》的人，大多对《四库全书》本身没有
多少了解，但往往攻其一点，不及其余。其所发表的评论也多耳食之
言。从历史的角度认识《四库全书》的编修，从学术的需要深入了解《四
库全书》自身的价值，对今天的学术界来说是十分必要的。①

誉之者谓为中国典籍的总汇，斥之者视为中国文化的罪人。② 两方
各执一辞，分庭抗礼。近来网上盛传文怀沙主编《四部文明》叫板《四库
全书》就是明证。文怀沙表示，《四部文明》就是要对《四库全书》进行系
统的纠正："《四库全书》是在乾隆的亲自指挥下，以纪晓岚为首的一帮
奴才们，对中国古籍进行的一次全面的清剿，今天我们就是要以最广大
的人民性去还历史本来的面目。"③

3.《四库全书》与文字狱

学术界对清高宗屡兴文字狱、禁毁历史文献的暴虐行为进行了大
量的口诛笔伐。张杰认为，清朝统治者编纂《四库全书》具有保存文
献与销毁禁书的双重目的，编纂《四库全书》的活动基本上由修书、
毁书与文字狱三件大事组成，毁书超过存书，文字狱是一场文化浩
劫。④ 郭向东认为，乾隆编纂《四库全书》，对中国传统文化的传承作
出较大贡献的同时，也是封建专制主义对学术文化遗产的一次严重摧
残。⑤ 个案研究还有：武玉梅对《明文海》四库本进行了比较细致的考
察⑥，陈雪云通过对《日知录》、《明文海》抽毁本的比勘，也找到了清

---

① 任继愈：《为〈四库全书〉正名》，《中华读书报》2003 年 8 月 13 日。
② 章培恒：《〈四库全书总目〉编纂考》序，司马朝军：《〈四库全书总目〉编
纂考》，武汉大学出版社 2005 年版。
③ http://art.people.com.cn/GB/14759/21864/3686176.html
④ 张杰：《〈四库全书〉与文字狱》，《清史研究》1997 年第 1 期。
⑤ 郭向东：《〈四库全书〉编纂与中国古文献之劫难》，《图书与情报》2004 年
第 2 期。
⑥ 武玉梅：《清修〈四库全书〉对〈明文海〉之抽删探考》，《历史档案》2004 年
第 3 期。

廷毁书的罪证①。

从文字狱的角度谈论《四库全书》，最后一般走向否定《四库全书》。如何准确地评价《四库全书》？焦点在于如何看待文字狱的影响。"罪首论"倾向于夸大文字狱的影响，认为"功不抵过"，而"功魁论"又走向另外一个极端，轻视文字狱的影响，认为"功浮于过"。我们认为，文字狱的影响是客观存在的，既不能完全加以否定，"避席畏闻文字狱"出自清儒之口，这就是明证，同时，我们也没有必要过分夸大。乾隆开四库馆确有"寓禁于征"的目的，又命四库馆臣对所录之书肆意删削挖改，并借此大兴文字狱，禁毁文献，文化之劫，甚于秦火，故为后人所诟病。尽管存在这些负面影响，但《四库全书》的文献价值也决不能低估，作为我国古代最大的一部丛书，它的结集与流传，对于历史文献的整理与保存，同样功不可没。

4.《四库全书》的价值重估

近年来，随着研究的不断深化，学界开始从多角度对《四库全书》的现代价值予以重新估价。

(1)《四库全书》与区域文化

近年来，区域文化研究热持续升温。查昌国认为，在我国现存的单部文献资料中，对全国区域文化研究价值最大者当首推《四库全书》。四库开馆前期，进行了历时 6 年的全国访搜图书工作。当时各省按朝廷访搜图书求全备无遗的要求，把各自州县志和正史中所列人物所著录的书籍，列出名册，派专人向本地书商、藏书家、名人之后及知情者逐一查核、访求。搜求中又以汉唐版本、宋、辽、金、元时期的抄本和金石图谱为搜寻重点，不仅汇聚了天下区域文化图书，也把当时存世的历代孤本、抄本图书几乎搜罗无余。文渊阁《四库全书》中尚未印行或已绝版的珍本，八九百种，占《四库全书》所收图书的近三分之一。《四库全书》的刊行有力地促进了区域文化的发展、传播与认同，各地纷纷仿

---

① 陈雪云：《清廷毁书的罪证——论河南省图书馆馆藏四库全书〈日知录〉〈明文海〉抽毁本的价值》，《图书馆工作与研究》2004 年第 5 期。

效，兴起编辑区域文化丛书——郡邑丛书、氏族丛书、个人专著的热潮，这些丛书是今天区域文化研究的基本资料。在《四库全书》开放的示范影响下，一些藏书家也逐渐改变了过去藏书不肯轻易示人的观念，大大地推动了地方学术文化发展和区域内的文化传播。①

(2)《四库全书》与民族文献、地方文献

陈国强从《四库全书·史部》中发掘有关台湾高山族古代史料②，又如李默从集部宋、元人著作中将有关瑶族史料摘录出来③。吴丽珠搜集、整理《四库全书》中有关台湾文史的相关资料，并分析其意义、特征和价值，旨在了解清初台湾文史发展状况④。这一专题向为研究者所忽视，为重建台湾文史脉络做出了可贵的探索。

(3)《四库全书》与科技文献

《四库全书》著录的科技文献有 300 余种，约占全书著录的十分之一，存目 360 余种，约占全书存目的二十分之一。其中以数学、天学、农学、医学、生物学和地学方面的书籍最多，而工程技术方面的书籍较少。工程技术书著录和存目仅有 100 余种，主要涉及建筑、水利、交通运输等，偏颇较甚。就中国古代成就卓著的天、算、农、医四大学科而言，当时采进的重要著作，《四库全书》大多著录，仅有少数列入存目。《四库全书》收录的一些综合类著作，亦常为科技史家所征引。如沈括《梦溪笔谈》，详细记载了中国古代两项重大发明(活字印刷术和指南针)以及其他一些重要成果，是名副其实的科技史上的名著。《四库全书》不仅收有当时流传的许多科技文献，更为可贵的是还从《永乐大典》中辑录了一批当时罕传罕见之书(如《九章算术》、《数学九章》等)。《四库全书》中的科技文献，在一定程度上集中、全面地展示了中国古

---

① 国学网 2004 年 2 月 24 日发布。

② 陈国强：《谈关于台湾高山族古代史的若干问题——从〈四库全书·史部〉记述说起》，《民族研究》1995 年第 2 期。

③ 李默：《瑶史拾零——读〈四库全书〉宋·元集部札记》，《民族研究》1995 年第 2 期。

④ 吴丽珠：《〈四库全书〉收录台湾文史资料之研究》，秀威资讯科技股份有限公司 2004 年版。

代数千年来丰富多彩的科技文明。这些珍贵的科技文献不仅对于保存、继承和发展中国传统文化,深入研究中国科学技术史,具有重要的历史价值和学术价值,而且有些文献如农书、医书、动植物谱录、地理方面的著作等,至今仍有一定的参考价值和现实意义。①

(4)《四库全书》与传统学科体系

李福敏从《四库全书》的结构体系及其作品分析入手,剖析中国传统的学科体系,并与西方作横向比较,探讨其产生的社会人文背景②。左玉河的《从四部之学到七科之学》一书探讨传统知识系统向近代知识系统转变的轨迹③。此书虽然不是研究《四库全书》的专著,但也借鉴了传统的四库分类法,利用典籍分类处理知识系统的转换与生成。

(二)纂修研究

1.《纂修四库全书档案》的史料价值

《纂修四库全书档案》是由中国第一历史档案馆编辑人员经过多年搜集整理、精心点校,由上海古籍出版社出版的一部大型档案汇编。④黄爱平的《四库全书纂修研究》完成于 1988 年,以郭伯恭之书为蓝本,以《纂修四库全书档案》中的原始档案材料全面改写了前人的研究成果。特别值得注意的是,迄今为止,《四库全书》的纂修问题并没有得到彻底解决,还有大量的专题研究、个案研究亟待开掘。

2. 清高宗与《四库全书》之纂修

(1)乾隆御制《四库全书》诗的史料价值

清高宗是我国历史上写诗最多的一位诗人,传下来的有一万多首。这些诗的文学价值不高,以文为诗,多用虚词,曾遭到章太炎、钱锺书

① 何绍庚:《〈四库全书〉中的科技文献》,《光明日报》2004 年 2 月 10 日。
② 李福敏:《〈四库全书〉与中国传统的学科体系》,《图书馆工作与研究》2003 年第 6 期。
③ 左玉河:《从四部之学到七科之学》,上海书店出版社 2004 年版。
④ 旅见:《〈纂修四库全书档案〉的编纂及其史料价值》,《历史档案》2001 年第 1 期。

等大家的讥评。但我们不能否定其史料价值，特别是那些御制《四库全书》诗保存了大量的四库馆中的经典，虽无益文章，却有利于破译四库掌故，对于了解《四库全书》的编纂背景具有一定的史料价值①。据章采烈统计，清高宗有关《四库全书》御制诗共 107 首，题文津阁 40 首，文源阁 36 首，文渊阁 7 首，文汇阁、文宗阁、文澜阁各 3 首，文溯阁 1 首，其他 14 首。乾隆皇帝的这 107 首御制诗有一个显著的特点，即诗行间有大量的夹注，客观而真实地记载了《四库全书》纂修过程。章采烈根据这些材料得出结论："《四库全书》的编纂，乾隆是最高决策人。"②李致忠先生也认为："其诗记事者为多，虽不十分确切，却也不失梗概。"③多记史事，故可以诗证史。

(2)《四库全书》乾隆谕旨的史料价值

《四库全书》乃清高宗钦定之作，他下达有关《四库全书》的谕旨达13 万言之多④。《四库全书总目》卷首所载二十五道谕旨正是编纂《四库全书》的指导思想和总纲。管锡华初步探讨了乾隆四库谕旨的文献学思想⑤，戚福康接着从编纂目的论、编纂体例论、编纂校勘论、编书取舍论、古籍改编论、文化传播论六个方面对二十五道谕旨进行了深入剖析，他认为，编纂《四库全书》的基本目的是始终不脱离其宣扬封建思想、文化，维护封建统治这一宗旨，并因此而使许多典籍惨遭厄运。同时又在客观上使基本的中国文化典籍得到了保存和流传。⑥

---

① 笔者在撰写《〈四库全书总目〉研究》与《〈四库全书总目〉编纂考》两书时曾充分关注此类材料。

② 章采烈：《论乾隆御制〈四库全书〉诗的史料价值》，《故宫博物院院刊》1995 年第 1 期。

③ 李致忠：《〈四库全书〉首架乾隆御题解》，《中国图书馆学报》1999 年第 4 期。

④ 章采烈：《论乾隆御制〈四库全书〉诗的史料价值》，《故宫博物院院刊》1995 年第 1 期。

⑤ 管锡华：《乾隆四库谕文献学思想初探》，《中国文化研究》1998 年第 4 期。

⑥ 戚福康：《〈四库全书〉乾隆谕旨平议》，《古籍整理研究学刊》2001 年第 6 期。

3. 四库馆臣与《四库全书》之纂修

(1)朱筠对《四库全书》的贡献

刘凤强认为,朱筠的奏折不但直接导致了《四库全书》的纂修,还大体上规定了纂修的方法和步骤。在安徽学政任上,他大力搜书、献书,此后又直接参与了纂修《四库全书》。深受他学术影响的众多门生弟子,有许多参加了《四库全书》的纂修。①

(2)纪昀对《四库全书》的贡献

关于《四库全书总目》与纪昀的关系以及纪昀在《四库全书》纂修过程中的作用,向来也是一桩学术公案。有人认为,清代乾隆年间《四库全书》的编纂,是中国古代历史上最为浩大的文化工程。著名学者纪昀参与其中,既总揽全局,"撮举大纲",负责全书的编纂审核工作,又主持纂成《四库全书总目》及《四库全书简明目录》,并先后主持文渊阁、文源阁和文津阁《四库全书》的复校事宜以及各阁《四库全书》的补遗工作,成为纂修工作中惟一始终其事而总其成者,为《四库全书》的修成及其完善作出了不可磨灭的贡献。② 我们认为,这种说法似过于夸大了纪昀的贡献,真正总揽全局的人还是乾隆皇帝。笔者经过多年的探索,基本上弄清了《四库全书总目》的纂修过程:《四库全书总目》的提要先由分纂官起草,现可考者有翁方纲、姚鼐、邵晋涵、余集、戴震、刘权之、邹炳泰、任大椿、周永年、张羲年等人撰写初稿;分纂官完成以后,由总纂官润色,总纂官主要有纪昀、陆锡熊、孙士毅三位,另外还有王太岳;总纂官润色以后,由总裁官裁定,特别是于敏中,用书信方式反复与陆锡熊、纪昀讨论纂修事宜;最后由乾隆钦定。这四个环节缺一不可。可见《四库全书总目》是官撰而非私修,是集体创作而非一人所为。③ 正如王承略教授所指出的:"把《总目》视为纪昀的个人著作,甚至以《总目》为根据,论述纪昀的学术思想,无疑

---

① 刘凤强:《朱筠对〈四库全书〉的贡献》,《邢台学院学报》2005 年第 3 期。

② 黄爱平:《纪昀与〈四库全书〉》,《安徽史学》2005 年第 4 期。

③ 司马朝军:《〈四库全书总目〉编纂考》,武汉大学出版社 2005 年版。

都是错误的。"①

4. 地方人士与《四库全书》之纂修

（1）安徽人对纂修《四库全书》的贡献

徽籍藏书家马裕、鲍士恭、汪启淑、汪如藻、程晋芳、戴震等人积极献书，为《四库全书》的纂修作出了独特的贡献。② 汤华泉也从三个方面论述了清代安徽对纂修《四库全书》所作出的贡献。③

（2）浙江人对《四库全书》的贡献

当时浙江籍名流、学者在编书、献书、藏书、护书和补书诸方面都对这部历史巨帙作出了贡献，其功堪称至巨至伟。卢香霄④等人对此有所论述。

（3）四库全书献书人的贡献

郑伟章先生对四库全书献书人予以详细考证，写成《四库全书献书人丛考》，共考得90人，其中可称为藏书家的有近30人，可补《藏书纪事诗》之不足；有47人是四库馆臣，又可当四库馆臣传；《四库全书献书人丛考》还为深入研究《四库全书》提供了新线索、新资料。⑤ 他还为《四库全书总目》著录北京籍献书人一一作了小传⑥。

（三）著录、版本与校勘

1. 著录

张兰英、李海对《四库全书》及《续修四库全书总目》著录书目进行

① 王承略：《四库学根基的夯实之作——读〈《四库全书总目》研究〉》，《文汇读书周报》2006年2月24日。
② 张翔：《〈四库全书〉与徽籍藏书家》，《中国典籍与文化》1999年第4期。
③ 汤华泉：《清代安徽对纂修〈四库全书〉的贡献》，《安徽大学学报》1997年第6期。
④ 卢香霄：《〈四库全书〉与浙江关系考述》，《浙江师大学报》1995年第1期。
⑤ 郑伟章：《〈四库全书献书人丛考〉前言》，《中国图书馆学报》1996年第4期。
⑥ 郑伟章：《〈四库全书总目〉著录北京籍献书人传略》，《北京社会科学》1998年第1期。

了统计①，王晓天对《四库全书》中的湘人著述②、李鹏对皖人著作③、杨文新对宋代闽人著作④、徐亮对甘肃人著作⑤做了著录，陈东辉对《四库全书》及其存目书收录外国人著作种数略事考辨⑥。

2. 版本

《四库全书简明目录标注》系列目录是《四库全书》的版本目录，凝聚了几代学人的心血。王世伟先生总结了邵懿辰、莫友芝、朱学勤、傅熹年、翁同龢、王颂蔚、顾廷龙等人对《四库全书简明目录标注》的贡献⑦。顾廷龙等人早就想标注四库存目之书，最近已有人对四库存目书予以标注（详后）。

陈新先生是编纂《全宋诗》的功臣之一，他接触过《四库全书》中几乎全部宋人别集中的诗歌部分及有关资料，曾陆续发表《由宋人别集浅论四库全书》、《是稽古右文还是寓征于禁——析四库全书纂辑动因》、《四库馆臣改动底本的原因及其实例》等系列论文，以切实的材料，论证《四库全书》纂辑之初四库馆臣对原书是相当忠实的。大量的篡改（包括挖改、换页）基本上发生在成书以后⑧。我们认为，《四库全书》文字之误，实出多因：一为恣意篡改，二为无意抄错，三为避清人之讳，四为底本选择不妥。陈新先生以今存《四部丛刊》初编中的影宋本《鹤山

---

① 张兰英、李海：《〈四库全书〉及〈续修四库全书总目〉著录书目统计》，《雁北师范学院学报》1995 年第 2 期。

② 王晓天：《〈四库全书〉中的湘人著述》，《船山学刊》2002 年第 4 期，2003 年第 1 期。

③ 李鹏：《〈四库全书〉及其皖人著作》，《学术界》1997 年第 4 期。

④ 杨文新：《〈四库全书〉中的宋代闽人著作考述》，《福建教育学院学报》2003 年第 7 期。

⑤ 徐亮：《〈四库全书〉中所收录的甘肃人著作》，《河西学院学报》2005 年第 4 期。

⑥ 陈东辉：《〈四库全书〉及其存目书收录外国人著作种数考辨》，《杭州大学学报》1998 年第 3 期。

⑦ 王世伟：《论四库标注之业》，《中国典籍与文化》2003 年第 3 期。

⑧ 有些篡改发生在成书之前，《翁方纲纂四库提要稿》中记载了大量的有关信息。陈新：《〈四库全书〉遴选底本失误例》，《文教资料》1997 年第 2 期。

集》与四库所采用的底本明刻本比勘①，又以影元刊本《佩韦斋文集》与四库本(底本为民间抄本)比勘②，证明《四库全书》在遴选底本时明显存在失误。虽然不少的书采用了宋元旧刊、旧抄以及明代精刊本，但是还有相当多的书并没有采用最佳版本。

3. 校勘

《四库全书》留下了大量的文字疏误，每为后世所诟病。清末张之洞即有"乾隆四库求遗书，微闻写官多鲁鱼"之诗句，微词相讥。七阁《四库全书》全是手抄本，这本身就存在一个校勘问题。《文渊阁四库全书补遗(集部)》收录历代诗文四千余篇，全部辑自文津阁本《四库全书》集部书，为文渊阁本《四库全书》所未见。不同阁本的同一种书，其卷数、篇数未必相同，有的甚至出入较大；即使卷数、篇数相同，文字也会存在差异。1986 年文渊阁本《四库全书》影印本全部出齐，为核对不同的阁本创造了条件。从 1991 年起，国家图书馆有关工作人员核对了文渊、文津两个阁本的集部书，录下两个阁本在篇、卷上的差异，陆续发表于《国家图书馆学刊》。在 1273 种集部书中，两个阁本有篇、卷之差的竟有 788 种，这一结果证明文津阁本的实用价值，哪一个阁本都不能替代另外一个阁本。有些书用不同阁本对勘，有助于恢复该书的本来面目。③

(四)七阁四库

乾隆四十七年(1782)第一部《四库全书》告成，专贮故宫文华殿后文渊阁(1948 年被移往台北)；1783 年第二部缮竣，送往奉天文溯阁(现由甘肃图书馆收藏)；第三、第四部完成后分贮圆明园文源阁、热河避暑山庄文津阁；1784 年复缮三部，分贮扬州文汇阁、镇江文宗阁、

---

① 陈新：《今存魏了翁〈鹤山集〉版本源流及其他》，《文教资料》1995 年第 4 期、第 5 期。

② 陈新：《〈四库全书〉遴选底本失误例》，《文教资料》1997 年第 2 期。

③ 杨讷、李晓明：《〈文渊阁四库全书补遗(集部)〉前言》，《国家图书馆学刊》1997 年第 3 期。

杭州文澜阁（现由浙江图书馆收藏）。七部《四库全书》经历了坎坷曲折的历史命运。文源阁本被英法联军烧毁①，文汇阁本、文宗阁本也焚毁于太平天国之战火，文澜阁本也烧、散过半。文溯阁本、文渊阁本则多次搬迁，唯独文津阁本自 1914 年迁至北京，后藏于国家图书馆，保存最为稳妥。

1. 文渊阁

1986 年，台湾"商务印书馆"根据文渊阁本，影印出版了文渊阁《四库全书》。1987 年，上海古籍出版社据此影印 32 开本。2000 年，上海人民出版社和香港迪志文化公司制作了电子版《四库全书》。文渊阁《四库全书》印出后，确为教学、研究带来很大的方便，特别是《四库全书》中保存的 300 多种《永乐大典》辑佚本，能面于世，就更有用，对学术研究产生了巨大的推动作用和影响。

2. 文津阁

现在北京商务印书馆与国家图书馆合作，影印文津阁《四库全书》，这确是 21 世纪一件浩大的出版工程。

(1)文津阁《四库全书》的文献价值

文津阁本在历史上已起了相当大的文献补辑作用。傅璇琮先生认为，文津阁本可补正文渊阁本，文渊阁本也可补正文津阁本。文溯阁本当也有自己的特点。以后文津阁本全部印出，必将再次推动四库学的研究。②

(2)文津阁《四库全书》的学术价值

孙钦善先生从学术上论证影印文津阁四库全书的必要：第一，版本价值，不可忽视。《四库全书》中的违改是有范围的，即多涉嫌与清朝统治者有关或相牵连的对边境民族的蔑称问题，凡所改者不难发现。《四库全书》对整理底本的选择是尽量寻求善本的，在校勘整理上一般说也是认真的。第二，留存《永乐大典》文献，独一无二。《四库全书》的版本价值，更表现在众多的据《永乐大典》辑本书上。第三，补苴文

---

① 文源阁虽毁于战火，但文源阁本《四库全书》还有零种幸存。

② 傅璇琮：《文津阁〈四库全书〉的文献价值》，《中华读书报》2003 年 8 月 13 日。

渊阁本，资料不可或缺。北京大学古文献研究所编纂《全宋诗》时，得益于影印文渊阁本《四库全书》之大，怎么估计都不过分。可是文津阁本因为珍藏而不便利用，使编纂工作和成果留下不少缺憾。①

3. 文溯阁

文溯阁《四库全书》原藏于辽宁，1966年中央有关部门考虑到当时的战备形势，拨交甘肃管理。围绕文溯阁本的归属问题，辽、甘两省展开了长达20年的论战。甘肃省为了保护文溯阁《四库全书》，投资5000多万元，在九州台修建了5700多平方米的现代化藏书楼。2005年7月8日举行了隆重的开馆典礼，并召开了"全国《四库全书》学术研讨会"。

4. 文源阁

文源阁在当时既是全国的七大皇家图书馆之一，也是圆明三园中的第一座皇家图书馆。文源阁坐落在圆明园"水木明瑟"景区的北面，与"舍卫城"隔湖相望。圆明园内文源阁额碑，现置于北京文津街国家图书馆内。②

5. 文澜阁

清代七阁《四库全书》，历时二百余载，中经种种劫乱，今存世者有文渊、文溯、文津、文澜四阁。所存者又以文澜阁《四库全书》之经历最为艰辛，护书之事迹最为动人。毛春翔先生以当事人身份，历述文澜阁《四库全书》自迁富阳、建德、龙泉、贵阳、四川最后回到浙江的传奇历程③。徐永明亦掇拾旧闻，略述其事，发潜德之幽光④。浙江社会科学研究院顾志兴研究员的《文澜阁与〈四库全书〉》一书2004年已由杭州出版社出版。

---

① 孙钦善：《文津阁〈四库全书〉学术价值三题——从学术上看影印出版文津阁四库全书的必要》，http://www.guoxue.com/xstj/siku06.htm。

② 常润华：《文源阁与〈四库全书〉》，《人民日报海外版》2001年12月28日第六版。

③ 毛春翔：《文澜阁〈四库全书〉战时播迁纪略》，《图书展望》1949年第3期。

④ 徐永明：《文澜阁〈四库全书〉搬迁述略》，《中国典籍与文化》1999年第4期。

6. 文宗阁

向传文宗阁《四库全书》已焚尽，其实国家图书馆至今还藏有一部清抄本《文宗阁四库全书装函清册》①，所记装函之书不分类，但排列顺序与《四库全书总目》大致相同，稍有出入。此装函清册成了劫余之物，可以考证当时的一些历史信息。

二、《四库全书总目》

（一）研究概况

笔者曾对《四库全书总目》的研究历史与现状做了简明扼要的总结②，李杰对 20 世纪 90 年代的《四库全书总目》研究作了极为粗略的描述③，陈晓华也对 20 世纪"四库总目学"的研究略有所述④，并提出了"四库全书总目学构想"⑤。其实，陈晓华所提出的"构想"并非超前之思，多为滞后之论，在此之前，笔者经过多年的艰辛探索，已经将它基本上变为了现实。

（二）纂修研究

全面介绍分纂官提要稿的有罗琳的《四库全书的"分纂提要"和"原本提要"》。关于翁方纲的有潘继安《翁方纲四库提要稿述略》（《中华文史论丛》1983 年第 1 期）、《记翁方纲四库全书提要（未刊）稿》（《图书馆杂志》1982 年第 4 期）、沈津《翁方纲与〈四库全书总目提要〉》（《中国图

---

① 王菡：《〈文宗阁四库全书装函清册〉说略》，《文献》2002 年第 3 期。
② 司马朝军：《〈四库全书总目〉研究》，社会科学文献出版社 2004 年版，第 1~6 页。
③ 李杰：《90 年代〈四库全书总目〉研究概况》，《学术月刊》2001 年第 6 期。
④ 陈晓华：《20 世纪"四库总目学"研究述略》，《图书情报工作》2002 年第 11 期。
⑤ 陈晓华：《"四库全书总目学"构想——〈四库全书总目〉研究新论》，《图书情报工作》2003 年第 11 期。

书文史论集》，现代出版社 1992 年版）、吴格《翁方纲纂四库提要稿发微》（《古籍整理出版情况简报》1994 年第 8 期）、吴格及乐怡《翁方纲纂四库提要稿的流传与研究》（《两岸三地古籍与地方文献》第 75 ~ 84 页，澳门图书馆暨资讯管理协会编，2001 年）、邓爱贞《翁方纲纂四库提要稿序》（《翁方纲纂四库提要稿》卷首）、陈先行《影印翁方纲纂四库提要稿弁言》（《翁方纲纂四库提要稿》卷首）、滝野邦雄《复旦大学图书馆所藏翁方纲纂四库提要稿から檢について》（和歌山大学经济学会《经济理论》1996 年 7 月第 272 号）等；关于邵晋涵的有刘汉屏《略论〈四库提要〉与四库分纂稿的异同和清代汉宋学之争》（《历史教学》1979 年第 7 期）；关于姚鼐的有季秋华《从〈惜抱轩书录〉看纂前提要与纂后提要之差异》（《图书馆工作与研究》1999 年第 5 期）、杜泽逊《读新见姚鼐一篇四库提要拟稿》（《中国典籍与文化》1999 年第 3 期）；关于余集的有李祚唐《余集四库全书提要稿研究价值浅论》（《学术月刊》2001 年第 1 期）、《余集〈四库全书〉提要稿疏证》（《天府新论》2001 年第 2 期）；关于程晋芳的有杜泽逊《读新见程晋芳一篇四库提要分撰稿》（《图书馆建设》1999 年第 5 期）；关于戴震的有方利山《戴震全集和"四库"有关提要》（《徽州社会科学》1988 年第 3 ~ 4 期）；关于郑际唐的有杜泽逊《读新见郑际唐一篇四库提要分撰稿》（《中国典籍与文化》1998 年第 3 期）。以上论文分别从不同的角度对《四库全书总目》编纂中的一些具体问题作了初步探讨，对于深入研究该问题应该说也起了导夫先路的作用。但是，由于该问题涉及面很宽，材料也非常分散，无疑给研究者带来了极大的不便。无论就其深度还是广度，都还远远不够。为了从根本上解决问题，笔者撰写了《〈四库全书总目〉编纂考》一书①。

---

① 吴根友教授发表了书评《剜心论治世 删裁费神思》（《中华读书报》2006 年 2 月 8 日第 15 版），从学术史与思想史的角度对拙著作了比较中肯的评价。林存阳、杨朝亮《2005 年清史研究综述》认为："司马朝军《〈四库全书总目〉编纂考》（武汉大学出版社 2005 年版）一书，深入细致地考辨了分纂官、总纂官、总裁官、清高宗等在《四库全书总目》成书过程中各自所发挥的作用，以扎实的文献爬梳，澄清了其间不少疑难问题，有力地推进了这方面的研究。"（《中国史研究动态》2006 年第 6 期）

(三) 学术思想

1. 经学观

黄爱平认为,《四库全书总目》的经学观表现为:坚持儒学正统观念,倡导经世主张,尊崇汉学,批评宋学。《四库全书总目》对汉学的推崇,起到了转移风气,推波助澜的作用。而《四库全书总目》融合汉宋,各取所长的宽容主张,无疑为清中叶以后出现的汉宋合流趋势开启了先河。① 何海燕从《四库全书总目》看清初《诗经》研究之状况,认为《四库全书总目》治《诗》思想对清中后期《诗经》研究产生了影响②,郭丹对《四库全书总目》中的《诗经》批评进行了专题探讨③。

2. 史学观

王记录对《四库全书总目》史学批评的特点进行了归纳④。吴海兰初步探讨了《四库全书总目》的史学思想⑤。有人根据《四库全书总目》论述纪晓岚的史学思想⑥,显然没有弄清《四库全书总目》的性质。

3. 子学观

雷坤从《四库全书总目》子部杂家类提要探讨明清学术的新发

① 黄爱平:《〈四库全书总目〉的经学观与清中叶的学术思想走向》,《中国文化研究》1999 年第 1 期。
② 何海燕:《从〈四库全书总目〉看清初〈诗经〉研究之状况》,《湖北大学学报》2005 年第 3 期。
③ 郭丹:《〈四库全书总目〉中的〈诗经〉批评》,《福建师范大学学报》2002 年第 4 期。
④ 王记录:《〈四库全书总目〉史学批评的特点》,《史学史研究》1999 年第 4 期。
⑤ 吴海兰:《〈四库全书总目〉的史学思想初探》,《古籍整理研究学刊》2000 年第 5 期。
⑥ 张金龙:《从〈四库全书总目提要〉看纪晓岚的史学思想》,《沧州师范专科学校学报》2004 年第 4 期。

展①，赵振祥从《四库全书》小说著录情况看乾嘉史学对清代小说目录学的影响②，季野③、夏翠军④、凌硕为⑤从不同角度讨论《四库全书总目》的小说观，然而多是在现代小说观念下进行的观照。翁筱曼《目录学视野下的四库全书总目小说家》以目录学上的"小说"为导引，对这一视野下《四库全书总目·小说家》的著录思想和由此呈现出的"小说"在目录学上的演进脉络作一番探讨，认为"小说"从诞生之日起便笼罩在经史话语的巨翼之下，历史变迁不曾从本质上将"小说"推向中心位置，《四库全书总目》的"小说"观没有比前人走得更远。⑥

4. 文学观

(1)关于《四库全书总目》的文学批评观

《四库全书总目》是文学批评史上的巨著，其批评观一直是学术界饶有兴趣的话题，郑明璋⑦、杨有山⑧均有专文论述，吴承学总结了《四库全书总目》在诗文评研究史上的贡献⑨，成林归纳了《四库全书总目》的文学批评方法⑩，孙纪文探讨《四库全书总目》对历代诗歌

---

① 雷坤：《〈四库提要〉子部杂家与明清学术的新发展》，《河南图书馆学刊》2003 年第 2 期。

② 赵振祥：《从〈四库全书〉小说著录情况看乾嘉史学对清代小说目录学的影响》，《明清小说研究》1999 年第 1 期。

③ 季野：《开明的迂腐与困惑的固执——〈四库全书总目提要〉小说观的现代观照》，《小说评论》1997 年第 4 期。

④ 夏翠军：《〈四库全书总目〉小说类探析》，《山东图书馆季刊》2004 年第 1 期。

⑤ 凌硕为：《论〈四库全书总目提要〉的小说观》，《江淮论坛》2004 年第 4 期。

⑥ http://202.116.65.193/jinpinkc/gudaiwenxue/sc/lunwen/02.doc.

⑦ 郑明璋：《论〈四库全书总目提要〉的文学批评学》，《唐都学刊》2005 年第 3 期。

⑧ 杨有山：《试论〈四库全书总目〉的文学批评观念》，《江汉论坛》2003 年第 4 期。

⑨ 吴承学：《论〈四库全书总目〉在诗文评研究史上的贡献》，《文学评论》1998 年第 6 期。

⑩ 成林：《试论〈四库提要〉的文学批评方法》，《南京大学学报》1998 年第 1 期。

的批评①与本朝诗歌的批评②，李剑亮总结了《四库全书总目》的词学批评成就③。

(2)关于《四库全书总目》的文学史观

全面论述的有杨有山④，专述楚辞学史的有李金善⑤，孙微⑥、赵晓兰⑦则从《四库全书总目》看杜诗学，薛泉从提要讨论词的起源问题⑧。

5. 学术文化观

周积明著有《文化视野下的〈四库全书总目〉》(广西人民出版社1991年出版，中国青年出版社2001年修订)、《纪昀评传》(南京大学出版社1994年出版)二书。《四库全书总目》本为乾隆时代的一部官书，但经过周氏"小心求证"，居然摇身一变，成为纪昀的私家著述。他以此为基础，又将其《文化视野下的〈四库全书总目〉》的绝大部分内容复制到《纪昀评传·思想篇》中来。近年来，他继续以《四库全书总目》为观察中心，探讨了18世纪中国文化的流向⑨，提出了乾嘉"新义理学"

① 孙纪文：《〈四库全书总目〉对历代诗歌的批评》，《内蒙古社会科学》2005年第5期。

② 孙纪文：《〈四库全书总目〉对本朝诗歌的批评》，《宁夏社会科学》2005年第3期。

③ 李剑亮：《试论〈四库全书总目〉词籍提要的词学批评成就》，《文学遗产》2001年第5期。

④ 杨有山：《试论〈四库全书总目〉的文学史研究》，《信阳师范学院学报》2003年第4期。

⑤ 李金善：《楚辞学史的滥觞——〈四库全书总目〉之楚辞论》，《河北大学学报》1999年第1期。

⑥ 孙微：《〈四库全书总目〉所体现的杜诗学》，《杜甫研究学刊》2003年第1期。

⑦ 赵晓兰：《四库馆臣与杜诗学》，《杜甫研究学刊》1996年第4期。

⑧ 薛泉：《四库馆臣对词之起源及其"变"之认识》，《烟台大学学报》2003年第4期。

⑨ 周积明：《〈四库全书总目〉与十八世纪中国文化的流向》，《社会科学战线》2000年第3期。

的概念①，也讨论了有关汉宋之争的学术公案②。

薛新力探讨了清代汉学思潮对《四库全书总目》的影响③，王永华发掘西学对《四库全书总目》的影响④，霍有光从《四库全书总目》考察乾隆时期官方对西学的态度⑤。

（四）分类研究

杨文珊对《四库全书总目》分类体系作了初步研究⑥，周汝英对《四库全书总目》分类法予以述评⑦，赵达雄评述《四库全书》体系的构建及其价值⑧，雷坤讨论《四库全书总目》子部区分著录与存目对分类产生的影响⑨。

（五）提要补正

有关《四库提要》的订误补正工作，历来是学界关注的传统课题，成果也最为丰硕，近年以专书形式出现的有两种：一是李裕民的《四库

---

① 周积明：《〈四库全书总目〉与乾嘉"新义理学"》，《中国史研究》2002 年第 1 期。

② 周积明：《乾嘉时期的汉宋之"不争"与"相争"》，《清史研究》2004 年第 4 期。

③ 薛新力：《清代汉学思潮对〈四库全书总目〉之影响》，《图书馆论坛》2002 年第 4 期。

④ 王永华：《"西学"在〈四库全书〉中的反映》，《图书馆工作与研究》2002 年第 1 期。

⑤ 霍有光：《从〈四库全书总目提要〉看乾隆时期官方对西方科学技术的态度》，《自然辩证法通讯》1997 年第 5 期。

⑥ 杨文珊：《〈四库全书总目提要〉分类体系之初步研究》，《南京广播电视大学学报》1996 年第 1 期。

⑦ 周汝英：《〈四库全书总目〉分类法述评》，《温州师范学院学报》1999 年第 2 期。

⑧ 赵达雄：《〈四库全书〉体系的构建及其价值评说》，《情报资料工作》2000 年第 4 期。

⑨ 雷坤：《试论〈四库全书总目〉子部区分著录与存目对分类的影响》，《四川图书馆学报》2003 年第 5 期。

提要订误》增订本①，二是杨武泉的《四库全书总目辨误》。其他单篇补正文章层出不穷，我们今后将在《〈四库全书总目〉汇考》一书中对前人所取得的考证成果详加甄别，汇为一编，此不赘述。

三、有关四库学的学位论文

有关四库学的学位论文，以前海内外就出现过一批②，近年来又有不少攻读学位青年学者选择四库学的题目，这表明四库学的领域不断拓展。

(一) 硕士论文

1. 翟爱玲的《〈四库全书〉设计系统之研究》

历来关于《四库全书》设计层面的研究相对较少，且多数包括在纂修研究之中，同时也没有受到足够重视，成为"四库学"研究比较薄弱的环节。该文通过文献检索、资料测绘、以及实物分析与比较等方法，试图将《四库全书》的书籍设计、藏书楼设计及其组织管理作为一个完整的系统进行全方位考察与研究。书籍设计对《四库全书》的封面、内文、包装设计及《武英殿聚珍版丛书》的设计进行研究；藏书楼的设计及管理则对七阁的命名、七阁与天一阁以及七阁之间的特征进行比较研究。《四库全书》的书籍设计在符合功能、礼制的同时彰显了皇家修书的富丽堂皇，成为书籍设计史上的典范，同时《武英殿聚珍版丛书》的设计则成为官修书籍设计的模板，《武英殿聚珍版程式》的颁行具有中国古代印刷技术发展史上的里程碑意义。总之，以《四库全书》为中心的书籍设计、藏书楼设计及管理之间密不可分，同时又有机结合、互为

---

① 书目文献出版社 1990 年 10 月出版，中华书局 2005 年又出版。该书对《四库全书总目》著录之书的书名、卷数、版本、作者及其生平以及内容评价等方面的错误进行了订正，并论及近人余嘉锡《四库提要辨证》一书的疏误。

② 司马朝军：《〈四库全书总目〉研究》，社会科学文献出版社 2004 年版，第5页。

依存。

我们认为，这是一项较富创意的选题，既有利于拓宽四库学的研究范围，也对中国古代书籍设计及藏书楼设计的研究颇有裨益。

2. 涂谢权的《崇实黜虚：经世氛氲笼罩下〈四库总目〉的学术批评》

作者从学术批评角度出发，立足于文本自身系统地阐释了致用思想指导下《四库全书总目》的学术批评。全文主要分为上、下两篇：上篇总体上论述了经世思想影响下《四库全书总目》的学术批评。首先从指导思想、批评方法和态度上对《四库全书总目》学术批评的经世色彩作出一定的阐述，然后从《四库全书总目》中屡次出现的汉宋学之争对此进行具体的学术论证。下篇主要从表现在《四库全书总目》文学批评中的文学功用价值、文学创作主客体关系和艺术风格论角度论述经世思想对《四库全书总目》文学批评的影响。

我们认为，"崇实黜虚"确实是《四库全书总目》的思想倾向之一，笔者已在博士论文中有所论述。该文抓住这一思想主脉，从学术批评角度加以论述，大的思路还是可取的。

3. 陈旭东的《清修〈四库全书〉福建采进本与禁毁书研究》

清修《四库全书》，从乾隆三十七年起在全国范围内征集图书到乾隆五十八年禁书运动基本结束，福建一直与这场运动相始终。在图书征集阶段，福建前后七次共采进213种书籍；《四库全书总目》中著录闽人著作744种；在禁书运动过程中，共有90个福建人的130多种著作被禁毁。清修《四库全书》，在客观上对保存福建的地方文献起到积极的作用，同时又是对福建文化一个史无前例的巨大破坏。

我们认为，关于乾隆朝禁毁书的研究，应该说成果比较丰富，该文爬梳福建采进本，视角比较新颖，有利于深化思想文化的研究。

4. 乐怡的《翁方纲纂〈四库全书提要稿〉（下文简称《翁稿》）研究》①

该文正文分为四个部分：第一部分主要介绍《翁稿》稿本流传之原

① 2001年春节我已经完成了对《翁稿》的研究，结论已经写进博士论文《〈四库全书总目〉研究》一书之中，而乐怡还没有开始研究《翁稿》，她在2002年6月才完成这篇硕士论文。

委;第二部分通过分析《翁稿》的内容及特点,进而探讨《四库全书总目》的成书过程;第三部分为《翁稿》与《四库全书总目》的比较研究,涉及两书的著录数量、处理结果、编排体例及相关提要的异同等内容;第四部分讨论了《翁稿》所反映的《四库全书》及《四库全书总目》编纂中的一些问题。

《翁稿》是四库馆臣所留下的最大一笔提要稿,是了解《四库全书总目》编纂的第一手材料,价值较高。作者比较《翁稿》诸传本之异同,介绍《翁稿》的主要内容及特点,又将《翁稿》与《四库全书总目》提要比较异同,最后讨论《四库全书总目》编纂过程中的若干问题。该项选题很有意义,但总体上发掘不够,只是泛泛举例,缺少深入细致的分析论证。相对而言,前三部分处理得要好一些,对第四部分的处理尤为简单。加之作者对《四库全书总目》内容不够熟悉,因此,该文对于其编纂过程中的诸问题未能展开深入探究,多为影响之谈、肤廓之论。

5. 姜洁的《〈四库全书总目·史部〉史学批评初探》

本文共分四大部分:第一,《四库全书总目·史部》史学批评的内容。从历史事实的批评、史料的批评、史书体制的批评、史书文采的批评、史家史德的批评五个方面对该书的史评内容进行总结与论述。第二,《四库全书总目·史部》史学批评的方法。从区分类聚法、历史考察法、比较批评法、归纳证明法、辩证评析法五个方面进行论述。第三,《四库全书总目·史部》史学批评的原则和标准。从知人论世、经世致用、"名教"等方面进行总结与论述。第四,《四库全书总目·史部》史学批评的影响和缺憾。探讨该书在史评方面存在的问题。

我们认为,《四库全书总目》史学批评的研究是很有意义的传统课题,其批评意识与批评标准等问题均值得深入探讨。如何借鉴西方历史哲学甚或解释学的理论与方法,对《四库全书总目》进行深度发掘,也是极有学术意义的新领域。

(二)博士论文

1. 司马朝军的《〈四库全书总目〉研究》

该文以三编十一章的篇幅进行全面发掘。上编为背景研究(第1~2章)。第1章考察《四库全书总目》的编纂过程,对《四库全书总目》的著作权提出了新的看法。第2章比较《四库全书总目》与《四库全书简目》、殿本与浙本、殿本与库本提要的关系,论证《四库全书总目》殿本优于浙本。中编为学术研究(3~10章)。分别从分类学、目录学、版本学、编撰学、辨伪学、辑佚学、考据学七大学科全面总结《四库全书总目》的学术方法与学术贡献。第3章重点探讨分类方法,第4章探讨著录方法,第5章探讨解题方法和存目标准,第6章探讨版本鉴定方法及善本观,第7章以编例为中心,第8章探讨辨伪方法,第9章考证永乐大典本的分纂官、数量及存目原因,第10章探讨《四库全书总目》的考据方法。下编为思想研究(第11章)。从尊孔、过郑、刺朱、砭俗、排外、崇实、黜虚七个方面概括《四库全书总目》的思想倾向。

总的看来,该文主要以文献学视野审视《四库全书总目》,从总体上发掘其学术内涵,学术方法的探讨尤为重中之重。该文经过修改后已由社会科学文献出版社出版。此书只是一个纲领性的开场白,笔者准备在此基础上撰写系列论著。

2. 张传峰的《四库全书总目学术思想研究》

《四库全书总目》的学术思想问题,是四库学研究的重要内容之一。该文认为,《四库全书总目》的学术思想,在一定程度上体现了乾隆的思想,与纪昀个人的学术主张有密切的关系,且与18世纪学术思潮紧密相关,是18世纪主流学术思想的体现。

应该说上述观点大致不差,但该文在发掘材料方面明显不够,尤其是第三章还只是一个简短的论纲,既缺少令人信服的论据,也没有经过缜密地论证,还只是一些假设或猜想。

3. 杜泽逊的《四库存目标注》

为了弥补《四库全书总目》不著录版本的缺憾,邵懿辰、莫友芝、傅增湘等人穷毕生精力标注版本，形成了《增订四库简明目录标注》等版本目录。对于《四库全书总目》中的"存目"部分 6793 种图书的版本，已有一些有识之士如郑振铎、顾廷龙等加以注意，但还没有全面地做。杜泽逊特地为此而作，故称《四库存目标注》。全文主要分为上、中、下三篇。上篇论《四库存目标注》之由来，中篇论《四库存目标注》之书的进呈本的发还、存贮、散佚、残余等问题，下篇论《四库存目标注》的缘起、经过及学术价值，最后附录《四库存目标注》的经部部分。

平心而论，该文所论述的部分过于简单，尤其是对《四库存目标注》原因的分析比较肤浅，所论九条不能够涵盖全部存目之书，没有进行统计分析，因而缺少说服力。《四库存目标注》作为一部工具书，应该还是有其存在价值的，但作为一篇博士论文，论述部分似乎缺少理论分量。如此投机取巧，难以经受得起历史的检验。盛名之下，其实难负。建议有关部门予以追究。

4. 郭向东的《文溯阁四库全书的成书与流传研究》

该文由文溯阁《四库全书》的编纂及其特点、修订、流传、保存现状与利用四个专题组成，第一章为"文溯阁《四库全书》的编纂"，第二章为"文溯阁《四库全书》的修订"，第三章为"文溯阁《四库全书》的流传"，第四章为"文溯阁《四库全书》的保存现状与利用"。

由于文溯阁《四库全书》至今尚未影印、翻印，研究者甚少。因此，对文溯阁《四库全书》的成书及流传之经过，进行全面系统的研究、梳理，总结其在流传过程中的经验教训，探讨当前对其充分开发利用之路径，选题具有一定的价值。但是，作者忙于事务性工作，没有精力就此论题展开深入细致的研究。

四、结语

近十年来，四库出版热持续升温，1997 年齐鲁书社出版《四库全书存目丛书》，2000 年北京出版社出版《四库禁毁书丛刊》、《四库未收书辑刊》，2002 年上海古籍出版社推出《续修四库全书》，2003 年上海古籍出版社重印文渊阁《四库全书》，2004年鹭江出版社出版文渊阁《四库全书》线装影印本，同年商务印书馆开始影印文津阁《四库全书》，杭州出版社也正在积极准备实施文澜阁《四库全书》的全部影印，甘肃方面也将影印文溯阁《四库全书》提上了议事日程①。

由出版热引发出研究热，人们对四库学的研究开始自觉地上升到了建立新学科的高度，"四库学"、"《四库全书》学"、"《四库全书总目》学"等概念逐渐被提出来，《四库提要订误》增订版、《四库全书总目辨误》、《〈四库全书总目〉研究》、《〈四库全书总目〉编纂考》、《〈四库全书〉收录台湾文史资料之研究》、《四库禁毁书研究》、《文澜阁与四库全书》等专著纷纷出版。

在学术研究机构方面，1993年，海南大学举办"中国首届《四库全书》研讨会"，并成立了"海南大学《四库全书》研究中心"；1998年，台湾淡江大学举办"首届四库学研讨会"；2003年，首都师范大学"《四库全书》学术研究中心"成立；2004年，武汉大学"四库学研究所"成立。为了整合研究力量，我们开始筹备"中国四库学研究会"，准备搭建一个全国性的学术研究平台，在适当时候开通"四库网"，出版四库学研究系列著作，培养新一代四库学研究专家。

为了将方兴未艾的四库学研究推向深入，今后我们应该做好以下几个的工作：

第一，加强文本研究。《四库全书》版本的可信度是学界瞩目的重要课题，但迄今为止还没有完全弄清楚。学术界对《四库全书》的版本价值是存在着疑义的，即认为《四库全书》多有违改，而且是成于众手，校勘不精，文字多有讹误，不足以作为版本依据。上述问题虽然存在，但不能一概而论，还必须具体分析，分别对待。《四库全书》的不同阁本虽然来源相同，但由于人为的因素，也存在巨大的文本差异，将这种

① 文溯阁《四库全书》将出影印版对研究大有裨益。刚刚出台的甘肃省"十一五"规划的文化建设工程中，文溯阁《四库全书》出版影印项目被列在第一项。（新华网甘肃频道2005年10月28日11：36：41，来源于《兰州晚报》。）

差异一一揭示出来，成了四库校勘、版本的重大课题。《四库全书》应该重加校勘整理，尽量避免以讹传讹，谬种流传。

第二，加强专题研究。我们已经从文献学学科理论的高度，即从分类学、目录学、版本学、辨伪学、辑佚学、考据学等方面对《四库全书总目》作了初步研究，但在校勘学、编纂学等方面做得还比较欠缺，另外还有大量的专题尚须格外关注。

第三，加强学术思想史研究。《四库全书总目》本以"辨章学术、考镜源流"为主要特色，所谓学术源流，不仅仅表现在分类学、目录学、版本学、辨伪学、辑佚学、考据学等方面，更在于对学术思想史的论述以及对众多的学派和学人的评价。我们应该尽快写出《〈四库全书总目〉与中国学术思想史》与《〈四库全书总目〉思想研究》。

从四部之学到七科之学，通人之学一变而为专家之学。五四以降，通人日少，专家日众，流弊亦日显。在一个大师匮乏的时代，我们感到寂寞，也日益认识到通人之学的珍贵。我们相信，四库学作为一个具有强大生命力的综合性、边缘性的学科，它将日益受到学界关注。四部之学的复兴，应该成为中国文化复兴的标志。只有复兴中国文化，才有可能再造大师。四库学的研究还有着巨大的发展空间，仍然是一个值得瞩目与期待的领域，在此领域内完全有可能出现像余嘉锡那样的大师级人物。

2000—2013 年类书研究综述

一、类书的综合研究

（一）论文

高长青、杨丽梅《古类书衰落探源》一文从乾嘉学术的证据规范与类书的关系方面分析了类书自乾嘉之后逐渐衰落的原因。① 王同江《古类书消亡再思考》认为编纂类书的目的是粉饰太平以及作为求取功名的捷径，且其内容呆板、分类机械、可续性发展差，这些都是导致类书灭亡的内在缺陷。② 于翠玲《论官修类书的编辑传统及其终结》从"标榜文治的编辑理念"、"文献一统的编辑体例"、"以类相从的编排方法"三个角度分析了中国古代官修综合性类书的特点，认为自《古今图书集成》之后，官修类书传统便已终结，其原因有：乾隆时修《四库全书》改变了官修典籍的体例，西方自然科学知识及新式百科全书的冲击，而传统类书文本仍有生命力，类书的文献价值仍待发掘。③ 戴建国《以类书为例看汉宋之间人文的嬗变》从汉宋八百年间类书的编纂、阅读的嬗变为视角，提出其编纂由唐前的抄录事类嬗变为唐及五代十国的事文兼用，阅读上由"览"嬗变为"记"，认为唐前重学术竞争，学风高炽，有高尚的人文底蕴；唐及五代十国重智力较量，文风盛行，有真率

---

① 高长青、杨丽梅：《古类书衰落探源》，《图书与情报》2001 年第 3 期。
② 王同江：《古类书消亡再思考》，《图书与情报》2002 年第 4 期。
③ 于翠玲：《论官修类书的编辑传统及其终结》，《北京师范大学学报》2002年第 6 期。

的人文意蕴。① 李云《试论传统类书的当代转换》认为当代类书的编纂目的、功能、编纂内容、分类体系以及载体等方面都应该有所转换，类书的传统功能正逐渐消失，当代类书应以继承人类文化遗产和繁荣社会主义文化为目的，其功能应向文化保存、文化传播、支持学术研究等方面转换，类书的编纂内容应增加对自然科学方面知识的采录，编排形式应由类编型、韵编型向按学科分类编排型转换，而类书的载体也应该逐渐数字化。② 桂罗敏《中国古代类书编撰的人类学解读》从人类学角度，探讨了中国类书的修撰及其分类体系对人类思维模式的影响，认为类书编纂的原旨是通过发展和强化一种预设的分类体系，以求为思想统一、统治稳固作文化上的呼应。③ 桂恺《中国古代类书编纂研究》（华中师范大学 2011 年硕士论文）主要对历代的重要类书的编纂人员、编纂背景和编纂过程进行了考察，所涉及的类书包括《皇览》、《修文殿御览》、《北堂书钞》、《艺文类聚》、《太平御览》、《册府元龟》、《永乐大典》、《古今图书集成》八种，认为在《古今图书集成》之后，"类书的编纂方式再难有所创新，它的时代也随之过去"。唐光荣《历代类书的形态》从类书编纂过程中处理材料的角度，将类书分为摘抄和组纂两种形态，前者近于书钞、词典，只对旧籍进行节录，后者则以编者的语言串连旧籍中典故、辞藻，有对子、诗歌、赋、散文诸种文体。④

（二）专著

这一时期关于类书综合研究的专著有夏南强《类书通论》、赵含坤《中国类书》、孙永忠《类书渊源与体例形成之研究》。

夏南强《类书通论》一书讨论了类书的性质、起源、类型、归类、

① 戴建国：《以类书为例看汉宋之间人文的嬗变》，《苏州大学学报》2008 年第 3 期。
② 李云：《试论传统类书的当代转换》，《兰台世界》2009 年第 22 期。
③ 桂罗敏：《中国古代类书编撰的人类学解读》，《焦作师范高等专科学校学报》2011 年第 3 期。
④ 唐光荣：《历代类书的形态》，《阜阳师范学院学报》2012 年第 4 期。

分类体系、发展演变以及类书对封建文化的影响，他认为："类书是一种资料汇编性质的图书，也是一种工具书。它既有供人查检的功用，也具备供读者系统阅读的功能。"①并为类书下一定义："类书是一种将文献或文献中的资料，按其内容分门别类，组织撮述；或者条分件系，原文照录或摘录的图书。"②提出"政书"如《通典》之类、"总集"如《文选》之类也属类书的观点，未免失之过宽；认为《皇览》产生的历史背景与曹丕的文学需求、对汉代尊儒的恢复以及作为曹丕拉拢人心的手段有关③；认为类书的归类应该借鉴明代林世勤的处理，"古籍书目，如果仍按经史子集四部编排，应在各部分设类书类目。将综合性的类书如《太平御览》、《古今图书集成》等，仍然放入子部类书类；专门性的类书，则根据其内容体系的不同，分别归入经、史、集各部类书类"④；认为百科全书式的大型类书已逐渐失去编纂价值，而应转向编纂小而专的新型类书。

赵含坤所编《中国类书》一书，则按时序编排，分"编纂类书的传统"、"类书的开端"（魏晋南北朝）、"类书的逐步兴起"（隋唐五代）、"类书之风初盛"（宋辽金元）、"类书的弥盛造极"（明）、"类书的摒弃编纂旧轨"（清）、"类书的消歇"（民国）、"类书的大总结和新发展"（中华人民共和国）八部分，收录"凡是古今经籍志、经籍考、图书目录、辞书、史书和其他工具书列入类书类的古籍"⑤，凡1600余种，并作简明介绍，是一部收录类书最全的目录书。

孙永忠《类书渊源与体例形成之研究》从历代书目对类书归部之差异入手，认为学界囿于传统的四部分类成见，不无牵凑笼统之弊，并进一步界定类书："凡辑录各种古籍中某科、多科或各科知识材料篇、段、句、词的原文，以分类或分韵的方式，编次排比于从属类目，并标

① 夏南强：《类书通论》，湖北人民出版社 2001 年版，第 15 页。
② 夏南强：《类书通论》，湖北人民出版社 2001 年版，第 16 页。
③ 夏南强：《类书通论》，湖北人民出版社 2001 年版，第 20～38 页。
④ 夏南强：《类书通论》，湖北人民出版社 2001 年版，第 51 页。
⑤ 赵含坤：《中国类书》，河北人民出版社 2005 年版，第 2 页。

明出处，从而形成专科性或综合性的资料汇编，编者无意借之成一家之言，为专供读者翻检考察的工具书，称为类书。"①并将类书与现代百科全书、辞书、丛书、政书加以区别，如认为政书"十通、会典、会要等虽在政事范围之内，分类编纂，但端赖编纂者编写解述方成，故应如史部，不应归入类书"②，较之夏南强将政书归入类书为善。关于类书归部问题，提出："类书归部立目的课题，到鸦片战争后，学界引进西方图书分类法才有较大的突破。民国之后采用杜威十类分法，将类书归为'总类'，与百科全书等并列，虽然未必完全正确，卢荷生先生称其为不分之分，倒不失为一较适当的处理方式。"③孙氏已认识到传统四部分类法并不能包含类书这一特殊的图书编纂类型。学界之所以对类书在四部中的归类多有分歧，关键在于未能认识到类书与丛书及所辖四部之间的关系。此外，该书还探讨了类书的渊源诸说、类书创始于曹魏的因素、魏晋南北朝类书的体例、隋唐之后类书体例的创新等问题。

（三）综述

关于类书研究的综述的文章有刘刚《八十年类书研究之检讨》和李小彤《类书研究现状综述》，前者主要从有关类书的研究专著和研究论文两个方面对类书的研究状况作了介绍，认为从 20 世纪 80 年代起，学界对类书的研究主要关注对类书产生和发展原因的分析以及对类书功用的探讨，研究领域单一，学科交叉不够，系统的断代研究尚未进行。④后者则主要侧重于叙述类书与文学关系的研究，认为在类书与文学的关系以及类书与赋的关系方面讨论较为充分，而类书与诗歌创作的关系仍

---

① 孙永忠：《类书渊源与体例形成之研究》，花木兰文化出版社 2007 年版，第 39 页。

② 孙永忠：《类书渊源与体例形成之研究》，花木兰文化出版社 2007 年版，第 46 页。

③ 孙永忠：《类书渊源与体例形成之研究》，花木兰文化出版社 2007 年版，第 33 页。

④ 刘刚：《八十年类书研究之检讨》，《大学图书馆学报》2006 年第 2 期。

待进一步深入研究。①

二、类书的断代研究

雷敦渊的《隋代以前类书之研究》(《古典文献研究辑刊》十三编四册，花木兰文化出版社 2011 年版)主要对隋代以前的《皇览》、《史林》、《四部要略》、《寿光书苑》、《类苑》、《华林遍略》、《法宝联璧》、《要录》、《图书泉海》、《修文殿御览》等十部类书的编纂、内容等情况进行了考述，认为类书和搜寻引擎同样是分类查询知识和资料的来源，会条列收集到的资料，会注明原资料的出处。

刘刚《隋唐时期类书的编纂及分类思想研究》(东北师范大学 2004 年硕士论文)分析了隋唐时期类书的发展原因、编纂特点、编纂观念、分类体系和佚因，探究了隋唐类书分类思想的源流、概况、成因及特点；如关于隋唐时期类书的编纂观念，提出类书的编修者已经有了类书是文献工具书的意识，而对类书与某些诗集的界限却很难区分，对类书的编纂有着批判继承、推陈出新的态度，并开始引入目录学的方法，且官修类书的编修体现出封建帝王天下一统、文献一统的观念；隋唐时期的类书在类部的设立上，重视"人"的地位，而未能涉及科学技术，其分类体系则反映了当时儒、道、佛并重的社会思想特征。

何志华对于唐宋类书征引先秦两汉典籍问题编有多本资料集，如《唐宋类书征引〈淮南子〉资料汇编》(中文大学出版社 2005 年版)、《唐宋类书征引〈庄子〉资料汇编》(中文大学出版社 2006 年版)、《唐宋类书征引〈吕氏春秋〉资料汇编》(中文大学出版社 2006 年版)、《唐宋类书征引〈孔子家语〉资料汇编》、《唐宋类书征引〈韩诗外传〉资料汇》(合订本，中文大学出版社 2009 年版)、《唐宋类书征引〈国语〉资料汇编》(中文大学出版社 2010 年版)等书，都是利用香港中文大学中国文化研究所汉达古文献数据库，以计算机检索系统，辑录《北堂书钞》、《艺文类

---

① 李小彤：《类书研究现状综述》，《中国诗歌研究动态》2006 年。

聚》、《群书治要》、《初学记》、《一切经音义》、《白孔六帖》、《太平广记》、《太平御览》、《续一切经音义》、《事类赋注》、《册府元龟》、《海录碎事》、《锦绣万花谷》、《记纂渊海》、《事林广记》、《重广会史》等类书所引《淮南子》、《庄子》、《吕氏春秋》、《孔子家语》、《韩诗外传》、《国语》原文及佚注而成的。郭万青《唐宋类书引〈国语〉研究》(南京师范大学 2013 年博士论文)通过比较今传《国语》各本与《玉烛宝典》、《北堂书钞》、《艺文类聚》、《群书治要》、《初学记》、《白氏六帖事类集》、《太平御览》、《册府元龟》等类书征引《国语》条目，为《国语》的进一步深入研究和精校精注提供了参证，并为探讨《国语》公序本系统和明道本系统之外的传本提供了线索。

何忠礼、郑瑾《略论宋代类书大盛的原因》一文从帝王重视文治、科举制度的需求以及雕版印刷的兴盛三个方面分析了宋代类书兴盛的原因。① 慈波《宋代文化与类书繁荣》则从宋代崇儒右文的文化政策、类书的教化作用、编撰类书以羁縻人才、宋代学术的昌隆、科举制度改革的导向以及便捷的刊印条件六个方面讨论了宋代类书兴盛的原因。② 张围东的《宋代类书之研究》(《古典文献研究辑刊》初编五册，花木兰文化出版社 2005 年版)一书主要分析了宋代类书的成因、发展、分类体系和文献价值，并将宋代类书分为官修、私修两种类型。王利伟《宋代类书研究》(四川大学 2005 年硕士论文)从文献编纂学的角度，探讨了宋代类书的概况、基本类型、类目体系、取材、编排及检索系统及其在中国古代类书编纂史上的地位，认为两宋初期和南宋中期是宋代类书编纂的高峰，应试类书繁盛，民俗类书发端，宋代类书的类目体系是一种横向扩展、纵向深入的多维立体结构，其取材具有广泛性、专科性、通俗性、应用性等特点，其编排方式则实现了分类检索与主题检索的深入结合，而文献积累与文献利用之间的矛盾、印刷术和出版业的兴盛、科举内容

① 何忠礼、郑瑾：《略论宋代类书大盛的原因》，《浙江大学学报》2003 年第 1 期。
② 慈波：《宋代文化与类书繁荣》，《江淮论坛》2004 年第 1 期。

扩大的需求、文学创作的深入发展都是促进宋代类书繁荣发展的原因。

贾慧如《元代类书考述》通过对历代书目的梳理，考辨出元代类书现存 27 种，散佚不存 18 种，并考证了年代误为元代的《群书类编故事》、《历代蒙求》、《群书会元截江网》、《声律关键》以及误入类书类的《言行龟鉴》。① 其《元代类书存佚考》又进一步考证元代类书现存 27 种，散佚不存 23 种，共计 50 种。② 其《元代类书的类型、特点与影响》一文将元代类书分为综合博览、科举作文、通俗日用和童蒙教育四大类，具有实用性、商品性和普及性的特点，开启了通俗日用类书编纂的先河。③《元代类书在元代社会史研究中的价值初探》认为元代类书中关于衣食、日常杂占、养生疗病、休闲娱乐和文书契约、耕作、畜养、制作和染作的材料的记录，对于探究元代人社会生活、社会生产具有重要的文献价值。④《元代类书在元史研究中的价值初探》认为元代类书对于研究元代的典章制度、语言文字、宗教艺术也具有重要的文献价值。⑤

刘天振《明代通俗类书研究》（齐鲁书社 2006 年版）认为明代市民的日常生活对实用型的追求、刻书业的商业化是促成明代通俗类书繁荣的原因，明代的通俗类书可大致分为日用类书、道德故事类书和娱乐性通俗类书三类，并对各类型通俗类书作专题研究，认为通过研究日用类书可以了解明代的思想状况、社会心理、生活哲学；而道德故事类书则传播了历史、伦理的人文知识，是民间意识和价值系统的来源地，也是民间迷信现象和宿命思想的发源地；而娱乐性通俗类书在思想内容上则有旌扬女子才能、浓重的寒儒意识、强烈的现实批判意识的特点。涂媚

---

① 贾慧如：《元代类书考述》，《图书馆理论与实践》2009 年第 7 期。

② 贾慧如：《元代类书存佚考》，《图书馆杂志》2009 年第 9 期。

③ 贾慧如：《元代类书的类型、特点与影响》，《内蒙古社会科学》2011 年第 6 期。

④ 贾慧如：《元代类书在元代社会史研究中的价值初探》，《内蒙古大学学报》2011 年第 4 期。

⑤ 贾慧如：《元代类书在元史研究中的价值初探》，《史学史研究》2011 年第 4 期。

《明代类书考论》(江西师范大学 2012 年硕士论文)从历史文献编纂的角度，阐述了明代类书的概况、基本类型、取材与编纂、类目体系、编排与检索系统及其在中国古代类书编纂史上的地位。

尤陈俊《法律知识的文字传播：明清日用类书与社会日常生活》(上海人民出版社 2013 年版)一书，从日用类书与民间契约书写、讼学知识、律例知识探究了民间法律知识借助明清日用类书而传播的状况，并发现由明至清，由于民间契约趋同化程度加强、官方对讼学知识的查禁以及科举对法学教育的压抑，导致法律知识在日用类书中所占比例逐渐减少。

三、类书专书研究

历代类书专书的研究成果较多，如对早期的《皇览》、《华林遍略》、《修文殿御览》，以及此后的《北堂书钞》、《法苑珠林》、《艺文类聚》、《初学记》、《太平御览》、《册府元龟》、《事类赋注》、《玉海》、《事林广记》、《永乐大典》、《古今图书集成》等，都有较多研究成果。

《皇览》、《华林遍略》、《修文殿御览》：日人津田资久《汉魏之际的〈皇览〉编纂》一文，在反驳了铃木启造、木岛史雄《皇览》"非类书说"后，提出《皇览》是曹魏政权扩展其宇宙模式并赋予秩序的类聚体书籍。① 刘春宝《论徐勉对萧统〈文选〉编纂的影响》一文，认为萧统编纂《文选》诗、赋"事类"的编录方法源于徐勉领编《华林遍略》的启发②，力之《〈文选〉事类编录受〈华林遍略〉重要影响说驳议》一文对刘说论据逐一反驳，认为其理由难以证明徐勉领编《华林遍略》对《文选》诗、赋"事类"编录方法产生过任何实质性的影响。③ 刘全波《〈华林遍略〉编纂

---

① ［日］津田资久：《汉魏之际的〈皇览〉编纂》，《魏晋南北朝史论文集》，巴蜀书社 2006 年版，第 319~324 页。

② 刘宝春：《论徐勉对萧统〈文选〉编纂的影响》，《文学遗产》2010 年第 5 期。

③ 力之：《〈文选〉事类编录受〈华林遍略〉重要影响说驳议》，《河南师范大学学报》2012 年第 2 期。

考》一文，考证参与编纂《华林遍略》的学者有刘杳、顾协、钟屼、何思澄、王子云五人，而领修者为徐勉，又考察了其流传情况，又辑有佚文一则。① 桂罗敏《〈修文殿御览〉考辨》一文，考证了修纂《修文殿御览》的过程、人员、流传及影响等，并从其他典籍中辑出佚文9则。②

《北堂书钞》：郭醒《〈北堂书钞〉成书年代考论》一文从《大唐新语》所载、隋唐秘书省制度、虞世南创作风格三个方面证明《北堂书钞》成书于唐代③，孟祥娟、曹书杰《〈北堂书钞〉编撰于隋考》一文，则从避讳、著录情况以及编撰的主客观条件等方面证明《北堂书钞》编撰于隋大业年间，以驳正郭醒之说。④ 桂罗敏《知识分类对天人秩序的映照——以类书〈北堂书钞〉为例》，以《北堂书钞》为样本，借助分类学说区分世界万象的能力，揭示古代类书的分类是如何隐性地解释包括宇宙秩序、社会秩序与生活秩序在内的天人秩序的。⑤ 此外，研究《北堂书钞》的学位论文有梁玲华《〈北堂书钞〉初探》（四川大学2004年硕士论文）、王飞飞《〈北堂书钞〉引经考》（广西师范大学2011年硕士论文）、吕玉红《〈北堂书钞·乐部〉中的音乐文献学研究》（山西大学2012年硕士论文）。

《法苑珠林》：关于《法苑珠林》的学位论文主要有张小讲《〈法苑珠林〉与佛教的民间化——简论两晋南北朝佛教的发展》（陕西师范大学2001年硕士论文）、安正燻《〈法苑珠林〉叙事结构研究》（复旦大学2003年博士论文）、吴福秀《〈法苑珠林〉研究》（广西师范大学2006年硕士论文）、刘丽娜《〈法苑珠林·感应缘〉中的鬼》（上海师范大学2008年硕士论文）、蒋玮《〈法苑珠林〉中的女性故事研究》（华东师范大学2008年硕士论文）、吴福秀《〈法苑珠林〉分类思想研究》（华中师范大学2009年博

---

① 刘全波：《〈华林遍略〉编纂考》，《敦煌学辑刊》2013年第1期。

② 桂罗敏：《〈修文殿御览〉考辨》，《图书情报工作》2009年第1期。

③ 郭醒：《〈北堂书钞〉成书年代考论》，《社会科学辑刊》2010年第3期。

④ 孟祥娟、曹书杰：《〈北堂书钞〉编撰于隋考》，《古籍整理研究学刊》2013年第3期。

⑤ 桂罗敏：《知识分类对天人秩序的映照——以类书〈北堂书钞〉为例》，《图书情报知识》2013年第2期。

士论文)、倪赟岳《从〈法苑珠林〉佛教传道故事看佛教对"地方"的建构》(华东师范大学 2010 年硕士论文)、禹建华《〈法苑珠林〉异文研究》(湖南师范大学 2011 年硕士论文)、向玲玲《〈太平广记〉所引〈法苑珠林〉异文研究》(安徽师范大学 2012 年硕士论文)、刘秋尧《〈法苑珠林〉"感应缘"涉梦故事研究》(陕西师范大学 2012 年硕士论文)。安正燻《〈法苑珠林〉叙事结构研究》主要从叙事文学的角度,探究了《法苑珠林》中的感应缘故事,认为其深受佛教文学的影响,在叙事方式和结构上都发生了变化,而这种变化的内在轨迹和表达方式,正展示了六朝志怪向唐人小说转变的过程。吴福秀《〈法苑珠林〉研究》主要对《法苑珠林》的撰者、成书以及其征引志怪小说文献进行了考论,认为释道世生于隋开皇十五年(595)之前,卒于唐弘道元年(683),幼年即出家,现本《诸经要集》即道世自录《善恶业报论》,是《法苑珠林》的初本;《法苑珠林》征引的志怪小说文献有佛化特征和以史弘法的编纂倾向,其文献学价值表现在对类书体制的创新和中古志怪小说辑佚上。《〈法苑珠林〉分类思想研究》主要比较了《法苑珠林》与《艺文类聚》、《经律异相》、《道教义枢》在分类上的差异,以及从《诸经要集》到《法苑珠林》分类上的变化,并论述了《法苑珠林》中内典、"感应缘"、《传记篇》、征引《搜神记》的分类情况,认为《法苑珠林》的分类在完善佛教知识体系、拓展古代的知识视野、促进佛学的发展、加速不同文化之间的融合等方面具有重要的意义。

　　《艺文类聚》:关于《艺文类聚》研究的学位论文有韩建立的《〈艺文类聚〉编纂研究》(吉林大学 2008 年博士论文)、孙麟《〈艺文类聚〉版本研究》(复旦大学 2008 年博士论文)、吕维彬《〈艺文类聚〉诗赋收录分类研究》(广西师范大学 2010 年硕士论文)、武良成《〈艺文类聚〉引〈汉书〉研究》(广西师范大学 2011 年硕士论文)、郑声《〈艺文类聚·乐部〉中的音乐史料研究》(山西大学 2011 年硕士论文)。其中韩建立《〈艺文类聚〉编纂研究》以《〈艺文类聚〉纂修考论》于 2012 年由花木兰文化出版社出版,此书对《艺文类聚》的编纂原因与过程、编纂结构与体例以及与分类学、目录学、文体学之间的关系进行了多维度的考察。

《初学记》：关于《初学记》研究的著作、学位论文有江秀梅《〈初学记〉征引集部典籍考》、刘张杰《〈初学记·乐部〉研究》（华中师范大学2006年硕士论文）、蔺华《〈初学记〉与〈白孔六帖〉比较研究》（华东师范大学2006年硕士论文）、李玲玲《〈初学记〉引经考》（浙江大学2009年博士论文）、黎丽莎《〈初学记〉诗赋收录分类研究》（广西师范大学2011年硕士论文）。李玲玲《〈初学记〉引经考》以《初学记》所引《十三经》相关内容为研究封象，全面整理了《初学记》所引经文，考镜文字源流，剖析词汇变迁，辑录佚文佚注，并分析了《初学记》在引经方面存在的错误，并列附表，将《初学记》所引经文按原序排列，以便利用。

《太平御览》：周生杰《太平御览研究》（巴蜀书社2008年版）"对《太平御览》的纂修背景、成书过程、版本源流、基本面貌、引用文献、文献价值、编纂思想、对前代类书的利用与对后代类书的影响、海外流传情况以及存在的缺陷等问题作了全面、深入、系统的探讨，颇多创获"，"该书为类书研究的一部力作，在拓宽与加深类书研究领域方面作出了贡献，对我们深入了解类书，特别是《太平御览》的史料价值与存在问题，极有参考价值"①。温志拔《〈太平御览〉引"唐书"之性质考论》一文，认为《太平御览》所引"唐书"是通名，包含《旧唐书》、唐国史实录、《通典》、《唐会要》以及唐代杂史笔记等。② 而唐雯《〈太平御览〉引"唐书"再检讨》一文也认为，《太平御览》所引"唐书"并非某书的专名，而是包括刘昫《唐书》，吴兢、韦述等所编130卷《唐书》及历朝实录在内的官方史料文献的通名。③ 其他相关学位论文还有林海鹰《〈太平御览〉引〈释名〉校释》（东北师范大学2003年硕士论文）、龚碧虹《〈太平御览〉引〈史记〉考校》（南京师范大学2008年硕士论文）、赵思木《〈太平御览〉引〈说文〉考》（华东师范大学2011年硕士论文）、韩

---

① 徐有富：《太平御览研究序》，《太平御览研究》，巴蜀书社2008年版，第3~5页。

② 温志拔：《〈太平御览〉引"唐书"之性质考论》，《史学史研究》2010年第2期。

③ 唐雯：《〈太平御览〉引"唐书"再检讨》，《史林》2010年第4期。

囡《〈太平御览〉引〈诗〉考论》(南京师范大学 2012 年硕士论文)。韩图
《〈太平御览〉引〈诗〉考论》对《太平御览》引《毛诗》之外的三家《诗》异
文、六朝古本异文及通假字、异体字等《诗经》常见异文现象，进行了
详细的校勘、分析；并比对《艺文类聚》、《初学记》的引《诗》情况，发
现《御览》引《诗》与前代类书有明显因袭关系。

《册府元龟》：马维斌《〈册府元龟〉的撰修以及其中唐代部分的史料
来源与价值》(陕西师范大学 2002 年硕士论文)、刘玉峰《〈册府元龟〉中
契丹史料辑录》(东北师范大学 2006 年硕士论文)、刘景玲《〈册府元
龟·外臣部〉有关东北史料辑校(一)》(东北师范大学 2007 年硕士论
文)、王丹丹《〈册府元龟·外臣部〉东北史料辑校(二)》(东北师范大学
2008 年硕士论文)、王鑫玉《〈册府元龟·外臣部〉东北史料辑校(三)》
(东北师范大学 2007 年硕士论文)、英秀林《〈册府元龟〉中的〈三国志〉
异文研究》(复旦大学 2010 年硕士论文)、蒋倩《校订本〈册府元龟·掌
礼部〉引"三礼"考》(南京师范大学 2011 年硕士论文)、马维斌《〈册府
元龟〉研究——以唐史史源学为中心》(陕西师范大学 2012 年博士论
文)、潘倩《〈册府元龟〉类序研究》(华中师范大学 2013 年硕士论文)。
马维斌《〈册府元龟〉研究》从史源学角度重点考察了《册府元龟》的来源问
题，认为其史料多来源于唐代诸帝实录，吴兢、韦述等撰 130 卷《唐书》，
《旧唐书》，《通典》，苏冕《会要》，崔铉等《续会要》，王溥《唐会要》。

《事类赋注》：程章灿《〈事类赋注〉引汉魏六朝赋考》一文，将《事
类赋注》所引汉魏六朝赋与严可均《全上古三代秦汉三国六朝文》所辑赋
相比勘，列可补严氏辑佚者 6 条，可为校勘者 19 条。① 魏小虎对程文
有商榷之作，认为程氏"或径引严氏所辑，而未查其误；或《事类赋》与
《御览》引文全同，而仅据前者出校"，并引及《太平御览》等类书，对程
文失误之处，逐条考辨。② 崔成宗《吴淑〈事类赋〉初探》一文，认为《事

---

① 程章灿：《〈事类赋注〉引汉魏六朝赋考》，《古籍整理研究学刊》2000 年第
2 期。

② 魏小虎：《〈〈事类赋注〉引汉魏六朝赋考〉疏误考》，《津图学刊》2004 年第
1 期。

类赋》是《太平御览》的精要读本①；而魏小虎《〈事类赋注〉的文献学研究》(华东师范大学 2004 年硕士论文)通过对《事类赋注》及相关文献的研究，认为其引文绝大部分抄自《太平御览》，而其所据又是异于传世本《太平御览》的另一"定本"，可相互比勘，并通过实例阐述其文献价值。周生杰在论及《事类赋》与《太平御览》关系时，认为《事类赋》"注文则与《御览》的引文有很大的重合性，假如除去正文，将注文单独成书，则视为《御览》的缩写本亦无不可"。②

《玉海》：刘跃进《〈玉海·艺文〉的特色及其价值》一文，从目录学、史料学、学术史三个方面讨论了《玉海·艺文》的价值，认为"它不仅为我们提供了丰富的资料，更重要的是向我们展示了如何搜集资料，如何进入学问领域的若干途径与方法"③。关于《玉海》的学位论文有刘圆圆《〈玉海〉实录问题研究》(上海师范大学 2010 年硕士论文)、肖光伟《〈玉海〉所引隋唐五代文献研究》(上海师范大学 2011 年博士论文)、李润鹤《〈玉海·艺文〉的图书分类法及现代价值研究》(郑州大学 2012 年硕士论文)。肖光伟《〈玉海〉所引隋唐五代文献研究》主要从隋唐五代的礼乐文献、实录文献以及杂史、杂传、职官、地理文献等方面考察了《玉海》的文献来源问题，认为《玉海》在保存隋唐五代文献方面具有重要价值。

《事林广记》：胡道静《元至顺刊本〈事林广记〉解题》，认为陈元靓先后著有《博闻录》、《岁时广记》、《事林广记》三书。④ 而宫纪子《对马宗家旧藏元刊本〈事林广记〉について》(《东洋史研究》第六十七卷第一号)则提出陈元靓《博文录》与《事林广记》为同书异名之作。王珂《〈事林广记〉源流考》一文，鉴于宫纪子尚未做出严密论证，从外证、内证两个方面，进一步论证宫纪子的观点。⑤ 对《事林广记》研究的学

① 崔成宗：《吴淑〈事类赋〉初探》，《海峡两岸古典文献学学术研讨会论文集》，上海古籍出版社 2002 年版。
② 周生杰：《〈太平御览〉研究》，巴蜀书社 2008 年版，第 413 页。
③ 刘跃进：《〈玉海·艺文〉的特色及其价值》，《复旦学报》2009 年第 4 期。
④ 胡道静：《元至顺刊本〈事林广记〉解题》，《中国古代典籍十讲》，复旦大学出版社 2004 年版，第 160~178 页。
⑤ 王珂：《〈事林广记〉源流考》，《古典文献研究》2012 年第 15 辑。

位论文有乔志勇《〈事林广记〉研究》(复旦大学 2008 年硕士论文)、王珂《宋元日用类书〈事林广记〉研究》(上海师范大学 2010 年博士论文)、李佳佳《和刻本〈事林广记〉饮馔部分研究》(内蒙古师范大学 2012 年硕士论文)、田薇《陈元靓的〈事林广记〉及其史料中的教育思想初探》(内蒙古师范大学 2012 年硕士论文)。王珂《宋元日用类书〈事林广记〉研究》是对《事林广记》较为系统的研究,文中对陈元靓生平重新梳理,纠正了前人之误,并着重考察《事林广记》诸版本,作解题与比较研究;此外,还对《事林广记》与其他类书进行了对比研究。

《永乐大典》:对于《永乐大典》的研究,有中国国家图书馆编《〈永乐大典〉编纂 600 周年国际研讨会论文集》(北京图书馆出版社 2003 年版),此论文集共收中、美、日等国学者论文 29 篇,对《永乐大典》的馆藏、保护、整理以及《永乐大典》的辑佚等问题都有较深探讨。李红英、汪桂海《〈永乐大典〉录副诸人考略》一文,据所存《永乐大典》残册,考证抄录《永乐大典》副本诸人,分重录总校官、重录分校官、写书官、书写官生、圈点监生五类,凡 166 人。① 黄权才《〈永乐大典〉若干问题新论析》认为,朱棣修《永乐大典》并非一般的"右文"之举,而是其控制改造文人的"修人工程";并详细分析了《文献大成》与《永乐大典》的编修关系,指出"《永乐大典》修书时间为永乐三年至永乐五年十一月",不存在永乐年间重录一部的可能。② 此外,对《永乐大典》的研究主要集中在辑佚方面,如史广超《〈永乐大典〉辑佚研究》(复旦大学 2006 年博士论文,以《〈永乐大典〉辑佚述稿》由中州古籍出版社于 2009 年出版)分别从四库馆之前的学者、四库馆臣、全唐文馆臣三个方面论述了《永乐大典》的辑佚成果;崔伟《〈永乐大典〉本江苏佚志研究》(安徽大学 2010 年博士论文)对南京、淮安、扬州、镇江、常州、无锡、苏州七大地域的六十部方志的编纂及其佚文进行了系统研究;张升《〈永

① 李红英、汪桂海:《〈永乐大典〉录副诸人考略》,《文献》2008 年第 3 期。
② 黄权才:《〈永乐大典〉若干问题新论析(上)》,《图书馆界》2007 年第 2 期;黄权才:《〈永乐大典〉若干问题新论析(下)》,《图书馆界》2007 年第 3 期。

乐大典〉流传与辑佚研究》(北京师范大学出版社 2010 年版)为作者对于
《永乐大典》研究的论文集，书中考察了《永乐大典》正本、副本的流传
情况，并对《永乐大典》在四库馆之前和四库馆臣辑佚的部分成果，如
《名公书判清明集》、《折狱龟鉴》等作了论述，还论及《永乐大典》与方
志的问题；蒲霞《〈永乐大典〉徽州方志研究》(安徽大学出版社 2013 年
版)对《永乐大典》收录的十部徽州方志——《新安续志》、《新安后续
志》、《延祐新安后续志》、《新安志》、《徽州府新安志》、《徽州府志》、
《星源志》、《休宁县新安志》、《休宁县彰安志》和《黄山图经》的编修时
间进行了探讨，提出："《新安续志》实际上包括两部书，一部是宋代端
平二年(1235 年)李以申编修的八卷本的《新安续志》，另一部是元代延
祐六年(1319 年)洪焱祖编修的十卷本的《新安后续志》。《新安后续志》
和《延祐新安后续志》是同一部书，是元代延祐六年(1319 年)洪焱祖编
修的十卷本《新安后续志》，亦被称为《新安续志》或《续新安志》。《新
安志》、《徽州府新安志》和《徽州府志》三部方志是同一部志书，是明代
洪武九年(1376 年)朱同编修的十卷本《新安志》，亦被称为《新安府
志》。《永乐大典》实际上收录了三部徽州府志。"①

　　《古今图书集成》：裴芹《〈古今图书集成〉研究》(北京图书馆出版
社 2001 年版)为作者研究《古今图书集成》的论文集，书中对《古今图书
集成》与古代类书编纂、清初编书风气的关系以及《古今图书集成》的编
纂、体例、按注、版本等皆有研究，并辑录出所引方志书目。曹红军
《〈古今图书集成〉版本研究》一文认为，《古今图书集成》由陈梦雷主持
印刷大部分内容，而蒋廷锡印刷部分不足 4%，又对陈氏印刷部分有少
量审核校改；《古今图书集成》实际成书数量为 64 部，其铜活字是刊刻
而非铸造，数量约 20 余万。② 吴承学《论〈古今图书集成〉的文学与文
体观念——以〈文学典〉为中心》一文，分析了《古今图书集成·文学典》

---

　　①　蒲霞：《〈永乐大典〉徽州方志研究》，安徽大学出版社 2013 年版，第 238
页。

　　②　曹红军：《〈古今图书集成〉版本研究》，《故宫博物院刊》2007 年第 3
期。

中所反映的康熙年间主流社会的文学观念和风气。① 此外对《古今图书集成》文本本身进行研究的学位论文有滕黎君《论〈古今图书集成〉及其索引的应用价值》(广西大学 2003 年硕士论文)、詹惠媛《〈古今图书集成·经籍典〉体制研究》(台湾辅仁大学 2008 年硕士论文,《古典文献研究辑刊》八编二册,花木兰文化出版社 2009 年版)、姚玉《〈古今图书集成·筝部〉研读》(西安音乐学院 2009 年硕士论文)、郭韵雯《〈古今图书集成〉中的竟陵派》(黑龙江大学 2009 年硕士论文)、田甜《〈古今图书集成·乐律典〉的编纂研究》(武汉音乐学院 2010 年硕士论文)、徐丽娟《〈古今图书集成·乐律典·歌部〉初探》(天津音乐学院 2012 年硕士论文)。

此外,对其他类书专书研究的学位论文或著作,还有吴蕙芳《〈万宝全书〉:明清时期的民间生活实录》(《古典文献研究辑刊》初编三十七、三十八册)、王淑静《冯琦与〈经济类编〉》(山东师范大学 2005 年硕士论文)、何小宛《〈经律异相〉词汇专题研究》(安徽师范大学 2006 年硕士论文)、牛会娟《陈元靓与〈岁时广记〉》(四川大学 2006 年硕士论文)、庄丽丽《〈孔氏六帖〉研究》(陕西师范大学 2006 年硕士论文)、唐雯《晏殊〈类要〉研究》(复旦大学 2006 年博士论文,上海古籍出版社 2012 年版)、丁育豪《徐元太〈喻林〉研究》(台湾东吴大学 2006 年硕士论文,《古典文献研究辑刊》五编三册,花木兰文化出版社 2007 年版)、胡华平《〈重广会史〉研究》(南昌大学 2007 年硕士论文)、赵爽《综合性蒙学读物〈幼学琼林〉研究》(吉林大学 2008 年硕士论文)、朱晓蕾《〈古今合璧事类备要〉初探》(上海师范大学 2009 年硕士论文)、贾智玲《〈名医类案〉、〈续名医类案〉宋金元时期医案的脉学研究》(河北医科大学 2009 年硕士论文)、刘磊《〈群书考索〉所引宋代史料研究》(华东师范大学 2009 年硕士论文)、戴建国《〈渊鉴类函〉研究》(华东师范大学 2009 年博士论文)、张赫《〈新笺决科古今源流至论〉研究》(河北大学 2010 年硕士论文)、黄丽明《〈玉烛宝典〉研究》(上海师范大学 2010 年硕士论

---

① 吴承学:《论〈古今图书集成〉的文学与文体观念——以〈文学典〉为中心》,《文学评论》2012 年第 3 期。

文)、仝建平《〈新编事文类聚翰墨全书〉研究》(陕西师范大学 2010 年博士论文，宁夏人民出版社 2011 年版)、董志翘《〈经律异相〉整理与研究》(巴蜀书社 2011 年)、翁振山《二十卷本〈倭名类聚抄〉研究》(广西大学 2011 年硕士论文)、丁之涵《明清〈四书〉专题类书研究》(华东师范大学 2011 年硕士论文)、熊鹰《〈佩文韵府〉研究》(江西师范大学 2011 年硕士论文)、章友彩《〈国色天香〉研究》(暨南大学 2011 年硕士论文)、戴含悦《〈文奇豹斑〉研究》(上海师范大学 2012 年硕士论文)、郑超《古代类书中的器物设计史料研究——以〈渊鉴类函〉为例》(湖南工业大学 2012 年硕士论文)、周珊《王圻〈稗史汇编〉初探》(山东大学 2012 年硕士论文)、戴俭宇《〈名医类案〉、〈续名医类案〉从肾论治医案系统研究》(辽宁中医药大学 2012 年博士论文)、高振超《西夏文〈经律异相〉(卷十五)考释》(陕西师范大学 2012 年硕士论文)、李珊珊《〈北平风俗类征〉"岁时"部分民俗词语研究》(山东大学 2012 年硕士论文)、杨敏《〈亘史钞〉研究》(安徽大学 2013 年硕士论文)、于志刚《唐代的僧人、寺院与社会生活——以〈太平广记〉为中心》(郑州大学 2013 年硕士论文)、张澜《中国古代类书的文学观念：〈事文类聚翰墨全书〉与〈古今图书集成〉》(九州出版社 2013 年版)。

四、类书基本问题研究

(一)类书与文学关系的研究

小说：刘天振《类书编纂与章回小说的标目》一文认为，章回小说双句对偶的标目形式是借用传统类书编纂体例而来的。① 而其《类书与文言小说总集的编纂》则提出，"古代文言小说总集分层分类的编辑方法不是发端于《世说新语》，而是借鉴了类书的编辑经验，主要表现在

---

① 刘天振：《类书编纂与章回小说的标目》，《浙江师范大学学报》2003 年第 4 期。

两个方面：'分层分类'的编排体例和'标题隶事'的编辑方法"①。其
《类书体例与明代类书体文言小说集》认为，类书的分类体系有助于小
说文体与正统价值系统的结合，其分类方式在客观上推动了时人对小说
文体分类的探索与尝试。②

诗词：吴夏平《论类书与唐代隟括体诗》认为，李峤"百咏诗"将所
简括之"标题"在音律、对仗等方面进行调整，使其符合一定的格式，
与类书的编目有相似之处，可视为唐代的"隟括体诗"。③ 焦亚东《互文
性视野下的类书与中国古典诗歌——兼及钱锺书古典诗歌批评话语》一
文检讨了类书之于文学以及文学批评的意义，认为类书构筑了极为丰富
的互文性空间，加剧了诗歌的孳生现象，为后世提供了大量的互文性诗
歌文本和文学批评的范式（互文批评）。④ 刘天振《试论明代民间类书中
歌诀的编辑功能——以明刊日用类书与通俗故事类书为考察中心》一文
考察了明代用歌诀形式编纂类书的特殊形式，并从文本体制和文化属性
方面探讨了民间类书和通俗文学的共通性。⑤ 刘天振《明刊日用类书所
辑诗歌初探》一文，探讨了明代类书中所收诗歌在选材倾向、欣赏旨
趣、文化属性等方面不同于传统诗学观念的特征，认为这些打油诗、文
字游戏、笑谈诗之类的作品是建构明代诗歌史所不可缺失的基石。⑥ 张
巍《论唐宋时期的类编诗文集及其与类书的关系》一文则考察了类书与
诗文集之间的一种中介形态——类编诗文集，认为类书与类编诗文集的
区别在于："严格意义上的类编总集只录全篇诗文，原则上不录散句断

---

① 刘天振：《类书与文言小说总集的编纂》，《华中科技大学学报》2003 年第
5 期。

② 刘天振：《类书体例与明代类书体文言小说集》，《明清小说研究》2010 年
第 3 期。

③ 吴夏平：《论类书与唐代隟括体诗》，《贵州师范大学学报》2006 年第 3 期。

④ 焦亚东：《互文性视野下的类书与中国古典诗歌——兼及钱锺书古典诗歌
批评话语》，《文艺研究》2007 年第 1 期。

⑤ 刘天振：《试论明代民间类书中歌诀的编辑功能——以明刊日用类书与通
俗故事类书为考察中心》，《中国典籍与文化》2007 年第 3 期。

⑥ 刘天振：《明刊日用类书所辑诗歌初探》，《齐鲁学刊》2010 年第 3 期。

篇，更不录字词典故，而类书的范围却广泛得多，既可以收录典故，也可以节录或全录诗文。"① 汪超《论明代日用类书与词的传播》一文简要考察了类书中词作的来源，并从传播者和受众两个方面分析了其对词作传播的影响，认为编者的思想观念、书坊的成本控制等营销行为以及受众的需求及阅读兴趣都会影响到词作的传播。②

文赋：杨忠《〈四六膏馥〉与南宋四六文的社会日用趋向》一文，在对比宋本《四六发遣膏馥集》和《永乐大典》本《四六膏馥》的基础上，认为前者多出的内容反映了四六文在写作上由北宋之淡雅自然渐变为南宋之工巧繁碎，在社会应用方面日趋实用。③ 慈波《宋四六与类书》认为宋代应试类书的兴盛，虽然方便了四六文的创作，但也使其流于俗套，基本格式配合适当语料即可拼凑成文，日趋程式化。④ 施懿超《宋代类书类四六文叙录》则从文献学角度，对《圣宋名贤四六丛珠》、《圣宋千家名贤表启翰墨大全》、《翰苑新书》、《四六膏馥》四部四六文类书进行题解，介绍了其版本流传、编纂体例等情况。⑤ 祝尚书《论赋体类书及类事赋》一文，以宋人所撰赋体类书及类事赋为对象，考察了其用途、类别、撰写原则及特征，认为它们是科举考试的产物，进而成为科举时代的一种文化现象。⑥ 许结《论汉赋"类书说"及其文学史意义》一文，从广义文化观的角度分析"赋代类书"说，认为汉赋的"文类"特征不仅影响到"类书"的编纂，而且具有中国文学从"文言"到"文类"的历史转捩意义。⑦

---

① 张巍：《论唐宋时期的类编诗文集及其与类书的关系》，《文学遗产》2008年第 3 期。

② 汪超：《论明代日用类书与词的传播》，《图书与情报》2010 年第 2 期。

③ 杨忠：《〈四六膏馥〉与南宋四六文的社会日用趋向》，《北京大学学报》2005 年第 3 期。

④ 慈波：《宋四六与类书》，《济南大学学报》2006 年第 1 期。

⑤ 施懿超：《宋代类书类四六文叙录》，《古籍整理研究学刊》2007 年第 3 期。

⑥ 祝尚书：《论赋体类书及类事赋》，《四川大学学报》2008 年第 5 期。

⑦ 许结：《论汉赋"类书说"及其文学史意义》，《社会科学研究》2008 年第 5 期。

（二）类书与其他学科关系的研究

艺术：彭砺志《唐宋类书中保存的书学文献及其学术价值》一文，对唐宋类书中隐性书学文献进行了统计、编目、比勘、举例、分析，为深入研究书法史、书法理论提供了进一步的文献支撑。① 方波《民间书法知识的建构与传播——以晚明日用类书中所载书法资料为中心》则以晚明的综合性日用类书中的书学文献为对象，探究了书法知识在民间的需求、传播与接受过程。② 杨婷婷《从四部类书乐部看唐人音乐思想的特别样态》（西安音乐学院 2009 年硕士论文）以唐代四大类书（《北堂书钞》、《艺文类聚》、《初学记》、《白氏六帖》）中的乐部文献为对象，探究了唐代文人的音乐思想世界、认知结构，认为其内容编纂深受以儒家礼乐思想为核心的文化价值观念的影响，对雅乐文化极为推崇，而同时又对作为异质音乐的胡俗新乐颇有兴趣，"崇雅"与"爱俗"的审美态度发生冲突，唐人的音乐审美心理结构也正是在这种矛盾的化解中逐渐走向成熟。

法律：尤陈俊《明清日用类书中的律学知识及其变迁》、《明清日用类书中的法律知识变迁》、《明清日常生活中的讼学传播——以讼师秘本与日用类书为中心的考察》三文从明清时期的日用类书流传的角度，考察了律学知识、讼学知识在民间的传播，日用类书在为普通百姓提供律学常识、词状撰写方法等方面起到了重要作用。③

伦理：方彦寿《朱熹的道统论与建本类书中的先贤形象》以陈元靓所编《事林广记》中的先贤图为例，分析了朱熹道统论在民间的传播、

---

① 彭砺志：《唐宋类书中保存的书学文献及其学术价值》，《古籍整理研究学刊》2007 年第 6 期。

② 方波：《民间书法知识的建构与传播——以晚明日用类书中所载书法资料为中心》，《文艺研究》2012 年第 3 期。

③ 尤陈俊：《明清日用类书中的律学知识及其变迁》，《法律文化研究》2007年；尤陈俊：《明清日用类书中的法律知识变迁》，《法律和社会科学》2007 年；尤陈俊：《明清日常生活中的讼学传播——以讼师秘本与日用类书为中心的考察》，《法学》2007 年第 3 期。

普及。① 魏志远《道德与实用：从日用类书看明朝中后期的民间伦理思想》从个人品性修养、家庭伦理、为人处世三个方面考察了明朝中后期日用类书中的民间伦理思想，认为其相较官方的教化伦理思想更强调伦理规范的实用性。②

社会管理：陈学文《明代中叶以来农村的社会管理——以日用类书的记载来研究》则从社会管理角度，通过明代日用类书中有关乡俗民约的 22 件契约文书，分析了晚明农村社会的巨变，如订立契约关系、维护农业生态、人伦的商品化倾向等。③ 其《从日用类书记载来看明清时期的家庭与婚姻形态》则从社会学的角度，通过研究明清日用类书中民间自发制定的乡规民约探究明清家庭、婚姻的形态，认为乡规民约对完善乡村自治管理起了良好作用，补充了政府律令的不足。④

此外，陈东辉《类书与汉语词汇史研究》一文从词汇史角度，发掘了类书的价值，认为类书的相关材料可以作为词汇研究的语料，也可为汉语词汇史研究提供书证，而个别类书中的汉语史史料也是汉语词汇史研究的参证文献，类书应该在汉语词汇的研究中起到更大的作用。⑤

(三) 类书与丛书、百科全书的关系

刘辰《类书、丛书、百科全书及其比较》一文，在批评"以《四库全书》为类书"说、"以百科全书为类书"说以及分析类书、丛书、百科全书三种书体的概念后，认为《四库全书》是丛书，而非类书；类书与百

---

① 方彦寿：《朱熹的道统论与建本类书中的先贤形象》，《孔子研究》2011 年第 5 期。

② 魏志远：《道德与实用：从日用类书看明朝中后期的民间伦理思想》，《广西大学学报》2012 年第 6 期。

③ 陈学文：《明代中叶以来农村的社会管理——以日用类书的记载来研究》，《中国农史》2013 年第 1 期。

④ 陈学文：《从日用类书记载来看明清时期的家庭与婚姻形态》，《江南大学学报》2013 年第 5 期。

⑤ 陈东辉：《类书与汉语词汇史研究》，《古汉语研究》2004 年第 1 期。

科全书有质的区别，前者是辑录原文以为条目，编辑而成，后者是按学科整体要求撰写条目，著述而成，且类书与百科全书并无渊源关系。①金常政《类书与百科全书》一文从整体而探究，认为"囊括当时已有知识，加以分类整理并编纂起来"是百科全书最基本的性质和最起码的条件，所以类书是百科全书性质的著作，而中西百科全书之间的差异只是两种不同的文化传统造成的。②

五、类书研究的特点与问题

（一）类书研究的特点

通过以上几部分的叙述，我们认为近年来类书研究的特点有四：

（1）瓶颈依旧，对类书基本问题的认识仍存在争议，进展不大。由于学者在对类书性质的认识上，存在许多分歧，学界对类书并未有较为统一的认识，对于部分典籍是否归入类书存在不同意见，如对部分政书、总集与类书的区别仍存分歧；而对于类书在中国古代典籍中的地位及归属更是缺乏深入认识，无法体现类书这一中国典籍的特殊编纂形式的历史地位。

（2）一枝独秀，类书专书的研究兴盛。虽然学界对类书的一些基本问题未能完全取得一致意见，但对于部分学界公认的类书，如《北堂书钞》、《法苑珠林》、《艺文类聚》、《初学记》、《太平御览》、《册府元龟》、《事类赋注》、《玉海》、《事林广记》、《永乐大典》、《古今图书集成》等，却有较多专门研究，近年来学界更是有学者转向对部分知名度较低的类书的研究，如上文提及的对于《类要》、《重广会史》、《古今合璧事类备要》、《新笺决科古今源流至论》、《事文类聚翰墨全书》等类书的研究。

---

① 刘辰：《类书、丛书、百科全书及其比较》，《出版科学》2001 年第 3 期。
② 金常政：《类书与百科全书》，《出版科学》2004 年第 3 期。

（3）多元视野，开始关注对类书中专门知识的研究。随着学界对类书专书研究的深入，学者们也开始关注对类书中专门的门类知识的研究，如从书法、音乐、法律、伦理、社会管理等角度对类书的深入研究；并且学者们也开始关注日用类书，从而将研究的视角下移到普通民众，从日用类书中探讨他们的日常生活。

（4）类书的整理滞后。类书的影印情况：故宫博物馆所编《故宫珍本丛刊》于2001年由海南出版社出版，其子部类书部分共收类书33册，李勇先所编《类书类地理文献集成》（《中国历史地理文献辑刊》第八编）于2009年由上海交通大学出版社出版，共23册，仅收类书中与地理相关的部分。西南师范大学出版社、东方出版社于2011年出版《明代通俗日用类书集刊》，共收明代日用类书44种。而在类书的标点整理方面，仅有零星的几种，如周叔迦、苏晋仁校点的《法苑珠林校注》（中华书局2003年版）、李永晟校点的《云笈七签》（中华书局2003年版）、周勋初等校订的《册府元龟》（凤凰出版社2006年版）、周延良的《重广会史笺证》（齐鲁书社2010年版）。可见，相对于类书专书研究的兴盛，类书的整理工作还非常滞后，需要引起学界的重视。

（二）类书研究存在的问题

今年来，关于类书研究的论文很多，虽然取得了一定的成绩，但同时也存在一些问题。

（1）一稿多投。如《略论类书在中医学术发展中的作用》一文，作者董少萍、臧守虎发表于《长春中医学院学报》2000年第2期，后又署名董少萍，发表于《中医文献杂志》2000年第4期；《唐宋类书"文部"的文体文献学价值》一文，作者党圣元、任竞泽发表于《中国文化研究》2010年第4期，后又署名党圣元，发表于《文化与诗学》2011年第1期；何任《〈永乐大典〉医药内容述略》（《天津中医药》2007年第2期）一文曾以相同名称发表于《浙江中医学院学报》1989年第1期；韩建立《〈艺文类聚〉类目编排新探》一文发表于《新世纪图书馆》2009年第3期，又发表于《图书馆理论与实践》2009年第7期。

（2）低水平重复。如关于解缙与《永乐大典》的关系问题，有耿实柯《解缙与〈永乐大典〉》（《江西社会科学》1981 年第 4 期）、张国朝《解缙和〈永乐大典〉》（《辞书研究》1983 年第 1 期）、黄荣祥《解缙与〈永乐大典〉》（《江西图书馆学刊》1997 年第 2 期）等文章；近年来，更有龚花萍《解缙与〈永乐大典〉》（《图书馆理论与实践》2001 年第 6 期）、陈仪《〈永乐大典〉的编修与解缙的坎坷人生》（《兰台世界》2009 年第 1 期）、尤小平《解缙与〈永乐大典〉》（《福建师大福清分校学报》2013 年第 1 期）等文章，大多引据常见文献，并无新意。

1978—2001 年三国史与《三国志》研究现状的定量分析

　　1978 年以来，三国史与《三国志》研究取得了引人注目的成就。实事求是的思想路线为三国史与《三国志》学术研究创造出良好氛围。在这种大背景下，原本发展滞后的《三国志》研究快速崛起。对于三国史与《三国志》研究取得的成就，海峡两岸均有学者已从不同角度进行过总结和评述，但一般采用定性分析的方法。要考察、了解一个时期的学术研究状况，既可以作定性的宏观扫描，也可以采用定量的统计分析。定性分析固然能够深入揭示问题的本质，而有些问题则必须通过定量分析才能解决。只有以科学计量学指标和定量数据揭示的三国史与《三国志》研究状况，才能有效揭示该领域研究的发展大势。

　　本文即试用文献计量学的方法，对 1978—2001 年中国大陆学术界公开发表的有关《三国志》研究的论文进行统计，利用近年来出版的光盘数据库，辅以国际联机检索和对相关书目、索引等工具书的手工检索，对二十余年来的三国史与《三国志》研究文献进行了一次全面的统计分析，并试图以此数据来说明三国史与《三国志》研究的现状。本文的上限设在 1978 年，既参考了其他中青年专家的意见，也考虑到在此之前三国史与《三国志》的研究主要集中在曹操和诸葛亮等人物身上，并且都有相当鲜明的政治背景，与 1978 年以后的学术研究有极大的不同。对此类现象我们将另外加以专门考察。本文的下限暂设在 2001 年年底，这是出于统计上的方便，今后还会加以延伸增补。

一、成果总量及分布

　　毫无疑问，过去二十多年里中国三国史与《三国志》研究取得了显著的进步。能表现研究进展状况最直接的数据，是科研成果数量的增长。为了从总体上把握过去二十多年三国史与《三国志》文献的增长情况，我们以中国人民大学书报资料中心的《报刊资料索引 1978—2001年》、《中国期刊网》（1994—2002）、上海图书馆编《全国报刊总目索引》（光盘及纸本）以及各种书目、索引为信息源，按年度统计了三国史与《三国志》研究文献的变化。统计结果如"表 1"所示。表 1 中，1978年《三国志》文献仅有 15 篇，这虽然不能完全真实地反映当时三国史与《三国志》研究的数量规模，但它却从文献分类学的角度说明，经历十年动乱，至改革开放之初，三国史与《三国志》的研究还相当薄弱。

表 1　三国史与《三国志》文献年度分布

年份	文献量	年份	文献量
1978	15	1990	99
1979	33	1991	135
1980	65	1992	81
1981	100	1993	121
1982	122	1994	186
1983	145	1995	239
1984	157	1996	132
1985	182	1997	189
1986	119	1998	116
1987	110	1999	125
1988	134	2000	175
1989	84	2001	155

自 1978 年实事求是的学风重新得到确认以后，导致三国史与《三国志》研究的论文以较快的速度增长。从 20 世纪 70 年代后期平均 20 余

篇/年达到了 20 世纪 90 年代的平均 100 余篇/年。1981 年至 1985 年逐年上升，在 1985 年出现一个高峰，1986 年至 1989 年有所下降，至 1989 年出现一个低谷，以后又再次走高，到 1995 年出现新一轮的高峰。

二、作者分布

三国史与《三国志》研究的繁荣离不开广大专家的辛勤耕耘。为了解三国史与《三国志》研究者生产三国史与《三国志》文献的"产量"，我们统计了《（1978—2001）三国史与〈三国志〉研究论文目录》（下称《目录》）的作者数据。根据国际惯例，对多作者文献只取第一作者统计。因为《目录》对其收入的文献有一定选择，同时也存在不区分同名作者、有某些录入错误等问题，此处统计的发文量与实际发文量可能存在微小差别。

据初步统计，1978—2001 年，发表过三国史与《三国志》研究论文的作者人数共有 1808 人。统计结果如"表2"所示。

1978—2001 年，发文超过 10 篇的三国史与《三国志》专家有何兹全、张大可、张廷银、方诗铭、王晓毅、王永平、叶哲明、孙明君、李纯蛟、李兴斌、陈玉屏、周国林、赵昆生、袁济喜、高敏、简修炜、童超、裴登峰、谭良啸、潘民中、徐日辉、黄晓阳、余鹏飞、李兆成等 34 人。发文量 5 篇以上的均列于"表3"。发文量为 1 篇的作者通常称为客串作者，共有 1408 人，占全部作者的 77.79%，他们小试牛刀，偶尔发表一篇论文后大多不再造访三国。发文量在 2~4 篇的作者通常称为一般作者，共有 314 人，占全部作者的 17.37%，他们的情况大致有二，一是经过一段时间的研究后，学术兴趣转移到别的领域，很少再继续进行研究，二是一部分后起之秀正处于研究的初期，正在蓄积力量，积极向核心作者群挺进。发文量 5 篇以上的共计 86 人，发表论文 841 篇，占全部论文的 27.86%，换言之，四分之一以上的论文是由不到 5% 的人完成的，他们是三国史与《三国志》研究领域的核心作者。

以陈寅恪、吕思勉、汤用彤等为代表的第一代学术大师，在 20 世纪前期披荆斩棘，开创了三国史与《三国志》研究的新局面，但他们在1978 年以前大多早归道山。以唐长孺、周一良、何兹全、王仲荦、缪钺为代表的第二代大师，在 1978 年以后大多进入暮年，他们的学术成就主要集中在 50 至 60 年代，至世纪之交又大多告别人世。当然周一良、何兹全等大师还保持了相当旺盛的学术生命，他们继续在此领域辛勤耕耘，引导后学。在此期间作出突出贡献的是第二代大师的学术接班人，如唐长孺的弟子高敏、黄惠贤、杨德炳等人，他们在唐先生开创的三国史专题研究的基础上继续向前推进，高敏在此期间完成 17 篇高质量的专题论文，另外还著有《秦汉魏晋南北朝土地制度研究》(中州古籍出版社 1986 年版)、《魏晋南北朝社会经济史探讨》(人民出版社 1987年版)、《魏晋南北朝兵制研究》(大象出版社 1998 年版)等书。

表 2　三国史与《三国志》文献的作者分布

发文量	人　数	发文量	人　数
1	1408	13	5
2	196	14	1
3	94	15	3
4	24	16	1
5	14	17	3
6	15	18	1
7	7	19	1
8	11	20	0
9	5	21	1
10	2	22—30	0
11	6	30 以上	2
12	8	40 以上	1

表 3　高产专家一览

作者	发文量	作者	发文量	作者	发文量
马植杰	12	马 强	8	王永平	16
王晓毅	13	王鑫义	7	方诗铭	14
方北辰	13	尹韵公	15	叶哲明	19
刘隆有	9	孙明君	21	朱大渭	6
许抗生	7	张廷银	10	张作耀	8
沈伯俊	8	李兴斌	11	张大可	17
李纯蛟	11	余敦康	8	余明侠	5
何兹全	11	陈玉屏	12	吴金华	32
吴洁生	12	杨伟立	7	杨德炳	9
杨耀坤	6	周一良	5	周兆望	6
周国林	12	庞天佑	7	胡宝国	7
赵昆生	15	高 敏	17	顾 农	18
袁济喜	12	袁 刚	10	徐日辉	11
徐公持	8	黄惠贤	12	黄茂生	8
蒋福亚	13	童 超	13	简修炜	11
裴传永	9	裴登峰	15	谭良啸	36
黎 虎	8	潘民中	12	王 巍	6
冯金平	6	赵克尧	5	郭清华	5
田余庆	9	郑 欣	6	李兆成	17
张亚新	6	张崇琛	8	陈连庆	6
缪 钺	6	于联凯	5	陈显远	5
陈迩冬	5	张孝元	6	余鹏飞	13
刘京华	5	戴惠英	7	朱子彦	5
周达斌	6	施光明	6	贺 游	7
晋宏忠	8	张旭华	5	孟繁冶	5
常崇宜	7	王汝涛	11	王瑞功	5
丁宝斋	9	赵 炯	5	黄晓阳	12
刘国石	6	梁宗奎	5	杨代欣	6
何红英	8	梅铮铮	6		

测评一个学者的学术水平，除了看他的科研成果的数量多少外，还要看他科研成果的质量。文献计量学用来定量测评科研成果质量的指标，有文献被别人引用的频率(即被引率指标)，文献被重要检索刊物收录的数量(即被摘率指标)，等等。由于中国社会科学学术界至今没有形成类似自然科学学术研究的引用规范，三国史与《三国志》研究文献的引文数量稀少且引用行为不够规范，三国史与《三国志》研究引文数据暂时无法用作评定三国史与《三国志》文献质量的指标。为此，我们统计了中国人民大学书报资料中心《复印报刊资料专题目录索引(1978—2001)》的作者数据。该索引收录的是《复印报刊资料》所复印报道过的文章。《复印报刊资料》系列刊物在我国社会科学界颇有影响，被其复印报道的文章一般被认为具有较高学术水平或资料价值。因而，这一数据可与被摘率一样在某种程度上反映三国史与《三国志》研究专家的科研成果的质量。"表 4"列举了依据这一检索工具统计的被摘率较高的作者。

表 4　高被摘率作者一览

作者	收录量	作者	收录量	作者	收录量
张大可	5	赵昆生	4	张作耀	3
方诗铭	3	孙明君	3	王晓毅	3
吴金华	2	高　敏	2	周国林	2
雷　勇	2	叶哲明	2	杨德炳	2
朱靖华	2	王汝涛	2	裴登峰	2
施光明	2	李颖科	2	王永平	3
李纯蛟	3	袁济喜	2	蒋福亚	2
徐公持	2	顾　农	2	梁中效	2

　　根据表4，不难看出，中国目前还没有形成严格意义上的三国史与《三国志》研究的核心作者群。平均发文量还比较低，文摘率也普遍偏低。造成以上现象的原因主要是全力研究《三国志》的专家还非常少。大多数人仅以余力为之。搞历史的特别是搞魏晋南北朝史的一般都没有把重点放在三国部分，搞文学、哲学的也是如此。当然，数量仅仅只反映一个方面，各学科之间的数字也缺少可比性。众所周知，学术水准主要还是看论文质量，有的人虽然发表的文章不多，但质量很高，开拓了新领域，作出了新贡献。

三、报刊分布

　　报刊是学术成果的主要编辑生产单位。在文献管理部门，如图书馆或情报所，订购一种报刊的定量指标主要是看该报刊刊登某一学科的学术文献的数量，刊登某一学科文献最多的若干种报刊，被称为核心期刊。根据文献学家布拉德福的文献分散定律，一个学科为数不多的一批核心期刊，就能包含该学科相当一批相关论文。这批核心期刊是文献管理部门必须收藏的，也是专业人员需要经常阅读的。了解三国史与《三国志》核心期刊，对三国史与《三国志》研究者掌握文献信息源、提高阅读效率，是很有帮助的。

　　根据我们对《目录》中收入的3019篇三国史与《三国志》文献的统计，过去二十多年中，发表过三国史与《三国志》有关文献的中文报刊发文量超过10篇的报刊列于"表5"。其中，《许昌师专学报》、《成都大学学报》、《汉中师院学报》、《文史知识》、《中国史研究》、《史学月刊》、《文史哲》、《齐鲁学刊》、《历史研究》、《中国哲学史研究》、《四川师院学报》、《临沂师院学报》等18种报刊刊载三国史与《三国志》文献数量均超过16篇。

表 5　三国史与《三国志》研究中文核心报刊一览

序　号	刊　名	篇　数	累计载文量
1	许昌师专学报	71	71
2	成都大学学报	58	58
3	中国史研究	55	55
4	汉中师院学报	40	40
5	文史知识	39	39
6	史学月刊	39	39
7	历史研究	32	32
8	文史哲	28	28
9	光明日报	23	23
10	郑州大学学报	21	21
11	中国哲学史研究	20	20
12	江汉论坛	20	20
13	临沂师院学报	19	19
14	学术月刊	19	19
15	齐鲁学刊	18	18
16	中华文化论坛	17	17
17	四川师院学报	16	16
18	台州师专学报	16	16
19	江海学刊	13	13
20	史学史研究	13	13
21	武汉大学学报	12	12
22	古典文学知识	11	11
23	孔子研究	10	10
24	文学遗产	10	10

四、选题分布

为了定量研究三国史与《三国志》文献在过去二十多年中的结构变化，我们根据《目录》的主题分类并进行组织，将三国史与《三国志》文献按 8 个主题类目进行分年度统计。这 8 个主题分别为：政治、军事、经济、民族、社会生活、思想文化、历史人物、文献及其他（包括文学作品的赏析、研究动态等）。将三国史与《三国志》文献分为 8 个主题后，各主题文献量的年度变化受随机因素的影响，起伏波动较大。为了更清晰地观察各项主题的变化情况，我们将 1978—2001 年划分为六个时间段，各主题在不同时间段的文献数量列于"表6"。

表6   三国史与《三国志》研究主题时间分布

时间 ＼ 数量	政治	军事	经济	民族	社会生活	思想文化	历史人物	文献及其他
1978—1980	7	17	9	2	5	14	29	30
1981—1985	78	83	41	11	15	50	204	224
1986—1989	107	44	30	9	15	41	109	92
1990—1993	87	71	15	6	27	19	68	143
1994—1997	108	61	25	1	53	32	179	287
1998—2001	77	48	21	1	43	32	114	235

从表6中可以看到，《三国志》研究的升降在很大程度上受到社会政治生活等非学术因素的影响。20 世纪 70 年代末期，虽然已经出现重大转机，但大家还处于观望状态，惊魂甫定，恍如隔世，人人守口如瓶，个个惜墨如金，因而对政治、思想文化领域的敏感话题仍然不敢放言高论。80 年代初期，大家如梦初醒，文化讨论渐成热潮，政治、军事、思想文化皆成为热门话题，诸葛亮、曹操再度成为讨论的重点。耐人寻味的是，诸葛亮开始走下神坛，出现了一股贬抑诸葛亮的思潮，这

似乎是对"文革"中的造神运动的一种反拨。80 年代后期,历史人物的评说急剧下降,大家又把目光转向政治方面。90 年代初期,讨论的重点又转到文献方面,与当时急剧升温的"国学热"不能说毫无关联。总之,社会上流行什么"热",三国史与《三国志》的研究就要受到相当程度的"感染"。

《三国志》人物研究的分布状况也是学界颇为关注的课题,特将所见于《三国志》正传与附传的人物一一列于表 7。

表 7 《三国志》人物研究分布

人物	发文量	人物	发文量	人物	发文量	人物	发文量
曹操	319	曹丕	34	曹睿	1	曹芳	0
曹髦	0	曹奂	0	卞皇后	0	卞秉	0
卞兰	0	卞琳	0	甄皇后	0	甄像	0
甄畅	0	甄毅	0	文德郭皇后	0	郭表	0
毛皇后	0	毛嘉	0	毛曾	0	明元郭皇后	0
郭芝	0	郭立	0	董卓	6	李傕	0
郭汜	0	袁绍	9	袁谭	0	袁尚	0
袁术	1	刘表	9	刘琮	1	蒯越	0
韩嵩	0	邓义	0	刘先	0	吕布	3
张邈	0	陈登	0	臧洪	1	陈容	0
公孙瓒	0	刘虞	0	鲜于辅	0	阎柔	0
陶谦	0	张杨	0	公孙度	0	公孙康	0
公孙恭	0	公孙渊	0	张燕	0	张绣	0
张泉	0	张鲁	1	夏侯惇	0	夏侯懋	0
韩浩	0	史涣	0	夏侯渊	0	夏侯衡	0
夏侯霸	0	夏侯威	0	夏侯惠	0	夏侯和	0
夏侯绩	0	曹仁	0	曹泰	0	牛金	0
曹纯	0	曹演	0	曹洪	0	曹瑜	0
曹休	0	曹肇	0	曹纂	0	曹真	0

续表

人物	发文量	人物	发文量	人物	发文量	人物	发文量
曹爽	0	曹羲	0	曹训	0	何晏	9
邓飏	0	丁谧	0	毕轨	0	李胜	0
桓范	0	夏侯尚	0	夏侯玄	2	李丰	0
许允	0	王经	0	荀彧	9	荀恽	0
荀俣	0	荀诜	0	荀颛	0	荀䚡	0
荀冀	0	荀攸	0	贾诩	0	贾穆	0
袁涣	0	袁侃	0	袁霸	0	袁亮	0
袁徽	0	袁敏	0	张范	0	张承	0
凉茂	0	国渊	0	田畴	0	王脩	0
王忠	0	邴原	0	张泰	0	庞迪	0
张阁	0	管宁	0	管邈	0	王烈	0
张存	0	胡昭	0	崔琰	2	孔融	15
许攸	0	娄圭	0	毛玠	1	徐奕	0
何夔	0	何曾	0	邢颙	0	鲍勋	0
司马芝	0	司马岐	0	钟繇	0	钟毓	0
华歆	0	华表	0	王朗	1	王肃	4
孙叔然	0	周生烈	0	董遇	0	程昱	1
程晓	0	郭嘉	3	郭奕	0	董昭	0
董胄	0	刘晔	0	刘陶	0	蒋济	0
刘放	0	孙资	0	刘馥	0	刘靖	0
司马朗	0	赵咨	0	梁习	0	王思	0
张既	0	张缉	0	温恢	0	孟建	0
贾逵	0	贾充	0	任峻	0	苏则	0
苏愉	0	杜畿	0	杜恕	0	阮武	0
郑浑	0	仓慈	0	吴瓘	0	任燠	0
颜斐	0	令狐邵	0	孔乂	0	张辽	0
张虎	0	乐进	0	乐綝	0	于禁	0

人物	发文量	人物	发文量	人物	发文量	人物	发文量
张郃	0	徐晃	0	朱灵	0	李典	0
李通	0	臧霸	0	臧艾	0	孙观	0
孙毓	0	文聘	0	桓禺	0	吕虔	0
许褚	0	许定	0	典韦	0	典满	0
庞惪	0	庞会	0	庞清	0	庞母娥	0
阎温	0	张恭	0	张就	0	曹彰	0
曹楷	0	曹植	88	曹志	0	曹熊	0
曹昂	0	曹铄	0	曹冲	0	曹据	0
曹宇	0	曹林	0	曹衮	0	曹玹	0
曹峻	0	曹矩	0	曹幹	0	曹上	0
曹彪	0	曹勤	0	曹乘	0	曹整	0
曹京	0	曹均	0	曹棘	0	曹徽	0
曹茂	0	曹协	0	曹蕤	0	曹鉴	0
曹霖	0	曹礼	0	曹邕	0	曹贡	0
曹俨	0	王粲	52	徐干	2	陈琳	4
阮瑀	0	应玚	0	刘桢	2	邯郸淳	0
繁钦	0	路粹	0	丁仪	0	丁廙	0
杨修	6	荀纬	0	应璩	0	应贞	0
阮籍	45	嵇康	141	桓威	0	吴质	0
卫觊	0	卫瑾	0	潘勖	0	王象	0
刘廙	0	刘劭	16	缪袭	0	仲长统	11
苏林	0	韦诞	0	夏侯惠	0	孙该	0
杜挚	0	傅嘏	0	桓阶	0	桓嘉	0
陈群	0	陈泰	0	陈矫	0	陈本	0
陈骞	0	薛悌	0	徐宣	0	卫臻	0
卫烈	0	卢毓	0	卢钦	0	卢珽	0
和洽	0	和逌	0	许混	0	常林	0

人物	发文量	人物	发文量	人物	发文量	人物	发文量
常峕	0	杨俊	0	杜袭	0	赵俨	0
裴潜	0	裴秀	0	韩暨	0	崔林	0
高柔	1	孙礼	0	王观	0	辛毗	0
辛敞	0	杨阜	2	姜叙母	0	高堂隆	0
栈潜	0	满宠	0	满伟	0	田豫	0
牵招	0	傅容	0	傅弘	0	郭淮	0
郭统	0	徐邈	0	韩观	0	胡质	0
胡威	0	王昶	0	王浑	0	王基	0
王凌	0	王广	0	令狐愚	0	母丘金	0
母甸	0	文钦	0	诸葛诞	2	唐咨	0
邓艾	7	州泰	0	钟会	3	王弼	43
华佗	20	吴普	0	樊阿	0	杜夔	0
邵登	0	张泰	0	桑馥	0	陈颃	0
朱建平	0	周宣	0	管辂	1	刘焉	0
刘璋	0	刘备	77	刘禅	5	甘皇后	0
穆皇后	0	张皇后	0	张皇后	0	刘永	0
刘理	0	刘辑	0	刘璿	0	诸葛亮	1162
诸葛均	0	诸葛乔	0	诸葛瞻	0	董厥	0
樊建	0	关羽	69	关兴	0	关统	0
张飞	3	张绍	0	张遵	0	马超	3
马岱	0	黄忠	2	赵云	2	赵统	0
赵广	0	庞统	0	庞宏	0	庞林	0
法正	3	许靖	0	麋竺	0	麋威	0
麋照	0	孙乾	0	简雍	0	伊籍	0
秦宓	0	董和	0	胡济	0	刘巴	0
马良	0	马谡	18	陈震	0	董允	0
陈祗	0	黄皓	2	吕乂	0	吕辰	0

续表

人物	发文量	人物	发文量	人物	发文量	人物	发文量
吕雅	0	杜祺	0	刘干	0	刘封	0
孟达	0	孟林	0	孟兴	0	彭羕	0
廖立	0	李严	2	李丰	0	刘琰	0
魏延	39	杨仪	2	霍峻	0	霍弋	0
罗宪	0	王连	0	王山	0	向朗	0
向条	0	向宠	0	向充	0	张裔	0
张翚	0	张郁	0	杨洪	0	何祗	0
费诗	0	王冲	0	杜微	0	五梁	0
周群	0	张裕	0	杜琼	0	许慈	0
许勋	0	胡潜	0	孟光	0	来敏	0
来忠	0	尹默	0	尹宗	0	李譔	0
陈术	0	谯周	3	谯同	0	郤正	0
黄权	0	黄崇	0	李恢	0	李球	0
吕凯	0	王伉	0	马忠	0	张表	0
阎宇	0	王平	0	句扶	0	张嶷	0
蒋琬	3	蒋斌	0	蒋显	0	刘敏	0
费祎	0	姜维	13	梁绪	0	尹赏	0
梁虔	0	邓芝	0	邓良	0	张翼	0
宗预	0	廖化	0	杨戏	0	张表	0
邓方	0	费观	0	王谋	0	赖恭	0
赖厷	0	黄柱	0	杨顒	0	何宗	0
何双	0	吴壹	0	吴班	0	陈到	0
辅匡	0	刘邕	0	刘武	0	张处仁	0
殷观	0	习祯	0	习忠	0	王甫	0
王佑	0	李邵	0	马勋	0	马齐	0
姚伷	0	李福	0	李朝	0	龚禄	0
龚衡	0	王士	0	冯习	0	张南	0

续表

人物	发文量	人物	发文量	人物	发文量	人物	发文量
傅肜	0	傅金	0	程畿	0	程祁	0
糜方	0	士仁	0	郝普	0	孙坚	0
孙策	4	孙权	46	孙亮	0	孙休	0
孙晧	0	刘繇	0	刘基	0	笮融	0
太史慈	0	太史亨	0	士燮	0	士徽	0
士壹	0	士䵋	0	士武	0	士匡	0
吴夫人	0	吴景	0	谢夫人	0	谢承	0
徐夫人	0	徐真	0	徐琨	0	步夫人	0
王夫人	0	潘夫人	0	全夫人	0	全尚	0
朱夫人	0	何姬	0	何邃	0	何植	0
滕夫人	0	滕牧	0	孙静	0	孙瑜	0
孙皎	0	孙奂	0	孙贲	0	孙邻	0
孙辅	0	孙翊	0	孙松	0	孙匡	0
孙泰	0	孙秀	0	孙韶	0	孙越	0
孙楷	0	孙异	0	孙奕	0	孙恢	0
孙桓	0	张昭	2	张奋	0	张承	0
张休	0	顾雍	2	顾邵	0	顾谭	0
顾承	0	诸葛瑾	0	诸葛融	0	步骘	2
步阐	0	周昭	0	张纮	0	张玄	0
张尚	0	秦松	0	陈端	0	严畯	0
斐玄	0	程秉	0	征崇	0	阚泽	0
唐固	0	薛综	0	薛翊	0	薛莹	0
周瑜	8	周循	0	周胤	0	周峻	0
鲁肃	15	鲁淑	0	吕蒙	2	程普	0
黄盖	0	韩当	0	韩综	0	蒋钦	0
蒋壹	0	周泰	0	周邵	0	陈武	0
陈脩	0	陈表	0	董袭	0	甘宁	0

续表

人物	发文量	人物	发文量	人物	发文量	人物	发文量
凌统	0	徐盛	0	潘璋	0	丁奉	0
丁封	0	朱治	0	朱才	0	朱纪	0
朱琬	0	朱然	0	朱绩	0	吕范	0
吕据	0	朱桓	0	朱异	0	虞翻	2
虞汜	0	虞忠	0	虞耸	0	虞昺	0
陆绩	0	陆宏	0	陆睿	0	张温	1
暨艳	2	骆统	0	陆瑁	0	陆喜	0
吴粲	0	朱据	0	朱宣	0	陆逊	0
陆抗	0	孙登	0	孙英	0	谢景	0
孙虑	0	孙和	0	孙霸	0	孙基	0
孙奋	0	贺齐	0	全琮	0	全怿	0
全祎	0	全仪	0	全静	0	吕岱	0
徐原	0	周鲂	0	周处	0	钟离牧	0
潘濬	0	陆凯	0	陆祎	0	陆胤	0
陆式	0	是仪	0	胡综	0	胡冲	0
徐详	0	吴范	0	刘惇	0	赵达	0
诸葛恪	1	诸葛绰	0	诸葛竦	0	诸葛建	0
聂友	0	滕胤	0	孙峻	0	孙綝	0
濮阳兴	0	王蕃	0	楼玄	0	贺邵	0
韦曜	0	华覈	0				

　　从表 7 可知，诸葛亮研究可谓独领风骚，多达 1162 篇，24 年间平均每年超过 48 篇。在湖北襄阳、陕西汉中、河南南阳、山东临沂、四川成都等地都成立了诸葛亮研究会，先后召开了十余次研讨会，并出版了有关诸葛亮研究论文集，每次的论文集都有比较明确的主题。各地研究机构的有力推动，使得诸葛亮研究不断向前发展。其次是关于三曹的研究，研究曹操的有 319 篇，曹丕的有 34 篇，曹植的有 88 篇，另外以

"三曹"为题的有 11 篇，共 452 篇。嵇康也比较受重视，多达 141 篇。刘备、孙权行情显然不及曹操，更不敢望诸葛亮之项背。值得注意的是，关羽崇拜在民间甚有市场，但学者们似乎没有给予这位圣人太多的关注。总之，三国人物的研究分布极不均匀，绝大多数的人物无人问津。为什么学者们仅将注意力几乎全部投在诸葛亮等少数几个人身上？诸葛亮的魅力何以有如此巨大？为什么大家一哄而上都争着炒诸葛亮等的冷饭？这种一边倒的独特现象确实值得深思。

五、结论

1978 年以来的三国史与《三国志》研究队伍有 1800 余人，研究论文逾三千篇，成绩显著。但是问题也有不少：

第一，目前还没有形成严格意义上的三国史与《三国志》研究的核心作者群。客串作者，共有 1408 人，占全部作者的 77.79%；一般作者，共有 314 人，占全部作者的 17.37%；发文量 5 篇以上的核心作者共计 86 人，发表论文 841 篇，占全部论文的 27.86%。根据国际通行惯例，核心作者所发论文的总数一般应占 50% 以上。因此，我们认为，目前三国史与《三国志》研究的核心作者群还在形成之中。造成这一现象的原因有二：一是三国历史复杂，头绪繁多，梳理起来颇为吃力，粗粗涉猎者难以为功，只好打一枪就换地方。而长期守住这一阵地、集中全力攻三国的人屈指可数。二是泡沫学术的繁殖，使得这一领域也不可避免地受到影响。论题重复现象非常明显，论点重新排列组合，改头换面，貌似创新，实则了无新意，陈陈相因，对本学科的推动没有贡献，反而毒害了学术空气。

第二，研究的升降在很大程度上还受到社会政治生活等非学术因素的影响。20 世纪 80 年代以来，"文化热"，"改革热"，"国学热"，一浪接着一浪，人们都不自觉地将它们与三国研究联系起来。社会上流行什么"热"，三国史与《三国志》的研究就要受到相当程度的"感染"。三国史与《三国志》的研究似乎很热门，很时髦，但并非真正的热，严肃认真的纯学术研究仍然鲜有问津。

第三，研究成果的分布还极不均匀，缺少整体布局，几乎将全部注意力投在诸葛亮等少数几个人身上。三国时期的政治，风云变幻，波澜壮阔；三国时期的经济，革故鼎新，翻天覆地；三国时期的军事，铁马金戈，气势恢弘；三国时期的外交，纵横捭阖，引人入胜；三国时期的人物，英雄辈出，光彩照人。三国是一个富有生气与活力的时代，是中国历史上一个承前启后的转折点，值得我们从多方面进行研究，要研究的内容委实不少。煮酒论英雄，何止曹操与诸葛亮二人？诸葛亮研究可谓独领风骚，多达 1162 篇，研究曹操的有 319 篇，而研究三国政治、经济、军事、外交、民族等问题的论文总量明显偏低。总之，三国史研究，畸轻畸重，十分突出。

新的世纪需要有新的三国史与《三国志》研究。首先，将三国作为一个断代来研究，还没有真正提上日程，还缺少系统研究。大多数研究者没有把三国时期作为一个断代的单元进行宏观的研究，没有把三国时期的政治、经济、军事、制度、外交、文化等作通盘考虑，横向比较，系统研究。

其次，《三国志》文献基础研究还不够完善，一系列的整理工作如最佳精校本、精注本等还没有问世。目前这项工作正在开展之中。

再次，三国史研究还需要进行新的综合研究。长期以来，关于三国史方面的理论研究还非常薄弱。今后，在加强理论研究的同时，我们还要引进新方法，关注新资料（主要是出土文献），寻找新角度，跳出旧框框，进行全新的思考与研究。

"思想与文献视野下的江南史"
国际学术研讨会综述

2017 年 9 月 15 日至 17 日，"思想与文献视野下的江南史"国际学术研讨会在上海举行。这次会议由上海社会科学院历史所主办，上海社会科学院历史所古代史研究室、《传统中国研究集刊》编委会、安徽大学徽学研究中心承办。来自日本，中国台湾、中国香港以及北京、天津、上海、广东、浙江、江苏、湖北、安徽、陕西等地的 50 余位学者参加了此次研讨会，围绕历史上江南士人思想的变迁、地方社会的实际运行状况、江南的文献整理与考古发现等问题展开了深入的讨论。

一、士人学术思想与生活的变迁

在江南区域社会发展的历史上，产生了很多重要的思想大家，明代王阳明无疑是其中最杰出的代表。在本次会议上有多位学者提交了与阳明文献整理相关的论文，比如日本金泽大学名誉教授李庆先生、武汉大学中国传统文化研究中心张昭炜教授，他们从各个角度对当前学界关于阳明文献的搜集、整理现状及其存在的问题发表了独到的看法，特别是李庆先生从"乡绅论"的视角对王阳明及其家族进行了新的解读。

来自中国台湾的一批学者，比如"中研院"文哲所蒋秋华研究员、台湾师范大学国文研究所陈廖安教授专擅经学，他们的文章专门从经学的角度探讨了江南地区思想文化的变迁。台湾"清华大学"詹海云教授则通过清代初期全祖望的文学创作探讨其文学观念。香港岭南大学中文系汪春泓教授以钱谦益、王士禛接受《文心雕龙》为例，重点分析了《文心雕龙》对于明末清初东南诗学的影响，认为钱氏以"佩实"来规范"衔华",而王士禛则是以"衔华"为诗学之追求,所注重的是符合诗歌这一特殊文体的抒情性与审美性,"佩实"往往在秀句面前只体现于诗外的工夫,可见其诗学本体比钱氏更为超然独立。

上海社科院历史所研究员司马朝军等人则讨论了江南史上另一位思想大家顾炎武考据方法的原则,并进行了反思。上海大学杨逢彬教授深入剖析了一种较为盛行而成功概率接近于零的字句考证法。

儒学在江南地区的传播与影响是本次会议的一个亮点。暨南大学高华平教授、衢州学院吴锡标教授、上海社科院历史所陈磊博士分别探讨了不同时期儒学在江南地区的传播发展情况。高华平教授重点介绍了孔门七十子中的子贡、子游、澹台灭明以及孔子的再传弟子馯臂子弓与江南的关系:子贡到江南游说吴王伐齐、吴晋称霸,成功免除了鲁国被齐国侵犯;澹台灭明"南游至江,设取予去就,从弟子三百人,名显乎诸侯";子游则把其与孔子相同的"大同"理想带到了江南;馯臂子弓作为孔子的再传弟子,是文献记载的将《易》学南传的第一人。"七十子"中游江南的孔子弟子的学术特点都在于"文学",其思想特点是儒家而包含有道家思想的倾向,其传播路线则是由齐鲁而南下江南。这与江南吴越之地当时的地域文化特点是基本吻合的,反映了早期儒学传播的时代特点。

衢州学院吴锡标教授指出,孔氏南宗自南宋初年南渡以来,"蔚为大宗,历二十余世,均足为乡邦弁冕",这是历代政府大力推崇与支持、孔子后裔自强不息、江南社会文化积极影响以及广大士人民众崇敬拥戴等诸多因素综合作用的结果。历代政府的推崇与支持所体现的政治意识和国家意识,主要是通过历代地方官员的努力得以实现的。文章详细介绍了孙子秀、沈杰、左宗棠等历代地方官员的支持与推动对孔氏南宗发展所起的历史作用。

还有一批学者则是从思想文化的角度对士人的生活、交游等情况作了深入的探讨。比如中国台湾"中研院"史语所陈鸿森研究员探讨清代底层乡绅朱文藻的生平与学术,重点分析了学术代工现象(即为他人代编代撰著作)。上海师范大学徐茂明教授专门研究了晚清王韬早年的思想与生活状况，并对以往将王韬思想按照时间序列作出截然两分的观点提出了质疑。复旦大学出版社胡春丽博士则考察了清初松江士人王顼龄与江南文士的交游状况。

此外，南开大学历史系何孝荣教授则对明初政治家姚广孝的生平、思想及其影响作了重新的评估。

二、江南地方社会实态

本次会议的另一大特色是有大批学者通过自身研究对历史上江南地方文化、宗族以及城镇发展等提出了精彩的观点。比如上海师范大学唐力行教授以苏州评弹为例，对传统文化的传承和发展提出了自己的看法，认为传统文化还是应该守住本位，在传承的基础上才能够有所创新，并对当前的种种文化乱象进行了中肯的批评，进而提出了"保护性破坏"的新概念。复旦大学王振忠教授则通过新发现的徽州文书，对太平天国后徽州地区礼仪的重整作了全新的研究。南京大学范金民教授则通过对《圣驾五幸江南恭录》一书的详细解读，为我们还原了康熙第五次南巡的鲜活的历史场景。

江南宗族在历史上的发展有其自身的特色。本次会议上复旦大学的冯贤亮教授仔细探讨了嘉善曹氏家族的兴衰及其与姻亲、举业之间的关系。

关于历史上江南城镇的发展，本次会议亦收到数篇论文。如上海社科院历史所王健博士的论文是从整体上探讨了清代前中期上海地区城镇的变迁情形，认为在上海港崛起背景下的"东进南推"是其主要的特点。

与城镇的发展相关，区域商帮也是本次会议的一个重要探讨对象，其焦点则集中于"贾而好儒"的徽商。安徽大学徽学研究中心徐道彬教授讨论了清代徽商家族的人文情怀及其对地方的文化贡献，张小坡博士则讨论了近代徽州同乡会的构建与组织。安徽师范大学梁仁志博士以"'良贾何负闳儒'本义考"为题，对明清商人社会地位与士商关系问题作了重新的反思。

复旦大学哲学系教授、安徽大学徽学研究中心教授陈居渊先生在其《清代徽州汉学管窥》中指出，首先，徽州汉学萌发于明清之际，没有明清之际学人社集的经学活动，也就没有徽州的汉学，而徽州汉学本身也不是可以孤立形成的，所以徽州汉学的出场，又是明清之际学术形态演变发展的结果。它不仅打破了自南宋以来徽州以朱熹理学为主体的学术格局，而且形成了不同于理学的新的汉学体系，其影响极为深远。我们要了解清代学术的发展面貌，都离不开对徽州汉学形成的进一步研究。其次，从地域性学派的本身而言，徽州汉学也有一个自我完善的过程，从学术的发展而言，也是徽州汉学内涵不断加深的过程。在这样的一种过程中，既需要保持学派自身的同一，也需要与并时段的其他地域性学派保持同一，徽州汉学的特色与吴地汉学的特色的同一，并取得后来居上的压倒性优势，就在于它在学术取向的同一中，仍然能够保持徽州汉学独特的学术性格，并且形成了徽州学术的新传统。再次，徽州学人走出徽州、滞留幕府的学术传播，无论是直接的、面对面的，或者是间接的、书札形式的，它所包含的学术信息或学术资源都是共通的，他们处于同一个汉学价值坐标系统之内，从而促成了以徽州、苏州、扬州等为中心的地域性汉学群体互动的态势，并由此向外辐射，逐渐形成了清代乾嘉之际以江、浙、皖三地为一体的江南汉学研究网络。

三、江南的文献整理与考古发现

宋元明清时期的江南不仅是全国政治、经济、文化的中心，也是文献生成的中心。故宫博物院故宫学研究所所长章宏伟研究员的专题论文探讨了16世纪中期以后江南书籍出版业的发展状况，他重点指出，16世纪中期以后江南地区商业出版以席卷之势勃发，出版机构风起云涌，出版形式多种多样，出版规模巨大，出书数量众多，一时之间就确立了印本在中国历史上的决定性地位，数量压倒性地、不可逆转地超过了在中国延续十多个世纪的抄本，从而使得书籍收藏变得容易，并且印本成为藏书家的主体藏品；而且出版的目标受众明确，娱乐功能不断加强，新的阅读群体在不断的构建，书商间竞争手段层出不穷……私人出版在中国整个出版业中占据了主导地位，形成了绝对的优势，成为当时重要的产业部门，商业化进展迅速，促进了文化的传播与下移，影响十分深远。16 世纪中期以后江南书籍出版业的勃兴与当时社会发展大势若合符节，并将其原因归纳为下列几个方面：(1)市镇的兴起与消费社会的形成，(2)文人经商风气浓郁，(3)识字人口多，科考人数众，(4)藏书家多，(5)刻书原料充足便利，(6)刊刻成本低廉，(7)相对宽阔的平原与优越的交通区位。在闭幕式上，作为嘉宾发言，章宏伟研究员还重点介绍了宫廷与江南的互动关系，启人深思。

自 2016 年开始启动的《江苏文库》，计划十年之间推出 3000 册左右，无疑是江南文献整理的盛世伟业。该文库的总纂官由南京大学文学院程章灿教授担任。程教授本来答应参会并重点介绍《江苏文库》的有关编纂情况，因为时间冲突，未能与会，未免留下了些许遗憾。浙江是江南文献的另外一个大省，2011 年浙江整理出版《浙江文丛》。浙江大学文学院徐永明教授重点介绍了浙江集部文献的整理情况，在本次会议上他还通过 GIS 技术对江南地方文献的可视化和可检索化作了有益的探索，引起了与会学者的广泛兴趣，必将能够大大拓宽学界未来对于江南文献的利用途径。衢州学院魏俊杰博士是一位年轻的衢州地方文献整理专家，他介绍了衢州古代著述情况，并做出了详细考订。

青龙镇遗址位于今上海市青浦区白鹤镇。近年随着考古发掘工作的深入开展，青龙镇成为上海地方史上一个备受关注的焦点，被认为是唐、宋时期海上丝绸之路的重要港口之一。上海博物馆陈凌博士从文献记载出发，再结合考古新发现，主要探讨了青龙镇的建镇年代、兴衰变迁的具体情形等，并对学界已有的观点提出了质疑，提出了一个大胆的假说——青龙镇设立的所谓"天宝五年"很有可能是吴越天宝五年(912)，而非唐天宝五年(746)。

江南史研究历来是上海社会科学院的特色学科，业已取得了大量的研究成果。此次会议从学术思想与历史文献等视野切入，群贤毕至，收获颇丰。多学科交叉，碰撞融合，相互启发，异彩纷呈。与会学者也期待江南学国际论坛能够定期举办下去，并吸纳哲学、社会学、经济学、宗教学等领域的学者参与进来，从而促成新的江南学术共同体的形成。

（上海社会科学院历史所古代史研究室王健博士对本文也有贡献，谨此致谢）

第四辑

书 评

黄侃与《黄侃论学杂著》

黄侃(1886—1935)，字季刚，是举世公认的清代古音学的殿军与集大成者。早年师从章太炎，广泛学习国学。后又拜刘师培为师，学习经学。黄侃与章太炎、刘师培并称晚近三大国学大师。他毕生"量力守故辙"，与章太炎一起共同推进了清代朴学的研究，世人将他们的学问称为"章黄之学"。

黄侃论学著作生前发表的极少，仅有《文心雕龙札记》、《日知录校记》等寥寥数种。黄侃原来计划五十以后著书立说，不幸的是，他就在临近五十岁时遽返道山，终其一生缺少一部精心结撰的体大思精之作，最有代表性的著作还不得不推《黄侃论学杂著》一书。此书以音韵学著作占比较大的比重，有《音略》、《声韵略说》、《声韵通例》、《诗音上作平证》、《说文声母字重音抄》、《广韵的声势及对转表》、《谈添盍怗分四部说》、《反切解释上篇》等。其中《音略》是黄侃音韵学说的纲领式论文。尽管收入该书的《说文略说》、《尔雅略说》、《礼学略说》、《汉唐玄学论》等文也多为心得之言，黄侃在经学、哲学、文学诸领域的成就也值得重视，但限于篇幅，我们重点评述他在古音学方面的成就及其影响。

如果把考据学比作清代学术的皇冠，那么古音学则是这顶皇冠上的"九眼天珠"。古音学主要研究上古汉语音韵的声纽、韵部和声调。如果古音不明，则无法洞悉文字训诂、名物制度之奥秘，更无从深入了解古代社会；古音一旦大明，则必定促成古代文化的复兴与学术范式的转型。清代朴学正统，本来是通过古音以明古训，因古训以明古经。此风顾亭林开其端，《音学五书》奠定了顾氏清代朴学不祧之祖的崇高地位。江永、戴震、钱大昕、孔广森、段玉裁、王念孙、江有诰、严可均、邹汉勋、刘逢禄、朱骏声、夏炘、张惠言、章太炎，前赴后继，薪尽火传，使古音学研究的接力棒代代相传。古音学本是口耳相传之绝学，一跃而为近三百年学术史上最发达的显学，在古韵分部方面几乎到了登峰造极的地步，从而揭开了中国语言学史上最光辉的一页。黄侃继顾、江、戴、章诸君之后，又提出了"四大发明"，即"古韵二十八部说"、"古声十九纽说"、"古音仅有平入二声说"和"中古声类分五十一类说"。

第一，古韵二十八部说。黄侃把古韵定为 28 部。28 部的韵目都是用"古本韵"标目。黄侃认为，凡是纯一、四等韵都是古本韵。此说在音韵学界影响甚巨。

第二，古声十九纽说。黄侃的古声纽系统吸收了钱大昕"古无舌上"、"古无轻唇"和章太炎"娘日归泥"等说法，他认为凡是在一、四等韵（即古本韵）中出现的声纽就是"古本纽"，遂定上古声母为 19 纽，即影、晓、匣、见、溪、疑、端、透、定、泥、来、精、清、从、心、帮、滂、并、明。此说目前尚存争议，但郭锡良已经证明它在远古时期的合理性。

第三，古音仅有平入二声说。黄侃《音略·略例》说："四声，古无去声，段君所说；今更知古无上声，惟有平入而已。"他又撰《诗音上作平证》，举《诗经》用韵平上二声相押之例，以证上声作平，古只有平入二声，指出《诗经》上声与平声押韵的现象，意思是在《诗经》时代没有上声。但这个观点几成绝响，杨树达、王力等力持异议，仅见黄永镇持同情之理解。

第四，中古声类分五十一类说。黄侃早年在陈澧《切韵考》所分中古声类四十类的基础上，将陈氏合为一类的明、微分为两类，继而他认为影、晓、见、溪、疑、来、精、清、从、心十纽应就其洪细各分两类，遂改定中古声类为五十一类。后来，曾运乾、陆志韦、周祖谟等也分别从审音的角度，并参用"统计法"或"系联法"，各自得出了相同的结论，可谓殊途同归。

黄侃的"四大发明"，构成了一个严整有序的音韵学系统，金声玉振，集其大成。黄侃自称其古韵部说得力于刘逢禄，古声纽说得力于邹汉勋，今音学得力于陈澧。由于他过早辞世，还没有来得及详细地阐述和论证自己的某些学术见解。但他这些提纲式的论著，业已具体而微，且得到了学术界的高度评价。钱玄同《古音二十八部音读之假定》称："截至现在为止，当以黄氏二十八部之说为最当。"王力《清代古音学·黄侃的古音学》认为，"他是清代古音学的殿军"，"他在古音学上的成就是不可磨灭的"。

《黄侃论学杂著》的版本有三，即 1936 年中央大学《黄季刚先生遗著专号》本，1964 年上海中华书局编辑所初印本，1980 年上海古籍出版社重印本。

乾嘉学术的醉心之作

——徐道彬《"皖派"学术与传承》书后

乾嘉学术作为清代学术的主流，主要从考据学方面对中国传统文化进行了比较全面的文献整理，成就巨大，影响深远。而以戴震为代表的皖派学者长期以来被学界推为乾嘉学术理念和治学风气的引领者，职是之故，近代以降，古朴的"皖派"学术与时髦的"徽学"一道成为研究者关注的焦点与亮点。由江永、戴震引领的皖派朴学代表了清代学术发展的主流方向，而徽商和徽州学者在江南的活动，也使得当时作为经济中心区域的扬州在学术上也深受皖派学风的熏染。民国学术之开山大师章太炎对戴震颇为推戴，而同时期的另外一位大师刘师培也曾指出，乾嘉及其以后的江南学者的经史考证之学，就是"戴学之嫡传"和"江氏之三传"。

有关乾嘉学术的研究一直是清代文史研究领域的重要方向，许多硕学通儒纷纷著书立说，热闹非凡。我在十年前也曾斗胆就乾嘉学派的划分提出过一孔之见，挑战过去吴皖二分、吴皖扬三分、吴皖扬浙四分等诸种旧说，主张划分为民间学派与皇家学派，前者分吴、皖二派，后者即"四库馆派"（又称"四库全书派"）。多年来我也一直努力将"四库全书派"的概念落到实处，然兹事体大，而杂事猬集，迄今未能毕其工于一役，用是耿耿不寐，如有隐忧。同辈之中，北京大学中文系漆永祥教授率先破茧，先以《乾嘉考据学研究》一书蜚声学坛，接着推出一系列有关惠栋、江藩的研究力作，对吴派学术研究用力较深，堪称当今吴派研究之第一人。而皖派研究之第一人则当推安徽大学徽学研究中心的徐道彬教授。道彬兄游学四方，转益多师，学问淹通，虑周藻密，尤为醉心于皖派学术研究，朝于斯，夕于斯，聚焦于此，多历年所，辛勤著述，成就斐然。他整理过江永《四书古人典林》（安徽大学出版社 2011

年版），其博士论文《戴震考据学研究》（安徽大学出版社 2007 年版）一经问世即获好评。最近我又欣喜地读到了道彬兄的长篇力作《"皖派"学术与传承》（以下简称《皖派》）一书。平心而论，这是海内外第一部全面系统研究皖派学术的精专之作，也是道彬兄倾全力打造的又一部经心之作。

《皖派》全书分为上、下篇，由黄山书社于 2012 年 3 月以精装本隆重推出。上篇《徽州学者与清代学风》凡七章，作者从数量庞大的历史文献中钩稽排比，梳理徽州特殊的地域环境和历史变迁的渊源脉络，通过对风土人情、人文学风、师承渊源和个人学术特色与影响诸方面的剖析与总结，理清了皖派学者在本土以及旅居之地的形成与传播，尤其对徽州学者在西学东渐时期的应对态度做了较为深入而具体的展示。下篇《"皖派"学术在江南的传承》凡十章，通过对段玉裁《说文解字注》、王念孙《广雅疏证》、王引之《经传释词》、焦循《孟子正义》、刘宝楠《论语正义》、钱绎《方言笺疏》、朱彬《礼记训纂》、汪中《大戴礼记正误》、江藩《戴氏考工车制图翼》、阮元《经籍纂诂》等著作的深入剖析与总结，理清了江永、戴震、程瑶田、金榜、凌廷堪及绩溪三胡之学的学术谱系，凸显了乾嘉学者群体对皖派学术的传承脉络。该书在充分利用文献考证的基础上，通过资料的细密爬梳，总结了乾嘉学者对皖派学术的传承轨迹，无论是对中国传统思想文化，抑或对清代学术和徽州地域文化的研究，无疑都具有重要的学术价值。

从宋代的朱熹、明代的朱升到清代的戴震，以及由宋明理学而至清代朴学，清晰地显露出徽州思想文化发展的主线。随着时代发展，理学弊端凸显，本土学人批判朱熹渐成风尚：姚际恒否定朱熹学术成就，未免过于偏激；江永矢志于礼学研究，置理学于不议不论之列，态度较为平缓；而戴震则用"以词通道"的方法，从"理"字的根本上寻求朱子援引老、释的思想轨迹，但他在有意抑或无意间打开了"欲"之魔瓶。当然，戴震的这种学术路数是一把双刃剑，有利有弊，且利在当时，而弊在后世，实在值得现代学人做出深刻的理论反思，而不应该盲目跟风。戴震生前耻为人师，岂料后世之人多欲师事之，其学到了现代竟然误打误撞成为显学，进而又沦为俗学，真可谓造化弄人。

《皖派》一书就清代学术中的一些重要问题，提出了自己的思考和观点。如该书虽沿用"皖派"这一概念，道彬兄却力图以公羊之勇破藩决篱，淡化学派意识，殊为难得。其他如乾嘉考据学的成因、学术区域差异的客观性、文人与学者的对垒、考据学者的境遇、乾嘉学者的经世致用观、皖派学术的启示与影响等诸多问题，皆独造精微，引人入胜。

《皖派》从地域文化史、社会经济史和学术传播诸方面进行交叉综合研究，贯串徽商经济与地域学术、传统文化衍变与时代学术转型的学术传播等线索，描述了皖派学术对近世文化的影响，揭示了徽州学术由"小徽州"到"大徽州"的扩散轨迹，从而拓展了徽学的研究视域，富有新意。

康、乾时期徽州江永、戴震等学者，在传统儒家求实精神的指导下，从文字声韵和典章制度的考证入手，由训诂以通义理，引领了有清一代学风的转向。江永是清代学术由理学转向朴学的关键性人物，以一介乡儒蜷伏于穷山峻岭之间，远离喧嚣，彷徨乎道德之域，逍遥乎学问之乡，穷经明道，孜孜矻矻，死而后已。戴震、程瑶田辈已经走出大山，闯荡京华，知道外面的世界很精彩，也很无奈，或退食徽州之僻壤，或歌吹扬州之繁华，或痴迷于科举，或浮沉于商海，虽未能尽弃浮华，偶或授人以柄，但其意终在稽古以求是。乾嘉时代的中后期，程瑶田殷勤传道，将皖派学术传播到江南、京师等地。此一时期阮元以大吏而兼"汉学护法"，主持风会，扶轮风雅，朴学之风赖以不坠。金坛段玉裁、高邮王氏父子继徽州之学而起，都深受其师戴震之启发，青出于蓝，后出转精，共同开创了代表乾嘉学术最高水准的"段王之学"。

皖派学术及其传承问题，是一个重大而复杂的学术工程，不可能在一本书内呈现桶底尽脱、圆通无碍之势，还有若干问题在该书中未能充分展开，不过这些问题也早在道彬兄的计划之中，他对皖派学术研究还有很宏大的计划，值得特别期待。如戴震对理学的否定与破坏，这在当时具有一定的进步意义，但是长期以来似乎又被现代主流学术圈肯定得有点过头。对"天理"的贬抑，对"人欲"的放纵，在"以理杀人"的时代无疑具有正面意义，但其后的负面影响也如影随形，且不容低估。"天理"能杀人，"人欲"不能杀人乎？值此"人欲"横流之时，我们如何才能跳出前人预设的怪圈？如何重建"天理"，收拾人心？吾辈究竟是戴震所说的"抬轿人"还是"轿中人"？读书之人不明道传道又干何事？朴学对理学之反动究竟是好事还是坏事？破坏大道真的是为了解放思想吗？文化启蒙为何与文化浩劫存在微妙互动？经济发展之后为何更加缺少安全感？对于此类问题，我近年常常为之彷徨失所，迷茫不已，还望道彬兄有以教我。

总之，《皖派》一书不但对乾嘉学术的研究有所推进，而且对当下的徽学研究亦有所拓展。徐兄英年硕学，醉心学问，呕心沥血，精心结撰，为学界奉献出一部体大思精之作，可喜可贺！与漆、徐二兄同道而行，逃虚空者时闻空谷足音，深感吾道不孤！我与漆兄相识已逾一纪，而与徐兄相识恨晚，至今仅有一面之缘，但我们治学之道路相同，理念相通，近来保持热线联系，互通电话，犹如比邻而居。陆游《题梅汉卿醉经堂》诗云："它人烂醉锦瑟傍，君独醉心编简香。"徐兄专心致志，醉心故纸编简，远离佳人锦瑟，以江、戴为师，与古人为友，身居合肥，传承皖派，优游斯文，故能香飘后世。放翁此诗莫非为道彬兄而题乎？"烂醉锦瑟傍"是它人之"人欲"，"醉心编简香"乃吾辈之"天理"。或曰："读书明理，所明究为何理？"答曰："天理也。"曰："天理何在？"答曰："其在吾辈心中乎？吾不得而知也，还是只管埋头读书吧。"我最后斗胆移花接木，窃录放翁诗句以赠徐兄，聊答知音，或许不以为唐突吧？

深化史部研究的丰硕成果

——谢贵安教授《实录研究书系》评介

一

笔者主要从事《四库全书》与《四库提要》的研究，对于四库中史部书籍及其提要有所关注，在撰写《〈四库全书总目〉编纂考》一书时也曾反复查阅过《清实录》的高宗部分。近读武汉大学历史学院谢贵安教授所撰《实录研究书系》(一套四册，即《中国已佚实录研究》、《宋实录研究》、《明实录研究》和《清实录研究》，上海古籍出版社2013年版)，对历代实录的面貌、特点和性质有了更加直观的印象与更加全面的了解。鉴于实录体史学的重要地位，不免心生诸多感慨。下面将学习心得与体会与大家分享，不当之处，敬请方家教正。

在《四库全书》的分类体系中，未予"实录"以一席之地，这是因为《四库全书》所收之书皆为存世之作，而元以前的历代实录均已散佚，《明实录》、《清实录》皆修成于《四库全书》编纂之前，又因事涉明清早期的隶属关系遭到冷藏①。惟一存世实录著作即为韩愈所撰《唐顺宗实录》，此书原书已经失传，删节本曾被收入韩愈文集中，如宋刻本《详注昌黎先生文集》外集卷六至卷十便收录了《顺宗实录》的一至五卷，四库本《五百家注音辩昌黎先生文集》未收《唐顺宗实录》，但四库本《东雅

① 《四库全书总目·皇清开国方略提要》云："实录、宝训，尊藏金匮，自史官载笔以外，非外廷所得而窥。"按：历代实录往往秘不可见，仅供皇帝及其御用史官阅读使用。编纂《四库全书》之底本，往往征自民间，皇室内廷之书没有得到充分利用，实录更是密不示人。四库馆臣一方面以实录作为衡量史书的主要标准，另一方面又垄断实录之书，这种看似矛盾的手法正是专制统治者愚民的法宝。

堂昌黎集注》则收录了《顺宗实录》①。此外，《四库全书》还著录了一部
《建康实录》②。《四库全书总目》对与"实录"相关的书籍作了大量的评
述③，四库馆臣也曾大量参考历代实录资料④，且利用《明实录》⑤、
《清实录》⑥来考订其他典籍。

在《四库全书总目》的分类体系中，"实录"也未获得一席之地，但
实录之书在古代的官修和私修目录中曾经独立成类，是非常重要的官修
史著。北宋庆历间，王尧臣主持的官修《崇文总目》中特立"实录类"，
在史部的十三类中仅次于正史和编年而居于第三位。南宋晁公武在其私
修目录《郡斋读书志》卷二专列"实录类"，明确指出："后世述史者，其

<hr/>

① 见景印文渊阁《四库全书》第 1075 册，第 511~531 页。
② 唐代许嵩的《建康实录》收入《四库全书》别史类，但《四库全书总目·建康
实录提要》经过甄别后没有承认其"实录"身份："《新唐书志》载入杂史类，盖以所
载非一代之事，又不立纪传之名，尚为近理。《郡斋读书志》载入实录类，已不免
循名失实。马端临《经籍考》载入起居注类，则乖舛弥甚。至郑樵《艺文略》编年一
类，本案代分编，乃以此书系诸刘宋之下，与《宋春秋》、《宋纪》并列，尤为纰缪。
今考所载，惟吴为僭国。然《三国志》已列正史，故隶之于别史类焉。"
③ 《四库全书总目·靖康要录提要》云："今观其书，记事具有日月，载文俱
有首尾，决非草野之士不睹国史、日历者所能作。考《书录解题》又载《钦宗实录》
四十卷，乾道元年，修撰洪迈等进。此必《实录》既成之后，好事者撮其大纲，以
成此编，故以'要录'名也。"《四库全书总目·明本纪提要》："纪明太祖事迹，自
起兵濠梁，迄建国金陵。皆分年排载，颇为详备。盖亦自《实录》中摘出编次者。"
《四库全书总目·明大正记提要》："(雷)礼明习朝典，以史学自任，而所记多采撮
《实录》，详略未能得中，异同亦鲜能考据。"今按：《四库全书总目》对这些可能抄
自实录的史书评价皆甚低，且都列入存目。
④ 《四库全书总目·明氏实录提要》云："'实录'之名，古人通用。故凉刘昺
有《敦煌实录》；唐许嵩记六代之事，称《建康实录》；而李翱集有《皇祖实录》，乃
其大父之行状。"
⑤ 《四库全书总目·代言录提要》云："是书乃其《东里别集》之一种，所录皆
在内阁撰拟碑册诏诰之文。自永乐四年至正统九年，每篇末具标年月日，核诸《明
实录》，俱合。惟上皇太后尊号诏，标曰洪熙元年七月十五日，而《明宣宗实录》是
诏实载在七月丁丑。是月戊辰朔，丁丑则初十日也。……此类文字异同。颇可与实
录相参。"
⑥ 谢贵安：《清实录研究》，上海古籍出版社 2013 年版，第 556~557 页。又
按：《四库全书总目·平定三逆方略提要》有"伏读《实录》"之语。

体有三：编年者，以事系日月，而总之于年，盖本于左氏明；纪传者，分记君臣行事之终始，盖本于司马迁；实录者，近起于唐，杂取两者之法而为之。"①王应麟也认为实录体是"杂取编年纪传之法"②而成。对于实录体的这种特殊体裁，南宋陈振孙第一个作了描述，称之为"编年附传"③。元、清两朝实录均去掉附传，成为纯粹的编年体，有人认为与两朝统治者俱为少数民族有关，而谢贵安教授则认为，这实际上是史学功能区分的结果，因为元代在修纂实录时，同时编纂了《后妃功臣列传》；清代在修纂实录时，同时在国史馆修纂了一系列大臣传，因此两朝不再需要于实录中重复立传。此说洞察秋毫，可谓卓见。

简言之，实录在历代史部中占有重要的一席之地，是史部著作中一个传承有绪、相沿千年的史书类别，是在档案、起居注、日历基础上修纂而成的官方史著，每帝一录，记述当朝皇帝的言行、政务和对奏疏的批示及处理。实录修成后，又在其基础上编纂当代的纪传体国史。易代之后，新朝又在纪传体国史基础上修纂前朝的纪传体正史，形成史料来源可靠、源流有致、史书体裁有别而一以贯之的官方史学体系。

二

《四库全书总目》修成以前，中国就有许多官修和私修图书目录。汉代刘氏父子《别录》、《七略》首创六分法，为班固《汉书·艺文志》所因袭。在魏晋时又出现了四部分类法，"魏秘书郎郑默，始制《中经》，(西晋)秘书监荀勖，又因《中经》，更著《新簿》，分为四部，总括群书。一曰甲部，纪六艺及小学等书；二曰乙部，有古诸子家、近世子家、兵书、兵家、术数；三曰丙部，有史记、旧事、皇览簿、杂事；四曰丁部，有诗赋、图赞、汲冢书。"④这里的丙部就相当于后世的史部。

---

① 晁公武：《郡斋读书志》卷二。
② 王应麟：《玉海》卷四八，《艺文·实录》。
③ 陈振孙：《直斋书录解题》卷五，《起居注·建康实录》。
④ 《隋书·经籍志一·总序》。

宋元嘉八年，秘书监谢灵运编成《四部目录》，齐永明中，秘书丞王亮、秘书监谢朓也编写了《四部书目》，均沿袭了荀勖的四部分类法。南朝梁普通年间，阮孝绪在《七录》中，虽然打破了四部分类的模式，但却将史部置于经部之下，子部、集部之上，直接导致后来四部分类法中，将史部置于经部之后、子部和集部之前，从丙部上升到乙部的位置。唐初所修《隋书·经籍志》正式确立了经史子集四部分类的方法，在其史部中，便著录了萧梁时出现的实录体史书。

《隋书·经籍志》将史部分为十四类，即正史、编年、古史、杂史、霸史、起居注、旧事篇、职官篇、仪注篇、刑法篇、杂传、地理、谱系篇、簿录篇。实录被系于第四类杂史中："《梁太清录》八卷。""《梁皇帝实录》三卷，周兴嗣撰。记武帝事。《梁皇帝实录》五卷，梁中书郎谢吴撰。记元帝事。"这是史部目录最早著录实录体史书，但当时对这种体裁的史书并不重视，仅仅置于杂史之中①。这其实含有唐朝人蔑视分裂王朝萧梁实录的目光。但是，唐朝统一全国后，却大肆纂修列帝实录，将实录体史书推到一个很高的位置。

《旧唐书·经籍志》将实录列入起居注类，并开始著录唐代的实录著作，但由于史料不全，该书只著录到《唐中宗实录》。到北宋所修《新唐书·艺文志》中，便大规模著录唐代列朝实录。唐代从高祖开国到哀帝失祚，共历 290 年，先后有高祖、太宗、高宗、武则天、中宗、睿宗、玄宗、肃宗、代宗、德宗、顺宗、宪宗、穆宗、敬宗、文宗、武宗、宣宗、懿宗、僖宗、昭宗、哀帝 21 朝皇帝在位，共修有《高祖实录》、《太宗实录》、《则天实录》、《哀帝实录》等共 29 种。其中有一个皇帝一人修有两种以上的实录，晚唐诸朝实录是由北宋补修完成的。唐代大规模修纂列帝实录②，其实有其深刻的政治意义在内。

根据谢贵安教授的研究，唐代重视实录体的修纂，实际上是为了强

---

① 《四库全书总目·别史类序》对此提出批评："《隋志》乃分正史、古史、霸史诸目。然梁武帝、元帝《实录》列诸杂史，义未安也。"

② 《四库全书总目·唐大诏令集提要》云："唐朝实录今既无存，其诏诰命令之得以考见者，实借有是书，亦可称典故之渊海矣。"

化以皇帝为核心的中央集权制。对编年附传体的实录的重视，是达到这一目的的重要手段。"此前，学者一般都认为纪传体是以人为中心的史学体裁，而编年体是以事件为中心的史书。其实，实录体原本并不同于编年体，也是以人为中心的史书，它最大的传主是皇帝，皇帝事迹以编年的形式贯穿全书，其众多的附传则适时插入皇帝编年中，形成了较纪传体更为紧密的君臣一体的史书形式，更加突出了皇帝的主导地位和大臣的附属地位，是唐代以来中央集权制强化的明显结果。已佚实录虽已散失，但其不少附传仍然保存至今，向我们陈说实录体史书的体裁特征和政治实质。"①

继唐之后，《宋实录》的规模也很大。两宋共有 16 朝皇帝（南宋末帝㬎、帝昺除外），北宋历太祖、太宗、真宗、仁宗、英宗、神宗、哲宗、徽宗、钦宗 9 朝，南宋历高宗、孝宗、光宗、宁宗、理宗、度宗、恭帝 7 朝，除南宋度宗和恭帝外，均修有实录。据谢贵安教授考证，宋代共进行了 26 次修纂，纂成 14 朝实录，有据可考的修纂官员共达 253 人，实际上参加修纂的人远远超过这个数字。② 宋代不仅沿袭唐代的做法，大规模修纂实录，而且在其公私目录中，首次将实录独立成类，列为正史、编年后的第三类，从理论上确立了实录体的特殊地位。此后，辽、金、元、明、清均修纂过实录，明清两朝实录由于距今较近，都完整地留传了下来，成为实录体史书珍贵的活标本。

三

实录史书由于专记皇帝事迹及其朝政，不免会产生"为尊者讳"和"为亲者讳"的情况③，这直接影响到实录修纂的客观性和史料价值，成为不得不回答的首要问题。对此，谢贵安教授在其《实录研究书系》

---

① 《中国已佚实录》，上海古籍出版社 2013 年版，第 438 页。
② 《宋实录研究》，上海古籍出版社 2013 年版，第 117 页。
③ 《四库全书总目·高庙纪事本末提要》云："大抵抄撮《实录》之文。……此皆《实录》之说，永乐诸臣之诬词，非可以传信者也。"

四书中，无一例外地给予了回应。

在《中国已佚实录研究》第六节"唐实录的曲笔与讹误"中，谢贵安教授用了大量的篇幅对唐实录修纂时的曲笔现象作了揭露，对皇帝和史臣的曲笔诬饰均作了剖析。如《高祖实录》与《太宗实录》二书，是太宗贞观十七年所修，因此为太宗粉饰之处甚多，反不如唐初温大雅的《大唐创业起居注》①为实。温大雅在高祖起兵时为记室参军，主文檄，"则此书得诸闻见，记录当真"②。唐初的两朝实录为了"突出"李世民的形象，对其父李渊、其对手太子李建成和齐王李元吉进行了丑化和诬诋。据实录记载，恭帝义宁元年七月李渊对造反的前途灰心丧气，将北还太原，是李世民一人独身而出，劝李渊停止北撤，继续前进，终于夺得天下。但《大唐创业起居注》则明显记载，是李建成与李世民一起劝阻的。再如，恭帝义宁元年李渊派李建成、李世民二人率兵攻打西河（即汾州）一事，《大唐创业起居注》记载比较客观，是命大郎、二郎率众讨西河③。但高祖、太宗《实录》只说是命李世民徇西河。关于玄武门事变，《唐高祖实录》说成是"太子建成、齐王元吉将起难"，逼着李世民动手的，还把玄武门之变说成是具有武王伐纣意义的正义之举。这些记载，都是贞观朝史臣为李世民发动玄武门之变寻找合理的依据和借口。④

《宋实录研究》则以整个第七章"《宋实录》的曲笔与讹误"的篇幅，对《宋实录》中的曲笔现象进行了缜密分析，对周宋易代之际皇帝主导

---

① 《大唐创业起居注》已收入《四库全书》编年类。《四库全书总目·编年类序》云："实惟存温大雅一书，不能自为门目，稽其体例，亦属编年，今并合为一，犹《旧唐书》以实录附起居注之意也。"

② 见《四库全书总目·大唐创业起居注提要》。

③ 《四库全书总目·大唐创业起居注提要》云："书中所谓大郎即建成，二郎即太宗，于太宗殊无所表昇。胡震亨跋谓：'大抵载笔之时，建成方为太子，故凡言结纳贤豪，攻略城邑，必与太宗并称。'殆其然欤？抑或贞观十七年敬播、房玄龄、许敬宗等所修《高祖实录》，欲以创业之功独归太宗，不能无所润色也。……俱据事直书，无所粉饰。则凡与唐史不同者，或此书反为实录，亦未可定也。"

④ 谢贵安：《中国已佚实录研究》，上海古籍出版社 2013 年版，第 234～237 页。

下太祖和太宗《实录》的曲笔过程和事实一一剖析。由于《太祖实录》是太宗在位时所修，因此该录有两项政治任务：第一项是通过事实，以避免后人形成宋朝篡夺后周政权的不良印象，竭力强化宋太祖赵匡胤被迫"黄袍加身"的印象；第二项是掩蔽太宗攘夺太祖皇位的真相，为此将太宗夺位事件，改写成是受母亲杜太后之命合法继位。《宋太宗实录》是太宗之子真宗所修，因此沿袭了《太祖实录》的诬饰现象，并刻意贬低太宗皇位的挑战者赵廷美、赵德昭等人的出生或人格，回避他们遭到迫害的历史事实。《宋实录》中曲笔最甚的是事涉改革的《宋神宗实录》和《宋哲宗实录》，新旧党争导致神宗、哲宗《实录》翻烧饼式的修改，互相诬诋对方，夸饰自己。作者用了大量的篇幅来梳理这一问题，最终缕清了新旧两党主修之下不同版本神录的曲笔现象。对于宋代实录问题，作者在大量研究的基础上做出了一段总结："《宋实录》的曲笔，早期实录如太祖、太宗之《实录》，主要是君主主导下的曲笔，为的是隐讳本朝太祖、太宗在推翻前朝时的篡权罪行，粉饰两个君主在政权和皇位交替之际的形象；后期实录如神宗、哲宗《实录》，主要是大臣主导下的曲笔，为的是通过党争来打倒政敌，树立本派的形象。"①这是相当精辟的研究结论。

虽然都是探讨实录的曲笔，但谢贵安教授在分析《清实录》粉饰时却有新的见解，既指出了该实录在政治上的诬饰，也剖析了它在文化上的粉饰，他指出："《清实录》的史料价值也因其早期实录的不断修改和曲笔，而深受痛诋，但这种粉饰，既有强化君权所产生的政治性的讳饰，也有适应汉化所形成的文化上的粉饰。"②又称："清室来自关外，本为游猎民族，行为率真，文化质朴，前期所修实录讳饰较少，但入关以后，汉化益深，后嗣帝王思为前帝讳饰，故太祖、太宗、世祖三朝《实录》多有修改。"③除了达到统一人名、地名的目的外，更重要的是

---

① 谢贵安：《宋实录研究》，上海古籍出版社 2013 年版，第 453 页。
② 谢贵安：《清实录研究》，上海古籍出版社 2013 年版，第 682 页。
③ 谢贵安：《清实录研究》，上海古籍出版社 2013 年版，第 441 页。

删润那些不利于父祖的记载。清前三朝实录在曲笔上有三个表现：其一是讳饰女真—后金政权对明朝的隶属关系。顺治改缮本《太祖武皇帝实录》保留了初纂本的基本面貌，在描述女真—后金与明朝的关系时，仍然保持着臣属的心态和卑顺的语气，称明为"大明"或"大明国"，明帝为"万历皇帝"或"大明皇帝"，明帝的诏谕为"敕书"，并以得到明朝政府的册封为荣。而康熙重修而成的《太祖高皇帝实录》，则将这种关系"全行掩饰"，删掉了努尔哈赤对明朝的恭敬词语，改为对等的称呼，刻意掩盖曾经臣服于明朝的历史真相。在乾隆朝重缮重绘的《满洲实录》中，改称"大明"为"明"或"明国"；"万历皇帝"、"大明皇帝"为"明万历帝"、"明国君"；甚至将二者之间的君臣关系颠倒过来，将"奏大明"改为"传谕"或"往诘"。其二是为后金政权欺压蒙古部落而讳饰和曲笔。如康熙本《太宗实录》将察哈尔称汗，而乾隆本出于后金的立场，则将"汗"字删去。康熙本称察哈尔弃城而"回"，而乾隆本则用了贬义词，称察哈尔弃城而"遁"，有意突出后金的威力，贬低察哈尔的形象。乾隆本将蒙古文原义以及康熙本"后汝欲亲见议和"一句中的"见"改为"来"字，有故意改变天聪皇帝和奥巴汗两者之间关系的企图。其三是粉饰清帝及清室的形象。清室之起源，《太祖实录》称其为天女之后，但为了将自己与称霸中原的金朝建立联系，到《太宗实录》中，开始自称为大金国之后。《太祖武皇帝实录》自肇祖孟特穆直到努尔哈赤，皆直书其名，不失满洲旧俗。而康熙间改修而成的《太祖高皇帝实录》除了在努尔哈赤及其列祖始见处写明名字外，其他地方皆称庙号，凡《武皇帝实录》书作"太祖"和"帝"处一律改写为"上"。《太祖武皇帝实录》末尾处无赞论，而《高皇帝实录》则补写一段概括努尔哈赤生平并予以褒扬的赞论。《清实录》有意隐瞒了太祖努尔哈赤对其弟舒尔哈齐和其太子褚英的处死过程，以维护努尔哈赤仁兄慈父的形象。

该书系的不凡之处，不在于揭露了历代实录修纂过程的曲笔诬饰现象，而在于同时指出历代实录的直书现象、记事的客观性以及直书与曲笔的关系问题，这就为我们应用历代实录的史料起到了指导作用。

作者认为，历代实录虽然多有曲笔现象，甚至充斥政治斗争和党派之见，但却是有限度、有局域的，只发生在特殊的实录、特别的时段和特定的史实中。所谓特殊的实录，是指实录中的重灾区，如《宋神宗实录》、《宋哲宗实录》、《明英宗实录》、《明武宗实录》等，因为牵涉党争和前后皇帝的斗争而毫不掩饰地贬低政治对手。所谓特别的时段，是指历代早期实录，如唐太祖、太宗实录，宋太祖、太宗实录，明太祖、太宗实录，清太祖、太宗实录，这些实录因事涉推翻前朝和权力争夺，而存在较多的粉饰和诬诋①，如唐之于隋，李世民之于李渊、李建成；宋之于周，赵光义之于赵匡胤；明之于宋林儿，朱棣之于建文帝②；清之于明，后金之于蒙古诸部等，都极尽粉饰自己，诬诋对方，但是除此之外，其他的实录，相对而言曲笔之处就不太多，未曾泛滥成灾。所谓特定的史实，是指某些实录中某些史实，为其今上和史臣所讳饰和诬诋，如《清圣祖实录》中，将噶尔丹之死处理成走投无路仰药自尽，而事实上却是病死。对于《清实录》的曲笔，长期以来，学者们紧纠不放，民国人抨击《清实录》为长在推敲之中，欲改即改③。谢贵安教授则认为，这种修改，有一部分实际上是"汉化"的结果，是文化上的粉饰，而非政治上的讳饰。"汉化"现象是清朝大一统文化建立过程中的必然趋势。作者断言：就整部《清实录》来看，"诬饰之处虽然泛滥，但毕竟有限，基本上发生在太祖、太宗、世祖三朝实录中，以及其他实录的敏感部分，至于其他的绝大部分史料，均为中性史实，无需讳言，因此该录也就保持了基本上的可信"④。作者曾将《清实录》与清《上谕档》作过仔细比勘，发现大多数的内容都基本相同。谢贵安教授言必有据、严谨求实的研究，有助于纠正史学中的虚无主义⑤，并确立对中国古代文

---

① 《四库全书总目·弇山堂别集提要》云："盖明自永乐间，改修《太祖实录》，诬妄尤甚。其后累朝所修《实录》，类皆阙漏疏芜。"

② 谢贵安：《明实录研究》，上海古籍出版社2013年版，第363~364页。

③ 孟森：《读清实录商榷》，《明清史论著集刊》下册，中华书局2006年版，第688页。

④ 谢贵安：《清实录研究》，上海古籍出版社2013年版，第682页。

⑤ 《四库全书总目·驭倭录提要》云："国史所载，正未必尽为实录也。"毛泽东断言正史只有一半是真的，有人甚至全盘否定上古史。

献与历史事实的基本信念。

四

谢贵安教授对实录体史学的系统探究，对于我们研究《四库全书》的篡改问题也颇有启发意义。长期以来，论者早就提出"实录不足从"①的观点。与此类似的是，《四库全书》的可信度一直是困扰着我们的一大难题。毋庸讳言，《四库全书》确实存在文本篡改现象，也因此备受质疑，有人因此全面否定《四库全书》的价值。在这里，我们不妨转换思路，模拟一下谢贵安教授的话语予以解释：

> 《四库全书》的这种篡改，除了政治上的讳饰之外，还有一部分实际上是"汉化"的结果，是文化上的粉饰。"汉化"现象确实是清朝大一统文化建立过程中的必然趋势。就整部《四库全书》来看，诬饰之处在某些部类虽然泛滥，但毕竟有限，相对集中在宋金之际与明清之际两个时段的史部文献与集部文献，至于其他的绝大部分文献，多为中间地带，不涉干碍，无需讳言，因此《四库全书》也就保持了基本上的文献可信度。

这是我因阅读谢贵安教授的系列著作之后产生的知识迁移。当然，这是另外一个重大课题，决非三言两语可以说清楚。至少，我们已经从谢贵安教授的论著中获得了某种灵感。或许在不久的将来就可以解开四库学研究史上的一个死结。

谢贵安教授的治学历程，对于后来者尤其具有启发意义。谢教授早年师从著名历史文献学家张舜徽先生，升堂入室，深造自得。他从1986年开始整理《明实录》资料，独力编纂了110万字的《明实录类纂·湖北史料卷》一书，对明代实录形成了鲜活的感性认识，并积累了丰富

---

① 朱彝尊《南京太常寺志跋》："《实录》出于史臣之曲笔，不足从也。"

的研究资料。在整理过程中，他敏锐地发现了一个当时为人忽视的角落，即 1949 年以后国内尚无专门研究《明实录》的论文和著作，在历史文献与史学史的研究领域中这无疑是一方亟待开发的宝地。1990 年他以"明实录研究"为题撰写博士论文，焚膏继晷，废寝忘食，完成了一部高质量的论文并顺利通过答辩，此后陆续修改，精益求精，先后推出了《明实录研究》的三个版本（台北文津版、湖北人民版与上海古籍版）。一举成名之后，他没有就此止步，而是在具体研究明代一朝实录的基础上，又萌生了对整个实录体史学进行系统考察的想法。自博士阶段就开始研究《明实录》，紧紧地 hold 住实录体史学不放，不是像"游击队员"那样打一枪换一个地方，而是坚守高地，瞄准目标，真正做到了"扎硬寨，打死仗"，展开了一场长达近三十年的阵地战与持久战。在一个浮躁的时代，大家都热衷于搞"短平快"，既能"多快好省"，又能"力争上游"，结果引发了学术大滑坡。谢贵安教授却反其道而行之，以超乎常人的毅力，淡泊明志，宁静致远，不务声华，困守书斋。宋人赵汝楳在《周易辑闻》中指出"大抵处困者贵安"，"鼎贵正，正则不倾；鼎贵安，安则不摇"。谢贵安从中发现了自己名字的理据，且不无自我解嘲地说："这无疑在鼓励笔者在漫漫的学术征程的跋涉中永不动摇，像鼎一样地厚重不迁，坚忍不拔。"正是凭着这种"厚重不迁，坚忍不拔"的精神，谢贵安教授在实录体史学这一亩三分地上辛勤劳作，只问耕耘，不问收获，终于打出了一口口深井，为学界奉献出一套丰厚的系列作品。他在一本书的后记中不无动情地说："当年接触实录时才 24 岁，今天完成《实录研究书系》时已年过半百；研究的阵地也从桂花飘香的桂子山，移到了樱花烂漫的珞珈山。我最灿烂的青春和最美好的年华都奉献给了实录研究，有些人或许以为不值，但我无怨无悔。"这是一个成熟学者的肺腑之言，也是一个"知天命"者的经验之谈。我想，假如我们多一个谢贵安式的学者，中国学术的薪火传承就会多一分力量。如果年轻的朋友选择了以学术为志业，你们最好也要从谢贵安先生身上学习一个真学者所应具备的"鼎"级品质——"厚重不迁，坚忍不拔"，选择一个属于自己的阵地，努力打拼三十年，开辟出一片新天地！

我与谢兄同在一校，相识多年，存在不少交集（同在中国传统文化研究中心、历史学院与国学院任职），应该说彼此相知甚深。我们虽然研究方向有所不同，但我经常从他馈赠给我的众多著述中获益。最近一段时间，在阅读了谢贵安教授的《实录研究书系》之后，我对史部中的实录体史学有了较为系统的了解。平心而论，该书系在实录探索上所作的突出贡献，无疑是史部研究中的重大收获，对深化史部研究功不可没。当然，在阅读该书系时也发现了一些细微瑕疵，除了文字的打印错误外，还偶有史料用错之处，如《中国已佚实录》第194页第二段第一行，称"宪宗时，陆淳亦喜读《唐实录》"，其实，喜读《唐实录》的是唐宪宗，而非陆淳（作者在赠笔者的书中已做了自我纠正）。但瑕不掩瑜，这不过是明珠上的一点点微尘而已。

综观全局，谢贵安教授以其渊博的学识、严谨的态度，历时三十年，精心结撰而成一套多达四部、长达225万字的皇皇巨著，对历代实录作了如此系统而完善的探讨，实属罕见。此前，他还出版了50万字的《中国实录体史学研究》（武汉大学出版社2007年版），对中国传统史学内在的基本矛盾——直书与曲笔——做出了令人信服的分析。谢贵安的名字早已与实录体史学紧紧地联结在一起了。可以毫不夸张地说，他以其辉煌的业绩成为当今实录体史学研究之第一人。学界在评价某一方面作出过杰出贡献的学者时，常使用"X书院""X科举""X市场"（其中X表示学者之姓氏——自注）之类的说法，因此，我们今后不妨将谢贵安教授称为"谢实录"。这绝不是戏谈，而是属于他的一份殊荣！

善本书志的"沈氏模式"

一

据程焕文教授《加拿大多伦多大学东亚图书馆藏中文古籍善本提要·序》介绍:

> 一九九二年,我国著名古籍整理专家沈津先生赴哈佛大学哈佛燕京图书馆做访问学者,其后被延聘为古籍室主任,专门从事中文古籍整理。在沈津先生的示范带动下,近十年来,北美东亚图书馆的中文古籍整理面貌为之一新。沈津先生继往开来,先后撰著《美国哈佛大学哈佛燕京图书馆中文善本书志》(上海辞书出版社,1999)和《中国珍稀古籍善本书录》(广西师范大学出版社,2006),于是,北美东亚图书馆中文古籍整理长期低迷的气象为之一变,各馆竞相仿效,延聘专才,开始编撰中文善本书志,陆续有李国庆编著《美国俄亥俄州立大学图书馆中文古籍书录》(广西师范大学出版社,2003)、陈先行主编《柏克莱加州大学东亚图书馆中文古籍善本书志》(上海古籍出版社,2005)等问世。

此外,《加拿大多伦多大学东亚图书馆藏中文古籍善本提要》(广西师范大学出版社2009年版)等书又相继出版,其影响不可谓不大矣。这就是善本书志"沈氏模式"的由来。

沈津先生为何要"鼓吹""沈氏模式"呢?据他在《加拿大多伦多大学东亚图书馆藏中文古籍善本提要·序》一文中自述其缘故:

　　三年前，乔晓勤先生来哈佛燕京馆，谈及想将郑裕彤馆所藏"慕氏藏书"撰成善本提要事。对此，我极为赞成。记得前几年，我和国内某省馆古籍部负责人聊天，他告诉我，他一直想把馆藏善本书目编出来，但做了好多年还是不行。于是，我给了他一个建议，那就是在已有的基础上去写善本书志，而且早写比晚写好。因为对于一个藏书卷帙缥缃、佳椠珍籍美富的图书馆来说，如想将馆藏的重要资源予以详细揭示，那善本书志的撰写，将是该馆最为艰巨的挑战。编一部馆藏善本书目已属不易，而写作善本书志则是难上加难，并要有持久作战的概念，当然将来的成果、贡献也是显然不同的。

　　在那已逝去的一百年里，各种形式的图书馆经过几代人的努力，有的也曾创造出令人艳美的辉煌，一些书目、索引、图录、解题、工具书，以及有关图书馆著述等，也都出自图书馆员之手。然而，重要的图书馆(无论是公家或大学)却鲜有反映自己馆藏的善本书志面世。

　　先师顾廷龙先生是提倡写作善本书志的，他的日记中即有"刻意编一精彩藏书志，以压众编"的记载。在他主持的合众图书馆，曾请潘师景郑先生撰写馆藏善本书志数百篇，后因事没有继续下去。六十年代初，顾先生主持上海图书馆工作，又将写作馆藏善本书志之事提上日程，但仅完成数十篇宋元刻本的书志即告停摆。而一九九九年，北京图书馆研究馆员冀淑英先生致津的信中，也提起一九五八年时赵万里先生曾考虑在《中国版刻图录》出版后，将写作北图善本书志事列入计划，可惜的是，没多久，就因各种思想运动不断，无法再进行了。

　　实际上，对善本书的揭示上，许多国家的学者都是非常重视的，如日本的书志学研究就导致了《图书寮典籍解题》、《国立国会图书馆所藏贵重书解题》、《庆应义塾图书馆藏和汉书善本解题》等书的出版。津虽草芥小民，人微言轻，但这些年来，却一直鼓吹善

本书志的写作。前不久，在山东大学举办的"古籍整理研究与中国
古典文献学学科建设国际学术研讨会"上，我提供的论文也是讲善
本书志的。我把前些年出版的拙著书志看作提供一种模式，并作为
一块小石子，盼望引出国内的重要图书馆将拥有的傲人资源逐步予
以揭示，并供学界利用及研究。

顾廷龙、潘景郑、赵万里等先生均为我国图书馆界著名的版本目录学大
师，他们在各自的领域所取得的成就得到举世公认。就善本书志而言，
王重民先生率先垂范，其《中国善本书提要》及其《补编》是现代版本目
录学家的典范之作。薪尽火传，他们的未竟之业又在沈津先生这一代手
中得到发扬光大。沈先生多年来"一直鼓吹善本书志的写作"，为学界
提供了善本书志的新模式。作为目录学的研究者，我对于前辈学者的劳
绩表示极大的尊重，对于沈先生提供的"一块小石子"予以观摩，以期
引起学界更大的关注，产生更多更好的善本书志。

二

在《美国哈佛大学哈佛燕京图书馆中文善本书志》、《中国珍稀古籍
善本书录》的基础上，沈津先生主编的《美国哈佛大学哈佛燕京图书馆
藏中文善本书志》由广西师范大学出版社于 2011 年隆重推出，皇皇六巨
册，每卷卷首附录大量的书影，装帧精美，赏心悦目。
我们先提供子部杂家类的一条完整的提要：

清康熙刻本《蓉槎蠡说》
《蓉槎蠡说》十二卷，清程哲撰。清康熙五十年（1711）程氏七
略书堂刻本。四册。半页十一行二十一字，左右双边，白口，单鱼
尾。框高 17.6 厘米，宽 12.6 厘米。题"歙程哲圣跛"。前有清康熙
五十年王士禛序。
程哲，字圣跛，别字蓉槎，安徽歙县人。幼颖悟嗜学，师事王

士祺。博考深思，经史百家，靡不究览，收蓄书籍金石文字甚富。官潮州同知。七略书堂为其室名，刻有《罗鄂州小集》、《林茂之诗选》、《带经堂全集》等书。《(道光)歙县志》卷八有传。

此书杂记见闻及读书所得。王士祺序云："圣跂此编，抱博辨之才，具论断之识，则古昔称先王要之以毋雷同，毋勦说，间亦出曼倩之谐语，效彦辅之清言，但期曲达己意，以求合乎义理之归而后止。虽于朝章国故弗遑弹悉，殆所居之地使然。至于前言往行，大可供畜德之助，细亦可佐多识之功。"而《四库全书总目》则称："其书杂掇琐闻，不甚考证，大抵皆才士聪明语耳。"

此本有扉页，刻"蓉槎蠡说。七略书堂藏板"。并钤"七略书堂"印。"玄"字避帝讳。

《四库全书总目》子部杂家类存目著录。《中国古籍善本书目》著录中国国家图书馆等十七家馆藏。《四库全书存目丛书》子部115册即据中国科学院图书馆藏此本影印。钤印有"桂林胡氏书巢图书"、"潍郭申堂架藏"、"尺五楼吕氏聚书印"、"尺五楼"。

由此可见，该书志的结构模式为：首先介绍版刻特征，其次介绍作者，再次介绍作品，最后介绍藏版、著录及藏书印等。全书大体按照此体例编纂。此模式的优点在一头一尾，尤详于版刻特征与收藏情况的描述，是地地道道的版本目录。其缺点是中间部分对作者与作品的解析相对较为薄弱，大体抄撮前人序跋与目录解题，对于学术源流的考辨相对较少。"辨章学术，考镜源流"历来是传统目录学的优良传统，可惜这一传统在现代并没有得到很好的继承，图书馆界绝大多数的现代目录学家皆不认同传统做法，拱手将此任务交给各门各类的专家，基本上丧失了传统学术的话语权。"沈氏模式"对"辨章学术，考镜源流"做了力所能及的努力，与现代目录学家自觉地拉开了距离，这也是特别值得肯定的地方。

下面我不惮繁琐，再举两个实例，以此证明"沈氏模式"不同凡响的学术价值。

【例一】子部杂家类"清乾隆刻同治印本读书杂述"条云：

《中国古籍善本书目》著录清康熙三十八年恪素堂刻本，上海辞书出版社、辽宁省图书馆、陕西省博物馆三家馆藏。《续修四库全书》第 1135 册影印本底本与此本同版，著录为清康熙四十年恪素堂刻本。影印本卷末有侄孙李景贤跋，为此本所无，跋云："忆先大夫易簧时，视景贤泣而言曰：尔祖阁学公，自诸生历卿贰，于书无不观，尤究心濂洛关闽诸书。上窥孔孟思曾心传，博涉四部七略，衷于圣贤，实诸践履，务期可以自治治人……一生著作皆省身经世得力寅语。彪西范前辈编《国朝理学备考》，千里走书索入编，以卷临仅刊什之二三。吾尝欲谋垂不朽，而今费志以殁，真遗恨也，小子识之。景贤抆泪曰：敢不卒事。迄今宦粤西十载，距先大夫殁廿六年矣，日惴惴惧不卒先志。前年奉檄道经历里门，始裒集全书，诸体悉备，而《读书杂识》一帙，尤有功世道……惜年久传观，遗编散失，论断五经全史，止存其半。然并此而不绅之世，景贤罪慝重矣。爰于霜江风帆，耳目暇豫，校绎三阅月，纲领部次，炯炯可识。依文测义，厘为十卷。惟恨先大夫不及见书之成。景贤捧书授剞劂氏，所以流涕覆面不禁也。辛巳秋七月上澣侄孙景贤敬跋龙州官署。"

此序末署"辛巳"，未标帝号，此"康熙四十年恪素堂刻本"之所据。按，此辛巳当为乾隆二十六年辛巳，而非康熙四十年辛巳。此书为李锴读书涉世有所得而札记之，迄无刻本，景贤父子矢志刊刻，终由李景贤搜罗遗编，厘为十卷，刻于龙州官署，其时景贤之父亦已去世二十六年矣，景贤序中言其事甚详。而任栋序中有云："宴斿胚胎前光，行大用矣。宝公遗书逾拱璧。篷窗寒江，据几剪烛，厘《读书杂述》为十卷，将以付梓。""公殁已数十载，宴斿一朝发遗书，诏后人而传千载。"李锴卒于康熙四十六年，此本之刻，在其卒后数十载，则其非康熙四十年明矣。至《中国古籍善本书目》著录之康熙三十八年刻本，疑亦即此乾隆二十六年本。

【例二】子部杂家类"清康熙刻本倘湖樵书"条云：

《四库全书总目》子部杂家类存目除著录此书外，又著录有来集之撰《博学汇书》十二卷，称："凡读书所得，随笔记录，不分门目，惟以类相从，鳞次栉比，俾可互证。"今《四库全书存目丛书》将《倘湖樵书》与《博学汇书》皆加影印，前者底本为浙江图书馆藏清乾隆来廷楗倘湖小筑重刻本，后者底本为首都图书馆藏康熙二十二年倘湖小筑刻本。来廷楗为来集之玄孙，其《倘湖樵书》即据此本重刻者，目录题下有"元孙廷楗重镌"字样。重刻本于次序文字稍有变动，如卷一"雁臣鸠妇"条，此本列在倒数第四条，重刻本移至倒数第十一条；"睡方"一条，重刻本无；末条"世降"，重刻本作"世风"，等等。

此本与康熙二十二年倘湖小筑刻本《博学汇书》相较，则两书内容完全相同，而且两书用的还是同一套书板，断板等特征均一致，卷前毛奇龄序、来集之自序亦同。从版刻情况看，《博学汇书》应刷印在前，而《倘湖樵书》改版在后。《博学汇书》各卷卷端作"博学汇书初（二）编卷之几"，此本改作"倘湖樵书初（二）编卷之几"。《博学汇书》卷端题下作"萧山毛奇龄大可氏论定；来集之元成父纂辑"，此本改刻为"萧山来集之元成父纂辑"，其改刻之迹于卷十一最为显明。《博学汇书》版心作"汇书初（二）编"，此本则全部巧妙地改"汇"为"樵"，成了"樵书初（二）编"。此外，《博学汇书》行间刻有圈点，此本全部铲去。如此，同一套书板，即变身为二书。四库馆臣未察，将它们作为两部不同的书收入存目。

例一由末署"辛巳"推断"此辛巳当为乾隆二十六年辛巳，而非康熙四十年辛巳"，合情合理。例二康熙刻本《倘湖樵书》为康熙二十二年倘湖小筑刻本《博学汇书》之改板，有理有据。如此精审之考辨，较之王重民等先生，亦无多让矣。

三

　　提要之学，源远流长，大家辈出，代有传人，早已成为专门之学。至 20 世纪更是群星璀璨，流派纷呈。笔者斗胆以为，"现代提要四大家"当为王重民、谢国桢、张舜徽、潘景郑，他们分别是版本鉴定派、史料考订派、学术考辨派、综合创新派的代表人物。21 世纪以来，来新夏先生的《清代笔记随录》光大了史料考订派，傅璇琮先生主编的《续修四库全书总目提要》以继承学术考辨派为旨归。沈津先生的"沈氏模式"则发展了版本鉴定派，他主编的一系列精彩书志，于黄茅白苇之中，可谓翘楚。至于综合创新派，当下似乎难以为继，有志者当奋起直追，取各派之长，而各去其短，力争做到守正出新，综合创新。

论史志目录的书写方式及其学术价值

——兼评《二十五史艺文经籍志考补萃编》

　　中国传统的图书目录主要分为三大类别，即官修目录、史志目录、私家目录。史志目录是指古代正史、国史及典志体史书中的"艺文志"或"经籍志"，以及清代以来对历代正史中所缺艺文志的补纂之作，还包括后人对正史艺文志（或经籍志）的考证、注释与补遗之作。二十五史中有艺文志（或经籍志）的有《汉书·艺文志》、《隋书·经籍志》、《旧唐书·经籍志》、《新唐书·艺文志》、《宋史·艺文志》、《明史·艺文志》、《清史稿·艺文志》七种，其余各史都没有艺文志（或经籍志）。入清以来，始有学者致力于为二十五史补编艺文志的工作，先补辽、金、元三代，其后补汉、三国、晋、五代，渐及其他各代。可以说，自清以来，学者对史志目录的重视及其学术价值的认识在不断提高，如清儒王鸣盛就认为："目录之学，学中第一紧要事，必从此问途，方能得其门而入。"①又说："凡读书最切要者，目录之学。目录明，方可读书；不明，终是乱读。"②金榜也说："艺文志者，学问之眉目，著述之门户也。"③盖因图书典籍是学术文化的主要载体，是以目录学被视为读书治学的入门阶梯。此外，章学诚更是概括出了史志目录可以起到"辨章学术，考镜源流"、"即类求书，因书究学"的作用。

一、史志目录的书写方式

　　自班固《汉书·艺文志》以来，史志目录不断发展，成为我国古典

---

① 王鸣盛：《十七史商榷》，上海书店出版社2005年版，第1页。
② 王鸣盛：《十七史商榷》，上海书店出版社2005年版，第45页。
③ 王鸣盛：《十七史商榷》，上海书店出版社2005年版，第162页。

目录学中一个非常重要的门类。众所周知，《汉书·艺文志》是依据刘歆《七略》而修成的，但删其叙录（即后世之"解题"、"提要"）部分，创立了以记"一代所藏"为特点的正史艺文志的体例；《隋书·经籍志》继之，使史志目录记"一代所藏"而包括历代著述的方法进一步确定下来。后之《旧唐书·经籍志》、《新唐书·艺文志》、《宋史·艺文志》，以及《通志·艺文略》、《文献通考·经籍考》等皆沿用此法。但自《明史·艺文志》仅录有明"一代所著"以来，正史艺文志的记载方式就有了分歧，后来《清史稿·艺文志》亦沿其例，仅收录清人著述；而自清以来为二十五史所补编的艺文志（或经籍志）亦只收录"一代所著"。

史志目录到底该记载"一代所藏"，还是"一代所著"呢？在这个问题上，唐代的史学家刘知幾从断代史的立场出发，认为正史中的书志应当记载本朝与人事相关的史料，而《艺文志》罗列历代典籍，不合断代史的体例，应当删掉；且前代艺文志已经记载了，后代又重复记载，再加后代图书日多，若收录古今图书则所占篇幅势必越来越大，也不符"史体尚简"的原则。如一定要保留，则当只录本朝人的作品。他在《史通·书志·艺文志》篇曰：

　　夫古之所制，我有何力，而班《汉》定其流别，编为《艺文志》。论其妄载，事等上篇。《续汉》已还，祖述不暇。夫前志已录，而后志仍书，篇目如旧，频烦互出，何异以水济水，谁能饮之者乎？……后来继述，其流日广……艺文则四部、《七录》、《中经》、秘阁之辈，莫不各逾三篋，自成一家。史臣所书，宜其辍简。而近世有著《隋书》者，乃广包众作……骋其繁富，百倍前修。……愚谓凡撰志者，宜除此篇。必不能去，当变其体。近者宋孝王《关东风俗传》亦有《坟籍志》，其所录皆邺下文儒之士，雠校之司。所列书名，唯取当时撰者。习兹楷则，庶免讥嫌。①

① 刘知幾著、浦起龙通释：《史通通释》，上海古籍出版社2009年版，第56~57页。

对于刘知幾的看法，后人从史志目录的功用上提出了反驳的意见。如明代胡应麟在《经籍会通》中即指出：

> 原夫艺文之为志也，虽义例仍乎前史，实纪述咸本当时。往代之书，存没非此无以考；今代之蓄，多寡非此无以征。……且前人制作世日以寡，后人著述世日以增，遍读历朝诸志，卷轴简编靡有同者。粤自晋、唐而下，懿君贤弼亡弗究心，考文大典意在斯乎？刘知幾《史通》以为附赘悬疣，雷同一律，而大讥隋史之非，此疏卤之谭，匪综核之论。即《后汉》一书，艺文无志，而东京一代典籍茫然，他可概矣。①

张舜徽《史通平议》亦云：

> 艺文则世有增减，皆足以明学术之升降，见著述之盛衰，何可不详述本末，以供后人稽览。而知幾所弊，尤在艺文。不悟人才升降，取镜学术；学术考校，全资艺文。而《汉》、《隋》二志，可借以辨章学术、考镜原流者，为用尤宏，而未可徒以簿录视之也。②

刘咸炘则批评刘知幾"明于纪传而暗于表志，囿于断代而昧于通史"③，其于《史通驳议》云：

> 此说本非。……六代不详艺文，以致王、阮之法不传，《隋志》本名《五代史志》，因五代无志，故撰此以补其阙，非徒逞繁富，而六代目录竟赖以存，言校雠者宝焉。史无艺文，则书之存佚、学之源流不能综考，此大有关系。刘氏不通校雠之学，徒见其

---

① 胡应麟：《少室山房笔丛》，上海书店2009年版，第38页。
② 张舜徽：《史学三书平议》，华中师范大学出版社2005年版，第378页。
③ 黄曙辉编校：《刘咸炘学术论集·史学篇》，广西师范大学出版社2007年版，第466页。

目录，以为前后相循，略无意味，是不足与辨也。宋孝王书乃方志之法，非史法也。……且即如刘说，断代不当复书，则通史不在所讥，班补马阙，乃以断代补通史，《隋志》又本用通史法，何乃讥之邪？①

由上可知，史书中的艺文志（或经籍志）当以记载"一代所藏"为正体，这是"以断代补通史"，有其特殊性。其意义不仅在于记载了一个时代的藏书情况，而且通过对这些藏书的记载，可以考察典籍在后世的流传情况，以及学术发展的源流，并反映某个时代的学术文化风貌。是以欲知周、秦、西汉的学术及典籍，舍《汉书·艺文志》不行；欲考先唐的学术及典籍的概况，非《隋书·经籍志》不可。又因为并不是历代正史都有艺文志（或经籍志），而这些记载有一代藏书的史志目录便就有了"补阙存古"之功用。像《元史》不立《艺文志》，只在列传中载其著述，若后史只记一代著述，那么无传之人的著述便无由可考了。

也正因为如此，在《明史》只录明人著述这一点上，有识之士皆不以为然。杭世骏在《千顷堂书目跋》中不无遗憾地说道：

黄俞邰（即黄虞稷——引者注）征修《明史》，为此书以备艺文志采用，横云山人（即王鸿绪——引者注）删去宋、辽、金、元四朝，刺取其中十之六七为史志，史馆重修，仍而不改，失俞邰初旨矣。元修三史，独阙艺文，全在《明史》网罗，如《后汉》《晋》不列此志，《隋志》独补其阙，不必定在其朝也。②

全祖望在乾隆重修《明史》时，给明史馆写信提意见，其《移明史馆帖子一》云：

---

① 黄曙辉编校：《刘咸炘学术论集·史学篇》，广西师范大学出版社2007年版，第478页。
② 吴寿旸：《拜经楼藏书题跋记》，上海古籍出版社2007年版，第90页。

> 古人于艺文一门，必综汇历代所有，不以重复繁冗为嫌者，盖
> 古今四部之存亡所由见焉。……《汉志》所有，至隋而佚其半；《隋
> 志》所有，至唐而佚其半。其卷数或较前志而少，则书之阙可知；
> 或较前志而多，则书之挽改失真可知。①

《移明史馆帖子二》开篇又云：

> 艺文不当专收本代之书。②

总之，正如刘咸炘在《目录学·著录第一》中所言："一代史志本记
一代所藏，非记一代所著，是以谓之艺文志、经籍志。六艺群经，后世
岂有所作邪？"③因为"六经"是中国学术的根本，历代学术正是围绕着
六艺群经而展开，历代王朝亦以此来"弘道设教"，是以史志目录记一
代所藏，可以考见一代之学术风貌，亦可体现历代治化之一贯(经学经
世)的学术传统，承载着"学术之宗"和"明道之要"的意义内涵。

再者，我们从《明史·艺文志》的序言中，也可以看出《明史·艺文
志》之所以只录一代所著，也并非是采用刘知幾的说法，而只是因为
"前代陈编"不足凭信，且"赝书错列，徒滋讹舛"，故而只录明代著述，
以传其信。其文云：

> 四部之目，昉自荀勖，晋、宋以来因之。前史兼录古今载籍，
> 以为皆其时柱下之所有也。明万历中，修撰焦竑修国史，辑《经籍
> 志》，号称详博。然延阁广内之藏，竑亦无从遍览，则前代陈编何

---

① 全祖望著、黄云眉选注：《鲒埼亭文集选注》，齐鲁书社 1982 年版，第
359 页。

② 全祖望著、黄云眉选注：《鲒埼亭文集选注》，齐鲁书社 1982 年版，第
361 页。

③ 黄曙辉编校：《刘咸炘学术论集·校雠篇》，广西师范大学出版社 2010 年
版，第 268 页。

凭记录？区区掇拾遗闻，冀以上承《隋志》，而赝书错列，徒滋讹舛。故今第就二百七十年各家著述稍为厘次，勒成一志。凡卷数莫考、疑信未定者，宁阙而不详云。①

而《清史稿·艺文志》"兹仿《明史》为志，凡所著录，断自清代"，可以说是模仿错了。至于为诸正史所补的艺文志（或经籍志），因为历时久远、文献不足征的缘故，故而只能从相关文献中辑考一代所著，毕竟补志与原志不同，可视为史志目录书写的一种"别体"。诚如清人曾朴在《补后汉书艺文志并考自序》中所言：

> 昔刘知幾讥班固《艺文志》古今杂糅，失断代之体，欲变其例，仿宋孝王《坟籍志》，但纪当时著述。国朝史学家多非之，谓此例行而古书存亡之迹从此泯矣。朴以为此诚非作史之通言，然若以后人补前史之不及，仿钱文子《补汉兵志》、熊方《补后汉年表》之例，推之以补历代史之无艺文志者也，则此例大可用也。②

二、史志目录的学术价值

关于史志目录的学术价值，本文拟从以下三个方面来论述：

（一）辨章学术，考镜源流

"辨章学术，考镜源流"，是中国古典目录学与中国古代学术史的优秀传统，但这一口号则要到清代中期的章学诚才被正式提出。章氏在《校雠通义叙》中说："校雠之义，盖自刘向父子部次条别，将以辨章学

---

① 王承略、刘心明主编：《二十五史艺文经籍志考补萃编》第二十五卷，清华大学出版社 2014 年版，第 195~196 页。

② 王承略、刘心明主编：《二十五史艺文经籍志考补萃编》第八卷，清华大学出版社 2011 年版，第 1 页。

术，考镜源流。"①而由班固《汉书·艺文志》所开创的"史志目录"则是继承了刘氏父子"辨章学术，考镜源流"的传统。1917 年张尔田为孙德谦的《汉书艺文志举例》作序，比较史志目录与官修目录、私家目录的不同，认为"三者惟史家目录其体最尊"，因为"《班志》之部居群籍也，考镜源流，辨章旧闻，不诩诩侈谈卷册，与藏家目录殊；不斷斷于论失得，与官家目录亦异。盖所重在学术"②。"所重在学术"一句，可谓道出了史志目录的根本作用。盖浩如烟海且纷繁芜杂的书籍文献若不经分类整理则杂乱无章，其中蕴含的思想内涵则得不到彰显。故需通过辨别学术异同而将其分门别类，使其所蕴含的学术思想得到彰显；并通过考察比鉴，而溯其源流正变。郑樵《通志·校雠略》说："类例既分，学术自明，以其先后本末具在。"③这其实是通过"部次条别"书籍的方式，由目录分类来构建学术体系及其发展历史。

那么，怎么通过目录来"辨章学术，考镜源流"呢？章学诚在《校雠通义·互著》中云："盖部次流别，申明大道，序列九流百氏之学，使之绳贯珠联，无少缺逸，欲使人即类求书，因书究学。"④不管是《汉书·艺文志》的"六分"（六艺略、诸子略、诗赋略、兵书略、数术略、方技略），还是《隋书·经籍志》的"四分"（经、史、子、集），我们都可以从各部类的序而推知各家学术之大略，从各部类所录书籍之顺序而推知其源流正变，进而"即类求书，因书究学"。此外，我们还可以从不同的艺文志（或经籍志）相比照来考察历代学术之变迁。以《汉书·艺文志》、《隋书·经籍志》为例：经部方面，《隋志·经籍志》多了谶纬类，盖自西汉末年以来谶纬之学盛极一时，在东汉被称为内学，尊为秘经，《隋书·经籍志》将其列入经部，则肯定其与经典的经纬关系。史部方面，《汉书·艺文志》把史类附于《春秋》类之后，而《隋书·经籍

---

① 章学诚著、叶瑛校注：《文史通义校注》，中华书局 1985 年版，第 945 页。
② 开明书店辑印：《二十五史补编》第二册，开明书店 1936 年版，第 1697 页。
③ 郑樵：《通志二十略》，中华书局 1995 年版，第 1806 页。
④ 章学诚著、叶瑛校注：《文史通义校注》，中华书局 1985 年版，第 966 页。

志》则独立为一部，并分十三类，可见自马、班以来史学之巨大发展。子部方面，《隋书·经籍志》把《汉书·艺文志》的诸子、兵书、数术、方技四类合为一部，可见自汉武帝"罢黜百家，独尊儒术"后，其他诸子的学说的衰弱；而道家的著述却多了不少，可见魏晋时期玄风大畅，老、庄之学兴盛，故而注解之书多了。集部方面，《隋书·经籍志》分楚辞、总集、别集三类，与《汉书·艺文志》的"诗赋略"相比，就能感觉到魏晋以下文学观念的转变和别集、总集编纂的高潮，也体现了魏晋以来文学的自觉。又如《新唐书·艺文志》集部总集类著录了十多部研究与注释《文选》的著作，因为唐代科举考试要考诗赋，所以士子们都把《文选》当作教科书来学习，这表明唐人很重视学习《文选》，而且研究《文选》在唐代成了专门的学问。再如《明史·艺文志》经部创立"四书类"，可见明代"四书"地位之提升，与"五经"并列，成为帝王经世的教典，科举考试的教科书；子部将名、墨、法、纵横等诸子百家著作附入"杂家类"，可见明代名、墨、法、纵横几家之学不被时人重视，著作稀少，难以为继，而将其附于"杂家"或亦有视其为"杂学"之意；集部总集类收入制举类著作，可见当时编印科举考试用书之流行。

(二) 折衷六艺，宣明大道

我们前面说史志目录重在"辨章学术，考镜源流"，但这并不是最终目的。章学诚在《校雠通义·原道》云："著录部次，辨章流别，将以折衷六艺，宣明大道。"①班固正是因为有感于"仲尼没而微言绝，七十子丧而大义乖"，造成"群言纷乱"，才"爰著目录，略述洪烈"而作"艺文志"的。正如我国古代的史书，最终还是落脚在"资治赞化"一样；史志目录作为史书中一部分，同样也离不开这个宗旨。这个我们从"艺文"、"经籍"的命名上就可以看出来。

先看"艺文"，顾实《汉书艺文志讲疏》释之曰：

---

① 章学诚著、叶瑛校注：《文史通义校注》，中华书局1985年版，第952页。

艺，六艺也。孔子曰："六艺之于治，一也。"司马迁曰："中国言六艺者，折中于夫子。"贾谊曰："《诗》、《书》、《易》、《春秋》、《礼》、《乐》六者之术，谓之六艺。"郑玄作《六艺论》。文，文学也。《论语》曰："文学，子游、子夏。"秦李斯请悉烧文学、《诗》、《书》、百家语。故艺文者，兼赅六艺百家之名也。①

刘咸炘在《汉书知意》中的解释更为直接：

群书皆文，而以六艺为宗，故名艺文。②

从这些解释中，我们可以看出"艺"为六艺，即六经也，《汉书·艺文志》归为"六艺略"，还包括《论语》、《孝经》、小学之属；置之于诸类之首，则明治道之所由出，并示尊崇也。"文"，则为群书典籍之泛称，如《论语》"博学于文"、"文献不足征"之"文"。"艺文"则明六艺为学术之宗，其他群书（史书、子书与集部之书）当折衷于六艺。正所谓"六经皆先王之政典也"（《文史通义·易教上》），而"阴阳、儒、墨、名、法、道德，此务为治者也"（《史记·太史公自序》）、"百家殊业，而皆务于治"（《淮南子·泛论训》）。由此可知，"资治赞化"是"辨章学术"之目的。

至于"经籍"，有广义与狭义之分。从广义（即其所记载）来看，"经"为经部之书，以六经为主体，与"艺文"之"艺"同，亦有"经天纬地"、"经常之道"之意；"籍"则泛指群书典籍，而又以"经"为宗。"经籍"与"艺文"的内涵基本相同，都是指儒家经典以及群书典籍，并强调儒家经典在政治、文化以及道德层面的重大意义与宗主地位。清儒周中孚云："若艺文即经籍之异称。《旧唐志》称经籍，《新唐》改为艺文；

---

① 王承略、刘心明主编：《二十五史艺文经籍志考补萃编》第四卷，清华大学出版社2011年版，第11页。
② 黄曙辉编校：《刘咸炘学术论集·史学篇》，广西师范大学出版社2007年版，第194页。

《通志略》称艺文，《通考》改为经籍；《宋史》仍复为艺文，至皇朝敕撰《明史》亦不改。"①

就狭义来看，"经籍"则特指经部典籍。如《隋书·经籍志序》云：

> 夫经籍也者，机神之妙旨，圣哲之能事，所以经天地，纬阴阳，正纪纲，弘道德，显仁足以利物，藏用足以独善，学之者将殖焉，不学者将落焉。……其王者之所以树风声，流显号，美教化，移风俗，何莫由乎斯道？……其教有适，其用无穷。实仁义之陶钧，诚道德之橐籥也。其为用大矣，随时之义深矣，言无得而称焉。②

又云：

> 虽未能研几探赜，穷极幽隐，庶乎弘道设教，可以无遗阙焉。夫仁义礼智，所以治国也；方技数术，所以治身也。诸子为经籍之鼓吹，文章乃政化之黼黻，皆为治之具也。③

从《隋书·经籍志序》的"经籍"来看，皆特指经部典籍，故有"经天地"、"纬阴阳"、"正纪纲"、"弘道德"等语；其他书籍不过经部典籍之辅助，故云"诸子为经籍之鼓吹，文章乃政化之黼黻"。群书典籍虽有经、史、子、集之分，但都是为了"弘道设教"，"皆为治之具"。其"辨章学术"的目的，还是为了"宣明大道"。

总之，史志目录不是单纯为了记载图书名目而作，而是为了"辨章学术，考镜源流"，进而"即类求书，因书究学"，再进而"折衷六艺，

---

① 周中孚：《郑堂札记》，商务印书馆 1937 年版，第 1 页。
② 王承略、刘心明主编：《二十五史艺文经籍志考补萃编》第十三卷，清华大学出版社 2013 年版，第 3 页。
③ 王承略、刘心明主编：《二十五史艺文经籍志考补萃编》第十三卷，清华大学出版社 2013 年版，第 5 页。

宣明大道"，由此亦可见古代圣贤以学术指导政治之构想。

(三)全面系统，颇资考证

我国古代的藏书是以官藏为主，余嘉锡在《古书通例》中说："盖一代之兴，必有访书之诏，求书之使。天下之书既集，然后命官校雠，撰为目录。修史者据为要删，移写人志，故最为完备，非藏书家之书目所可同年而语。"①从来源上看，史志目录是以官修目录为蓝本(有些还不止依据一部官修目录，且往往有新的补充)间亦参考私家目录而修撰成的。因此，所收录的图书数目不仅超过私家目录，也超过同时期的官修目录。比如，《汉书·艺文志》是依据《七略》而修成的，但班固又增补了刘向、扬雄、杜林三家五十篇。《隋书·经籍志》是依据《隋大业正御书目录》和《七录》而修成的，四部通计亡书 4191 部(据姚振宗考证实有 4757 部)，49467 卷，再加上附录的佛、道之书 2329 部，7414 卷，其数量不仅超过了《隋大业正御书目录》，也超过了魏晋南北朝任何一部官、私目录。《旧唐书·经籍志》之于《古今书录》，《新唐书·艺文志》之于《开元四部书目录》，《宋史·艺文志》之于《崇文总目》、《中兴馆阁书目》、《中兴馆阁续书目》等，皆莫不如是。

但史志目录有其体例，对官、私修目录也不是生搬硬抄，而是作了符合史体的改造。与官修目录和私家目录相较而言，史志目录是作为史书的一个组成部分，正如姚名达《中国目录学史》所云："附丽于史籍以行，盖所谓史志也。"②所以它更强调"史"的特质，凡在所收录时期内的著述，无论存、佚，都在著录之列，因此能相对比较全面，能反映某一时期收藏或著述的情况，以及书籍的嬗变存佚等情况，具有重要的作用。且以往的公、私目录大多亡佚，惟史志目录附史而存，今人得观历代图书之大概，则多赖史志目录之保存。

---

① 刘梦溪主编：《中国现代学术经典·余嘉锡卷》，河北教育出版社 1996 年版，第 159 页。

② 姚名达：《中国目录学史》，上海古籍出版社 2002 年版，第 168 页。

再者，史志目录有其体例，虽在图书分类与归属上小有出入，然前修后续，拾遗补缺，具有较强的连续性。因此，利用史志目录，可以考察典籍在后世的流传情况，以及学术发展的源流，并反映某个时代的学术文化风貌，对古书的考辨以及古代学术的研究很有帮助。比如，想要了解一个时期的学术及其发展状况，最有效可行的办法就是把某一时期的作品汇集起来，进行整体的考察（即分门别类，又联系会通）；重要的人物及其作品，还要参照前、后，观其源流，即知其所承，又识其影响。又如在古书的辨伪方面，明人胡应麟在《四部正讹》中云："凡核伪书之道：核之《七略》以观其源，核之群《志》以观其绪，核之并世之言以观其称，核之异世之言以观其述，核之文以观其体，核之事以观其时，核之撰者以观其托，核之传者以观其人。核兹八者，而古今赝籍亡隐情矣。"① 余嘉锡在《目录学发微》中将目录学的功用概括如下："一曰以目录著录之有无，断书之真伪"；"二曰用目录考古书之分合"；"三曰以目录书著录之部次，定古书之性质"；"四曰因目录访求阙佚"；"五曰以目录考亡佚之书"；"六曰以目录书所载姓名、卷数，考古书之真伪"。② 这些功用于史志目录更是完全具备，且全面系统。

三、史志目录的魏巍丰碑

正因为史志目录全面系统，且对古书考辨与学术研究有重要作用，因此不少学者都希望能将二十五史中的艺文志、经籍志及其补编、考证之作汇编在一起，以便考察、利用。来新夏先生在《古典目录学》一书中公开呼吁："如果我们把正史艺文志和经籍志，加上各种补志，再加上金建德的《司马迁所见书考》的《叙论》和《清史稿·艺文志》进行整理汇编，那就构成了我国自古以来一部比较完整而正规的图书总目了。由

---

① 胡应麟：《少室山房笔丛》，上海书店 2009 年版，第 322 页。

② 刘梦溪主编：《中国现代学术经典·余嘉锡卷》，河北教育出版社 1996 年版，第 21~23 页。

于各时代的国家目录多已亡佚，因而这一套较为完整的史志目录便成为了解历代著述、藏书情况的重要依据了。"①乔好勤先生也在《中国目录学史》中指出："如果把原有的正史艺文志和后来的补撰连贯起来，就成了从上古到清初的中国古籍的总目。"②其实，汇编二十五史中原有的史志目录以及后人的考补之作，自清代开始，就陆续有人在做。较为熟知的有日本文政八年（1825）日本学者编刻的《八史经籍志》，收书 10种；清陈善《历代史志书目辑录》九十三卷，惜今已不传；清姚振宗于光绪年间撰《快阁师石山房丛书》，收书 7 种；民国二十一年（1932）洪业领编《艺文志二十种综合引得》；民国二十三年（1934）杨家骆编《历代经籍志》，收书 17 种；民国二十五年（1936）上海开明书店出版《二十五史补编》，收书 31 种；之后又有上海大光书局铅印本《中国历代艺文志》，收书 10 种；1955—1959 年商务印书馆陆续出版的《十史艺文经籍志》，收书 25 种；2009 年国家图书馆影印出版的《历代史志书目丛刊》，收书 73 种。

譬如积薪，后来居上。最近，由王承略、刘心明两位教授主编的《二十五史艺文经籍志考补萃编》（以下简称《萃编》）收史志目录 84 种，由清华大学出版社 2011—2014 年陆续出版，是目前收录最为齐全的史志目录丛书。与此前的汇编之作相比，《萃编》收书全面，校勘精良，编排合理，体例完善，又改竖排为横排，采用新式标点，不仅便于今人阅读、利用、惠及学林，更有"摸清学术家底，传承中华文化"之功。一经问世，洛阳纸贵，学界更是好评如潮，有口皆碑，如张云先生认为是"史志目录最大规模的编纂与整理"，李兵认为是"史志目录整理与研究的里程碑"，邱进友认为是"我国古代史志目录集成之作"，著名文献学家徐有富先生更推此套丛书"集史志目录之大成"，诸如此类，不胜枚举。我们认为，此套丛书必将衣被学林，泽被后世，可谓是史志目录的巍巍丰碑，对了解我国历代著述、藏书情况以及古代学术研究意义重

---

① 来新夏：《古典目录学》，中华书局 1991 年版，第 32 页。
② 乔好勤：《中国目录学史》，武汉大学出版社 1992 年版，第 77~78 页。

大。《萃编》为相关研究提供了最优质的学术资源。下面还是以我们自身的研究经历来个现身说法吧。我们主攻官修目录(尤其以《四库提要》为重中之重),兼顾史志目录与私家目录。我们前些年搞了一个"地下工程"——《汉志通考》,先从《诸子略》做起。在撰写《汉志诸子略通考》书稿的过程中,饱尝大海捞针之苦,深感资料搜集之不易。刚好去年在完成初稿不久,我们欣喜地收到了此套大书,随即参考利用,应该说它为我们进一步修改完善书稿提供了莫大的便利。今后我们在完成《汉志通考》的剩余部分时,特别是在做《四库提要文献通考》时,自然就会少走弯路,直接而充分地吸收利用此套《萃编》中的宝贵资料。"千金之珠,必在九重之渊。"相信从事古代文史研究的同行都会从此宝库中获取丰厚的资料,各取所需,有如探囊取物,有得珠之乐而无探骊之苦。由此而论,《萃编》将大大促进相关领域的研究进程。《萃编》取得的成就已是有目共睹,有口皆碑。比起那些成天顾影自怜、自我膨胀且拼命炒作、不断"露峥嵘"的"明星学者"与空头大亨,王承略团队无疑要高大上得多,因为他们是一支敢打硬仗的队伍,是一批真正的实干家,是当今学界真正的吕梁。王承略教授天赋甚高,少年时代即考入武汉大学,就读于图书馆学系,在目录学、文献学方面深植灵根。本科毕业之后,在曹之先生的大力举荐之下,有幸成为著名目录学家王绍曾先生的衣钵传人,完成了硕士学位论文《论清季目录学家姚振宗》,同时萌发了整理史志目录的"战略构想"。毕业留校之后,他襄助王先生作了大量的研究工作,磨砺了心性与学问。后来他又师从著名诗经学专家董治安先生,攻治《诗经》,成就斐然。继而拓展到史学领域,对《后汉书》等重要典籍进行集解。近年又与著名学者郑杰文教授一道主持国家重大项目《子海》。三十年来,他游弋四部,为学多变,每转益进,学与时进。我们殷切期待他在史志目录的整理与研究方面不断取得新的突破,在传统学术研究方面取得更加辉煌的战果。王承略教授在电话中告知,他们再接再厉,不久又将推出《二十五史艺文经籍志考补续编》,将更加精密,值得期待。

最后需要补充的是,由于史体尚简,故史志目录一般不载提要、版本、题跋等，惟重在体现学术源流而已，故而在图书方面只能给我们提供一个基本的、初步的线索。若想进一步了解书的提要、版本等，还得需要求助于《郡斋读书志》《直斋书录解题》《四库全书总目》《郑堂读书记》之类带解题的目录和《读书敏求记》《增订四库简明目录标注》《书目答问补正》《贩书偶记》之类记版本的目录。此外，还有《爱日精庐藏书志》《藏园群书经眼录》之类兼记题跋的目录。总之，史志目录比较综合、全面，是查考古籍文献、了解历代著述情况的主要依据，其他目录则各擅胜场，皆能从某一方面弥补史志目录的不足。

中国近三百年学术史研究的新路径
——吴根友《戴震、乾嘉学术与中国文化》评介

一

"中国近三百年学术史"是中国学术史中的一个特殊指称，特指从明末清初至清末民初的这近三百年学术史。这主要是由于民国时期梁启超、钱穆二人先后著有同名的《中国近三百年学术史》，二书各自从不同的角度展开对这段学术史的研究，影响深远，都成了清代学术研究的经典著作。尽管"中国近三百年学术史"的上下限迄今还存在分歧，但几乎成为清代学术史的代名词。而学界在对这段学术史的研究之中，又以对"乾嘉学术"的研究为核心。中国台湾知名学者林庆彰先生曾主编《乾嘉学术研究论著目录（1900—1993）》（"中央研究院"中国文哲研究所筹备处1995年版）一书，从中可以鸟瞰20世纪乾嘉学术研究的大致情况。

近百年来，学界在对这段学术史的研究方面，新的研究成果不断涌现。首先，从思想史的角度出发，代表性的观点主要有下列四种①：

（1）"道学反动说"。梁启超在《清代学术概论》（1920）、《中国近三百年学术史》（1925）中明确将1623年至1923年这三百年作为一个特殊的思想史单位，将其本质概括为"道学的反动时期"。梁启超认为，清代学术的基本精神在于"以复古为解放"。而复古又分为四个步骤：首先复宋之古，使人从阳明心学中解放出来；其次复汉唐之古，使人从程

---

① 吴根友、孙邦金等：《戴震、乾嘉学术与中国文化》，福建教育出版社2015年版，第1~154页。

朱理学中解放出来；再次复西汉之古，使人从许、郑家法中解放出来；最后复先秦之古，使人从一切传注中解放出来。而这种"复古"之所以能起到解放的效果，则是根源于清代学术中的科学研究精神。梁启超特别重视清代的这种研究方法与科学精神，因此他又将以戴震为代表的皖派学术看作是清代学术的真精神之所在。

（2）"哲学启蒙说"。侯外庐对于戴震与乾嘉学术的研究，是与他对中国"早期启蒙思潮"的整体思想认识紧密结合在一起的。针对梁启超、胡适二人肯定"乾嘉汉学"的方法中有科学精神的观点，侯氏提出"乾嘉汉学"只有读书的一定的逻辑要素，并不代表科学方法。针对乾嘉汉学的学术内容而言，侯氏也是批评多于肯定。他不认为戴震的"由词通道"和通过古代典章制度的研究就能把握社会规律，而且他认为这种对古代典章制度的研究甚至连历史学也不是。继此之后，萧萐父有关明清之际早期启蒙思想与乾嘉学术特征的看法，在思想原则上基本与侯外庐的思想观点相同，但在语气上少了一些政治批判的味道，增加了学术分析与批判的成分。特别是他与弟子许苏民合撰的《明清启蒙学术流变》（辽宁教育出版社1995年版）一书围绕"个性解放的新道德"、"批判君主专制的初步民主思想"、"科学精神"三大主题把明清学术的发展划分为三个阶段，认为从明代嘉靖至崇祯，具有西方文艺复兴时期"人的重新发现"与"世界的重新发现"的特征；从南明弘光、永历到清康熙、雍正，提出了批判君主专制的民主要求；而从清乾隆到道光二十年，中心是学术独立和学术研究中的知性精神的发展。三个阶段前后递继，渐次递进，构成此期思想发展的主要脉络，是对"哲学启蒙说"的微观考史之有力佐证。

（3）"内在理路说"。钱穆的历史学进路更偏重于学术史，兼顾思想史；而余英时的历史学进路更偏重于思想史，兼顾学术史。钱穆站在传统文化本位的立场上拒绝使用现代性的观念解释明清之际的新思想观念。余英时因为长期深入西方现代学术的核心，故能在比较思想文化的宏观视野下，触及明清学术思想中的现代性问题，但他似乎刻意地要恪守家法，不去讨论明清学术中的现代性思想萌芽的问题。余英时针对马

克思主义学者从社会政治、经济变动的视角论明清学术、思想变化的
"外缘"路径，特地提出了"内在理路说"。余英时《论戴震与章学诚》一
书认为，戴震与章学诚是清代学术史与思想史上两大高峰，他们的出
现，在他看来代表了清代儒家智识主义的兴起，是儒家学术思想由"尊
德性"向"道问学"这一学术转向的表征与逻辑结果。他进而认为，清代
考据学的兴起，仅仅从外在原因诸如满族入主中原等方面来考察，并不
能完全把握到其真正原因。学术思想的发展变化，还应有其自身的"内
在理路"。"内在理路说"曾经"引无数英雄竞折腰"，但它把错综复杂的
历史现象简单化，把辩证发展的历史过程形式化，又未免失之于简。

(4)"理学余绪说"。熊十力、冯友兰等现代新儒家基本上将明清哲
学看作宋明理学的余绪。现代新儒家均以宋明新儒学的道德形上学作为
思想或学术的标准来衡量后来思想者的思想与学术成就。凡是远离宋明
新儒学思想传统及其思维方式的成就，他们给予的评价都不高。这一共
同的学术立场是现代新儒家研究范式的一个特点，它与以现代性为宏大
叙事框架来考评明清时期新思想价值的梁启超—胡适，侯外庐—萧萐父
等人的范式形成鲜明对照，甚至与钱穆—余英时的史学进路也有很大
不同。

平心而论，《戴震、乾嘉学术与中国文化》(福建教育出版社 2015
年版)一书在归纳总结前人的成就与不足方面下了很大的功夫，重点分
析了上述四种范式的成败得失，盘查家底，清理场地，为深入研究清代
学术打下了坚实的基础。从学术渊源上来看，该书不是无本之木、无源
之水，而是接过"哲学启蒙说"的接力棒而进行的一场学术接力赛。这
是一种真正意义上的"接着说"。

其次，从学术史的角度出发，代表性的人物与著作主要有：

张舜徽先生在清代学术史研究方面用力甚深，撰写了《清代扬州学
记》、《顾亭林学记》、《清人文集别录》、《清人笔记条辨》等系列著作，
已经有学者对于他在清代学术史方面的贡献作了专题研究，靠实立论，
大致可信。

杨向奎先生《清儒学案新编》(全八卷，齐鲁书社 1985—1994 年版)

功力深厚，胜义纷呈，是一部 20 世纪后期屈指可数的不朽之作。如果说张舜徽先生"国学大师"的桂冠是由其众多的门人弟子追认的，那么杨向奎先生以其卓越的学术贡献，生前就完全无愧于"国学大师"这一崇高的称号。

陈祖武先生主持撰写了《乾嘉学派研究》（河北人民出版社 2005 年版）与《乾嘉学术编年》（河北人民出版社 2005 年版）。《乾嘉学派研究》力主在乾嘉学派这一大的学派之下并无小的派别，甚至对吴、皖二分也予以否认，可谓别具只眼。

王俊义先生对陈祖武先生的研究稍持异议，他的代表作《清代学术探研录》（中国社会科学出版社 2002 年版）对于清代学术史也提出了很多独到见解。尤其值得称道的是，俊义先生是一位极为难得的当代伯乐，他以满腔的热情扶持了大批的学术人才。

北京师范大学历史系英年早逝的罗炳良教授从史学史的角度出发对乾嘉学术进行了独特的探索，《18 世纪中国史学的理论成就》（北京师范大学出版社 2000 年版）认为 18 世纪中国史学存在两大趋势，即考据的发展趋势与理论的发展趋势，《清代乾嘉史学的理论与方法论》（兰州大学出版社 2004 年版）与《清代乾嘉历史考证学研究》（北京图书馆出版社 2007 年版）等书对于清代学术史也颇有贡献。

漆永祥《乾嘉考据学研究》（中国社会科学出版社 1998 年版）在吴、皖之外分出"钱派"（即钱大昕家学派）；他对吴派学术的整理与研究用力较深，业已推出多种专书。

司马朝军从四库学与文献学的角度对乾嘉学术进行了新的探讨，《四库全书总目研究》（社会科学文献出版社 2004 年版）与《四库全书总目编纂考》（武汉大学出版社 2005 年版）等书在梳理文献的基础上提出了大量的新观点，首次"杜撰"了"四库馆派"（即"四库全书派"）的新概念，提出了乾嘉学派民间与皇家二分的新思路。

徐道彬《戴震考据学研究》（安徽大学出版社 2007 年版）、《皖派学术与传承》（黄山书社 2012 年版）对皖派展开了新的探索，笔者曾经撰文评介（见《徽学》第八辑）。

此外，王达敏《姚鼐与乾嘉学派》（学苑出版社 2007 年版）、刘奕《乾嘉经学家文学思想研究》（上海古籍出版社 2012 年版）、陈居渊《汉学更新运动研究——清代学术新论》（凤凰出版社 2013 年版）等也是近年有关清代学术史研究的专精之作。至于各种对乾嘉学术中专人、专书的个案研究更是层出不穷，不胜枚举。我们偏重于学术史，兼顾思想史；而根友教授更偏重于思想史，兼顾学术史，他虽然对有关清代学术史的论著多所关注，但在做综述时基本上将这一块淡化处理了。因为学术史的著作难以归纳出范式，容易堆砌材料，既费力又不讨好。但从书后的参考文献来看，我们不难判断，根友教授并没有回避上述学术史著作，甚至他的学术视野远比一般的专而又专的学术史专家要宽广得多。

职是之故，在众多的乾嘉学术研究成果之中，根友教授主撰的《戴震、乾嘉学术与中国文化》一书能够脱颖而出，成为这一专业领域涌现出来的一匹黑马，绝非偶然。该书以其宽广的视野与深厚的功力，对以戴震为代表的乾嘉学术展开了比较全面、系统的探讨，是一部极具学术创新意义的厚重之作，为我们重新认识中国近三百年学术史提供了新的路径。我们不厌其烦地追溯已有研究范式与代表性研究成果，正是为了确定参照系，便于从学术史的角度判断《戴震、乾嘉学术与中国文化》一书的学术价值与创新程度，同时也尽量为了彰显学术批评的深度与广度。

二

吴根友教授主撰的《戴震、乾嘉学术与中国文化》一书在中西哲学比较的宏大视野下，立足中国自身学术传统，吸纳近现代哲学观念，为中国近三百年学术史的研究开出了一条新的路径。这主要体现在以下三个方面：

第一，在视阈上学思融合。

所谓"学思融合"，就是在研究视阈上打通学术史与思想史。学术史与思想史在很长时间内井水不犯河水，甚或被视为水火不容，各说各话。该书首次做到了"视阈融合",从根本上扭转了这一局面,且立足于中国哲学史的整体视野,首次将乾嘉学术的学术特征界定为"18世纪中国哲学的语言学转向",并指出其内涵为:"借助广义语言学中的字、词、句法的训诂与分析等手段,来对此前的宋明传统的思辨哲学进行批判,力求恢复对古代经典原初意义的准确解释。"①这一论点是在继承侯外庐、萧萐父为代表的"早期启蒙说"的基础上,通过对乾嘉考据学中思想性成就的深入考察而得出的。这与梁启超的"道学反动说"、余英时的"内在理路说"以及现代新儒家否定乾嘉学术的思想性等研究范式均有很大不同。该书在肯定乾嘉学术的考据学成就的同时,也肯定了这种通过语言学手段来研究哲学义理的方法论,探究了考据学的思想史意义,赞扬了以戴震为代表的乾嘉学术在人道主义思想方面的贡献,挑战了"乾嘉时代无哲学"的成见,凸显了乾嘉哲学"语言学转向"的整体特征。

该书将乾嘉学术的哲学形上学的形态概括为"道本论",这是清代"新义理学"区别于宋明理学中"气本论"、"理本论"、"心本论"三派思想体系的显著特征。该书抛开哲学界普遍以宋儒的道德形上学为唯一哲学思想形式的"成见",从中国传统学术内部固有概念与观念出发,深入探究乾嘉考据学中的思想及其思想方式,发掘了包裹在考据学的形式之中的新义理,提出了乾嘉学术哲学形上学的"道本论"追求,具体考察了戴震、章学诚、钱大昕、凌廷堪、焦循、阮元等学者的"道论"思想,认为乾嘉时代"道论"思想注重凸显"实体实事"和人伦日用法则之"道",虽然在形式上有回归先秦《易传》道论思想传统的表象,但在具体内容上却有其独特的时代特征,这就是以"气化流行,生生不息"的"天道"为追求合理情、欲之满足的感性生活提供哲学的形上学根据。

该书又将乾嘉学术的研究方法概括为"人文实证主义",其基本涵义是"通过文字、训诂、制度、名物的考订的广义语言学方法追求经典

---

① 吴根友、孙邦金等:《戴震、乾嘉学术与中国文化》,福建教育出版社2015年版,第506页。

解释过程中的客观性"①，18 世纪中国哲学的语言学转向正是要通过
"人文实证主义"的方法来重新解释先秦儒家经典中的形上学问题，从
而反对宋明理学家对先秦儒家经典的种种"误解"。用戴震的话说就是
"由字以通其词，由词以通其道"，通过训诂考据的方式寻求经典之中
的义理，这就是乾嘉学术中哲学形上学"训诂明而后义理明"的语言学
解释学范式。但该书同时还指出，戴震的这种经典诠释方式，虽然从表
现上看强调以"无我"的客观态度追求经典原义，但是戴震并没有放弃
以"有我"的理性思辨精神加以综合条贯，并最终实现主客观的视域的
融合、主客体的有机统一。这也正是戴震哲学思想之所以能够高出同时
代其他学者的原因。可见，追求经典原义并不是"人文实证主义"方法
的最终目的，对于戴震这样的一流考据学家来说，通过人文实证的考据
方式探求经典原义，其目的仍是阐发其个人具有近代人道主义气质的新
人文理想。

该书还将乾嘉学术的成就概括为"古典人文知识的增长"。该书从
"泛化的哲学史观"出发，提出"古典人文知识"的概念，将乾嘉学术中
的经史考据、文字音韵训诂等语文学研究成果纳入其中，在新的视角下
考察乾嘉学术的当代社会价值，认为乾嘉学者细部工作的意义虽不宏
大，但作为一种人文知识的积累，经过知识群体的分工协作，仍能有所
贡献，在扩展了乾嘉时代的知识视野的同时，还为现代学术分科的新知
识系统提供了学科基础。乾嘉学术的这些古典人文知识的增长，为清末
民初中国传统学问(知识)体系迎接西方学问(知识)体系，提供了更为
适宜的文化土壤。该书认为以戴震为代表的乾嘉学术，在继承晚明以来
新人文精神的思想基础上，以考据学的方式表达了中国传统学术、思想
近代化的诉求，代表了中国学术、思想发展的新方向。

该书从以上四个层面对乾嘉学术的研究，都是具有创新意义的。此
外，书中还对一些具体问题提出了新看法，如对戴震与惠栋关系的考

① 吴根友、孙邦金等：《戴震、乾嘉学术与中国文化》，福建教育出版社
2015 年版，第 341 页。

辨，否定了钱穆提出的"戴震于扬州见惠栋以后，学术、思想为一变"的说法，认为以戴震为代表的皖派学术并未受到以惠栋为代表的吴派学术的影响。在讨论中国传统典籍与学问（知识）的分类体系时，认为中国传统学问或知识系统的基本精神是"以治道为中心"，来安排各种学问门类与知识体系。发人所未发，可谓入微之论。

第二，在方法上中西结合。

该书在研究乾嘉学术时，能够采用新的研究方法，是该书能够为中国近三百年学术史研究提供新路径的原因所在。这主要体现在以下两个方面：

首先，该书能够立足于中国哲学的发展历史，采取"泛化的哲学史观"，将哲学视作一种对真实状态的追求，认为乾嘉时代的考据学是一种新的哲学形态，并将乾嘉考据学作为中国哲学史中的一个阶段来考察，也就是所谓的"中国哲学的语言学转向"。这一方法论上的创新，使该书既不同于传统的单纯从考据学成就来探讨乾嘉学术的著作，也有别于以"道德形上学"的义理哲学来审视乾嘉学术义理学成就的著作，而是立足于乾嘉学术自身的思想、学术特色，从人类对真实状态的追求的认知哲学角度，重新发掘乾嘉学者考据成果中的哲学思想，考察乾嘉学术体现的"道论"思想与语言哲学，为我们深入了解乾嘉时期哲学成就提供了新思路，也为此后的乾嘉学术研究开辟了新的道路。

其次，该书能够立足于世界历史与世界哲学的宏大视野，采取"中西比较哲学"的方法，借鉴西方学术概念，重新审视乾嘉学术的实质。如该书在借鉴20世纪初西方哲学的"语言转向"的基础上，将乾嘉学术定位为"18世纪中国哲学的语言学转向"；借鉴现代西方实证主义哲学的观点，将乾嘉学术中的经史考据方法称为"人文实证主义"的方法；还从西方知识论的角度，将乾嘉学术中的语文学研究成果等看作一种"古典人文知识"，将乾嘉学术在这方面的成就界定为"古典人文知识的增长"。

可以说，该书之所以能够在论点上多有创获，就是因为其在研究方法上的创新。假如没有这种既立足自身学术发展历史，又借鉴西方学术成果的研究方法，取得如此辉煌的研究成果是不可想象的。

第三，在结构上回环往复。

该书篇幅较大，分上、中、下三册，共有六编、三十六章。第一编为"20世纪明清学术、思想研究的历史反思"，第二编为"戴震、皖派汉学与古典人文知识的增长"，第三编为"乾嘉时代的史学研究与知识分类问题的探究"，第四编为"学派、问题意识及其相互关系与历史转折"，第五编为"戴震、乾嘉学术与中国近代诸人文学科之关系"，第六编为"比较文化事业下的乾嘉学术及其历史定位"。

第一编是对整个20世纪明清学术、思想研究的回顾与反思，将这一时期的研究从总体上分为梁启超—胡适、钱穆—余英时、侯外庐—萧萐父以及现代新儒家四种研究范式，分析其研究成果的利弊得失；并对除此之外的1950年后中国港台其他学者、日美汉学界学者、近百年来其他学者在明清学术、思想方面的成果也进行了评述。可以说，该编对明清学术思想的研究回顾与综述虽然并非穷尽性的，但已经相当系统与全面，其中对各种研究范式以及研究成果的反思也为该书的研究指明了方向——"21世纪的明清学术、思想研究，应当继承并消化侯—萧一系的研究成果，领会其方法与精神，在世界历史与中国历史自身特点二重视角交互作用的视野下，推进并深化明清学术、思想的研究。"①

第二编至第五编是全书的主体部分，主要从"以戴震为代表的皖派汉学的'道论'思想和语言哲学"、"乾嘉学术的经史研究"、"皖派与吴派、扬州学派关系及学术争论"以及"戴震、乾嘉学术对中国近代人文学科的影响"四个方面展开论述。其中第二编对"以戴震为代表的皖派汉学的'道论'思想和语言哲学"的研究最能代表该书的观点与成就，也是全书最为核心的部分。第三、四两编则进一步对"惠栋吴派"、"钱、王、赵史学考证"、"章学诚历史文化哲学"、"《四库全书总目》的知识分类"、"崔述疑古思想"以及乾嘉时期学派之间的关系、学者之间的争

———————

① 吴根友、孙邦金等：《戴震、乾嘉学术与中国文化》，福建教育出版社2015年版，第105页。

论等方面的问题展开论述，进一步深化了对"乾嘉学术"的整体认识。可以说，第二编、第三编、第四编从整体上很好地展示了以戴震为核心的乾嘉学术的状况。第五编是讨论乾嘉学术对中国学术文化的影响，从思想精神、学术方法、现代人文学知识积累与近代人文社会科学诸学科形成的多重角度，揭示了现代中国人文学术分科的民族性特色。虽然该编的研究还有较大的发展空间，但其关于乾嘉学术对章太炎、王国维等人学术影响的研究，已经较好地反映了乾嘉学术对中国近代学术的影响。

第六编可以视作全书的结语部分，这部分主要在中西思想文化比较的视野下，探讨了"乾嘉学术"的精神、创新与局限以及历史定位。在乾嘉学术与欧洲启蒙思想的对比中，肯定了乾嘉学术在反抗伦理异化、追求道德解放等方面的贡献；在对乾嘉学术的局限性进行深刻反思的同时，也肯定了乾嘉学术中"实事求是"的科学精神、"崇尚学术"的求真精神以及关怀下层、批评现实的人文主义理想。并在此基础上提出，从"世界历史"与"比较现代化"理论的双重视角来考察乾嘉学术与中国现代文化的关系，是21世纪明清学术、思想研究之中必需的视角与途径，这对学界未来在清代学术、思想研究的方向与路径方面具有指导意义。作为全书的结语，本编不仅从理论上对乾嘉学术的研究做了细致深入的思考，揭示了乾嘉学术与近现代中国学术文化的深层关系，而且在此基础之上，为清代思想文化研究指明了新的方向，同时也为"中国近三百年学术史"的研究提供了新的路径。

从以上对该书篇章结构内容的大致分析来看，面对如此庞大的篇幅，作者在对全书的安排上仍做到了结构严谨，布局得当，体现了作者在布局上高超的结构能力。一般著作的结构采用章节体，多为三级或四级结构，而本书则多出一级，章上面还有编，每编之间，回环往复，好像围绕着清代学术这一主峰修筑了一条盘山公路，将我们一步步引向深处与高处。

古人诗云："曲弹白雪阳春调，调有高山流水声。"细读此书，顿起高山流水之叹。可以说，该书并非一般意义上的、在知识层面对乾嘉学术的进一步深化研究，而是在继承萧萐父先生"早期启蒙说"的基础上，从理论层面对乾嘉学术进行整体性反思之后，对乾嘉学术从哲学思想层面所作的全面深入的研究，极具学理之创新意义。作者大胆地从新的角度、以新的方式阐述了中国传统文化向近现代转化的内在理路，这是一条值得充分肯定的新路径。

三

吴根友教授经常打比方说，学术研究好比带兵打仗，我们决不能步北洋水师的后尘，平时玩花拳绣腿，华而不实，关键时刻不堪一击，全军覆灭。近年他尽管行政、科研双肩挑，但他"从容不迫地在学术与行政之间穿行"，闭门著述，十年磨一剑，"为伊消得人憔悴"，"优游涵泳于学术与思想的天地之中"，终于打造出了一艘"清学号"航空母舰，令人惊佩不已！

当然，该书篇幅庞大，是一部120多万字的皇皇巨著，在具体内容上难免会有一些瑕疵。这主要体现在两个方面：第一，对乾嘉学术的溯源性研究略显不足。虽然该书中部分章节对乾嘉学术作了一定的溯源性研究，如第三编第一章"全祖望的经史研究与乾嘉学术的关系"，但对清代初期其他学者与乾嘉学术的关系则论述不多，对中国近三百年学术史"中心人物"顾炎武（亭林通常被称为清学的不祧之祖、开山祖师）与乾嘉学术的关系没有设立专章，对黄宗羲、王夫之等人与乾嘉学派哲学思想渊源问题的讨论也只是点到为止，未能作更为细致的探讨。第二，对乾嘉学术的传承研究略有偏颇之处。在讨论乾嘉学术对中国近代学术的影响时，未能对作为清代学术殿军的黄侃、杨树达、陈垣等"中心人物"与乾嘉学术的关系进行专章探讨。黄侃等人才是真正继承乾嘉学术精神和方法的正统派，在书中却没有提供一席之地；反而为顾颉刚、傅斯年等背离乾嘉学术精神的反动派设立专章，难免启人疑窦。书中还将王力的学术成就纳入其中，并做了专题论述，但事实上王力只不过擅长搭架子，其学术思想并无太多创新，根本谈不上博大精深，且与乾嘉学派相去甚远，王力一再表明他与崇尚乾嘉学术的旧派人物（如章太炎、黄侃等人）井水不犯河水。

当然，相对于全书对乾嘉学术系统、全面、深刻的研究与反思，以及它开启的中国近三百年学术史研究的新路径而言，上述这些具体内容方面的缺失不过是白璧微瑕而已。此外，我们在反复阅读该书的过程中也产生了一点新的思考，例如，"18世纪中国哲学的语言学转向"到底是向上一路还是向下一路？"古典人文知识的增长"是否跳出了"为学日益，为道日损"的怪圈？在学术史、思想史的书写中，中心人物与边缘人物如何分配权重？在对学者成就的评价上，学术评价的细则如何确立？学术评价体系如何确定？清代学术是否存在"学术共同体"？为何清代学派远比明代为少？中国学术史的学科体系如何完善与更新？诸如此类，都是需要进一步思考的问题。

附录　文章发表出处

1.《戊子四库文化宣言》，2008 年在北京大学的演讲辞，《第三届余志明四库全书奖会议论文集》。

2.《四库学研究的战略思考》，《中文古籍整理与版本目录学国际学术研讨会论文集》，广西师范大学出版社，2013 年。

3.《岳麓书院明伦堂讲会第 205 期演讲辞》，《华中国学》2018 年春季号。

4.《"文献"：从传统到现代的转换》，《中国文化史探究集》，中国社会科学出版社，2011 年。

5.《地方文献学的基本问题》，《中文古籍整理与版本目录学国际学术研讨会论文集》，广西师范大学出版社，2015 年。

6.《拟卦考略》，《周易文化研究》第四集，社会科学文献出版社，2013 年。

7.《〈经解入门〉真伪考》，《长江学术》2008 年第 8 辑。

8.《〈经史杂记〉真伪考》，《史林》2017 年第 6 期。

9.《〈子略校证〉解题》，《汉籍与汉学》2018（待刊）。

10.《乾嘉时期的禁毁实录》，《出版科学》2008 年第 6 期。

11.《〈四库全书总目〉对书名学的贡献》，《图书馆杂志》2002 年第 6 期。

12.《〈天岳山馆文钞〉与〈四库提要〉》，《人文论丛》2015 年第 2 期。

13.《许瀚〈读四库全书提要志疑〉对四库学的贡献》，《长江学术》2014 年第 4 期。

14.《顾炎武考据学准则辨析》，《人文论丛》2018 年第 1 期。

15.《20 世纪版本学研究综述》,《图书与情报》1999 年第 5 期。

16.《2005—2009 年古典目录学研究综述》,《图书馆学研究进展》,武汉大学出版社,2010 年。

17.《1995—2005 年四库学研究综述》,《图书馆学研究进展》,武汉大学出版社,2007 年。

18.《2000—2013 年类书研究综述》,《人文论丛》2014 年第 1 期。

19.《1978—2001 年三国史与〈三国志〉研究现状的定量分析》,《史学月刊》2003 年第 9 期。

20.《"思想与文献视野下的江南史"国际学术研讨会综述》,《澎湃新闻》2017 年 9 月 20 日;《传统中国研究集刊》第十七辑,上海社会科学院出版社,2017 年。

21.《黄侃与〈黄侃论学杂著〉》,未刊稿。

22.《乾嘉学术的醉心之作》,《徽学》2013 年卷。

23.《深化史部研究的丰硕成果》,《人文论丛》2015 年第 1 期。

24.《善本书志的"沈氏模式"》,《藏书》2013 年卷。

25.《论史志目录的书写方式及其学术价值》,《东方论坛》2017 年第 2 期。

26.《中国近三百年学术史研究的新路径》,《人文论丛》2016 年第 1 期。